JN417966

The Study of Technology and Engineering Education

기술교과교육 탐구

최유현 저

형설출판사
www.hyungseul.co.kr

서문 PREFACE

기술교과 교육의 도전

기술은 인류 문명을 여는 시점부터 지금까지 사회적 구조와 변화를 바꾸고 이끄는 동인이 되어 왔다. 한편으로는 사회적 요구와 영향들을 기술의 새로운 발전 패러다임으로 반영되기도 한다. 오늘날 인공지능을 중심으로 한 기술의 대변혁 속에서 인간의 고유영역인 지능적 영역까지 침범하여 인간은 기술을 더 이상 편리함과 발전의 수단으로 여기기에는 너무 안일한 대처이다. 그래서 기술의 속성과 본질을 알아야 하고 욕망으로 잉태되는 기술에 대한 지혜로운 안목과 대처가 필요하다. 즉 기술은 더 이상 전문가만의 일이 아니라 보통의 시민이라면 기술에 대한 지식과 이해, 과정과 가능, 가치와 태도의 탐구적, 체험적 학습이 교양교육의 차원에서 강화되어야 한다.

기술은 위대한 변화의 성장동력(great growling engine of change)이고, 사회를 재구조화하는 힘(a force that reshapes society)이다. 글로벌 시민으로서의 생활에서 만연된 기술적 환경에서 기술적 무지(technological illiteracy)를 벗어나기 위하여 기술에 대한 올바른 이해가 필요하다. 즉 기술교양의 교육적 배려는 충분한 가치와 당위로 받아들여진다.

> 우리는 기술의 여러 가지 종류나 제품 중에서 하나를 선택할 수는 있지만, 기술을 피하여 사는 것을 선택할 수는 없다(Walker, 1985).
>
> 기술은 본래 딱딱하고 비인간적이서 그 자체로는 해결방안이 되지 못한다. 그러나 기술이 관리될 수 있다면 유연해질 수 있다. 또한 기술을 교육적으로 이해할 수 있다면, 우리의 필요와 요구에 따라 수용되거나 개선될 수 있다(Johnson, 1992).
>
> '기술의 본질이 닦달하는 것'이라는 마르틴 하이데거(Martin Heidegger, 1889 ~ 1976)의 재미있는 비유에서 보듯이 우리는 매일 수없이 기술에 의하여 닦달 당한다
>
> 인간과 기술의 관계는 그동안 주로 유토피아와 디스토피아의 이분법적 관점에서 해석되어 왔다. 기술 시대에 새롭게 드러난 이 양자의 측면을 동시에 고려할 때, 기술시대의 인간에 대한 올바른 이해에 도달할 수 있을 뿐 아니라, 인간의 능력을 확장시키는 기술과의 공생도 충분히 가능하다 (돈 아이디(Don Idhe, 1936~)

위의 주장과 같이 기술을 교육적으로 배려하는 일은 학생들이 장차 빠르게 변화하는 기술에 익숙해지며, 기술적 문제와 활동에 참여를 돕고, 학생들이 자신의 삶의 질을 개선하기 위하여 창

조적으로 사고하는 일을 가능케 한다. 즉 기술의 교육적 배려는 학생들이 개인 및 집단의 구성원으로서 능동적이고 창조적 문제해결자(problem solvers)와 혁신자(innovators)가 되도록 돕는다.

기술교과 교육의 새로운 도전은 정신과 사고교육의 강조를 지속적으로 주장하고 있다. 즉 '정신성(minds on)' '근육에서 두뇌로(brain over brown)' '물질에서 정신으로(mind over matter)' '지적 기능(intellectual skills)' '유체역학으로부터 유체정신으로(from fluid mechanism to fluid intelligence)' 등의 용어와 슬로건들이 기술교과 교육연구에서 발견되고 있는 점은 이를 잘 확인시켜 주고 있다. 또한 기술교과 교육은 지식기반 사회의 담론과 요구에 부응하기 위하여 기술교과 교육학 탐구의 새로운 해석과 비전이 발명(invention), 혁신(innovation), 창조(creation), 교육(education)의 조화로운 만남 속에서 추구되어야 할 것이다.

이러한 변혁의 시기에서 기술교과 교육의 변혁적 요구도 새로운 교육의 패러다임을 요구하고 있다. 영국의 오픈 유니버시티에서 해마다 10개의 교육 키워드로 혁신적인 교수학(innovating pedagogy) 보고서를 10년간 (2012-2022) 발간하고 있다. 10년 동안 키워드 100개에 담긴 교육의 트렌드는 몸과 마음의 체화 과정으로서의 교육 트렌드, 대화와 맥락 상황을 고려한 교육 트렌드, 새로운 테크놀로지인 인공지능, 드론, 메타버스 등의 슬기로운 교육 활용 트렌드, 인간의 감정, 감성, 공감, 협력을 이끌어 내는 교육 트렌드, 창조와 혁신 학습을 위한 학습자 소유권을 강조하는 교육 트렌드의 변화는 이른바 교육 4.0시대의 공통의 교육의 지향점이다.

또한 미국의 기술 공학 교양 표준(STEL, 2020), 한국의 2022 개정 교육과정 개정은 공학과 강조와 더불어 새로운 기술교과 교육의 지식 이해, 과정 기능, 가치 태도의 입체적 변화를 요청하고 있다.

저술의 기본지향

이 책은 기술교과 교육학의 학문적 이해와 연구를 위한 목적으로 쓰여졌으며, 다음의 집필 방향을 견지하였다.

첫째, 기술교과 교육학의 학문적 토대인 '기술학(the study of technology)'의 이론과 방법론에 터하여 집필하였다. 따라서 기술의 본질과 방법론에 기초하여 집필한 이 책은 고유한 기술이 가지는 본질과 과정을 중시하였다.

둘째, 기술교과 교육학의 정체와 정당화의 관점에서 전문 기술교육이 아닌 일반 교양교육적 목적을 지닌 교과의 성격에 기초하여 기술교과 교육의 학문적 기초, 교육과정, 교육방법, 교육평가, 교사교육, 교육시설, 교육연구 등의 핵심적인 주제만을 다루었다.

셋째, 기술교과 교육의 학습방법론적 철학은 **구성주의**적·자기주도적·수행 중심적인 학습과 평가에 기초하고 있다. 이는 기술적 활동의 본질적 측면을 반영한 것이다.

넷째, 최근에 기술교과 교육에서 강조되는 **정신적인 사고력 교육**을 강화하고 전략화하는 방향에서 집필하였다.

다섯째, 이 책에서 다룬 내용은 절대적 내용이기보다는 **문제제기**의 차원에서 다양한 주제를 다루었고, 독자는 이 책의 주제를 중심으로 대안적 연구와 탐구가 장려될 수 있도록 배려하였다.

여섯째, 이 책은 **기술교과 교육의 전문적 이해와 탐구**를 위한 학술서로서 대부분의 내용은 기술교과 교육학의 범주에서 논의된 연구결과들을 바탕으로 집필하였다.

무엇보다도 이 책은 기술을 주제로 하고 있지만, 인간, 자연의 조화 속에서 실천 지혜의 담론을 추구하는 데 기본지향이 있다. 이는 기술교과 교육의 철학적 담론이기도 하다.

저술 체제

이번 출판은 **총 3권, 7부**로 구성되어 있다. 각 부에서의 기본 체제는 **연구 주제로의 초대**에서 각 부의 기본문제를 제기하였다. 그리고 각 장에서는 **개요문**과 **주요 개념**을 제시하여 다루어지는 내용의 안내와 목표를 구체화하였다. 또한 본문을 진술한 후 각 부의 마지막에서는 **개념정리를 위한 탐구문제**(concept mapping)와 **성찰을 위한 토론과제**(reflection)로 전체 내용을 정리하고 성찰하게 하였고, 각 부별로 **참고문헌**을 제시하였다.

저술의 담론과 내용

이 책은 기본적으로 2005년 출판된 기술교과교육학이 모태가 되고 있다. 기술교과교육학이 출판된 이후 교육과정의 개정과 학문적 담론의 변화로 인하여 새로운 이론과 내용을 담을 필요가 크게 느껴졌다.

2007년 개정된 교육과정을 보면, 기술학적 체계의 강화, 발명교육, 전통기술의 새로운 교육내용의 등장, 수행, 문제해결, 협력의 방법론적인 패러다임의 강화가 눈에 띄게 강화되고 있다. 눈을 돌려 세계를 보면, 창조, 혁신, 발명, 공학 설계 등의 키워드를 중심으로 한 기술교과 교육과정의 변혁을 가져오고 있다. 특히 2008년에 영국, 일본, 대만, 뉴질랜드 등이 새로운 교육과정을 마련하고 기술교육의 새로운 패러다임을 완성해 가고 있다.

또한 2005년 출판된 이 책의 미완성된 부분들을 재구조화하고 보충하는 작업이 필요하였다. 2005년 출판된 책은 교과교육학이라는 학문 영역에서 빠진 교육공학, 교사교육, 시설과 장학 등의 영역이 보충될 필요가 있었다. 그리고 그 책의 내용에서 재구조화나 부분적인 보완이 필요한 부분들을 새롭게 정리하는 작업이 필요하였다.

2010년 출간한 기술교과교육학은 내용 분량상의 문제로 크게 2권의 책으로 출판하게 되었다.

제1권은 기술교과교육의 개념적 기초, 학문적 기초, 교육과정, 교사교육, 교육환경과 장학, 교육 연구를 중심으로 '기술교육론 I : 교육학적 이론과 탐구' '기술교육론 II : 학습학적 이론과 실천'란 이름으로 출판하였다.

2023년에 새롭게 출간한 책은 기술교과교육학 시리즈로 3권으로 책으로 분권되었다. 기술교과교육 탐구, 기술 교육과정 탐구, 기술 학습과 평가 탐구의 3권으로 출판하였다.

제 1권 **'기술 교과교육 탐구'**는 다음과 같이 기술교과교육의 개념, 기술교과 교육의 가치, 기술교육 장학 및 교사교육, 기술 교육 시설, 기술교육 연구를 중심으로 구성하였다.

> 제 1부에서는 기술교과 교육의 학문적 탐구로서 이와 관련된 개념과 가치에 대하여 논의하였다. 즉 기술교과 교육의 정체성(identity) 탐구의 차원에서 기술, 기술교과 교육의 개념, 기술교과 교육의 성격, 공학교 교육의 강조 등을 논의하였고, 기술교과 교육의 정당성(justification) 탐구의 차원에서 교과의 가치, 손놀림 활동가치, 노작교육, 기술적 교양, 기술과 사회, 기술과 철학 등의 담론을을 살펴보았다.
>
> 제 2부에서는 기술 교사교육과 교육시설의 이해로서 기술교사 교육의 이해와 자질, 기술교과 교육환경, 장학, 기술 교육 시설 등의 내용을 다루었다.
>
> 제 3부에서는 기술교과 교육연구와 관련된 이론적 탐색으로 기술교과 연구모형, 기술교과 교육연구 정보수집, 그리고 연구의 절차상 필요한 기법을 논의하였다.

제 2권 **'기술 교육과정 탐구'**는 기술 교과 교육과정의 모형, 변천, 2022 기술교육과정, 기술교육 교재 및 교육 공학 등을 중심으로 구성하였다.

> 제1부에서는 기술 교육과정의 탐색과 동향으로서 기술 교육과정의 개발과 모형, 우리나라의 기술 교육과정의 변천, 기술교과 교육과정의 통합적 접근, 미국 · 영국 · 호주 · 독일 · 프랑스 · 일본 · 대만 · 중국 · 북한의 기술교과 교육과정의 편제 · 특징 · 동향을 살펴보았다.
>
> 제2부에서는 기술교과 교육공학의 탐구로서 교육공학의 개념과 동향, 기술교과 교수설계와 매체 , 기술교과서의 이해, 기술교과교육과 교육공학 등의 내용을 다루었다

제 3권은 **'기술교과 학습 및 평가 탐구'**에서는 기술교과 교육의 방법, 학습평가를 중심으로한 수업방법론과 관련된 주제를 다룬다.

> 제1부에서는 기술교과 학습방법의 탐구로서 기술교과 교육에서의 가르친다는 의미, 즉 학생들이 학습한다는 의미가 무엇인지 탐구하며, 그 전략으로 문제해결적 접근의 프로젝트 학습, 설계과정, 문제해결학습, 문제중심학습, 디자인 씽킹 등의 모형과 협동적 접근의 여러 가지 모형의 이론,

토의토론 학습 모형 등의 실제적 전략을 탐구하였다.

제3부에서는 기술교과 교육의 학습평가에 대한 탐구로서 학습 평가의 개념과 동향, 기술교과 교육에서의 학습과 통합된 수행 중심 평가와 루브릭, 포트폴리오 평가의 이론과 실제에 관련된 문제를 다루었다.

저술대상과 저자의 바램

이 책은 기술교과 교육을 수학하는 예비교사, 기술교과 교육을 실천하는 교사, 기술교과 교육을 연구하는 연구자를 위하여 쓰여진 책이다. 모쪼록 이 책으로 인하여 기술교과 교육학의 학문적 이해의 폭을 넓히고, 새로운 기술교과 교육학의 문제를 제기하고 대안을 연구하는 기초자료가 되기를 희망한다.

이 책은 기술교과 교육학의 학문적 연구를 지속적으로 새롭게 하고, 이 책에서 다루어진 모든 주제가 저자의 축적된 연구 결과이다.

기술교과 교육학과 관련하여 저자는 네 번째 출판된 책(2005, 2010, 2017, 2023)이다. 이 책은 다른 어느 책보다 애정을 가지고 새롭고 심오한 내용과 논의를 지속해왔다. 따라서 이 책에서 다루어진 주제와 내용에 대하여 독자들의 기술 교과교육학에 대한 이해를 돕고 나아가 기술교육의 새로운 연구와 실천의 밑거름이 되기를 희망한다.

감사의 글

이 책은 많은 분들의 모범과 애정의 결실이다. 학문적 연구와 정도를 몸소 가르쳐 주신 스승님, 학문적 깨우침을 이끄신 선배, 동료, 후배 교수님께 감사 드린다.

그리고 『실과교육연구』(1997), 『실과교육학연구』(2001) 『기술교과교육학』(2005) 『기술교과교육의 탐구』(2010) 『기술교과 학습의 탐구』(2010) 『발명교육학 연구』(2014) 『기술교육론 1: 교육학적 이론과 탐구』(2017) 『기술교육론 2: 학습학적 이론과 실천』(2017) 『기술교과교육 탐구』(2023) 『기술 교육과정 탐구』(2023) 『기술교과 학습 및 평가 탐구』(2023) 등 한결 같이 개인적 집필에 늘 관심과 지원을 해주신 형설출판사 장진혁 대표님과 형설출판사 편집부에 감사드린다.

이 책의 집필 작업은 길게는 저자가 기술교과 교육을 연구하는 시점에서부터 시작되었다. 즉 1997년 첫 출판으로 따지면 26년 동안 지속된 연구 결과의 성과이다. 다른 수십 권의 책을 출판하였지만, 위 열거한 책은 저자가 평생 연구해온 실과, 기술 교과 교육학 연구의 핵심 저술이기에 더욱 애정이 가지만 그에 따른 책무도 크게 느껴진다.

40여년 교사로서, 교사 교육자로서 교육하고 연구하면서 많은 좋은 분들을 만나는 축복을 하나님으로부터 받았다. 그 좋은 분들이 함께해서 가능한 일이었다. 참 고마운 그분들에게도 감사를 드린다. 늘 연구하는 일을 우선적으로 배려하고 지원해 준 아내의 사랑과 인내에 고마움을 전한다. 그리고 험난하지만 나름 즐거운 업으로 연구의 길을 들어서고 또 성실히 성취하고 있는 아들 부부 용빈, 지원, 아들 용민에게도 고마움을 전한다. 무엇보다도 이제 첫 돌을 맞이하는 손자 이든(Eden)이의 재롱은 이 책을 출간하는데 큰 기쁨과 힘이 되었다.

'교육은 들통에 지식을 쏟아붓는 것이 아니라 불을 지피는 것'이라고 한다. 이 책에 담긴 수많은 지식들이 독자들의 교육과 연구의 생명력을 불어넣고, 독자의 교육 철학으로 재 해석되는 소중한 연구 자료가 되길 희망한다.

2023년 2월에

한밭, 대덕의 연구실에서

최 유 현

차례 CONTENTS

제1부 기술교과 교육학의 학문적 기초

제2부 기술교과 교육과 교육 시설

제3부 기술교과 교육연구의 모형과 실제

제 1 부

기술교과 교육학의 학문적 기초

주제를 여는 연구 문제 *Meeting the Problems*

제1부에서는 기술교과 교육의 학문적 탐구로서 이와 관련된 기술, 기술교과 교육의 개념 구조, 기술교육의 본질적, 수단적 가치의 당위를 고찰하는데, 다음 두 가지 문제의 탐구와 담론을 논의한다.

❶ 기술교과 교육의 정체성 탐구의 차원에서 기술, 기술교과 교육의 개념, 기술교과 교육의 성격, 기술교과 교육의 확장 등이 어떻게 논의되어 왔으며, 또한 어떻게 개념화 할 수 있는가?

❷ 기술교과 교육의 정당성 탐구의 차원에서 본질적적 가치(내재적 가치)인 개인 발달적 가치 및 수단적 가치(외재적 가치)인 사회 환경적 가치가 어떠한 범주와 탐구 이론으로 가치 매김을 할 수 있는가?

1 장

기술교과 교육의 개념 : 정체성

이 장에서는 기술교과 교육학의 새로운 동향을 반영한 '기술'과 '기술교과 교육'의 개념을 구체화하고, 기술교과 교육의 성격, 기술교과 교육학의 개념구조, 공학기술교육의 동향 등을 논의한다. 이는 기술교과 교육학의 정체(identity)와 지향(direction)을 구체화하는 데 도움을 준다.

◎ 해시태그 hashtga _키 워드

#기술(technology)
#기술학(the study of technology)
#기술교과 교육(technology education)
#기술적 교양(technological literacy)
#공학기술(engineering technology)

1. 기술의 개념

가. 사전적 개념

기술(technology)이란 용어는 수많은 정의가 존재한다. 우리나라를 비롯한 동양권에서는 재주와 솜씨라는 뜻을 가지고 있는 기(技)와 술(術)의 합성어인 기술은 '손재주가 있다'는 뜻을 가진 기(技)와 방법이라는 뜻을 가진 술(術)의 의미를 각각 사용하였을 뿐, 합성어인 기술에 관하여는 기원이 분명하지 않다(류창열, 1992). 한편, 기술은 어원적으로 "문법의 체계적 처치(systematic treatment of grammer)"의 의미를 갖는 'technologia'와 예술(arts)과 공예(craft)의 의미를 갖는 'techne'에서 유래되었다(Snyder, 2004 : 19).

기술의 보편적인 개념을 알아보기 위하여 사전에서 그 의미를 찾아보면, 관련 전문 용어, 방법 및 과정, 문화적 근원, 다른 학문분야와의 관계 등의 정보를 확인할 수 있다.

'기술'과 'Technology'에 대한 용어를 국내와 국외 사전에서의 정의를 종합하면 [표 1-1]과 같다.

[표 1－1] 기술의 사전적 개념

용어	개념	사전
기술(技術)	• 인간의 꾀나 재주 • 과학적 지식의 적용 • 수단이나 방법 • 기술적 능력 • 기술적 과정 • 인간적 행위 • 객관적 법칙성의 의식적 적용 • 생산수단의 체계	[국내 사전] 국어 대사전 동아원색 세계백과사전 새우리말 큰사전 연세 한국어사전 한국어 대사전
Technology	• 예술(art)이나 기예(arts)에 관한 이야기 또는 담화나 논문 • 실천적 또는 산업공예의 과학적 연구	옥스퍼드 영어사전 (The Compact Edition of the Oxford English Dictionary, 1971)
	• 산업공예(Industrial Arts), 응용과학, 공학(engineering) 등을 다루는 지식의 일부 • 예술, 과학 등의 용어 : 기술적 전문용어 • 기술적 과정, 발명, 방법 등 • 어떤 사회집단이 그들 문명의 물질적 목적을 자기들에게 제공하는 방법의 총체	랜덤하우스 사전 (The Random House Dictionary for the English Language, 1983)
	• 특정한 주제의 용어 : 기술적 용어 • a : 실제적 목적에 지식을 적용하는 과학 : 응용과학 b : (1) 특정한 분야의 실제적 목적을 위한 과학적 지식의 적용 (2) 어떤 목적을 달성하는 기술적 방법 • 물질문명의 목적을 제공하려고 인간이 채택한 수단의 총체	웹스터 국제사전 (Webster's Third New International Dictionary, 1977 ; 1990)
	• 인간이 환경을 변화시키거나 조절하기 위하여 찾는 방법이나 활동	브리태니커 백과사전 (The New Encyclopedia Britanica, 1982)

자료 : 류창열, 2000 ; 정수진, 2004 ; Snyder, 2004 : 19.

국내 사전에서는 기술을 인간의 꾀나 재주, 과학적 지식의 적용, 수단이나 방법, 기술적 능력, 기술적 과정, 인간적 행위, 객관적 법칙성의 의식적 적용, 생산수단의 체계 등으로 정의하고 있다.

옥스퍼드 영어사전(The Compact Edition of the Oxford English Dictionary, 1971)에서는 기술(technology)을 실천적 또는 산업공예의 과학적 연구로, 랜덤하우스 사전(The Random

House Dictionary for the English Language, 1983)에서는 산업공예(industrial arts), 응용과학, 공학(engineering) 등을 다루는 지식의 일부라고 정의하고, 웹스터 국제사전(Webster's Third New International Dictionary, 1977 ; 1990)은 실제적 목적에 지식을 적용하는 과학, 특정한 분야의 실제적 목적을 위한 과학적 지식의 적용, 어떤 목적을 달성하는 기술적 방법으로 정의를 하였다. 한편, 브리태니커 백과사전(The New Encyclopedia Britanica, 1982)에서는 인간이 환경을 변화시키거나 조절하기 위하여 찾는 방법이나 활동으로 기술을 정의하였다.

이들 사전적 의미에서 기술은 '물질문명, 환경, 욕구, 수단, 행위, 지식, 과정, 응용' 등의 용어와 밀접한 관련을 맺고 있음을 알 수 있다. 즉 사전에서 정의하고 있는 기술(technology)의 의미는 '과학의 적용' 또는 '응용과학'으로 보는 경우, '수단과 방법'으로 보는 경우, '기술관련 용어'로 보는 경우의 세 가지로 정리할 수 있다.

나. 학문적 개념

사람들은 기술을 매우 다양하게 인식하고 있는데, 어떤 사람은 기술은 '하드웨어(hardware)'라고 주장하는데, 이는 기술이 컴퓨터, 레이저 등의 기술적 제품이라고 인식하고 있다. 어떤 사람들은 기술은 '조직(organization)'이라고 말한다. 이것은 제품이나 서비스를 생산하기 위한 사람들의 조직, 경영 기술을 의미한다. 또 다른 사람들은 기술은 '과정(process)'이라고 주장하는데, 이는 기술적 제품을 설계, 생산, 활용, 평가하는 행위라고 보는 견해이다.

이러한 과정(process)으로서의 기술의 인식은 보다 광범위하고 학문적인 정의[1](Wright, Israel & Lauda, 1993 : 2)로서 ITEA(International Technology Education Association)에서 지원되는 CTTE(Council on Technology Teacher Education)에서 다음과 같이 정의하였다.

> 자연환경과 인간이 만든 환경을 통제하고 개선하는 인간 잠재력을 확대하기 위한 제품, 구조물, 시스템을 활용하고 설계와 생산에 있어서 자원을 응용하는 인간의 총체적 지식과 행위이다.

위의 정의에 담긴 기술의 의미를 조작적으로 분석해 보면, 기술의 목적은 '인간 잠재력을 확대하기 위한 것'이며, 기술적 내용은 '인간이 만든 환경을 통제하고 개선하는 일'이며, 기술의 방법은 '제품, 구조물, 시스템을 활용하고 설계와 생산에 있어서 자원을 응용'하는 것이고, 기술의 대상은 '인간의 총체적 지식과 행위'로 볼 수 있다.

1) 기술의 개념적 논의는 류창렬(1991 : 20), 김진순(1990 : 8, 15), 봉공진(1991 : 13-14), DeVore(1992 : 11), McGinn(1978), Baker(1988 : 13), Rey(1987), Frey(1989 : 28-32), Dyrenfurth(1991 : 148-152), 류창렬(1992 : 60-62), 정수진(2004) 등에 의하여 논의되었다.

지금까지 여러 학자들에 의하여 논의된 기술(technology)은 다소 종합적이고 일반적인 관점의 보다 넓은 의미에서 정의하고 있으며, 기술학(the study of technology)은 기술을 대상으로 한 학문의 영역에서 다소 제한적인 의미로 사용된다. DeVore(1980 : 4)는 학문적 관점에서 기술학을 다음과 같이 정의하였다.

> 기술학은 인간, 사회, 문명의 과정에 대한 기술적 요소와 시스템 활동의 관계, 도구, 기계, 재료, 기법과 기술적 수단을 포함한 적응 시스템의 창조와 이용에 관한 연구이다.

보다 넓은 의미에서 기술은 인간의 필요와 요구를 충족시키기 위해 인간이 자연을 바꾸어 가는 과정(process)이다. 그러나 대부분의 사람들은 기술을 컴퓨터, 소프트웨어, 기술 제품 등의 용어로 인식하고 있다. 기술은 접촉 가능한 기술적 제품 그 이상의 의미를 지니고 있다. 기술적 제품을 만들고 조작하는 데 활용되는 지식과 과정(공학적 방법, 제조기술, 다양한 기술적 기능 등)은 모두 중요하다. 특별히 지식의 중요한 영역은 공학적 설계과정(engineering design process)이다. 공학자들은 하나의 문제를 해결하기 위해 설계하고, 시험하고, 수정하고, 폐기하는 일들을 반복한다. 기술은 기술적 제품의 설계, 제조, 조작, 수리의 모든 하부 구조를 포함한다(Pearson & Young, 2002 : 13).

기술은 기술적 제품을 만들고 조작하는 데 필요한 인간, 조직, 지식, 과정, 장치의 전체적 시스템을 포함한다(Mitchen, 1994)는 것이다. 기술은 자연세계를 탐구하는 공학과 과학의 산물이다. 과학은 오랜 시간 축적된 지식체, 자연세계에 대한 지식을 창출하는 과학적 탐구과정의 두 부분으로 나눌 수 있다. 공학 역시 인간이 만든 제품(human-made products)을 설계하고 창조하는 지식체와 문제를 해결하기 위한 과정으로 구성된다.

그러나 Chant(1989)는 기술을 응용과학이라는 보는 과학의 종속 개념이기보다는 과학과 기술은 균형을 갖추고 서로 상호작용하는 관계인 병렬적 구조를 갖고 있다고 하였다(Snyder, 2004 : 21). 과학과 기술은 매우 밀접한 관계를 유지하고 있다. 자연세계에 대한 과학적 이해는 오늘날 많은 기술적 발달에 기초가 되었다. 예를 들어 컴퓨터 칩의 설계는 실리콘과 다른 재료의 전자적 특성의 심오한 지식에 의존한다. 역설적으로 기술은 과학탐구를 위한 기초가 된다. 기후 모델 측정학자들은 지구 온난화를 연구하기 위한 시뮬레이션에서 수퍼 컴퓨터를 활용한다.

그리고 Layton도 "기술은 응용과학이다"라는 명제를 비판했는데, 그가 이를 비판하기 위해서 주장한 것은 "과학과 기술의 상호작용은 지식이 사물에 응용되는 것이 아니라, 지식과 지식사이의 상호침투"라는 것이다. 그런데 기술이 지식이면 그 지식은 과학과는 어떻게 다른가? 이에 대한 한 가지 해답이 역시 Layton에 의하여 제시되었다. 그는 기술 지식에서는 추상적인 이론보다는 실용성, 효용, 디자인을 강조하고 과학 지식에서는 역으로 추상적 이론, 지식을 위한 지식, 본질에 대한 이해를 강조한다고 보았다. 즉 기술과 과학은 정반대의 가치 체계를 가진 지식이었던 것이다. Layton은 이를 '거울에 비친 쌍둥이'라고 명명했다.

기술철학자 Mitcham은 기술을 우선 외적인 것(external)과 내적인 것(internal)으로 구분하고, 전자를 **산물(대상)으로서의 기술**(technology-as-product or technology-as-object)과 **과정으로서의 기술**(technology-as-process)로, 후자를 **지식으로서의 기술**(technology-as-knowledge)과 **의지로서의 기술**(technology-as-volition)으로 구분하였다. Mitcham은 기술이 세상을 특정한 방식으로 변형시키는 의지도 포함하고 있음을 강조했다. 기술이 대상, 과정, 지식, 의지라는 네 가지 다른 차원에서 존재한다는 사실은 기술을 과학으로부터 구별 짓는 특징이 될 수 있었다(이장규 · 홍성욱, 2005 ; 109~110 재인용).

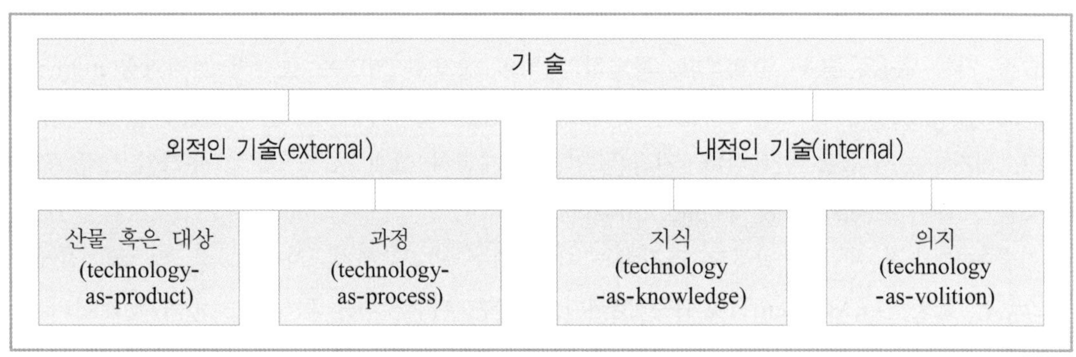

<그림 1-1> Mitcham이 분류한 기술의 네 가지 개념

또 다른 기술철학자 McGinn은 기술이 다음의 8가지 특성을 가진다고 제시하였다.

① 기술은 물질적 생산에 관련되어 있다.

② 기술은 자연이 아니라 인공물으로 무엇은 만든다.

③ 기술은 인간의 가능성과 목적하는 바를 확장한다.

④ 기술은 자원(recourse)에 기초하며 자원을 확장한다.

⑤ 기술은 응용과학은 아니지만 나름대로의 지식에 근거한다.

⑥ 기술지식은 시행착오에서 복잡한 실험적 기법까지 걸쳐 있다.

⑦ 기술적 결정에는 경제적, 정치적, 문화적 고려가 개입한다.

⑧ 이러한 경제적, 정치적, 문화적 요소는 기술에 의해 다시 조건 지어 진다.

이러한 내용들은 다소 단순화의 문제가 있음에도 불구하고 기술의 여러 특성을 잘 드러내 주고 있다.

기술은 또한 아이디어들을 새롭고 유용한 제품과 과정으로 변화시키는 혁신(innovation)과 밀접한 관련되어 있다. 혁신은 창의적 인간과 조직뿐만 아니라 기술, 과학, 공학적 재능을 필요로 한다. 기술과 혁신은 시너지 효과를 낸다(Pearson & Young, 2002 : 14).

따라서 기술은 인간의 필요와 요구를 충족시키기 위한 지식과 과정활동이며, 그 과정은 문제해결을 위한 공학적 설계과정, 혁신과 밀접한 관련을 가진다. 물론 과학은 기술적 발전의 기초가 되면서 과학탐구에 기술이 기초가 되기도 한다. 기술은 "인간 잠재 가능성을 확대하고 실제적 문제를 해결하기 위한 지식, 도구, 기능을 응용하는 것(the application of knowledge, tools, and skills to solve practical problems and extend human capabilities, Johnson, 1989 : 1)"이다.

ITEA(1996 : 30)에서는 Technology All Americans의 프로젝트 1차 보고서에서 기술의 개념적 요소를 다음과 같이 제시한 바 있다.

- 기술은 인간의 독창적 연구결과이다.
- 기술적 활동은 자원을 필요로 한다.
- 인간은 기본적 욕구와 충족을 위하여 기술적 시스템을 창조해 왔다.
- 기술적 활동은 개인, 사회, 환경에 긍정적 · 부정적 영향을 미쳐 왔다.
- 기술은 생애에 필요한 것을 위한 기회와 계기를 마련해 준다.
- 기술적 정교함의 현재의 상태는 다양한 문화들의 기여의 결과이다.
- 기술적 변화율은 가속되고 있다.
- 기술은 복잡한 기술적 시스템보다 단순한 시스템들로부터 개발된다.

이러한 개념들은 기술활동이 다른 학문과 구별하는 데 기본적 원리이다.

또한 그들은 기술의 보편적인 학문 구조를 설정하기 위하여 기술의 개념을 다음과 같이 정의하였다(ITEA, 1996 : 16).

> 기술은 인간의 혁신적 실천 활동이다(Technology is human innovation in action). 기술은 인간의 잠재적 능력(capabilities)을 확대하고 문제를 해결하기 위한 지식과 과정의 생성을 포함한다.

여기서 기술은 확인 가능하고 보편적인 과정(processes), 지식(knowledge), 맥락(contexts)을 지니고 있다. 이 과정은 인간이 제품이나 시스템을 창조, 발명, 설계, 변형, 생산, 통제, 유지하고 활용하는 데 수반되는 활동을 의미한다.

기술의 과정과 관련하여 Halfin(1973)은 과정으로서의 기술(technology : a process)의 박사 학위논문에서 다음과 같이 기술의 과정을 추출하였다(in Bensen, 1995 : 4-5).

• 조작적으로 문제와 기회를 정의하기		• 관찰하기
• 분석하기	• 시각화하기	• 계산하기
• 측정하기	• 예측하기	• 질문하고 가설세우기
• 자료 해석하기	• 모델 구성하기	• 실험하기
• 검사하기	• 설계하기	• 모델링하기
• 창조하기	• 의사소통하기	• 관리하기

또한 기술학과 관련된 개념요소는 기술의 개념요소와는 달리 계통화, 체제, 연구와 학문의 대상, 상호작용, 인간 적응체제 등과 밀접한 관련을 맺고 있다.

기술학(the study of technology)은 기술(technology)과 달리 학문적 연구의 대상이며, 기술교과 교육에서 찾고자 하는 고유의 지식체계이기도 하다. 일본의 毛利亮太郞(1980)은 기술이 객관적 법칙성의 의식적 적용이라고 볼 때, 객관적 법칙성의 계통화가 기술학이라고 하였으며, 星野芳郞(1956)은 기술학을 특수기술학과 일반기술학으로 구분하고, 전자는 일정한 제품을 제조하는 전 공정을 기술할 때 관련된 것이고, 후자는 산업공정에 있어서 각각의 제품제작의 공통적인 기술을 의미한다고 하면서, 전자를 기술학, 후자를 공학이라고 구분하기도 하였다(毛利亮太郞, 1980 : 17, 최유현, 2001, 재인용). 김진순(1990 : 17)은 종합적 측면에서 기술학을 '인간이 오랜 역사 속에서 환경에 적응하고 생존하기 위하여 생산적 활동을 해오는 과정에서 발전시켜 온 노동의 대상, 노동의 수단, 그리고 이에 관련된 과학적 법칙성을 연구하는 학문이며, 또한 이들과 개인, 사회, 문명 과정과의 관련성을 연구하는 학문'으로 정의하고 있다. 최근에 DeVore(1992)는 '기술과학(the science of technology)'이란 용어를 사용하면서 기술학을 삶을 유지하기 위한 환경과 사회, 인간간의 관계, 도구, 기계, 기술적 체제의 예측적 행동의 이해와 결정, 그리고 기술적 수단과 사회의 진보, 기술적 수단의 개발과정 탐색과 관련을 맺고 있다고 하였다.

이러한 기술에 대한 정의를 종합하여 류창열(2000)은 다음과 같이 네 가지 의미로 요약하였다.

- "유용성을 높이려는 행위"로 보는 관점
- "인간이 창조하는 노동수단 체계"[2]로 보는 관점

2) 기술의 개념은 의식적용설과 수단체계설이 가장 많이 논의되고 있다. 의식적용설로 기술을 설명하려고 하는 사람들은 '인간의 생산적 행위에 객관적 법칙을 의식적으로 적용하는 것', 즉 '과학의 응용'을 기술이라고 본다. 인간 행동의 목

- "실용적인 목적을 위한 지식의 의식적 적용"으로 보는 관점
- "인간 발전의 실천적 과정체계"로 보는 관점

학자들이 정의한 기술을 개념요소 차원에서 종합하면, 대체로 기술의 목적, 대상, 요소, 과정, 방법, 중심 개념 등으로 구분하여 그 의미를 정리할 수 있다. [표 1-2]는 기술의 정의에서 나타난 개념요소를 정리하여 제시한 것이다.

[표 1-2] 학자들이 정의한 기술의 개념요소 정리

구 분	기술의 개념요소
• 기술의 목적	- 인간의 필요와 욕구충족 - 인간 잠재능력(capability)의 확대 - 자연환경과 인간이 만든 환경의 통제와 개선 - 생산성 - 기술적 시스템 창조
• 기술의 대상과 요소	- 자원(지식, 도구, 기법, 물질, 에너지, 정보) - 기술적 제품의 설계, 제조, 조작, 수리의 모든 하부구조를 포함 - 도구, 기계, 재료, 기법과 기술적 수단을 포함한 적응 시스템의 창조와 이용에 관한 연구 - 제품, 구조물, 시스템을 활용하고 설계와 생산에 있어서 자원을 응용
• 기술의 과정	- 문제정의하기, 관찰하기, 분석하기, 자료 해석하기, 실험하기, 검사하기, 설계하기, 모델링하기, 창조하기, 의사소통하기, 관리하기 - 공학적 설계과정(engineering design process) - 인간이 제품이나 시스템을 창조, 발명, 설계, 변형, 생산, 통제, 유지
• 기술의 방법	- 인간이 자연을 바꾸어 가는 과정(process) - 아이디어들을 새롭고 유용한 제품과 과정으로 변화시키는 혁신(innovation) 과정 - 인간의 총체적 지식과 행위 - 인간의 혁신적 실천 활동 - 설계하고 창조하는 지식체 - 문제를 해결하기 위한 과정
• 기술의 결과	- 개인, 사회, 환경에 영향 - 인간의 독창적 연구결과

적과 합법칙성을 지적하고, 인간 행동의 주체성을 강조하는 관점에서의 설명이라고 할 수 있다. 또한 수단체계설로 기술을 설명하려는 사람들은 '인간 활동에서의 노동수단과 그 체계'를 기술이라고 한다. 이러한 입장에서는 '어떤 사회체계 내에서 발전하는 노동수단', '자연에 관한 인식에 기초하여 인간이 창조하는 노동수단의 총체' 등으로 설명한다(류창열, 2000 : 26).

이러한 개념요소에 기초하여 기술을 정의하면 다음과 같다.

> 인간의 필요와 욕구충족, 잠재능력을 확대하기 위하여 자원, 도구, 기계, 재료, 기법, 지식과 기술적 수단을 활용하여 제품이나 시스템을 설계, 생산, 통제, 유지하는 인간의 혁신적 문제해결 활동이다(최유현, 2005).

여기서 '인간의 필요와 욕구충족, 잠재능력의 확대'는 기술의 목적을 의미하며, '자원, 도구, 기계, 재료, 기법, 지식과 기술적 수단을 활용'하는 것은 기술의 대상과 요소를 뜻하며, '제품이나 시스템[3]을 설계, 생산, 통제, 유지'하는 과정활동은 기술의 과정을, 그리고 '인간의 혁신적 문제해결 활동'은 기술의 방법을 뜻한다고 볼 수 있다.

다. 기술의 개념적 접근방법

기술의 개념을 좀더 다양한 시각에서 확인하기 위해서는 다학문적 관점에서 논의되는 개념의 접근방법을 이해할 필요가 있다.

Mitcham과 Mackey(1972)는 인식론, 인류학, 사회학적 접근방법에 기초하여 기술의 개념을 논의하였고, DeVore(1980)는 기술의 개념에 접근하는 방법으로 현상학적 관점을 추가하여, 기술의 개념적 접근방법으로 ① 인식론적 접근방법 ② 사회학적 접근방법 ③ 인류학적 접근방법 ④ 현상학적 접근방법 네 가지를 다음과 같이 제시하였다(정수진, 2004).

> 인식론적 접근관점에서 가장 강조되는 기술의 개념요소는 지식이다. 기술을 인간의 지식으로 볼 때 문제해결, 연구와 개발 및 설계 등의 지적 과정을 포함해야 한다. 이때 사고한 것을 적용하는 지적 과정에서 특히 강조된 것은 인간의 창조성과 발명, 혁신이다. 기술 지식은 인간의 능력과 잠재력을 확장시키기 위한 것으로 목적성, 효율성, 실제성, 유용성, 실용성을 지닌다. 기술은 과학과 밀접한 관계를 갖지만 단순히 응용과학으로는 인식하지 않으며 차별성을 강조한다.
>
> 사회학적 접근관점에서는 기술과 인간, 사회와의 관계에서 기술의 개념을 인식하였다. 이 관점에서 기술은 인간의 사회적 활동으로, 보다 강조되는 개념요소는 사회 상황과의 상호작용, 기술의 사회적 · 경제적 · 정책적 · 윤리적 · 환경적 상호간의 영향, 그리고 문제해결 및 새로운 기회의 창출, 인간의 필요와 욕구충족이다.
>
> 인류학적 접근관점에서 기술은 인간의 본성이자 본질적인 요소로 기술의 핵심적인 개념요소는 인간의 발명, 혁신, 창조성, 그리고 인간의 잠재력 확장이다. 인간의 기원으로 보는 호모 사피엔스(homo sapiens)의 출현에 지대한 영향을 미친 기술의 핵심을 발명이라고 강조한다. 다른 관점과는 달리 이 관점에서 기술은 문화 요소로서의 특성이 강조된다. 기술은 인간의 본질적 · 혁신적 · 창조적인 활동으로서 역사적 변화에 중요한 역할을 수행했으며, 인류의 문명발달에 기초가 되어 왔다. 따라서 기술은 사회적 · 문화적 · 역사적인 상황과 그 영향을 주고받는다.

---

3) 기술적 활동의 산물은 크게 기술적 제품(artifacts)과 컴퓨터, 설비 등의 기술적 시스템(system)으로 구분할 수 있다.

현상학적 접근관점에서 기술은 인간이 사회적인 환경에 적응하기 위한 하나의 시스템이다. 이 관점에서 기술의 핵심적인 요소는 지식, 도구, 기계, 시스템의 창조와 이용이다. 기술은 인간 존재의 본질적인 요소로서 기술의 결과물인 물질적 대상을 통하여 인간이 살아가는 세계를 경험, 이해 그리고 확장시킴으로써 인간의 능력과 잠재력을 향상시킨다.

접근방법에 따라 도출된 기술의 개념요소에 따르면, 기술을 방법이나 수단, 기능 또는 재료나 기계, 도구와 같은 물질적 대상의 관념으로 이해한다기보다는 오히려 인식론적 관점과 인류학적 관점에서는 과정적 요소인 발명, 혁신, 창의성, 문제해결을 더욱 강조하고 있고, 사회학적 관점과 현상학적 관점은 기술과의 상호작용 관계와 그 영향에 대하여 관심이 있음을 알 수 있다.

각 접근방법에 따라 구명된 기술의 개념요소는 [표 1-3]과 같다. 기술의 접근관점은 인식론적 · 사회학적 · 인류학적 · 현상학적 관점을, 그리고 개념요소는 각 관점에서 구명한 개념요소를 의미하며, 주요 관계는 접근관점마다 기술의 인식에 초점을 두는 관계를 나타낸 것이다(정수진, 2004).

[표 1-4]는 기술의 개념요소로 구명된 속성들이 어떤 관점에서 강조되고 있는지를 보여준다(정수진, 2004).

도출된 각각의 개념요소는 서로 간에 유기적인 관계를 맺으며, 각 요소 간에도 중첩됨과 누가적인 요소가 있다. 왜냐하면 대부분 한 개념에 포함된 속성들은 상호 독립적이라기보다는 상관적인 관계를 가지기 때문이다. 이러한 개념요소들이 서로 결합됨으로써 '기술'이라는 개념을 형성하는 것이다.

여기서 확인할 수 있는 결론은 기술의 개념이 인간-사회-문화-세계와의 밀접한 관련 속에서 그 개념이 다양한 시각으로 정의될 수 있다는 점이다. 이는 기술교과 교육에서 기술의 개념이 인식론적 · 사회학적 · 인류학적 · 현상학적 관점에서 조망의 필요를 말해 준다.

[표 1-3] 접근방법에 따라 도출된 기술의 주요 관계와 개념요소

접근 관점		주요 관계		개념요소
인식론적	➡	인간-기술-**지식**	➡	• 지식 • 학문 • 사고의 적용 • 지적 과정 • 문제해결 • 설계 • 연구개발 • 발명, 혁신 • 창조성 • 인간의 능력확장 • 인간의 잠재력 신장 • 목적성, 유용성, 실용성, 효율성, 실제성 • 단순히 응용과학이 아닌 과학과의 밀접한 관계
사회학적	➡	인간-기술-**사회**	➡	• 사회의 본질과 특성과의 관계 • 사회상황과의 상호작용 • 사회적 · 경제적 · 정책적 · 윤리적 · 환경적 영향 • 인간의 활동 • 문제해결 • 새로운 기회창출 • 발명, 혁신 • 비판적 사고, 의사결정 • 목적성, 유용성, 실용성, 효율성, 실제성 • 인간의 신체적 · 지적 · 사회적 능력 확장 • 인간의 잠재력 확장 • 자연적 · 인공적 환경의 개발과 변화 • 인간의 필요와 욕구충족
인류학적	➡	인간-기술-**문화**	➡	• 문화 • 발명, 혁신 • 창조성 • 문제해결 • 연구와 개발 • 인간의 본질적인 요소 • 인간의 조작적 본성 • 인류 문명발달의 기초 • 수행과 제작 • 인간의 행위 • 인간의 본질적 · 혁신적 · 창의적 활동 • 사회적 · 문화적 · 역사적 영향 • 인간의 신체적 · 지적 · 사회적 능력 확장 • 인간의 잠재력 신장 • 자연적이고 인공적인 환경의 개발과 변화 • 인간의 필요와 욕구충족
현상학적	➡	인간-기술-**세계**	➡	• 인간의 적응 • 인간이 살아가는 세계의 경험과 확장, 이해 • 지식, 도구, 기계, 시스템의 창조와 이용 • 인간 존재의 본질적인 요소 • 실천 • 결과물 산출 : 물질적 대상 • 인간의 본질적 · 혁신적 · 창조적 활동 • 인간, 사회, 문화 과정과의 관계 • 인간의 능력 확장 • 인간의 잠재력 확장 • 물리적인 세계의 변화 • 문제해결 및 새로운 기회창출

[표 1-4] 기술의 개념요소

개념요소	인식론적	사회학적	인류학적	현상학적
지식	○			
학문	○			
인간의 활동		○	○	○
– 본질적인			○	○
– 혁신적인		○	○	○
– 창의적인		○	○	○
문화			○	
인간의 행위			○	
인간의 노력			○	
실천				○
발명	○	○	○	
혁신	○	○	○	
문제해결	○	○	○	
창조성	○		○	
지적 과정	○			
설계	○			
연구와 개발	○		○	
사고의 적용	○			
단순히 응용과학이 아닌 과학과의 밀접한 관계	○			
수행과 제작			○	
인간의 신체적 · 지적 · 사회적 능력 확장		○	○	○
인간의 잠재력 신장		○	○	○
인간과 사회상황과의 상호작용		○		
사회적 · 문화적 · 경제적 · 정책적 · 윤리적 · 환경적 영향		○		
인간과 사회, 문화과정과의 관계		○	○	○
인류 문명발달의 기초			○	
자연적 · 인공적 환경의 개발과 변화		○	○	
물리적인 세계의 변화				○
새로운 기회창출		○	○	
인간의 필요와 욕구충족		○	○	
결과물의 산출 : 물질적 대상				○
인간의 적응				○
인간이 살아가는 세계의 경험과 확장, 이해				○
지식, 도구, 기계, 기법, 시스템의 창조와 이용				○
목적성, 유용성, 실용성, 효율성, 실제성	○	○		
인간의 본질적인 요소			○	○
인간의 조작적 본성			○	

2. 기술교과 교육의 개념

가. 기술교과 교육의 명칭과 개념 연구

기술교과 교육은 일반적으로 초 · 중등학교 교양교육으로 부과되는 교육을 말한다. 기술교과 교육은 학문적으로 **기술학적 지식**(technological knowledge)체계와 방법론에 기초하지만, 국가마다 교과명칭을 달리 표현하고 있으며, 교육과정 변천에 따라 그 명칭이 변화되어 왔다. 특히 우리나라의 경우는 초등학교에서는 실과교육에 포함되어 있고, 중등학교에서는 기술 · 가정 교과에 통합되어 있다. 그러나 교과교육학의 학문적 개념은 전통적으로 기술교과 교육의 범주에서 논의되어야 한다.

특히 미국을 중심으로 한 **기술교육**(technology education or technology and engineering education)과 영국 중심의 **설계 · 기술**(design & technology) 교과 명칭은 약간의 차이가 발견되지만, 최근에는 서로의 장점들을 반영하는 추세이므로 모두 기술교과 교육학의 범주로 보아야 할 것이다. 특히 미국에서는 2020년에 기술 및 공학 소양 표준(Standards for Technological and Engineering Literacy)를 발표하여 기술 · 공학 교육으로의 변화를 공식화하였다.

<그림 1-2> 기술 · 공학 소양 표준(STEL, Standards for Technological and Engineering Literacy, International Technology and Engineering Education Association, 2020) 및 한국어판(최유현 외 역, 2021)

[표 1−6]과 같이 기술 및 설계 · 기술 교과는 엄밀히 약간의 차이점이 발견된다. 특히 기술은 기술적 시스템과 내용에 기초를 둔 **문제해결**(problem solving) 과정을 통한 **기술적 교양**(technological literacy)을 목적으로 하고 있고, 설계 · 기술은 인간의 필요와 욕구에 기초를 둔 **설계과정**(design process)에 의한 **기술적 능력**(technological capability)을 목적으로 하고 있는 점이다.

[표 1−5] 주요국의 기술교과 교육의 명칭 변화

국 가	교과명의 변천
한 국	기술(1970) → 생활기술(중)/산업기술(고, 1981) → 기술(1987) → 기술 · 산업(1992) → 기술 · 가정(1997 ~ 현재)
미 국	Manual Arts(수공예) → Industrial Arts(산업 공예) → Industrial Technology Education(산업기술교육) → Technology Education(기술교육) → Technology and Engineering Education(기술 · 공학교육)
영 국	Handicraft(수기공작, 1913) → Design and Craft(설계 및 공작, 1970) → Design and Technology(설계 · 기술, 1974) → Craft, Design & Technology(설계, 공작, 기술, 1978) → Technology(기술 ; Design and Technology / Information Technology, 1991) → Design and Technology(설계 · 기술, 1999 ~ 현재)/ Computing (컴퓨팅)

[표 1−6] 기술(Technology)과 설계 · 기술(Design and Technology)의 비교

구분	기술(Technology)	설계 · 기술(Design & Technology)
교과대상	기술학적 시스템	인간 필요와 욕구
목적	기술적 교양(technological literacy)	기술적 능력(technological capability)
목표	개념 중심	총체적(holistic) 설계에 의한 생활
강조점	원리, 사고	원리, 가치, 사고
활동	모둠 중심	수공적(hands on) · 정신적(minds on)
방법	문제해결(problem solving)	설계과정(design process)

그러나 미국 기술 국가 교육과정 표준(ITEA, 2000, ITEEA 2020)의 보고서를 보면 기술 교과에서도 설계과정, 과정 중심의 교육과정을 반영하고 있는 점은 이러한 구분에 한계가 있을 수 있다. 특히 기술적 교양에서 기술적 능력의 요소를 포함하여 개념화하고 있는 점(Pearson & Young, 2002 : 14-15)도 같은 맥락이다.

Snyder & Hales(1981)의 '잭슨 밀 기술교과 교육과정 심포지엄 보고서'에서는 기술교과 교육을 "기술교과는 고유한 지식체를 갖고 있으며, 기술적 지식을 제공하고 인간의 잠재력을 신장시켜 주는 학교 교육의 한 교과이다. 기술과 산업에 관한 종합적 교육 프로그램으로, 기

술면에서는 기술의 발달, 기술의 이용 및 중요성 등을 다루며, 산업면에서는 산업의 조직, 인사제도, 시스템, 기법, 자원, 생산품 등을 다룬다. 또한 이들은 기술과 산업의 사회적 · 문화적 영향을 다룬다"라고 정의하였다(류창열, 2000 : 51, 재인용).

ITEA(1985)는 기술교과 교육을 "산업의 조직, 인사제도, 시스템, 기법, 자원, 제품과 관련된 기술적 수단, 진보, 이용, 중요성과 그 사회적 · 문화적 영향을 다루는 포괄적인 실천 중심 교육 프로그램"이라고 정의하였고, Savage & Sterry(1990 : 20)는 기술교과 교육을 '개인, 사회, 문명에 영향을 미치는 기술을 탐구하는 교과'로 정의하였다(in Bensen, 1995 : 14).

한편, Wright, Israel & Lauda(1993 : 6)는 기술교과 교육을 "학생들이 기술적 제품이나 시스템을 설계하고, 생산하고, 활용하고, 기술적 활동의 적절성을 평가하는 과정에서 이해력과 능력을 개발하도록 돕는 프로그램"이라고 정의하였다.

그러나 이러한 정의들은 기술교과 교육의 기본적 개념인 목적, 내용, 방법 등을 포괄적으로 개념화하지 못한 한계를 보인다.

류창열(2000)은 "기술과 교육(technology education)은 '기술학의 지식체계에 기초한 보통교육(general education)'으로 '과학적 지식(scientific knowledge)'을 실생활에 적용해 보는 '실천적 학습(manipulative activity)'을 통하여 '기술적 소양(technological literacy)과 기술적 능력(technological capability)'을 함양하여 현명한 생활인으로서의 자질을 기르고, 개인의 '직업을 탐색할 수 있는 능력을 기르는 교과교육이다"라고 정의하고 있다. 즉 류창열의 정의는 학문적 토대, 기술교과 교육의 궁극적 목표와 목적, 방법, 가치 등을 적절히 반영한 의미 있고 진일보한 정의를 마련하였다. 그러나 기술교과 교육의 목적, 내용, 방법 등의 구체성이나 또 다른 범주의 가능성 측면에서 얼마든지 다른 내용의 정의가 존재할 수 있다.

기술교과 교육의 개념을 새롭게 정의하기 위하여 기술교과 교육이 추구하는 목표, 다루어지는 내용, 방법론, 활동과정 등의 기술교과 교육의 핵심 개념이 구체화되면 기술교과 교육의 조작적 정의가 가능하다.

나. 기술교과 교육의 목표 탐색

기술교과 교육은 시민, 진로, 소비자로서 역할을 통하여 기술 사회에서 적극적으로 참여하고 기여하도록 학생들을 준비시켜 준다. 기술교과 교육은 학생들이 기술적으로 교양(literacy)과 능력(competent)을 갖추도록 돕기 위해 다음과 같은 목표를 설정하였다(Wright, Israel & Lauda, 1993 : 7).

- 개인적 · 집단적 요구를 충족시키기 위하여 적절한 기술적 제품과 서비스를 선택한다.
- 기술적 제품과 시스템을 생산하는 데 어떻게 기술이 활용되는지를 이해한다.
- 기술적 정보와 아이디어들을 효과적으로 의사소통한다.
- 역사적 · 사회적 맥락에서 기술을 설명한다.
- 기술적 장치와 시스템을 설계하는 데 문제해결, 의사결정, 발명, 혁신을 활용한다.
- 기술적 장치를 만들기 위하여 도구, 재료, 기계를 효율적으로 사용한다.
- 기술적 장치를 적절하게 선택, 작동, 유지, 폐기한다.
- 기술의 개인적 · 사회적 · 경제적 · 환경적 영향을 평가한다.
- 시민, 소비자, 유권자, 직업인으로서 기술 사회에서 참여하기 위한 적절한 대인관계 기술을 활용한다.

기술적 교양은 "기술을 사용하고, 다루고, 평가하고, 이해하는 능력(the ability to use, manage, assess, and understand technology)"(ITEA, 2000 : 9)으로 간략히 정의할 수 있다. 기술적 교양은 지식(knowledge), 사고와 실천방법(ways of thinking and acting), 능력(capabilities) 등의 세 가지 독립적인 차원을 갖는다(Pearson & Young, 2002 : 14-15)는 정의에서와 같이 다소 포괄적인 접근의 정의도 발견된다. 특히 기술교과 교육의 목적을 기술적 교양에 둔다고 가정하면, 그 범위는 포괄적인 접근이 불가피하다. 특히 학자에 따라 기술적 교양과 기술적 능력을 분리하기도 하지만, 기술적 능력을 기술적 교양에 포함시켜 개념화한 것은 의미 있는 접근이다. 최유현(1995)도 기술적 교양 개념구조의 세 가지 변인, 즉 기술적 교양의 탐구영역, 기술적 교양의 습득단계, 기술적 교양의 능력변인으로 설정한 것과 맥락을 같이 한다.

특히 기술교과 교육의 목적에서 손(hand)과 정신(mind)의 동시적 배려는 손과 정신의 상호작용을 밝힌 연구에서도 이를 잘 확인해 주고 있다(McCormick, 2002 : 94).

특히 기술교과 교육의 개념을 정의하기 위해서는 다소 선언적이고 지향점이 모아지는 기술교과 교육의 목표 진술이 필요하다. 이러한 점에서 우리나라와 선진외국의 기술교과 동향[4]을 반영할 때, 기술교과 교육의 목표로 기술적 교양을 설정하는 일은 당연한 귀결이다.

또한 기술적 교양을 목표로 상정한 기술교과 교육은 직업교육이 아닌(non-vocational education) 교양교육(general education)의 특성을 담고 있다. [표 1-7]에서 보면 기술교과 교육과 관련된 용어들은 그 교육의 궁극적 목적에 따라 교양교육과 직업교육으로 대별될 수 있다.

---

4) 특히 미국의 최근 동향 중 가장 두드러진 것은 TfAAP(Technology for All Americans Project)의 2차 보고서의 기술교과 교육내용 표준의 타이틀을 "Content Standard for Technological Literacy"(ITEA, 2000)로 정한 것에서 기술적 교양의 중요성과 주된 목표로서의 상정을 이해할 수 있다. 또한 우리나라 제7차 기술 교육과정 해설서에서는 궁극적으로 목표를 기술적 교양에 둔다고 진술하고 있다(교육부, 2001).

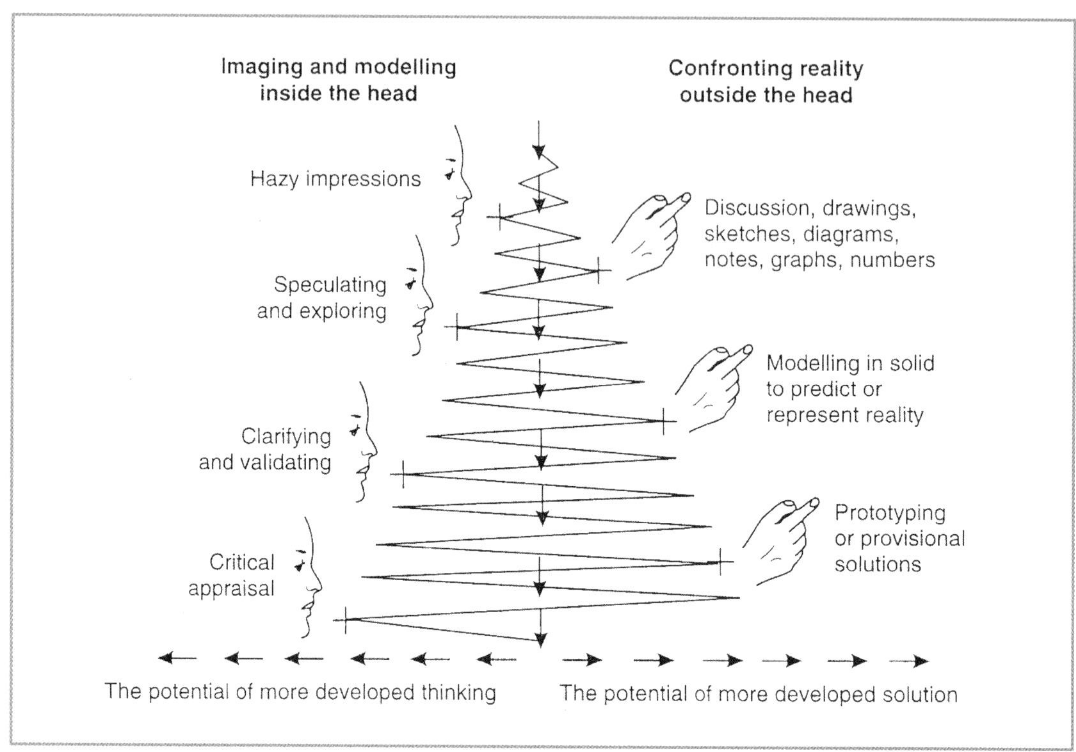

<그림 1-3> 정신(mind)과 손(hand)의 상호작용

[표 1-7] 일과 관련된 교육용어의 구분

구 분	일반적 교양교육	전문적 직업교육	
국내에서 사용하는 용어	• 실과교육 • 기술과(교과) 교육 • 가정과 교육 • 실업 · 가정과 교육 • 기술 · 가정과 교육 (로속과 공학의 세계, 창의공학설계, 지식재산일반)	• 직업교육 • 실업교육 • 산업교육 • 농업교육 • 수산교육 • 컴퓨터교육 • 가사교육	• 직업기술교육 • 실업기술교육 • 기술교육 • 상업교육 • 공업교육 • 전산교육 • 실업가정교육
외국에서 사용하는 용어	• Manual Arts Education • Practical Arts Education[5)] • Home Economics Education • Industrial Arts Education • Industrial Technology Education	• Vocational Education • Vocational Agriculture Education • Vocational Industrial Education • Vocational Business Education • Agriculture Education	

5) 1916년 미국국가교육연합위원회(A Committee of the National Education Association)에서는 'Practical Arts Education'을 다양한 비직업적 교육(non-vocational education)인 일반 교양교육으로 가사, 기초 원예 및 농업 교육, 상업 교육, 수공 훈련(manual training), 공작교수법(sloyd ; 스웨덴식 木刻 중심의 수공 교육), 수공예(manual arts), 기예(arts and crafts) 등의

외국에서 사용하는 용어	• Technology Education • Technology and Engineering Education • Design and Technology(영) • Information Communication Technology / Computing(영) • Industrial Technology(프, 중등) • Science · Technology(프, 초등) 家庭, 生活, 理科, 圖畵工作(일본, 북한, 초등) • 技術 · 家庭(일본, 중등) • Sachunterricht(독, 초등) Arbeitslehre (Arbeit/Wirtschaft/Technik)근로/경제/기술 AWT/(독, 중등)	• Industrial Education • Industrial/Trade Education • Business Education • Occupational Education • Commercial Education • Vocational Training Education • Technical Education (Technician) • Engineering Education (Engineer)

한편, 2022년 기술 교육과정에서는 인간의 혁신적인 활동과 관련된 기술에 대한 지식과 이해, 사고 과정과 기능, 추구하는 가치와 태도를 형성하여 기술적 소양을 갖추게 하고, 그 과정에서 기술적 문제해결에 대한 사고 발현 및 계발 역량 함량을 목표로 삼고 있다(교육부, 2022).

다. 기술교과 교육내용의 탐색 : 기술학의 지식구조

[표 1-8]에서 주요 나라들의 기술교과 교육의 내용을 보여 주고 있는데, 한국과 미국이 기술학(the study of technology)의 지식체계에 기초하여 내용이 구성되어 있다. 미국은 전통적으로 제조기술, 건설기술, 수송기술, 통신기술을 주된 교육내용으로 설정해 오다가, 근래에 생물기술이 추가되어 5개 영역이 주를 이루고 있다. 특히 ITEA의 TfAA(1996)에서 제시한 내용영역은 물리적 기술(제조, 건설, 수송), 정보통신기술, 생물기술로 제시하고 있다.

그리고 영국은 전통적으로 문제해결과 설계활동을 중심으로 한 과정 중심(process oriented)

영역을 의미한다고 정의하였으며, 1943년 Struck은 광범위하고, 일반적인 개념으로서 농업(agriculture), 상업(business), 가사(homemaking), 공업(industry) 영역에 관한 기본적 기능 개발과 유용성 있고 실용성 있는 기술의 이해와 안목을 갖기 위한 교과로 정의하였다. 그리고 다소 유사한 정의이지만 Mays(1948)는 농업(agriculture), 사무 작업(business work), 가정관리(home economics), 공업적 제작 활동(industry work) 영역으로 정의하였다(in Roberts, 1971 : 10-11). 이러한 논의에 기초하여 1956년 Byram과 Wenrich는 'Practical Arts Education'을 직업 기술 교육의 주요 영역인 공업, 가사, 농업, 상업 등의 조직, 재료, 과정, 제품 등을 다루는 교양 교육이라고 제시하였다. 한편 미국직업교육협회(American Vocational Association, 1971)가 펴낸 '직업 · 기술 용어집'에는 수기적 특성(manipulative nature)을 갖는 교육으로서, 모든 사람들에게 가치 있는 비직업적인 면에서 여가 시간을 위한 흥미, 소비자적 지식, 창의적 표현, 가정 생활, 손 기능, 기술적 개발, 그리고 유사한 결과를 가져오는 기능을 갖는 교육의 한 형태(in Roberts, 1971 : 11)로 정의하고 있다.

의 **교육과정**에 바탕을 두고 있다. 2008년 개정된 영국 국가교육과정에서는 설계 기술 교과의 중요성에서는 학생들의 창의적, 기술적 문제해결과 더불어 교육과정 목표에서 추구하는 전인적 쟁점의 이해를 관련시켜 주지시키고 있음을 알 수 있다. 즉 설계 기술 교과를 배우면 학생들이 개인적, 사회적, 경제적 웰빙의 성취를 돕는 교과로서의 정당화를 논의하고 있다. 또한 설계 기술 교과는 깊이 있고 광범위한 지식, 기능, 이해를 위한 설계와 만들기(designing and making), 문화적 이해(cultural understanding), 창의성(creativity), 비평적 평가(critical evaluation)를 제시하고 내용과 범위로 재료(materials) 시스템(systems), 제어(control)의 세 영역과 식품(food), 섬유(textiles) 중에서 적어도 1개 영역을 포함해야 한다고 제시하고 있다.

일본의 경우는 2008년 개정 교육과정에서 기술·가정 교과의 기술 영역은 재료와 가공에 관한 기술, 에너지 변환에 관한 기술, 생물 육성에 관한 기술, 정보에 관한 기술'의 4개로 제시하고 있다.

종합적으로 볼 때, 방법이 아닌 내용의 관점에서 기술학적 지식체계의 관점에서 볼 때, 미국과 한국의 구조가 큰 설득력을 갖는다. 이러한 내용구조는 기술적 학문구조로서 보편적 원리로서 타당성을 갖는다고 볼 수 있다.

기술교과 교육의 내용의 무엇보다도 많은 학자들은 기술교과 교육은 기술학(the study of technology)의 지식체계에 기초해야 한다고 주장한다(김진순, 1990 ; 류창열, 2000). 이 기술학은 기본적으로 제조기술, 건설기술, 수송기술, 정보통신기술, 생물기술의 다섯 가지로 보는 데는 큰 이견은 없다. 다만 이러한 구조를 물리적 기술, 정보통신기술, 생물기술로 통합하여 보는 견해(ITEA, 1996)도 있지만, 이는 물리적 기술이 결국 제조기술, 건설기술, 수송기술을 포함하는 경우이므로 다른 접근은 아니다. 그러나 다른 차원으로 볼 수 있지만, 이러한 지식과 내용에서 기술과 인간, 기술과 사회, 기술과 환경 등의 영향적 변인도 함께 고려할 필요가 있다.

2022년 기술 교육과정에서는 기술학의 내용 요소에 해당하는 기술과 사회, 재료와 제조, 구조물과 건설, 에너지와 수송, 자동화와 정보통신, 생명과 의료 분야, 식량자원 등에 대한 지식을 설계, 생산, 유지, 평가하는 학습과정 및 기술적 문제해결과정의 경험을 제공한다고 제시하고 있다(교육부, 2022).

[표 1-8] 기술학적 지식의 구조로서 주요국의 기술교과 교육내용

국가	기술적 내용	특징	근거
한국	[중학교] • 기술의 이해와 미래 사회 • 기술의 활용 • 기술적 문제 해결 • 발명과 지식재산 • 재료의 종류와 활용 • 제품의 설계와 제작 • 친환경 에너지 자원 • 수송 수단과 물류 • 건축 구조물과 사회기반시설 • 구조물의 계획, 설계, 시공 및 유지관리 • 전기전자 부품과 회로 • 정보통신과 인공지능 기술 • 기계요소와 운동 • 로봇과 제어 • 생명기술과 지속가능 • 기술의 융합과 미래 [고등학교] • 공학의 역사와 미래 • 공학의 개념과 설계 과정 • 공학과 융합 • 공학 소양 • 다양한 공학 분야와 진로 • 디지털 기반 설계와 제조 • 로봇과 자동화 • 친환경 에너지와 에너지 전환 • 첨단 수송수단과 항공우주 • 초연결사회와 정보통신 공학 • 스마트 도시와 건설공학 • 생명공학과 의공학 • 첨단 융합공학	- 기술-가정 - 내용체계 핵심아이디어 지식 · 이해 과정 · 기능 가치 · 태도로 제시 - 고, 공학 중심	2022년 개정 교육과정
미국	• 기술 · 공학 교육의 핵심 표준(8개) 기술과 공학의 본질과 특성 기술과 공학의 핵심개념 지식, 기술, 실천의 통합 기술의 영향 사회의 기술 발전에 대한 영향 기술의 역사 기술과 공학 교육에서 설계 기술적 제품과 시스템의 적용, 운영, 평가 • 기술 · 공학 교육의 실천역량 표준(8개) 1. 시스템 사고(Systems Thinking) 2. 창의력(Creativity) 3. 만들기와 실천하기(Making and Doing)	- Technology Engineering Education - 국가 교육과정 표준 - 주별 교육과정 표준이나 지침 운영 - 최근 STEM 강조로 공학과 통합적 교육 강조	ITEEA, 2020

미국	4. 비판적 사고(Critical Thinking) 5. 낙관(Optimism) 6. 협업(Collaboration) 7. 소통(Communication) 8. 윤리에 대한 관심(Attention to Ethics) • 기술 · 공학 교육의 맥락(내용) 표준(8개) 1. 계산, 자동화, 인공지능, 그리고 로봇(Computation, Automation, Artificial Intelligence, and Robotics) 2. 재료의 변환과 처리(Material Conversation and Processing) 3. 수송 및 물류(Transportation and Logistics) 4. 에너지와 동력(Energy and Power) 5. 정보 통신(Information and Communication) 6. 만들어진 환경(The Built Environment) 7. 의료와 건강 관련 기술(Medical and Health-Related Technologies) 8. 농업과 생물학적 기술(Agricultural and Biological Technologies)		
영국	• 각 KS 단계에서 설계, 제작, 평가, 기술적 지식을 제시하고 있음 • 재료(materials) 시스템(systems), 제어(control), 영양(food), 섬유(textiles) 등의 내용이 있음	– Design and Technology '설계 · 기술' 교과명으로서, 초중고등학교 수준에서 필수교과로 부과됨 – 내용보다 과정 지향 구조 – 가정적 내용도 포함(음식, 섬유 등) – 컴퓨팅 교과 독립교과	National Curriculum(2008, 2013) McCormic(2002)
일본	• 재료, 가공, 생물육성, 에너지 변환, 정보 등의 전문분야에 관한 중요한 개념 등에 기초한 교육내용 • 프로그래밍이나 네트워크나 데이터를 활용 • 지적재산을 창조 · 보호 · 활용	실천적, 체험적인 활동, 기술에 관한 기초적인 이해, – 사회 속에서 기술과 관련된 문제 해결, 기술을 구상하고 창조하려는 태도 등을 육성하는 것을 목표 지식 · 기능 – 사고력 · 비판력 · 표현력 등 배움을 향한 능력, 인간성 등	문부성(2016) 심의자료

라. 기술교과 교육방법의 탐색

기술교과 교육의 교과교육적 차원에서 문제해결은 '**기술과 교육의 방법적 철학**(technological process)'을 제공하고, 기술의 본질적 활동인 인간의 잠재능력을 확대하기 위한 **발명적 · 혁신적 전략**(invention and innovation)의 구체적인 사례이고 전략이다(ITEA, 2000). 기술이 새로운 창조와 혁신적 과정이라는 사실을 감안할 때, 이 접근은 그 구체적인 증거이고 전략인 셈이다.

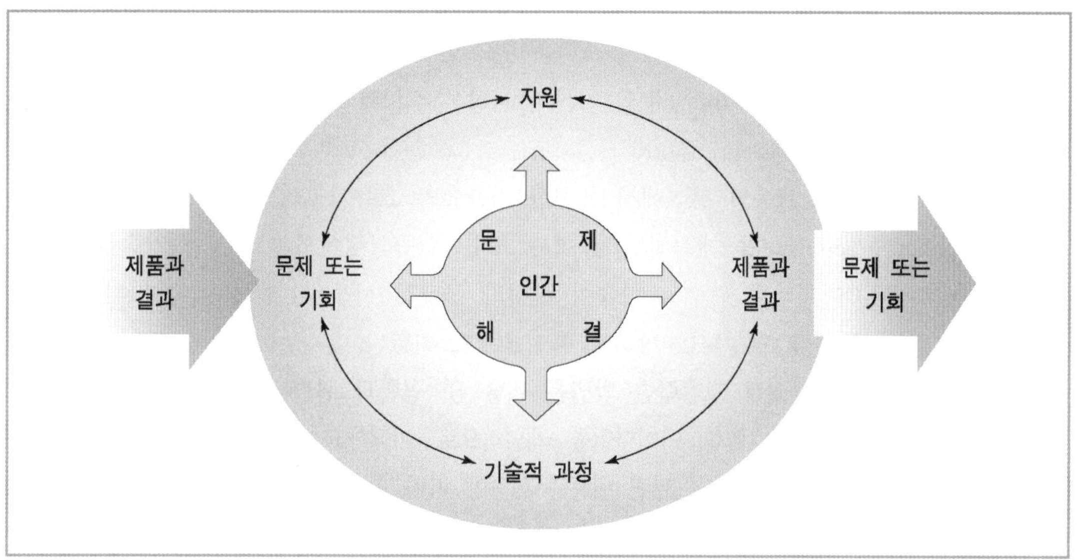

<그림 1-4> 기술적 방법모형(The Technological Method Model)

특히 기술교과 교육의 방법모형이 제시되었는데(Bensen, 1995 : 13), 이 모형은 인간이 어떻게 문제해결 노력을 하는지 관련되어 있다. 또한 이 모형은 인간이 기술을 활용하기 위한 능력을 개선하고 효율적인 실천의 법칙을 확인해 주고 있다.

Bame & Booth(2000 : 22)는 기술적 문제해결의 자연적 설계 과정활동은 지난 10여 년간 가장 핵심적인 기술교과 교육의 학습과 방법이라고 주장하고 있는 사실은 이를 잘 반영해 준다.

문제해결은 기술교과 교육의 지식활용 차원에서 '**절차적 지식**(procedural knowledge)**의 활용**' '**통합적 지식활용**(integration of knowledge)' '**실제적**(real-world) **맥락 강조**'를 추구하고 있다. 이러한 특징들은 기술교과 교육이 갖는 특징이며 학습의 풍부한 자원으로서의 본질적 요소이기도 하다(Johnson, 1997 : 169-175). 기술교과 교육의 학습방법 차원에서 문제해결은 '**인지과정 중심 사고와 활동**(higher order thinking)' '개방적 문제(open ended problem)로 확산적 사고 유도' '구성주의(constructivism)적 학습환경'이라는 특성을 갖는다. 이는 문제해결이 인지과정 중심 사고절차를 갖고, 해결방안을 탐색하기 위한 확산적 사고와 그 탐색된 아이디어를 평가하고 의사를 결정하는 수렴적 사고에 기초하고 있다(최유현, 2004).

또한 기술교과 교육에서는 **고등사고능력**(higher order thinking skills)을 촉진시키는데, 사회적 상호작용(social interaction)과 팀워크가 효과가 있음을 강조해야 한다(Miranda, 2000 : 59). Osgood(1921 : 1)은 인류 역사의 시작부터 인간의 욕구를 보다 충족시키기 위하여 손과 정신을 사용하고, 서로 보호하기 위하여 집단으로 함께 일하는 방법을 학습해 왔다고 주장하였다(in Wright, Israel & Lauda, 1993:1). 즉 기술적 활동의 학습은 본질적으로 협동적 일의 수행의 특성을 갖는다고 볼 수 있다.

또한 기술교과 교육에서의 학습활동의 기본적 지향은 **실천적 학습**(practical learning ; manipulative learning ; hands-on learning ; learning by doing)에 기초를 두고 있다. 류창열(2000 : 37)은 기술교과 교육의 정의에서 표현한 기술교과 교육의 학습방법으로 '실천적 학습활동(manipulative activity)'을 제시하였다. 이는 교수 · 학습과정에서의 특징을 기술한 것으로 기술교과의 학습은 지식전달 위주의 학습이 아니라 구체적 사물을 대상으로 제작하고, 조작하는 실천적 학습을 통해 형성되는 방법적 특성을 강조하였다.

2022 교육과정의 기술교과 교수학습 방법은 기술 및 공학과 관련된 문제 상황을 협력하여 해결하도록 제시한다. 또한 핵심 아이디어를 개념적으로 이해하고 탐구하며, 직접적인 체험을 통해 실천하도록 한다. 따라서 기술 관련 내용과 활동에 따라 학습자 주도의 문제해결 학습, 프로젝트 학습, 문제 중심 학습, 실험·실습, 토의·토론 학습, 협동 학습, 디자인 씽킹, 역할 놀이, 사례 연구 등 다양한 방법을 적절히 활용하되, 특히 학습자의 삶과 연계된 학습을 위해 활동이나 실제 사례에 초점을 두도록 한다(교육부. 2022)

즉 기술교과 교육에서는 방법의 기본지향은 학습의 절차로서의 문제해결, 학습의 구조로서는 협동학습에 바탕을 두며, 이러한 학습은 기본적으로 실천적 학습경험 속에서 이루어져야 한다.

마. 기술교과 교육과정 활동의 탐색

기술교과 교육에서 과정적 활동을 면밀히 분석해 보면, 일련의 절차적 과정이 있음을 확인할 수 있다. Wright, Israel & Lauda(1993 : 5)는 기술교과 교육의 새로운 조직자로서의 **기술적 활동접근**(technological actions approach)에 기초한 교육과정 모형을 제안하였는데, 이 모형은 기술적 시스템이 개발되고 사용되는 데 있어서 ① 기술적 제품과 시스템을 설계하고

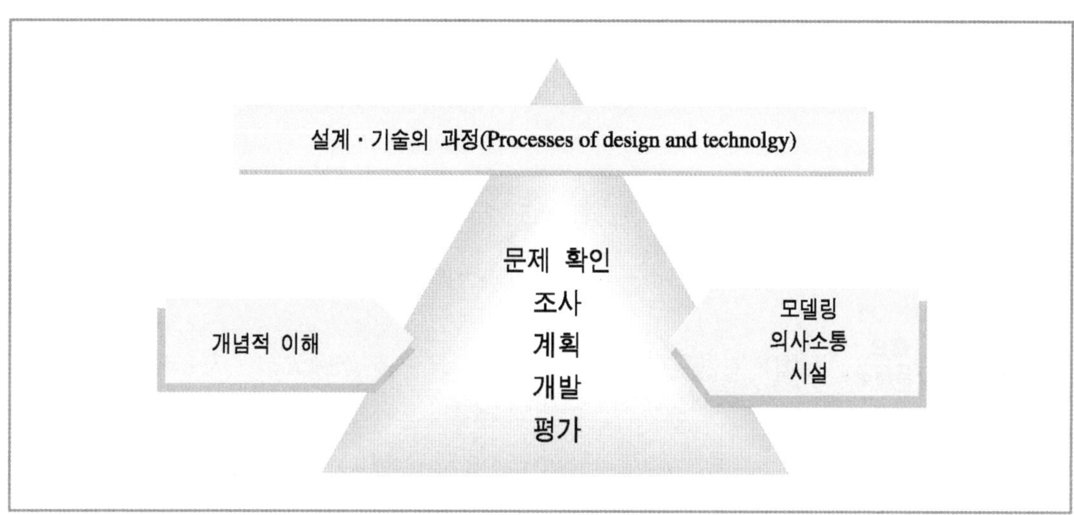

<그림 1-5> 설계 · 기술의 과정(processes)

② 도구와 기계를 이용하여 설계된 제품과 시스템을 생산하고 ③ 인간의 욕구를 충족시켜 주기 위하여 제품이나 시스템을 사용하고 ④ 개인적 · 사회적 · 환경적 영향을 평가하는 과정을 거친다고 보고 있다.

한편, McCormic(2002 : 94)은 영국의 설계 · 기술 교육(design and technology education)을 위해서 설명된 기술적 과정을 <그림 1-5>와 같이 문제 확인하기(identifying), 조사하기(investigating), 계획하기(planning), 개발하기(developing), 평가하기(appraising)로 제시하였다.

ITEA(1996)의 TfAA(Technology for All americans)의 1차년도 보고서에서 인간은 제품이나 시스템을 창조하고, 설계하고, 가공하고, 생산하고, 통제하고, 유지하고, 활용하는 기술적 과정을 기술적 맥락, 기술적 지식과 함께 제시하였다. 즉 ITEA(1996)가 제시한 기술적 과정(processes)을 ① 기술적 시스템의 설계와 개발(designing and developing) ② 기술적 시스템 활동의 결정과 통제(determining and controling) ③ 기술적 시스템의 활용(utilizing) ④ 기술적 시스템의 영향과 결과의 평가(assessing)로 제시하였다(ITEA, 1996 : 16-17).

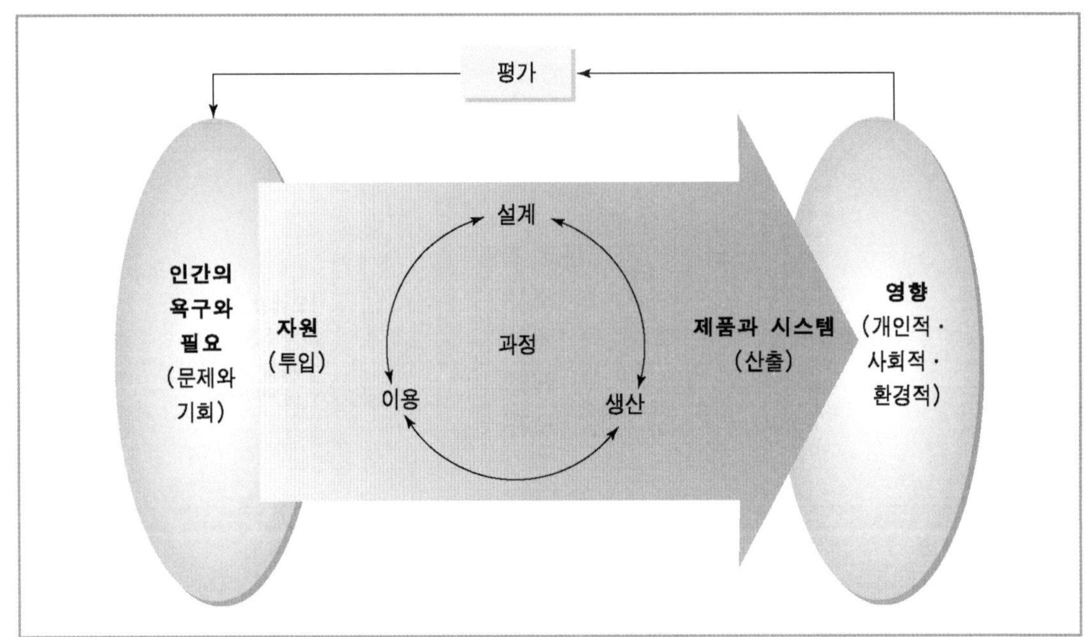

<그림 1-6> 기술의 설계-생산-이용-평가활동

결국 기술적 과정활동은 약간의 차이는 있지만, 기술을 개발하기 위한 설계과정, 그 설계에 기초한 생산과정, 생산된 제품이나 서비스를 이용하는 과정, 그리고 그 결과와 영향을 평가하는 과정으로 요약된다. 즉 기술은 새로운 제품과 시스템이 개선되고, 발명되는 혁신적 실천과정을 통해서 이루어진다.

바. 기술교과 교육의 개념화

이상의 논의에서와 같이 기술교과 교육의 목적, 지식구조와 내용, 학습방법, 과정활동 등의 기본적 범주를 명확히 하고, 그에 바탕을 둔 조작적 정의를 내릴 필요가 있다. 따라서 기술교과 교육의 범주에서 정리될 수 있는 개념은 다음과 같다.

- 기술교과 교육의 목적 측면 : 기술적 지식(knowledge), 기술적 사고(thinking), 기술적 능력(capability)에 기초를 둔 기술적 교양인(technologically literate person)
- 기술교과 교육의 내용 측면 : 기술학에 기초한 제조기술, 건설기술, 수송기술, 정보통신기술, 생물기술 등의 내용과 기술의 인간적 · 사회적 · 환경적 영향
- 기술교과 교육의 방법 측면 : 실천적(practical/hands on) 학습, 창조적 문제해결(creative problem solving), 협동적(cooperative) 일의 수행에 바탕을 둔 교육방법 추구
- 기술교과 교육의 과정활동 측면 : 기술의 설계, 생산, 이용, 평가

이러한 기술교과 교육의 목적, 내용, 방법, 과정에 기초하여 기술교과 교육은 다음과 같이 정의할 수 있다.

> 기술교과 교육은 "기술적 지식(knowledge), 기술적 사고(thinking), 기술적 능력(capability)을 가진 기술적 교양인(technologically literate)을 기르기 위하여 기술학(study of technology)의 지식체계에 근거한 제조기술, 건설기술, 수송기술, 정보통신기술, 생물기술 등의 내용을 설계하고, 생산하고, 이용하고, 그 영향을 평가하는 기술적 과정활동에 기초한 실천적 학습, 창조적 문제해결, 협동적 일의 수행에 바탕을 둔 학습방법을 경험하는 교과교육"이다(최유현, 2005).

여기서 '**기술적 지식(knowledge), 기술적 사고(thinking), 기술적 능력(capability)을 가진 기술적 교양인(technologically literate)을 기르기 위하여**'의 의미는 기술교과 교육의 목적을 진술한 것이다. 기술교과 교육의 목적을 기술적 교양에 두고 있는 점은 직업교육이 아닌 일반교육(general education)으로서의 교과의 정체성을 말해 준다. 특히 기술적 교양을 기술적 지식, 사고, 능력을 그 기본 차원으로 설정하고 있다. 특히 기술적 능력을 기술적 교양과 구별하지 않고 기술적 교양의 범주에 포함한 점은 많은 연구(최유현, 1995 ; Pearson & Young, 2002)에서 기술적 교양개념을 포함하고 있는 점을 반영하였다. 그리고 기술적 교양에 사고(thinking)를 반영한 점은 기술교과 교육에서 새롭게 강조되고 있는 정신과 사고교육의 강조를 반영한 것이다. 즉 정신성(minds on), 근육에서 두뇌로(brain over brown, Wright, Israel & Lauda, 1993 : 25), 물질에서 정신으로(mind over matter, Snyder, 2004 : 21), 지적 기능(intellectual skills,[6] Johnson, 1997 : 169-175), 유체역학으로부터 유체정신으로(from fluid mechanism to fluid intelligence, Pretzer, 2000 : 175) 등의 용어와 슬로건들이 기술교과 교육 연구에서 발견되고 있는 점은 기술교과 교육의 정신성을 지향하고 있음을 확인할 수 있다.

'**기술학(study of technology)의 지식체계에 근거한 제조기술, 건설기술, 수송기술, 정보통신기술, 생물기술 등의 내용**'은 기술교과 교육의 지식의 구조와 내용을 의미하며, 그 내용의 범주를 제조기술(manufacturing technology), 건설기술(construction technology), 수송기술(transportation technology), 정보통신기술(information communication technology), 생물기술(bio-related technology)로 설정하여 기술교과 교육의 학문적 바탕과 토대를 제공해 준다.

---

6) Johnson(1997 : 169-175)은 '지적 사고기능 개발과 기술적 개념학습(Learning Technological Concepts and Developing Intellectual Skills)이란 연구에서 지적 사고기능을 개발하기 위한 교육을 위해서는 형식적 학습(formal learning)보다 구성주의에 기초한 비형식적 학습(informal learning)을 강조하면서 '맥락적 학습(contextual learning), 동료 중심 학습(peer-based learning), 실천 중심 학습(activity-based learning), 성찰적 실천을 통한 학습(learning through reflective practice)을 제시하였는데, 이러한 학습원리의 기본 상정은 전통적으로 실천성, 풍부한 맥락, 다양한 영역, 협동적 작업, 성찰적 실천 등의 기술과 교육학습의 본질적 특성과 밀접하게 관련되어 있다고 하였다.

"설계하고, 생산하고, 이용하고, 그 영향을 평가하는 기술적 과정활동"은 기술적 활동의 과정(process)을 제시한 것이다. 모든 기술적 제품이나 시스템은 그것을 설계하는 활동, 생산하는 활동, 그리고 생산된 제품이나 갖추어진 시스템을 이용하는 활동, 그리고 그 제품과 시스템의 인간적·사회적·환경적 영향을 평가하는 종합적 기술활동을 말한다. 이는 실제적 기술행위이며, 학습과정에서도 이러한 과정경험이 학습자들에게 전이되어야 할 것이다.

"실천적 학습, 창조적 문제해결, 협동적 일의 수행에 바탕을 둔 학습방법"은 기술교과 교육이 추구하는 유의미한 학습방법을 말한다. 즉 기술교과 교육은 창조적 문제해결의 접근의 절차에 기초하여 실천적 학습을 경험하게 하고, 학습의 구조로서 협동적 구조를 지향한다는 의미이다. 특히 문제해결은 기술교과 교육이 전통적인 방법적 철학의 토대를 제공해 준 설계과정(design process)의 절차와 철학도 함께 반영한다는 의미이다.

3. 기술교과 교육의 성격

기술교과의 성격을 구체화하고 정립하는 일은 기술교과 교육이 다른 교과교육과 구별되는 독특한 특성을 찾아 정체성(identity)을 확립하는 작업이며, 기술교과 교육이 추구하는 지향점을 명확히 하는 데 도움을 준다. 기술교과 교육이 다른 교과와 구별되는 교과의 성격을 학자들은 [표 1－9]와 같이 제시하였다.7)

[표 1－9] 학자들이 제시한 기술교과 교육의 성격 진술

학자	기술교과 교육의 성격
이재원(1986)	• 기술교과 교육은 기술학이라는 고유한 지식체계에 근원한 자주적 교과교육이다. • 기술교과 교육은 일반 보통교육의 성격을 지니며, 남녀 성차에 구애받지 않고 공통적으로 이수시켜야 함을 전제로 한다. • 기술교과 교육은 생활기술보다는 생산기술을 중시하는 교육임을 전제로 한다. • 기술교과 교육은 생산적 학습활동을 통하여 추상적 개념이나 원리를 구체적·실천적으로 이해하고 인간 본래의 조작적 욕구를 충족시켜 주는 교육이다.

7) 첫째, 기술교과 교육은 기술학이라는 고유의 지식체계에 근원한 자주적 교과교육이다. 여기에서 기술학이란 인간이 오랜 역사 속에서 보다 편리하고 가치 있는 생활을 영위하기 위하여 생산적 활동을 해오는 과정에서 발전시켜 온 노동의 대상(자원, 소재, …), 노동의 수단(공구, 기계, …) 등과 아울러, 이에 관련된 자연과학적 합법칙성과 사회과학적 합

김진순 (1990)[8]	• 기술학이라는 고유의 지식체계에 근원한 자주적 교과교육이다. • 기술교과 교육은 기술적 교양을 길러 주는 보통교육의 성격을 갖는다. • 기술교과 교육은 인간 본래의 조작적 욕구를 충족시켜 주는 교육으로서, 실천적이고 생산적 학습경험을 통하여 추상적이고 보편적인 기술적 개념과 원리를 이해시키는 교육이다. • 기술교과 교육은 진로탐색의 기능, 생산자 및 소비자의 기능, 여가선용의 기능, 사회 · 문화적 적응의 기능을 갖는다.
류창열(2000)	• 기술학의 지식체계에 기초한 교과이다. • 기술교과는 기술적 소양의 함양을 목적으로 하는 교과이다. • 기술교과는 과학적 지식을 실생활에 적용하는 교과이다. • 기술교과는 실천적 활동을 통한 지식을 함양하는 교과이다. • 기술교과는 직업을 탐색하는 능력을 기르는 교과로서의 특성을 가지고 있다.
최유현(2005)	• 기술교과 교육은 "기술적 지식(knowledge), 기술적 사고(thinking), 기술적 능력(capability)을 가진 기술적 교양인(technologically literate)"을 기르는 교과이다 – 교육의 목적 • 기술교과 교육은 기술학(study of technology)의 지식체계에 근거한 제조기술, 건설기술, 수송기술, 정보통신기술, 생물기술 등의 내용을 탐구하는 교과이다 – 교육의 내용 • 기술교과 교육은 기술적 제품이나 서비스를 설계하고, 생산하고, 이용하고, 그 영향을 평가하는 기술적 과정활동에 기초한 교과이다 – 교육의 과정 • 기술교과 교육은 실천적 학습, 창조적 문제해결, 협동적 일의 수행에 바탕을 둔 학습방법을 통하여 경험하는 교과이다 – 교육의 방법
馬場信雄 등 (1978)	• 기술교과는 구체적인 사물을 대상으로 하여 그 중에 작용하는 원리성이나 합리성을 이해시켜서, 학생의 기술적인 사고력과 창조력, 그리고 실천적인 태도를 기르는 교과이다. • 기술교과는 기술과 자연과학과의 상호의존적 관계를 이해시켜서, 기술이 갖고 있는 합리성, 실증성 등을 추구하고, 실증적인 태도를 도야하는 교과이다. • 기술교과는 제작, 조작 등의 학습을 통하여 근로의 귀함을 체득시킴과 아울러 현명한 소비자를 육성시키는 교과이다.

8) 첫째, 기술교과 교육은 기술학이라는 고유의 지식체계에 근원한 자주적 교과교육이다. 여기에서 기술학이란 인간이 오랜 역사 속에서 보다 편리하고 가치 있는 생활을 영위하기 위하여 생산적 활동을 해오는 과정에서 발전시켜 온 노동의 대상(자원, 소재, …), 노동의 수단(공구, 기계, …) 등과 아울러, 이에 관련된 자연과학적 합법칙성과 사회과학적 합법칙성을 연구하는 학문으로 규정된다. 둘째, 기술교과 교육은 기술적 교양을 길러 주는 보통교육의 성격을 갖는다. 현대 사회는 기술에 의존된 사회이기 때문에 현대의 산업과 사회를 움직이는 기술체계를 이해하지 못하고서는 바람직한 인간적 생활을 영위할 수 없다. 현대 생활에 필요한 기술적 교양은 남녀노소 누구에게나 필요한 것이므로, 기술교과는 국민 누구나 배워야 할 보통교육에 속한다. 세째, 기술교과 교육은 인간 본래의 조작적 활동 요구를 충족 · 신장시켜 주는 교육으로서, 실천적이고 생산적인 학습경험을 통하여 추상적이고 보편적인 기술적 개념과 원리를 이해시키는 교육이다. 인간의 조작적 본성은 새로운 것을 만들어 보고 이용해 보려는 본성으로서, 새로운 것을 탐구하고 알아내려는 인지적 본성과 함께, 인간이 본연적으로 지니고 있는 내재적 동기의 하나이다. 기술교과 교육은 도구, 기계, 재료, 공정의 사용법을 익혀 조작적 능력을 길러 주는 운동기능적(psychomotor) 특성이 강하며, 나아가서 물품과 서비스 생산의 기술적 시스템의 원리를 이해시키는 성격도 지니고 있다. 네째, 기술교과 교육은 진로 탐색의 기능, 생산자 및 소비자의 기능, 여가선용의 기능, 사회 · 문화적 적응의 기능을 갖는다. 이러한 기능들은 다른 교과의 학습을 통해서도 습득될 수 있겠으나, 특히 기술교과의 학습과 밀접한 관련을 맺고 있다. 그러므로 위에서 세 번째까지가 기술교과의 내재적 특성이라 한다면, 네 번째의 이 기술교과의 기능은 기술교과의 외재적 특성이라고 할 수 있다.

Gradwell (2002)	• 설계 · 기술은 표현활동으로서의 기능과 실천(skills and practices), 자원으로서의 지식과 정보(knowledge and information), 책임으로서의 가치와 윤리(values and ethics)의 삼각형 구조가 탐구대상이다.
Kimbell, Stables & Green(2002)	• 설계 · 기술은 인간의 상황을 개선하기 위한 요구에 기초를 둔 인간활동을 다룬다. 즉 기술은 창의적이고 목적 지향적 변화(purposive change)의 조직화된 방법이다. • 설계 · 기술은 과제 중심(task-centered) 활동에 기초한다. • 설계 · 기술은 활동 속에 가치가 내재되어 있다. • 설계 · 기술은 특정 지식체의 자원을 기초하지만, 그것들에 의하여 한정되지는 않는다. • 설계 · 기술에서의 기술적 능력은 동기와 능력의 조화에 의존한다. 즉 인간의 열망(aspiration)과 기술의 한계(constraint) 차이의 교량을 형성시켜 준다. • 설계 · 기술에서는 기술적 능력(technological capability)이 국가 교육과정에서 핵심적인 기대 요인이다.

이상의 학자들이 제시한 기술교과 교육의 성격을 종합하여 정리하면 다음과 같다.

첫째, **기술교과 교육은 기술학(the study of technology)**[9]이라는 고유한 지식체계에 근원한 **교과교육**이다. 여기서 기술학의 범위는 논의에 따라 차이가 있지만 대체로 정보기술(information technology), 물리적 기술(physical technology), 생물 관련 기술(bio-related technology)로 개념화할 수 있으며, 물리적 기술에는 제조기술, 건설기술, 수송기술이 포함된다.

둘째, **기술교과 교육은 기술적 교양(technological literacy)을 길러 주는 교양교육(general education)의 성격을 지니는 교과교육이다.** 이는 기술과 교육이 직업기술교육으로 잘못 이해되는 경우가 종종 있는데, 이는 잘못이며, 궁극적인 목적이 교양교육이라는 점이다. 그러나 교육의 내용에 있어서는 직업기술교육과 간접적인 관련과 연계를 지닐 수 있을 것이다. 따라서 기술교과 교육은 남녀 학생 모두에게 21세기 정보기술 사회에서 능동적인 민주시민으로서 살아가고 적응하는데 관련된 기초기술 이해와 능력에 주안점을 둔다.

셋째, **기술교과 교육은 인간 본래의 조작적 욕구를 충족시켜 주는 교육으로서, 실천적이고 생산적 학습경험을 통하여 추상적이고 보편적인 기술적 개념과 원리를 이해시키는 교과교육이다.** 즉 기술교과 교육은 손놀림 교육(hands-on)에 기초한 실천적이고 체험적인 기술적 사고력이 반영

9) 여기에서 '기술학'은, 기술교과는 고유한 지식체계를 바탕으로 하고 있는데 그 지식체계가 바로 기술학임을 의미하며, '보통교육'은 국민 누구나가 배워야 할 일반교육, 교양교육이라는 의미이다. 기술교과는 또한 직업에 대한 안내, 근로에 대한 태도를 육성한다는 면에서 직업교육과도 관련이 있으나, 이러한 면은 기술교과뿐만 아니라 다른 보통교과도 관련된다고 본다. 그리고 '실천적 학습활동'은, 기술교과의 학습은 지식 전달 위주의 학습이 아니라, 구체적 사물을 대상으로 제작하고 조작하는 실천적 학습을 통해야 한다는 방법적 특성을 나타내며, '기술과 산업'은 기술교과의 내용을 지적하는 것으로서, 기술면에서는 기술의 발달과 중요성, 기술적 사고력, 기술의 이용능력 등이 포함되며, 산업면에서는 산업의 조직, 관리, 사회적 역할 등이 포함된다(김진순, 1990 : 29).

되는 고유한 기술적 방법론을 가지고 있다는 것이다. 기술교과 교육은 이론의 수준에서 머물러 있는 것이 아니라 실제로 체험하고 실천하는 교육활동 가운데서 그 가치가 있는 것이다. 그러나 단순히 체험, 경험, 실천이 의미 없이 이루어지는 것이 아니라, 창조적이고, 문제해결적이고, 정신적(minds-on)인 노작활동이 과정에서 배려되어야 한다. 이는 기술교과 교육이 단순히 신체적 활동에 기초한 교과이기보다는 고등 사고능력을 추구하는 교과의 위상을 새롭게 인식할 필요가 있는 것이다.

넷째, **기술교과 교육은 진로탐색의 기능, 생산자 및 소비자의 기능, 여가선용의 기능, 사회·문화적 적응기능을 갖는 교과교육이다.** 이는 기술교과 교육의 다양한 직업탐색적 일의 경험을 통하여 직업탐색적 기능을 하게 되고, 기술적 지식·사고·기능에 기초하여 교양을 가질 때, 기술과 관련된 현명하고 능동적 소비자로서의 역할을 기대할 수 있으며, 또한 기술이 우리 사회와 밀접한 관련을 맺는 관계로 기술에 대한 이해와 능력은 사회·문화의 적응기능을 높일 수 있다. 또한 시민의 책임으로서 기술과 관련된 올바른 가치관과 윤리적 책임을 인식하는 데 도움을 준다고 볼 수 있다.

다섯째, **기술교과 교육은 올바른 기술적 가치와 윤리적 책임감을 길러 주는 교과교육이다.** 기술교과 교육은 우리 생활에서 접하게 되는 다양한 기술적 문제와 제품에 대하여 올바른 가치관을 가지고 조망하거나 윤리적 책임을 인식하는 데 도움을 주는 교과이다. 이는 근면성실한 일의 체험을 통하여 바람직한 태도형성을 기대할 수 있으며, 특히 기술, 정보와 관련된 윤리적 문제에 민감해질 수 있다.

여섯째, **기술교과 교육은 교과 자체의 기술학적 지식에 기초하지만, 자연과학의 지식을 응용하거나 인문학, 사회과학 등의 지식을 연계하는 간학문적 지식의 특성을 갖는 교과교육이다.** 즉 기술교과는 기술과 자연과학, 사회과학과의 상호의존적 관계를 이해시켜서, 기술이 갖고 있는 합리성, 실증성 등을 추구하고, 실증적인 태도를 도야하는 교과로 볼 수 있다.

한편, 기술교과 교육은 학습경험으로서의 일은 **과학적인 일(scientific work)이나 직업기술적 일(technical work)이 아닌 일반기술적 일(technological work)**에 기초를 둔다.

[표 1-10]에서 보면 과학, 기술학, 기술의 차이를 비교할 수 있다. '과학적 일'이 이론적 관심에서 출발하여 발견의 체계적 탐구법칙으로 이론과 실천에 관한 이론적 지식의 결과를 낳는 반면, '일반기술적 일'은 실용적·도구적 관심에서 출발하여 발명의 효과적 실천이론으로 체계화된 도구적 지식을 얻는다. 그리고 '직업기술적 일'은 실천적·생산적 관심에서 출발하여 미리 처방된 규칙으로 사물의 생산을 얻는다. 여기서 '일반기술적 일'과 '직업기술적 일'이 다르게 해석됨을 알 수 있다.

[표 1-10] 과학, 일반기술, 직업기술적 일의 특성 비교

일의 유형	목 표		수 단		결 과
과학적 일 (scientific work)	인지적 · 이론적 관심에서 출발	사실	발견의 방법, 도구, 기능, 특성	체계적 탐구법칙에 의해	이론과 법칙에 관한 이론적 지식
일반기술적 일 (technological work)	실용적 · 도구적 관심에서 출발	방법	발명의 방법, 도구, 기능, 특성	효과적 실천의 이론적 지식에 의해	체계화된 유형에 관한 도구적 지식
직업기술적 일 (technical work)	실천적 · 생산적 관심에서 출발	실천과 생산	생산의 방법, 도구, 기능	미리 처방된 규칙이나 안내 시스템에 의하여	실천된 · 생산된 사물

자료 : Bensen, 1995 : 3.

따라서 기술교과 교육에서의 일은 일반기술적 일을 기초로 하여 이루어져야 한다. 이는 과학교육(science education)이나 직업기술교육(technical education)과 구별되는 학습경험의 특성을 지니게 된다. 이는 '기술교과 교육(technology education)'과 '직업기술교육'이 다른 용어임을 알 수 있다(Bensen, 1995 : 19).

2022년 교기술 교육과정에서 학습 과정과 결과로 내재화하는 가치와 외현적으로 지향하고 성취하고자 하는 가치를 제공한다고 하면서, '기술'은 학문 구조 측면에서 '기술학적 지식', 교육 목표 측면에서 '기술적 소양', 교육의 방법 측면에서 '기술적 문제해결', 그리고 진로 교육의 측면에서 '기술 진로 탐색'의 성격을 가진다.

이상의 **기술교과 교육**의 성격의 논의를 종합하여 보다 다른 교과와 구별되는 교과의 성격을 세 가지 차원, 교육목표의 차원, 학문구조의 차원, 교육방법의 차원에서 지금까지 학자들이 제시한 성격요소를 진술하고, 그 진술의 핵심적인 개념을 중심으로 성격을 재개념화하면 [표 1-11]과 같다.

[표 1-11] 기술교과 교육의 성격 개념화

성격의 관점	교육목표의 관점	학문구조의 관점	교육방법의 관점
학자들이 제시한 성격요소	기술적 교양 (technological literacy) 기술적 문제해결 (technological problem solving) 기술적 능력 (technological capability)	기술학 (study of technology) 물리적 기술 (physical technology) 제조기술 건설기술 수송기술	창조성(creativity) 협동 발명(invention) 혁신(innovation) 설계과정(design process) 문제해결 (problem solving)

학자들이 제시한 성격요소	직업적 탐색 소비자, 생산자 여가선용 사회문화적 기능	정보통신기술 생물기술 과학적 지식의 실생활 적용	실천적 학습활동 (manipulative learning) 노작체험(hands on) 정신성(minds on)
기술교과 교육의 성격	기술적 교양교과 (subject for technological literacy)	기술학적 지식교과 (subject for technological knowledge)	기술적 문제해결교과 (subject for technological problem solving)

기술교과 교육의 성격은 교육목표의 관점에서 '기술적 교양교과(subject for technological literacy)', 학문구조의 관점에서 '기술학적 지식교과(subject for technological knowledge)', 그리고 교육방법의 관점에서 '기술적 문제해결교과(subject for technological problem solving)'이다(최유현, 2005).

4. 기술교과 교육학의 개념구조

최유현(2005)은 기술의 개념, 기술교과 교육의 개념, 그리고 기술교과 교육의 성격은 기본적으로 기술교과 교육학의 지식체계와 방법론에 기초하여 개념구조 모형을 제시하였다.

이 모형은 기술교과 교육학의 정체(identity)와 지향(direction)에 도움을 준다.

- 기술교과 교육의 개념 : 기술교과 교육은 "기술적 지식(knowledge), 기술적 사고(thinking), 기술적 능력(capability), 바람직한 기술의 태도를 가진 기술적 교양인(technologically literate)을 기르기 위하여 기술학(study of technology)의 지식체계와 시스템에 근거한 제조기술, 건설기술, 수송기술, 정보통신기술, 생물기술 등의 내용을 설계하고, 생산하고, 이용하고, 그 영향을 평가하는 기술적 과정활동에 기초한 실천적 학습, 창의적 문제해결, 협동적 일의 수행에 바탕을 둔 학습방법을 경험하는 교과교육"이다.
- 기술교과 교육의 성격 : 기술교과 교육의 성격은 교육목표의 관점에서 '기술적 교양교과(subject for technological literacy)', 지식구조의 관점에서 '기술학적 지식교과(subject for technological knowledge)', 그리고 교육방법의 관점에서 '기술적 문제해결교과(subject for technological problem solving)'이다.
- 기술교과 교육의 맥락 : 기술교과 교육의 맥락(contexts)은 기술에 미치는 영향 요인으로서 기술과 인간, 기술과 사회, 기술과 환경을 의미하며 기술의 내용과 기술의 과정이 작동될 때 고려된다.

<그림 1-6>의 **기술교과 교육학의 개념구조**는 기술교과 교육의 개념준거인 기술적 시스템에 기반한 기술의 내용을 중심으로 기술의 방법과 기술의 과정이 상호작용하는 형태로 관련을 맺고, 그 결과로 기술의 목적이 성취되는 형태로 도식화하였다. 그리고 이 구조를 바탕으로 기술교과 교육의 세 가지 성격인 교육목표의 관점으로 **기술적 교양교과**, 학문구조의 관점에서 **기술학적 지식교과**, 교육의 방법의 관점에서 **기술적 문제해결교과**(기술의 방법과 기술의 과정이 통합된 활동)로 관련지어 도식화하였다. 아울러 기술의 내용과 기술의 과정을 둘러싸고 있는 맥락적 요인인 기술과 인간, 기술과 인간, 기술과 환경의 주변적 요인도 함께 반영되고 있다.

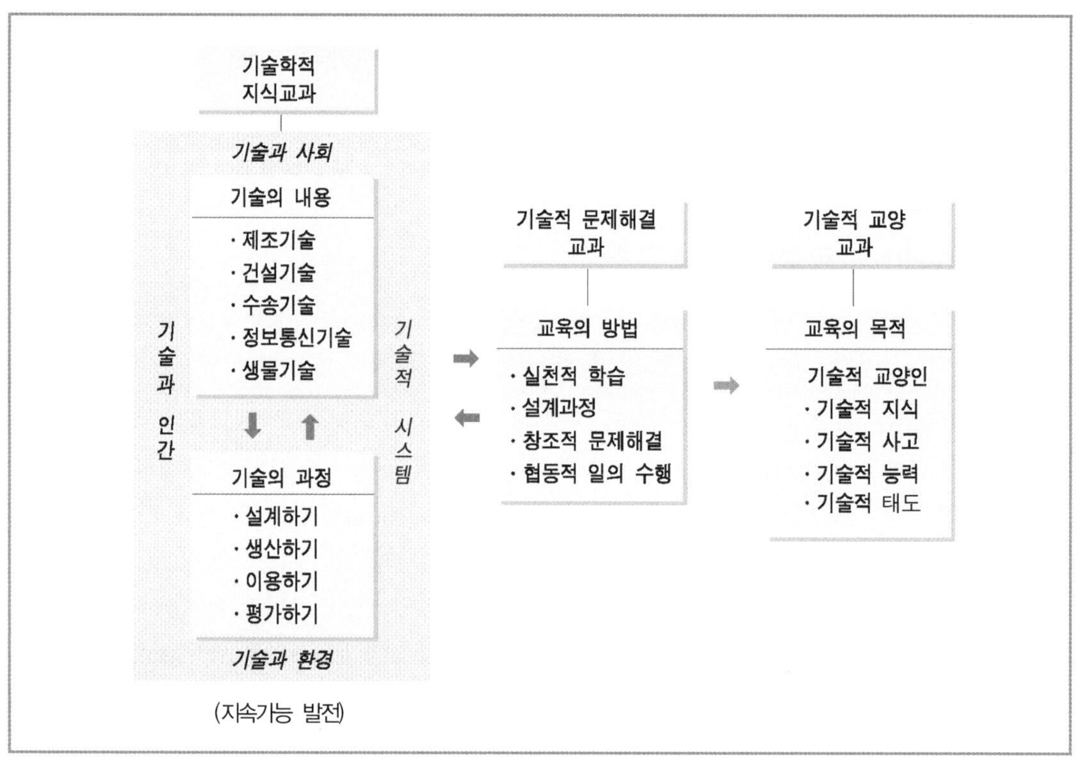

<그림 1-7> 기술교과 교육학의 개념구조

5. 기술교육의 개념 확장 : 공학 기술(Engineering and Technology Education)

과거 산업 기술(industrial arts) 교과가 기술 교육(technology education)으로 발전하면서 교과의 철학, 목표, 교육과정, 방법론, 시설 등이 급속한 변화를 겪어왔다. 이러한 변화는 혁신적인 기술 변화의 사회와 이접한 관련을 맺어왔다. 기술교육자들은 기술의 국가 교육과정 또는 표준을 만들고 보다 혁신적인 교육 프로그램을 학생들에게 제공하려는 노력을 해왔다.

이러한 기술의 변혁과 더불어 이제 기술교육은 더 이상 과거 산업 기술에서 강조하던 개조(tinkering)의 수준을 넘어서는 교육을 학생들에게 제공하여야 한다. 모든 학생들에게 기술적 교양을 함양시켜주어야 하는 중요한 과제로 기술적 교양 표준(ITEA, 2000)을 개발하게 되었다. 즉 기술 교육 실험실(lab)은 이전의 공작실(shop)의 수준을 넘어서고 있다. 즉 단순히 기술의 기능 획득을 넘어선 비판적 사고와 문제해결 사고력을 실험실에서 활동해야한다. 이러한 기술교육은 다른 교과와 협력을 도모하고, 특별히 **공학교육**과의 만남을 통하여 교과의 발전을 기대할 수 있다(Erekson & Custer, 2008).

ITEA(International Technology Education Association) 년에 ITEEA(International Technology and Engineering Educators Association)로 명칭을 바꾸었다.

이러한 이유로 ITEEA에서 발행하는 저널도 '공학(Engineering)의 용어를 포함한 Children Technology and Engineering, Technology and Engineering Teacher'로 명칭을 바꾸어서 발간하고 있다.

미국 "Standards for K-12 Engineering Education?(NAE & NRC, 2010)"라는 연구에서는 관련된 8개의 선행연구를 분석하여 K-12 교육을 위한 핵심 공학 개념, 기능, 성질(Core Engineering Concepts, Skills, Dispositions for K-12 Education) 20여개를 추출하였다. 이 연구에서는 추가적으로 K–12 **공학교육**과 관련된 선행연구([표 1–12])를 고찰하였으며, 그 중 25개의 연구에서 공학 핵심 개념 29개를 확인할 수 있었다(김영민, 2017, 재인용).

[표 1－12] 선행연구에 제시된 K-12 공학교육을 위한 공학 핵심 개념10)

구분	1	2	3	4	5	6	7	8	9	10	11	12	13	14	15	16	17	18	19	20	21	22	23	24	25	계
설계	√	√	√	√	√	√	√	√		√	√	√		√	√		√	√	√	√	√	√	√		√	21
의사소통	√	√	√	√	√	√			√		√	√		√		√			√	√	√		√	√	√	17
시스템/ 시스템적 사고		√	√				√	√		√		√	√	√		√			√	√	√	√	√	√		15
협동/팀워크	√	√	√		√	√			√	√		√				√	√		√	√	√		√	√		15
과학, 수학, 기술과의 연계	√		√	√	√	√							√	√					√	√	√	√			√	12
윤리학		√		√	√				√			√				√	√		√	√			√	√	√	12
분석		√	√	√	√		√	√			√			√	√			√	√	√						12
시제품화		√	√	√	√		√					√		√	√				√		√		√		√	12
모델링		√	√	√			√	√		√		√							√	√		√		√		11
공학과 사회	√	√	√		√	√								√					√		√	√			√	10
제약조건		√	√	√	√		√			√		√		√				√	√							10
최적화		√		√	√		√			√				√		√		√	√			√				10
창의성			√	√	√							√				√			√	√	√			√	√	10
실험			√	√	√		√			√					√				√						√	8
상충관계/균형				√			√			√		√		√	√				√			√				8
재료		√	√	√	√																	√			√	6
자원		√		√	√														√			√			√	6
시각화			√	√	√		√				√															5
혁신			√				√												√		√	√				5
발표			√	√	√														√					√		5
기능성		√	√				√															√				4
직업선택으로써의 공학 이해	√		√	√															√							4
현재 이슈에 대한 이해					√				√										√							3

<표 계속>

10) 1. ASEE CMC(2008), 2. Asunda & Hill(2007), 3. Brophy et al.(2008), 4. Childress & Rhodes(2008), 5. Childress & Sanders(2007), 6. Cunningham & Hester(2007), 7. Custer et al.(2010), 8. Daugherty(2012), 9. Daugherty & Custer(2012), 10. Foster(2009), 11. Harris & Rogers(2008), 12. Householder & Hailey(2012), 13. Kelley(2008), 14. Koehler, Faraclas, Sanchez, Latif & Kazerounian(2005), 15. Lachapelle & Cunningham(2010), 16. Lovel & Dunn(2014), 17. Marshall & Berland(2012), 18. Merrill, Custer, Daugherty, Westrick & Zeng(2008), 19. Moore, Glancy, Tank, Kersten, Smith & Stohlmann(2014), 20. NAE & NRC(2009), 21. Pinelli & Haynie(2010), 22. Rossouw, Hacker & Vries(2010), 23. Smith(2006), 24. Wicklein, Smith & Kim(2009), 25. Wilhelmsen(2013)

구분	1	2	3	4	5	6	7	8	9	10	11	12	13	14	15	16	17	18	19	20	21	22	23	24	25	계
낙관주의												√							√	√						3
특정 기술에 대한 지식														√					√			√				3
이용, 관리, 평가 기술				√	√																√					3
공학의 본질	√																		√							2
지속가능성			√																			√				2
효율성							√												√							2

'설계', '의사소통', '시스템/시스템적 사고', '협동/팀워크', '과학, 수학, 기술과의 연계', '윤리학', '분석', '시제품화', '모델링', '공학과 사회', '제약조건', '최적화', '창의성', '실험', '상충관계/균형', '재료', '자원', '시각화', '혁신', '발표', '기능성', '직업선택으로써의 공학 이해', '현재 이슈에 대한 이해', '낙관주의', '특정 기술에 대한 지식', '이용, 관리, 평가 기술', '공학의 본질', '지속가능성', '효율성' 총 29개의 K-12 공학 핵심개념을 추출하였다. 이는 선행연구(NAE & NRC, 2010)와도 대부분 일치하였으며, 선행연구에서도 비교적 많이 강조되었던 '설계하기(Doing Design)' 또는 '설계 이해(Understanding Design)', '공학과 과학, 기술, 수학 사이에 연계하기(Making Connections between Engineering and Science, Technology, and Mathematics)', '제한조건/제약(Constraints)', '공학과 사회의 관계(Relationship between Engineering and Society)', '의사소통(Communication)', '체계, 체계적사고(Systems & System Thinking)', '최적화(Optimization)', '모델링(Modeling)', '분석(Analysis)'은 이번 연구에서도 높은 빈도로 확인되었다. 초·중등교육에서의 공학교육은 설계를 중심으로 이루어져야 한다는 점과 공학과 관련 교과인 과학, 기술, 수학간의 연계해야한다는 점은 선행연구(NAE & NRC, 2009)와도 일치하였다(김영민, 2017, 재인용).

국내에서도 초·중등교육에서의 공학교육을 위한 관련 선행연구가 진행되었다. 김영민 외(2013)는 공학전문가들을 대상으로 한 초·중등 공학교육 관련 인식 연구에서도 '설계', '창의성', '최적화', '분석', '모델링', '시스템', '실험', '공학과 사회와의 관계', '공학과 과학, 기술, 수학간의 연계', '협력/팀워크'를 공학의 중요한 교육 내용 요소로 활용되어야 한다고 하였다. 이은상(2015)은 기술교사의 공학 교수 역량 모델 개발연구를 통해 2개 역량군, 4개 역량 요소, 30개 하위 역량지표를 개발하였다. 공학 태도, 공학 사고 역량 요소로 이루어진 기초 역량군과 공학 지식, 공학 수행 역량 요소로 이루어진 전문 역량군으로 개발하였으며(이은상, 2015), 역량 요소와 하위 역량 지표는 초·중등 공학교육 내용 영역과 요소 개발에 반영하였다.

미국의 CTTE(Council on Technology Teacher Education)의 Yearbook에서 2008년 주제가 공학 기술 교육(Engineering and Technology Education)이었다.

Erekson & Custer(2008)은 기술 교육에서 **공학 교육**을 포함해야 하는 세 가지 이유를 제시하셨다.

첫째, 공학이 **기술적 교양**(technological literacy)을 촉진시킨다는 것이다. 기술교육에서의 공학 교육 내용과 방법론은 기술적 교양을 촉진시킨다. 특히 STL(기술적 교양 표준)(ITEA, 2000)에서 공학 설계는 핵심적인 내용으로 다루어지고 있다.

둘째, 공학은 학습의 맥락에서 **수학과 과학의 이해도**(intelligibility)를 증진시킨다는 것이다. 공학은 추상적이고 이론적인 학습내용을 실제 세계의 학습으로 과학과 수학의 이해도를 향상시킬 수 있다는 것이다. Wright(2006)도 기술교육에서의 공학의 개념, 방법, 접근은 학습의 상황에서 수학, 과학의 이해도를 증진시킨다고 주장하였다.

셋째, 공학은 장차 과학, 공학 분야로서의 **진로를 탐색**하고 경험해 주는 역할을 한다. 초중고등학교 단계에서의 실제 공학 설계 활동에 대한 학습 경험은 보다 구체적으로 공학을 접할 수 있는 기회를 준다는 것이다. 즉 대학 단계에서의 공학 진로를 선택하는데 공학의 학습경험은 중요한 역할을 한다는 것이다.

한편, Wicklein(2006)은 기술교육에서 **공학 설계**(Engineering Design)의 강조해야 하는 다섯 가지 좋은 이유를 다음과 같이 제시하였다.

첫째, 공학 설계는 기술교육 보다 보통 학생들에게 보다 잘 이해되고 가치 매김을 가능하게 한다.

둘째, 공학 설계는 기술교육의 학습에서 보다 높은 수준의 학업 성취와 기술 이해 수준을 끌어올린다.

셋째, 공학 설계는 설계에 대한 확고한 개념을 준비시키고, 교육과정 조직화하는데 도움을 준다.

넷째, 공학 설계는 수하가, 과학, 기술을 통합시키는 이상적인 프레임을 제공한다.

다섯째, 공학 설계는 학습자들에게 다양한 진로 경로를 이끌도록 강조된 교육과정을 제공한다.

공학의 학문 영역은 전통적으로 기계, 건설, 전자, 전기 등으로 분류하기가 어려워지고 있다. 공학 기술의 발전과 융합적 양상을 새로운 공학 분류가 나타나고 있다. 즉 <그림 1－7>과 같이 공학의 새롭고도 공통적인 범주나 작용 과정을 통하여 제어(controls), 열 과학(thermal science), 화학(chemical science), 구조물(structures), 재료(materials), 역학(dynamics), 설계(design), 컴퓨터 과학(computer science /numerical), 마이크로-나노 과학(micro-nono science) 등과 같은 영역으로 분류의 재구조화가 가능하다(Lewis, Newell, 2008).

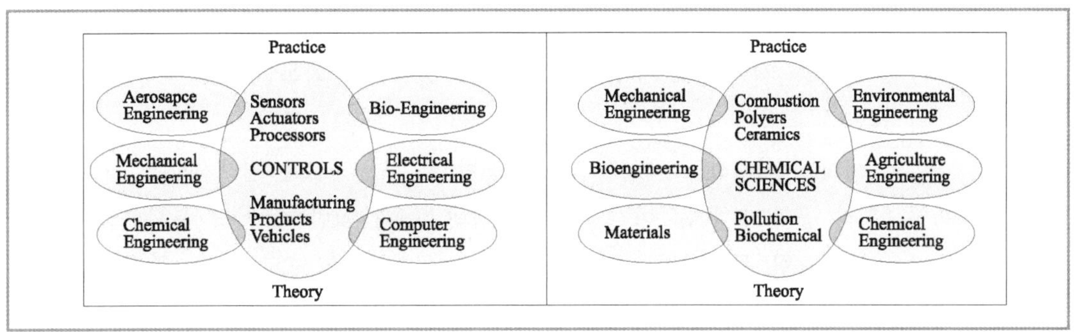

<그림 1-8> 공학의 분류 예

2022 개정 교육과정에서의 공학교육으로의 주목할만한 변화를 가져왔다. 즉 공학 관련 교과목의 변화는 일반선택 기술 · 가정, 진로선택 로봇과 공학세계, 융합선택 창의공학설계, 지식재산일반으로 확대되었다. 그리고 기술 · 가정도 실제 기술은 공학의 내용으로 완전히 변화시켰다는 점에서 공학교육을 크게 강화시켰다.

2022 개정 교과 교육과정의 문서 체계가 변화되었다. 아래 그림과 같이 설계의 개요를 새롭게 제시하고, 성격, 목표, 내용 체계, 성취 기준, 교수학습 및 평가 방향 및 방법으로 제시되고 있으며, 특히 내용 체계를 이전과 달리 핵심 아이디어, 지식 · 이해, 과정 · 기능, 가치 · 태도의 3가지 차원에서 내용 체계를 제시하였다. 이는 과거 지식 · 이해 중심에서 과정 · 기능과 가치 · 태도의 교육을 강조하고 지향하고 있다는 점이다. 즉 절차적 과정과 정서적 가치, 테도 등을 교육과정에서 문서화한 점은 새로운 차원의 교육과정이라는 평가를 받는다.

<그림 1-9> 고등학교 기술 · 가정의 공학 분야 교육과정 설계 원리

일반선택 과목인 '기술 · 가정'의 공학 분야는 공학의 기본이 되는 '공학의 기초와 융합'과 '첨단 중심의 공학 기술 체험'으로 구성된다. 그리고 진로선택 과목인 '로봇과 공학세계'는 로봇과 공학의 융합적 특성에 기초하여 여러 공학 분야가 관련된 흥미로운 로봇을 중심으로 전반적인 공학의 세계를 이해하고 체험함으로써 공학 분야의 진로를 탐색하도록 하였다. 융합선택 과목인 '창의 공학 설계'는 이전의 교육과정의 '공학 일반'과 가장 유사한 과목으로 공학자들의 사용하는 공학 문제해결 방법론을 다양한 공학 설계 프로젝트를 통해 이해하고 체험함으로써 공학자의 기본 소양과 역량을 함양하고 관련 분야의 흥미와 진로 탐색을 돕도록 한다. 또 다른 융합선택 과목인 '지식 재산 일반'은 이전의 교육과정에 있었던 과목으로 보다 흥미로운 사례 탐구와 문제해결 중심의 '지식재산 창출, 보호, 활용'을 위한 기본적인 '지식 · 이해, 과정 · 기능, 가치 · 태도' 를 반영하였다.

이상의 공학 분야 선택 과목의 학습을 통해 학습자들은 융합공학, 공학진로탐색, 공학문제해결, 창의설계, 발명과 혁신, 공학윤리 실천 등 공학 분야 진로에서 요구되는 기초 소양과 능력을 기를 수 있다. 특히 고등학교 수준에서 공학 분야의 학습은 초등학교 과정의 기술적 자각과 기초적인 체험활동, 중학교 과정의 다양한 기술의 세계 탐색과 문제해결 활동을 바탕으로 공학 분야의 이해와 체험을 심화하는 것으로, 공학적 기초 소양, 새로운 첨단 공학기술을 통한 혁신과 융합을 다룬다.

고등학교 공학관련 교과의 주요 영역은 다음과 같다. 각 영역에서 ○○○ 프로젝트를 제시하여 학습자 주도의 공학 문제해결 방법론을 구체적으로 반영하고 있는 특징이 있다.

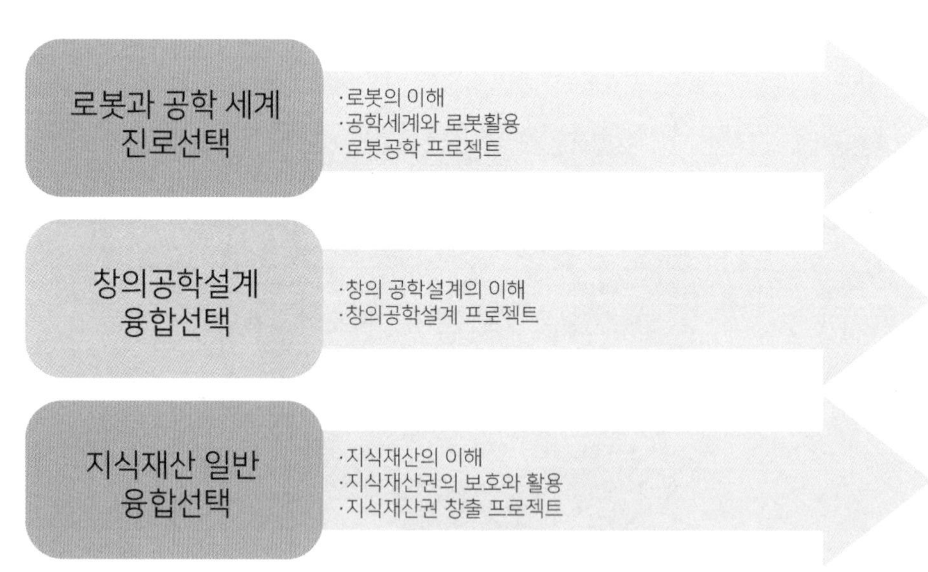

<그림 1-10> 공학관련 교과목의 영역

결론적으로 2022 개정 고등학교 교육과정에서는 '공학' 교육의 교과목과 내용이 강화되었다. 이는 고교학점제로 학습자 선택의 기회를 넓히고, 공학 분야의 진로를 탐색하는 학생들에게 공학의 기초 소양 및 방법론을 학습할 기회를 갖는다는 점에서 의의가 크다. 또한 한국공학교육학회 차원에서도 주어진 교육과정의 체계에서 학술적인 교육적인 인프라 구축과 연구, 교육의 지원을 적극적으로 모색하고 실천하는 노력이 필요하다고 보여진다.

2장

기술교과 교육의 가치 : 정당성

이 장에서는 기술교과 교육학의 가치와 당위를 정당화(justification)하기 위한 기술교과 교육학의 가치를 논의한다. 즉 기술교과 교육의 본질적 가치인 개인 발달적 가치(공작적 인간-메이커스 교육, 노작 학습의 경험, 문제해결 사고), 수단적 가치인 사회 환경적 가치(기술적 교양, 기술사회 평가, 발명교육, 융합교육, 진로탐색 교육, 인간적 미래 기술 담론)를 살펴보고자 한다.

◎ **해시태그 Key words**

#내재적 가치	#외재적 가치	#공작적 인간(homo faber)
#메이커스 교육	#실천과학(praxiology)	#체화인지
#노작	#기술적 교양(technological literacy)	
#문제해결 사고	#기술결정론	#기술 사회구성론
#기술시스템론	#기술영향평가(technology impact assessment)	
#발명교육	#따뜻한 기술	#진로 탐색교육
#융합교육	#지속가능 발전	

1. 기술교과 교육의 가치

기술이 우리 인간의 삶에 미치는 영향력은 역사를 통하여, 현재의 삶을 통하여 확인하고 있다. 기술은 국가적·사회적·개인적으로 매우 중요한 의미를 갖는다. 이러한 중요성에 비추어 볼 때, 기술에 대한 지식과 과정을 교육적으로 고려하는 일은 매우 가치 있는 일이다. 다음 글들은 기술의 중요성과 가치를 잘 표현해 주고 있다.

> 기술은 '위대한 변화의 성장 동력(great growling engine of change)'이다(앨빈토플러, in McComick, 2002).

기술은 '사회를 재구조화하는 힘이다(a force that reshapes society).' 기술은 그 활동과정에서 내재된 정신적인 사고이든지 물질적 생산행위이든지 간에 보다 완전한 사물을 가다듬는 강력한 실천유형이다(Gradwell, 2002 : 3).

기술의 힘은 '사회집단간뿐만 아니라 국가와 개인, 인간과 환경 간의 관계에 영향을 미치는 사회관계의 재배열(reorder)과 재구조화(restructure)를 수행'하는 것이다. 즉 기술은 과거에 도구를 기초로 한 석기시대, 청동기시대, 철기시대 구분의 동인이었으며, 근래에 도구와 기술에 의하여 농경사회, 산업사회, 정보사회를 구분하는 결정적 동인이 되어 왔다(Franklin, 1990, in Gradwell, 2002 : 3).

기술적 혁신에 따른 교육적 노력이 없는 것은 국가적 위기이며, 보통의 시민은 기술을 '신비스러운 블랙박스(mystical black box)'로 알고 있다. 당신은 기술의 영향을 받지 않고 하루라도 보낸 적이 있는가? (Martin, 1987 : 53-54).

우리는 기술의 여러 가지 종류나 제품 중에서 하나를 선택할 수는 있지만, 기술을 피하여 사는 것을 선택할 수는 없다[1](Walker, 1985, in Wright, Israel & Lauda, 1993 : 1).

기술은 본래 딱딱하고 비인간적이여서 그 자체로는 해결방안이 되지 못한다. 그러나 기술이 관리될 수 있다면 유연해질 수 있다. 또한 기술을 교육적으로 이해할 수 있다면, 우리의 필요와 요구에 따라 수용되거나 개선될 수 있다(Johnson, 1992 : 3-5).

Mason & Houghton(2002)은 기술교과 교육활동의 주된 활동인 만들기(making) 활동의 현대적 가치와 당위를 직업탐색적 당위(vacational rationales), 사회문화적 당위(socio-cultural rationales), 학습자 중심의 당위(child-centred rationales), 지식기반의 당위(knowledge-based rationales)의 측면에서 설명하였다.

기술교과 교육의 가치를 **외재적 가치와 내재적 가치로 구분**(장석민, 1975)하여 논의해 볼 수 있다.

Tyler(1949)는 개인과 사회의 필요에 기초한 교육목표를 주장하고, 그러한 목표달성을 위하여 교육이 어떻게 효과적인 수단이 되는가의 관점에서 교육의 가치를 논하였다. 한편, Peters(1970)는 교육의 외재적 관점에서 추구하는 가치를 비판하고, 교육은 내재적 관점에서 보다 가치가 있어야 한다고 주장하였다. 그는 규범적 의미(normative sense)에서 교육을 분석하고, 이를 기초로 교육활동에 내재된 가치를 찾아야 한다고 주장하였다.

Moore(1982)는 교육이 외재적 관점과 동시에 내재적 관점이 고려되는 것이 바람직하다고 주장하였다. 교육이란 내재적 관점에서 보면, 도덕적 · 미적 발달의 기준에 부합하도록 가르치는 활동이다. 또한 다른 측면에서는 교육의 목적은 유능한 시민을 육성하는 것이다. 교육

1) We live in a managed environment. We may choose among forms of technology... but we may not choose to avoid technology.

은 이들 두 가지 목적을 모두 충족할 때 정당화된다고 주장하고 있다(류창열, 2000 : 54, 재인용).

기술교과 교육의 가치 논의에서도 Moore(1982)의 주장에 기초하여 그 가치를 주장하는 연구(장석민, 1975 ; 김진순, 1995 ; 류창열, 2000 ; 최유현, 2005)가 발견된다. 그러나 대부분의 연구에서 외재적 관점에서 가치와 목표를 논의한 연구들이 대부분이다. 그러나 기술교과교육의 외재적 가치와 내재적 가치 구분은 학자 혹은 관점에 따라 다르게 분류될 수 있다.

[표 2－1] 기술교과 교육의 내재적 가치와 외재적 가치

학자	내재적 가치 - 기술교육 활동의 경험에서 내재화할 수 있는 가치	외재적 가치 - 기술교육 활동에서 기대되는 외현적 목표와 관련된 가치
Olsen(1963)		• 산업의 탐색 • 소비자적 지식 • 생활지도 • 안전교육 • 비판적 사고와 창의적 표현 • 사회적 관계 • 기초 기능 • 심미적 감상력
Wilber(1967)		• 기술능력 • 직업교육 • 소비자 능력 • 오락적 능력 • 문화적 감상력 • 사회적 능력
Lux(1970)		• 기술적 능력 • 소비자 능력 • 오락적 능력 • 문화적 능력
장석민(1985)	• 기술의 영역 • 기술의 요소 • 기술의 수준	• 직업적 관점 • 소비자적 관점 • 취미 · 오락적 관점 • 사회적 관점
ITEA(2000)		• 기술적 교양 － 기술사용 능력 － 기술관리 능력 － 기술평가 능력 － 기술이해력

류창열(2000)	• 기술학에 기초한 교육 • 기술적 소양의 함양 • 인간의 조작적 욕구충족	• 생산자로서의 기초능력 함양 • 진로탐색의 능력함양 • 소비자적 능력의 함양 • 기술문명 이해 • 여가시간의 선용
Kimbell, Stables & Green(2002)		• 기술적 능력 • 기술적 이해
Pearson & Young(2002)	• 기술적 지식(knowledge) • 기술적 사고와 실천 방법(ways of thinking and acting) • 기술적 능력(capabilities)	• 의사결정력의 증대 (improving decision making) • 시민참여의 증대 (increasing citizen participation) • 현대적 일의 수행 지원 (supporting a modern workforce) • 디지털 정보의 근접성 (narrowing the digital divide) • 사회적 웰빙의 강화 (enhancing social well-being)
Javaris(1993)	• 논리력 • 독립심과 책임감의 배양 • 창조력 • 인내와 다른 사람의 배려	
Wright, Israel & Lauda(1993)		• 기술적 교양(literacy) • 기술적 능력(competent)
최유현(2005)	• 자신감, 자아효능, 자아존중, 성취와 만족 • 일에 대한 긍정적 기대와 성실성 • 창의력, 문제해결 능력, 의사결정 능력, 논리력, 의사소통능력 등의 고등 사고 능력 • 인간의 조작적 본성 충족	• 기술적 교양 – 기술인식과 이해 – 기술문제 해결 – 소비자적 자질과 능력 – 기술문명 이해 • 기술적 능력 – 기술적 설계능력 – 기술적 제작능력 – 기술적 평가능력 • 진로탐색 • 사회 · 문화적 이해 – 여가선용 – 취미 · 오락

이 연구들을 종합하여 정리해 볼 때, 기술적 일의 학습경험을 통하여 내재화할 수 있는 **기술교과 교육의 내재적 가치**는 '자신감, 자아효능, 자아존중, 성취와 만족', '일에 대한 긍정적 기대와 성실성', '창의력, 문제해결 능력, 의사결정 능력, 논리력, 의사소통 능력 등의 고등

사고능력', '인간의 조작적 본성 충족' 등으로 제시할 수 있다. 그리고 외현적으로 지향하거나 성취하고자 하는 **기술교과 교육의 외재적 가치**는 '기술적 교양(기술인식과 이해, 기술문제해결, 소비자적 자질과 능력, 기술문명 이해 등)', '기술적 능력(기술적 설계능력, 기술적 제작능력, 기술적 평가능력)', '진로탐색', '사회적 웰빙(여가선용, 취미 · 오락 등)'으로 제시할 수 있다.

이러한 기술교육의 내재적 가치와 외재적 가치는 한편으로는 내재적 가치로서의 본질적 가치와 왜재적 가치로서의 수단적 가치로 구분될 수 있는데, 본질적 가치는 대부분 개인 발달적 가치이고, 수단적 가치는 사회 환경적 가치로 정리할 수 있다.

따라서 이 장에서는 기술교과 교육의 가치를 논의하는 범주를 다음과 같이 제시한다.

[표 2－2] 기술교과교육의 가치론의 범주

개인 발달적 가치론 본질적 가치: 내재적 가치	사회 환경적 가치론 수단적 가치: 외재적 가치
▸ 공작적 인간 -메이커스 교육 ▸ 노작 학습 경험 ▸ 문제해결 사고 ▸ 체화된 인지	▸기술적 교양 ▸기술의 사회적 영향 : 기술의 철학적 탐구 ▸진로 교육적 가치 ▸융합 교육적 가치 ▸발명 교육적 가치 ▸미래 기술 담론 가치 : 지속가능발전 기술

2. 기술교과 교육의 개인 발달적 가치 : 내재적 가치

가. 공작적 인간으로서 'Homo Faber'

정신력을 가진 인간의 가장 큰 특징은 뇌가 크고, 도구를 사용할 수 있는 능력을 가졌다는 점이다. 즉 인간은 사고하는 지적 인간(Homo sapience)인 동시에 물건을 만드는 **공작적 인간**(Homo faber)이기도 하다. 일을 하고 기술을 발전시키는 데에는 지적 능력뿐만 아니라 공작적 능력이 필요하며, 지적 능력이 개발되기 위해서도 눈과 손의 지각이 조화되는 공작적 능력이 필요하기 때문에 이 두 가지는 상호보완적인 특성을 갖는다.

[표 2-3] 두 가지 지식의 유형과 인간의 특성

지식의 유형	Knowing that 내용지식	Knowing how 방법지식
지식의 종류	Propositional knowledge 명제적 지식	Action knowledge 실천적 지식
인간의 특성	Homo sapience (man the understand) 호모 사피엔스 지적 인간	Homo faber (man the maker) 호모 파베르 공작적 인간

자료 : Morley, 2002 : 9-10.

전통적으로 인간의 존재는 인간만의 유일한 특성인 사유하는 지적 인간(the knower-homo sapiens)과 도구를 사용하는 능력을 지닌 공작적 인간(the maker-homo faber)으로 특징지어져 왔다.

특히, 한 인류학자는 동물은 접촉형 도구를 지닌 반면, 인간은 분리형 도구를 지녔다고 하면서 인간만이 유일한 도구사용 능력을 인정하였다. 즉 인간이 도구를 분리해서 사용할 수 있는 이유는 손을 사용할 수 있는 능력이 있기 때문이다.

현재까지 만들어진 지구상의 그 어떤 기계도 단순하게 보이는 손동작을 따라하지 못한다. 수많은 철학자들이 그렇게도 높이 평가해 온 논리적 사고를 컴퓨터가 추월하고 있다는 사실[2)]을 생각해 보면 더욱 놀라지 않을 수 없다. 인간의 손동작은 대략 27개의 굴절각을 갖는데, 이 원리로 동작을 손쉽게 조합할 수 있게 되었다. 27개의 동작은 완전히 독립적으로 실행될 수 있고, 각 동작마다 두 개의 마무리 위치와 한 개의 중간 위치가 존재한다면 손이 할 수 있는 실제적인 동작의 수는 327, 즉 7조 개 이상이 된다. 인간의 수명을 대략 30억 초로 본다면 우리는 가능한 전체 손동작의 극히 일부분밖에 사용하지 못한다는 말이다[Weinmann, 1999, 박규호(역), 2002, 154-155].

인간이 지닌 기술적 재능의 근본은 손이고, 손 중에서도 손가락 능력이다. 인간은 첫번째 손가락인 엄지와 둘째 손가락인 검지로 원을 그리고 마주 쥠으로써 무엇을 집을 수 있는 능력을 가지고 있다. 이러한 동작에 더해 엄지와 중지, 인지 등 다른 손가락으로도 동그라미를 만들 수 있는 손 재능도 인간만이 가지고 있다. 특히 엄지손가락에 대한 Martin Weinmann (1999)의 다음의 글은 이를 증명해 주고 있다.

---

2) 1997년 5월 11일 미국 뉴욕에서 열린 컴퓨터와 인간의 체스대결에서 체스 세계 챔피언인 게리 카스파로프는 슈퍼 컴퓨터 딥 블루에게 19수만에 패했다. 딥 블루는 2승 3무 1패의 성적으로 인간을 이겼다고 한다[박규호(역), 2002 : 9].

원숭이는 왜 드라이버를 제대로 돌리지 못할까? 손을 사용함으로써 인간의 두뇌 작용이 활발해진 것은 사실이지만 손에는 인간 특유의 이해방식과 행위를 가능하게 만든 해부학상 특징이 있다. 뼈, 근육, 힘줄은 피부 아래 감추어진 채 절묘한 방식으로 작용하고 있고, 그 덕분에 다섯 손가락 중 가장 인간다운 엄지손가락은 매우 특이하게 움직일 수 있는 것이다. 엄지손가락이 무엇 때문에 이렇게 움직일 필요가 있을까? 궁금하다면 엄지손가락 없이 웃옷의 단추를 한번 잠궈 보라. 엄지손가락이 없다면 손의 전체 기능 중 40%를 잃어버린 것과 같다[박규호(역), 2002 : 77, 94].

손의 기능은 인간의 신체 부위에서도 중요한 위치를 차지하고 있다. 크기로 보아 손은 우리 몸의 아주 작은 일부에 해당되지만 인간의 대뇌피질에서 운동기능을 담당하는 부위의 크기를 보면 손가락 기능을 담당하는 부위가 머리와 팔다리를 제외한 몸통 전체를 담당하는 부위와 비슷하다는 것을 발견할 수 있다(류창렬, 1995 : 9).

캐나나 출신의 신경외과 의사 Wilder Penfield(1952)는 이 분야에 획기적인 발전을 가져온 실험을 했다. Penfield는 간질이나 뇌종양 환자를 수술할 때 대뇌피질의 특정 영역을 미약한 전극으로 자극하여 그 영역의 기능을 알아보는 실험을 했다. Penfield는 이를 통해 간질의 발병원인이 되는 부위를 찾아내어 건강한 조직과 구별하고 그 부위의 정확한 범위를 규정, 불필요한 부위에까지 수술용 칼을 들이대는 위험을 피하고자 했던 것이다. 또한 그는 중심후회의 한쪽 영역에 가해진 자극이 신체의 반대편에 자극을 준다는 사실을 알아냈다. 정수리 근처의 대뇌피질을 자극하면 환자는 발바닥 부위에 자극을 느꼈다. Penfield가 계속해서 자극 부위를 넓혀 가자 환자의 얼굴이나 손이 반응을 보이기 시작했다. 이렇게 해서 Penfield는 점점 더 자세하게 중심후회의 지형도를 만들 수 있게 되었고, 실험을 수없이 되풀이한 결과 대뇌피질 안에 그려지는 신체 각 부위의 감각성 대표 위치에 대한 정확한 지형도를 제작할 수 있었다. 이것을 '1차 체성 감각적 대뇌피질'이라고 하는데, 이 부위는 두뇌에서 1차적으로 감각을 처리한다.

각각의 신체 부위를 그에 상응하는 중심후회의 영역과 비례하여 그려 보면 작은 인조인간인 **호문쿨루스**(homunculus)[3]가 만들어진다. 물론 호문쿨루스 신체 비례는 인간의 실제 신체 비례와는 아주 다르다. 실제 크기보다 작게 나타나는 부분이 있는 반면, 매우 크게 나타나는 위가 있다. 대부분의 포유류 동물에게는 신체의 앞과 끝이 가장 크게 나타나는데, 인간과 가까운 원숭이는 인간과 유사한 손 영역이 두드러지기 시작한다. 특히 인간의 경우 대뇌피질의 감각성 손 영역, 특히 엄지손가락과 집게손가락의 크기는 아주 크게 나타난다[Weinman, 1999, 박규호(역), 2002 : 40-42].

3) 이 호문쿨루스는 원래 괴테의 '파우스트'에 나오는 인조인간의 이름에서 유래되었다.

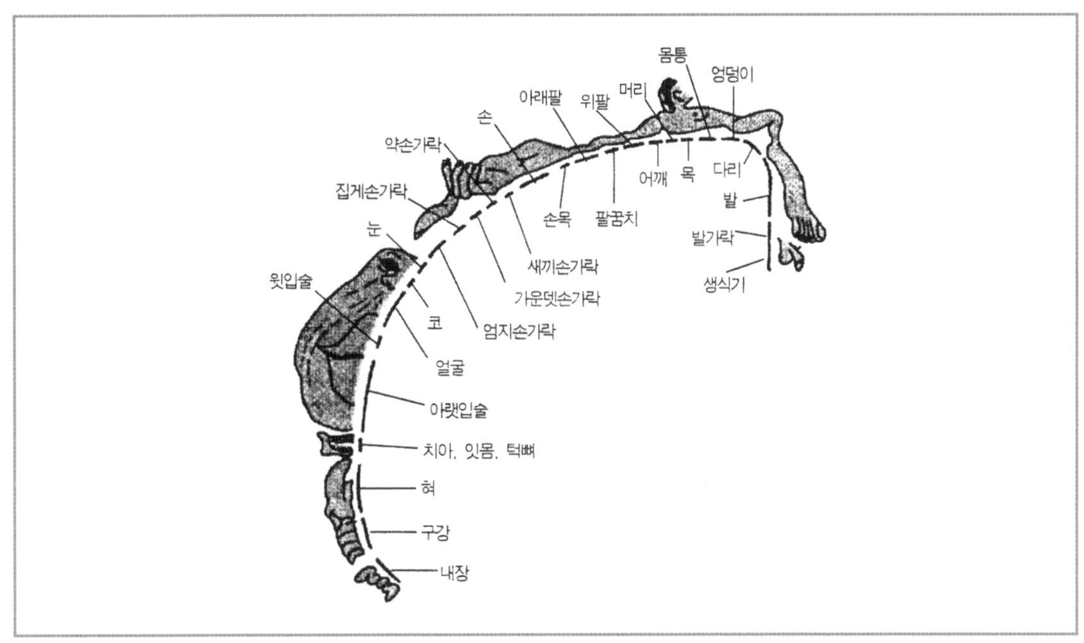

<그림 2-1> 1차 감각성 피질영역에 그려 본 감각성 호문쿨루스 - 사람의 대뇌에서 손가락이 차지하는 부위

자료 : Penfield & Rasmussen, 1950, 이철우 · 이진호, 1989 : 110에서 재인용.

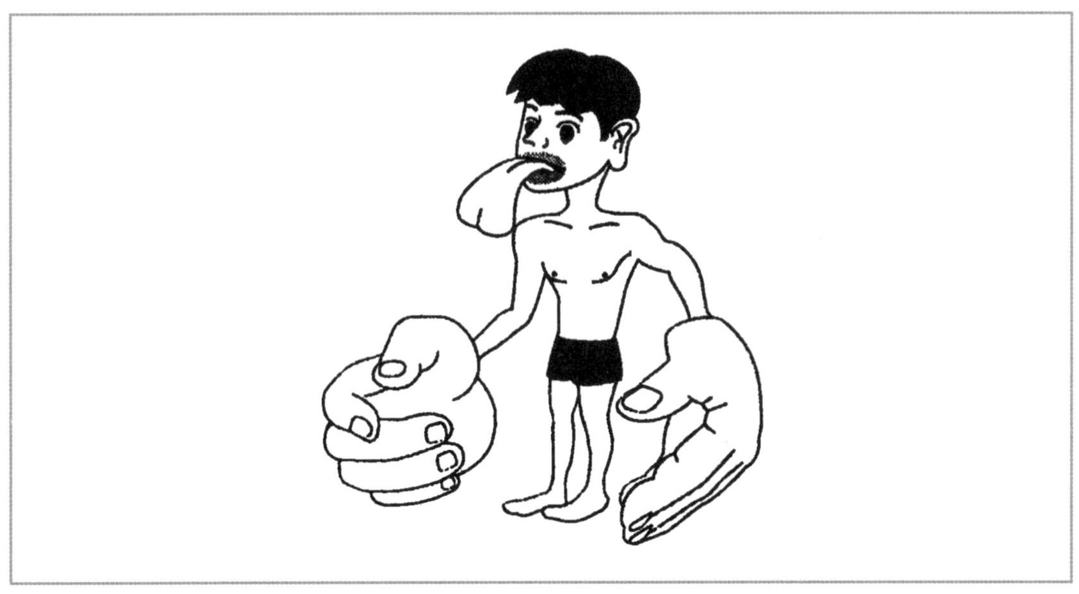

<그림 2-2> 대뇌피질에서 신체 각 부위가 차지하는 비율을 형상화한 그림

따라서 손을 자유롭게 움직여서 도구를 사용한 일은 인류의 기술문명을 발전시키는 데 중요한 역할을 하였다. 인류의 역사가 과거 구석기, 신석기, 청동기, 철기시대로 구분한 것도 도구 중심의 역사 구분이고, 오늘날도 농업사회, 공업사회, 정보사회로 구분하는 것도 기술 중심의 역사 구분을 한 것으로 보아, 도구 혹은 기술은 인류역사와 사회변화에 중요한 동인이 되어 왔다.

기술적으로 훌륭한 민족은 대체로 손가락 재능이 뛰어난 민족이다. 특히 한국인의 손재주는 이미 국제기능올림픽에서 그 재능을 인정받고 있다. 주로 동양권의 나라에서 젓가락을 사용하지만 가늘고 미끄러운 쇠 젓가락을 자유자재로 사용하는 한민족은 손의 재능이 더욱 뛰어나다.

이러한 손의 움직임과 재능은 인간의 정신적 계발에도 큰 기여를 하게 된다. 기술교과 교과는 이론적 교과이기보다는 실천적 교과로서 손의 사용을 많이 요구하게 되고, 이는 인간의 조작적 본성을 충족시켜 주는 동시에 인간이 가진 정신적 잠재력을 확대하는 중요한 역할을 한다. 창조적인 정신활동이 밑받침된 손놀림 교육은 미래사회에서도 학생들의 교육적 흥미를 높이는 데 기여한다.

캘리포니아 솔크 연구소는 생쥐를 두 집단으로 나누고 한 집단은 좁은 사육통에 물과 먹을 것만 주고, 다른 집단은 다양한 놀이기구를 함께 넣어 준 결과 40일이 지난 결과 두 집단은 확실한 차이를 보였다고 한다. 즉 미로찾기 실험에서 놀이기구를 준 쥐의 집단이 좋은 성적을 거둔은 물론이고, 학습 뇌세포가 4만 개, 즉 15%나 더 많은 것으로 나타났다. 이는 물론 환경과 지능관계를 설명해 주는 실험결과이기도 하지만, 놀이기구를 통한 조작활동이 두뇌에 영향을 주었다는 사실도 확인할 수 있다.

손을 사용한 학습과정은 실제로 **활동을 통한 학습**(learning by doing, hands-on)과 밀접한 관련을 가지고 있다. 인지심리학에서 연구된 결과를 종합할 때, <그림 2-3>과 같이 학생들의 기억력에 가장 영향력을 주는 학습방법은 말하면서 직접 행하는(saying and doing) 학습을 통해서 거의 90% 수준의 목표달성을 이룬다고 보고하고 있다(Baron & Boschee, 1995 : 4-5).

Korwin & Jones(1990)은 손놀림 활동 중심 수업이 인지적 지식과 파지의 학습에 효과가 있는지에 대한 실험적 연구에서 [표 2-4]와 [표 2-5]와 같이 보고하고 있다.

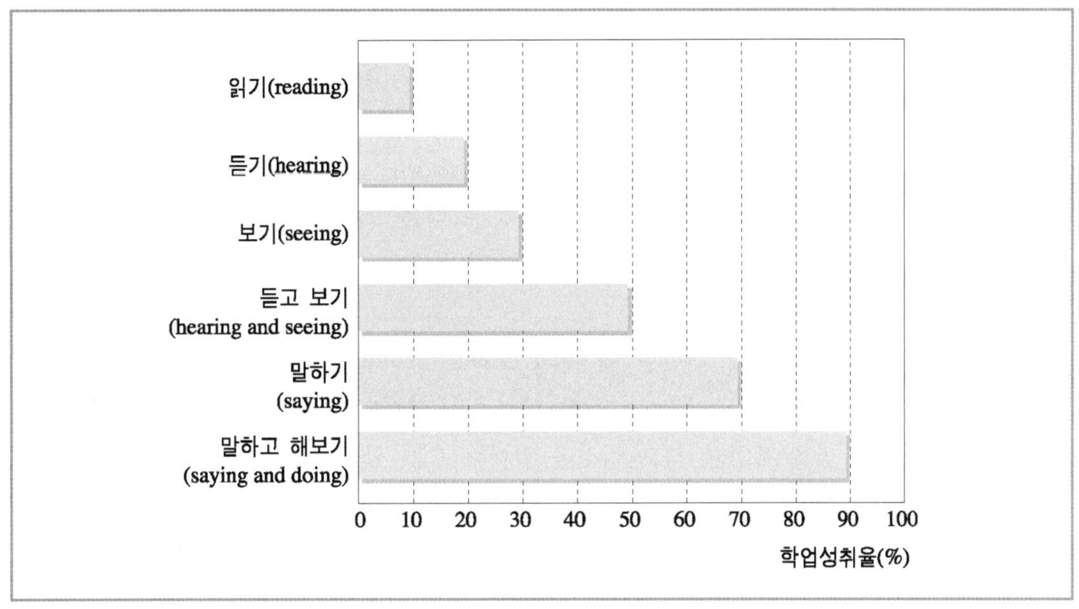

<그림 2-3> 학습방법과 학업성취 목표달성

[표 2-4] 활동 중심 수업과 강의 중심 수업의 인지적 능력의 비교(실험 다음날 평가)

집단(Group)	N	Mean	SD	DF	*T*	*p*
A 활동 중심 수업 (Hands-on Assignment)	25	14.52	2.74			
B 강의식 수업 (Illustrated Lecture)	25	11.88	3.02	48	3.24	.002**

** ; $p < 0.01$

[표 2-5] 활동 중심 수업과 강의 중심 수업의 인지적 능력의 비교(실험 2주일 후 평가)

집단(Group)	N	Mean	SD	DF	*T*	*p*
A 활동 중심 수업 (Hands-on Assignment)	25	13.76	2.91			
B 강의식 수업 (Illustrated Lecture)	25	11.56	3.54	48	2.40	.020*

* ; $p < 0.05$

앞의 표에서 알 수 있는 사실은 손놀림 활동 중심의 수업 집단이 강의 중심(illustrated lecture)의 수업 집단보다 학생들의 인지적 능력에 있어서 실험 직후의 평가와 실험 2주일 후의 평가에서 모두 높은 수준으로 평가되었다. 이는 인지적 능력의 측면에서도 활동 중심의 교육 또는 교과에 시사하는 바가 크다고 볼 수 있을 것이다.

오늘날 우리의 학교 교실에서 많은 손을 활용하는 많은 노작활동을 배려하고 있다. 그러나 아직도 우리는 신체와 정신의 일원론적 접근을 하지 못하고, 주지주의적 교육의 중요성만을 강조하고 있다.

학교에서도 안전사고 때문에 간단한 칼 등의 도구도 교육활동에 배제되는 현실에서 연필을 못 깎고, 젓가락질을 제대로 못하는 우리 아이들을 언제까지 감싸고만 둘 것인가? 아이들에게 손을 통하여 땀을 체험케 하고 정신을 일깨워 주는 활동의 장려는 요즈음 머리를 통한 정신적 활동만 강조하는 우리 아이들에게 바람직하고 균형 있는 성장을 돕고 무한한 교육적 잠재력을 키워 주는 일임에 틀림없다. 제대로 된 기술적 활동을 체험하지 못하고 그 필요성을 뒤늦게 깨달을 때, 그때는 인간의 발달과업상 이미 늦을 수도 있을 것이다.

정신성을 일깨우는 교육이 궁극적인 교육이념이라면, 기술적 체험활동은 그 중요한 수단이어야 할 것이다. 학교에서는 입에서 귀로 전달되는 머리 중심의 교육에서 만지게 하고 느끼게 해주는 진정한 기술적 노작활동 교육의 의미를 되살려야 할 때이다.

이는 아이들의 미래를 위하여, 아니 사회의 미래를 지혜롭게 준비하기 위해서 이제 아이들에게 이렇게 외칠 때이다. “아이야 책상에 앉아서 놀지 말고 밖에 나가서 공부하여라.”

이는 우리 모두가 공작적 인간(homo faber)으로서의 특성을 지녔기 때문이다.

플라톤이 말한 “육체는 영혼의 무덤이다”라는 말을 마르코 베어가 “육체는 영혼의 무덤이 아니라 모태이다”로 바꾼 말이 뇌 과학이 발달하면서 더욱더 타당해진다. 결국 손은 정신의 부속도구가 아니라 창조자로서의 손의 의미를 되새겨야 할 때이다.

한편 최근엔 디지털 및 인공지능 교육의 강조로 손을 통한 감각적 학습의 기회가 사라지고 있는 점은 손을 중심으로한 교육의 중요성이 더해져야한다. Mueller, P. A., & Oppenheimer, D. M. (2014)의 연구에서 펜은 키보드보다 강하다(The Pen Is Mightier Than the Keyboard: Advantages of Longhand Over Laptop Note Taking)의 연구를 수행하였다. 즉 67명의 프린스턴 대학교 학생들을 대상으로 TED 강의 3편을 들려주고 한 그룹(Longhan Group)은 연필을 사용하고 필기하게 하고, 다른 한 그룹(Laptop Group)은 노트북으로 필기를 한 다음에 3차례의 평가를 하였다고 한다. 즉 <그림 2-4>에서와 같이 사실적 지식의 평가에서는 의미있는 점수 차이를 보여주지 못했으나, 개념적 지식의 평가에서는 손으로 필기를 한 집단이 의미있는 차이로 높은 점수를 획득하였다고 한다. 즉 손으로 필기를 하면서 개념적 지식형성에 도움을 주었다는 사실은 아날로그적 학습의 중요성을 말해 주고 있다.

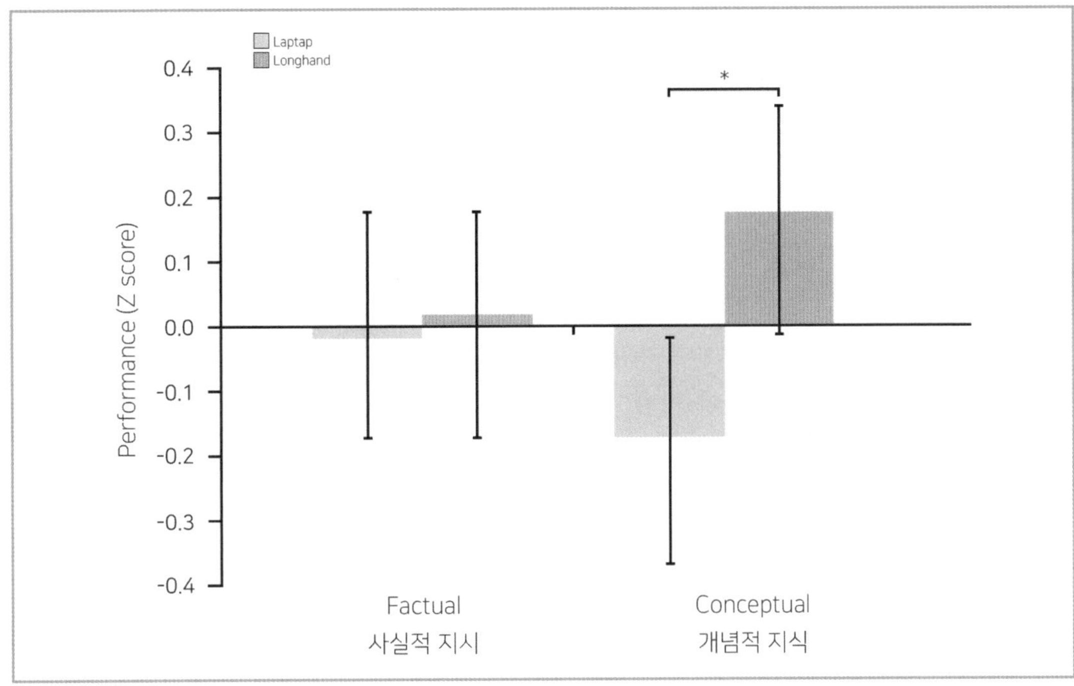

<그림 2-4> 연필 사용 집단(Longhand)과 키보드 사용 집단(Laptop)간의 점수 비교

자료 : Mueller, P. A., & Oppenheimer, D. M. (2014). The Pen Is Mightier Than the Keyboard: Advantages of Longhand Over Laptop Note Taking. Psychological Science, 25(6), 1159 - 1168. https://doi.org/10.1177/0956797614524581

Lux와 Ray(1966)는 인간의 지식에 대한 지금까지의 견해를 검토한 결과, 네 가지 독특한 지식의 영역이 있다는 것을 확인하였다. 그들은 <그림 2-5>에서 보는 바와 같이, 사실적 또는 기술적 지식(event or descriptive knowledge ; 물리, 화학, 생물, 사회과학 등), 평가적 또는 규범적 지식(valuation or prescriptive knowledge ; 미술, 인문학), 형식적 또는 구조적 지식(for

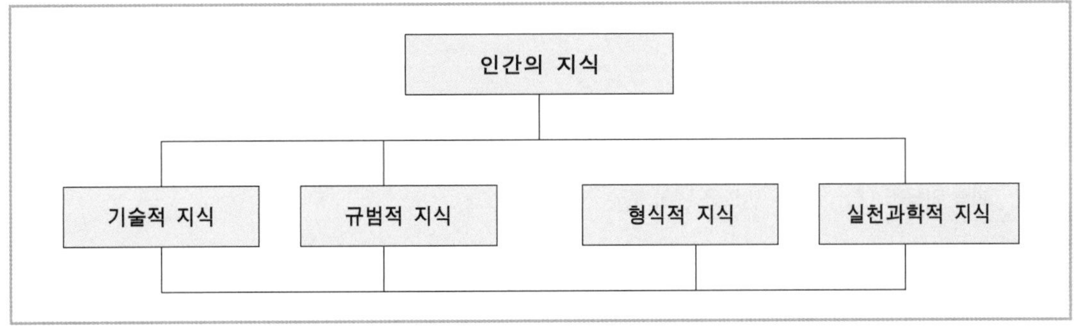

<그림 2-5> 인간의 지식유형

mat or structural knowledge ; 수학, 논리학 등), 실천과학적 지식(knowledge of practice or praxiological knowledge) 등의 상호 배타적인 지식이 구분되어 존재한다는 것을 확인하였다.

그들은 실천과학적 지식을 지식의 독특한 영역으로 확인하였을 뿐만 아니라 그러한 지식에 근거하여 기술교과 교육이 이루어져야 한다고 주장하였다(김진순, 1990 : 35).

여기서 **실천과학**(praxiology)은 가치 있는 목표를 효율적으로 달성하고자 하는 인간의 행동 방법을 다룬다. 실천과학을 의미하는 'praxiology'의 용어는 실천이나 행위를 의미하는 희랍어의 'praxis'에 체계적 연구를 의미하는 '-ology'가 결합된 것이다. 이 실천과학은 실천에서의 효율성과 타당성을 높이는 데 목적이 있으므로 단순히 기술적 지식이나 평가적 지식과는 구별된다. 실천과학에서는 "왜 이 방법으로 하여야 하는가" "실행의 조건이 바뀌었을 때에는 어떻게 하여야 하는가?" "두 방법 중 어느 것이 더 효율적인가?" 등에 관한 해답이 축적된 지식을 다룬다(류창렬, 1994 : 35-36).

나. 메이커 교육의 담론

어떤 것을 만드는 것(making)과 그것을 개선하는 것은 인간 본성의 핵심이다. 개조하기(tinkering)는 인간을 둘러싼 환경을 제어하는 방법인 동시에 지적 성숙을 위한 동력이다. 또한 직접적 경험을 통한 학습의 효과는 여러 분야에서 발견할 수 있다.

이러한 **메이커 교육**은 기술교과 교육의 입장에서 보면, 기술교육의 핵심 학습 활동이다. 즉 만들기 위한 사고와 개선, 창조 활동은 인간의 본성적 활동이며 기술교과에서 학습활동의 기본이다. 따라서 최근에 강조되는 메이커 교육은 기술교육의 당위와 가치를 크게 강화해주는 역할을 한다.

최근 국내 · 외에서 일고 있는 메이커 교육 운동은 우리의 교육 현실에 혁신적인 대안을 제공해 주고 있다.

교육부 행복한 교육 웹사이트에서는 KBS 거꾸로 교실 취재팀 정찬필의 글, 메이커를 통한 변화를 만드는 교육[4]에서 미국의 실태를 소개하고 있다.

> 메릴랜드주의 지역 교육청 한 곳은 최근 2년간 관할 구역 전체의 교육 방향을 STEM과 프로젝트 중심으로 급속도로 전환하고 있었고, 그 변화를 적용한 학교의 교사들은 초 · 중 · 고 학교급을 막론하고 놀라운 결과를 만들어 내고 있다며 만족을 넘어 흥분 상태에 있었다.

---

4) 교육부 행복한 교육,
https://happyedu.moe.go.kr/happy/bbs/selectHappyArticleImg.do?nttId=4822&bbsId=BBSMSTR_000000000192

> 서쪽 끝 샌프란시스코와 실리콘 밸리에서 찾은 학교들은 히스패닉이 밀집한 저소득층 지역에 자리잡고 있어 아이들에게 영어를 가르치는 것부터가 힘든 과제였다. 그런데, 2년 전 학생들이 모든 과목에 이용할 수 있는 공작실, 메이커 스페이스(maker space)를 만들어주자, 언어능력이 급격히 상승, 일찍이 없던 성적을 내고 있단다. 이상한 나비효과다.
>
> 스탠포드 대학 인근에서 벌어진 교육 컨퍼런스 제목이 〈STEM++ 2015〉였다. 기존의 교과목 융합개념을 뛰어넘은 어떤 것이라는 의미의 제목 아래에서 발표자들은 자신들이 적용하고 있는 방법이 명백히 아이들의 미래를 위해 올바른 길이라며, 동참을 호소한다.
>
> 모두 최근 2, 3년 사이에 본격적으로 벌어져 진행되고 있는 일이다. 그 배경은 모두 아는 것처럼 기존의 지식중심 교육이 수명을 다했다는 절박감이다. 전 사회적으로 엄청난 비용과 노력을 들여 교실에서 강의 듣고, 필기하고, 암기하도록 해온 지식들이 지금처럼 급변하고 있는 세상에서 살아가는데 그리 쓸모가 없더라는 사실에 폭넓은 공감대가 만들어지면서, 동시다발적인 급속도의 전환이 벌어지고 있는 것이다.
>
> [중략]
>
> 미 대륙에서 만난 많은 성공적 사례들은 메이커에 대한 교육적 해석이 거기에서 멈추면 안 된다고 이야기하고 있다. 그저 어떤 "물건을 만드는" 능력을 키우는 것이 아니라, 학생들 스스로 문제를 찾고, 이를 해결함으로써 "변화를 만드는" 능력을 키우는 것이 본질이라는 것이다. 그래서 그냥 "메이커"가 아니라, "체인지 메이커"로 핵심 화두가 진화한다. 이를 통해 지식 전달이 아닌 진정한 교과 융합이 일어나며, 협력적 문제해결 능력과 창의력, 기업가정신을 같이 키우며, 진짜 세상을 대비하는 능력을 갖춘 인재가 된다는 이야기다. 급변하는 세계에서 변화에 끌려가는 것이 아니라, 변화를 이끄는 사람으로 키워내는 것이 목적이라는 의미다.

메이커 교육의 아버지라 불리우는 시모어 패퍼트는 주장한다(Martinez & Stager, 2013, 송기봉 · 김상균 외, 2015, 재인용).

> 나는 자동차 바퀴를 돌리는 모습을 머릿속에 그려보는 경험을 통해, 인과관계의 연결 고리를 생각하는데 능숙할 수 있게 되었다. 즉, '이것을 이렇게 돌리면 어떻게 된다라는…."단순한 선형의 인과관계가 아닌 좀 더 복잡하고 다양한 작동 원리를 가진 장치나 시스템을 통해서도 큰 기쁨을 경험했다. 예를 들면…
>
> … 완전히 이해해서 자신만의 지식 구조에 포함할 수 있는 것만이 무엇을 하든지 간에 쉽게 활용할 수 있는 것이고, 그렇지 않고 어설프게 이해한 것은 어려울 수 밖에 없다. 무엇을 어떻게 배우는가 하는 문제는 전적으로 어떤 지식 구조를 가지고 있는가에 달려 있다.

패퍼트는 아이들이 교실에서 머리로만 수학을 이해하는 것이 아니라, 실제 경험을 통해 학습을 할 수 있도록 해야 한다는 진보주의적 교육을 주창한다. 교사들은 가지고 있는 역량을 향상시킬 능력을 가지고 있으며, 그들이 현재 가지고 있는 지위에 대한 부정적 영향 없이 뛰어난 고급 아이디어들을 새로운 기술을 활용하여 교육에 활용할 수 있을 것이다.

피아제의 구성주의와 패퍼트의 구성주의는 학습자의 자발적인 지식 구성의 점에서 유사하지만, 대체로 다음과 같은 차별성을 갖는다(Martinez & Stager, 2013, 송기봉 · 김상균 외, 2015, 재인용).

① 피아제의 구성주의

- 사람들은 새로운 경험을 자신들이 이미 알고 있는 것과 연결함으로써 새로운 지식을 능동적으로 구성한다.
- 지식은 학습자에게 전달하는 것이 아니라, 학습자의 두뇌 안에서 구성되는 것으로 본다.
- 새로운 지식은 새로운 경험이나 정보를 학습자가 이미 알고 있는 것 혹은 이미 경험해 본 것들과 연계함으로써 새로운 상황을 이해하는 과정에서 생길 수 있다.
- 학습은 개인적이다.

② 패퍼트의 구성주의

- 메이커 운동에서 가장 강하게 반향되는 이론
- 교실에서 메이킹을 하고자 하는 모든 이들이 심도 있게 고민해 봐야 할 학습 이론
- 피아제의 구성주의 이론들로부터 우리는 학습을 지식의 전달이 아니라 지식의 재구성으로 바라보게 되었다. 우리는 이 관점을 확대하여 학습은 학습자가 의미 있는 물건들을 만들어 직접 경험하는 과정을 통해 가장 효과적으로 이루어낼 수 있다고 본다(패퍼트, 1986년)
- 학습은 실질적이며 공유 가능한 지식(예를 들어 로봇, 작곡, 종이 반죽으로 만든 화산, 시, 일상 대화, 새로운 가설 등) 을 구성할 수 있도록 해야 한다.
- 만들기의 힘이 학습자의 외부가 아닌 학습자가 제기하는 질문들과 학습자가 가지고 있는 호기심에서 나온다고 본다. 학생들의 의문점은 교사나 다른 사람들이 만든 기준들보다 잠재적으로는 더욱 가치 있고 유용한 것이다.

페퍼트의 구성주의는 피아제의 구성주의보다 좀 더 실제 활동에 한걸음 다가서 있다. 비록 학습은 학습자의 머리 안에서 이루어지지만 학습자가 그들의 머릿속이 아닌 개인적으로 의미 있는 활동에 몰입할 때 학습이 가장 효과적으로 이루어 질 수 있다.

메이커 활동은 기본적으로 **만들기(making)** **개조하기(tinkering)**[5], **그리고** **공학(engineering)**과 관련이 높다. 다음은 이 세 가지 활동을 나열한 것이다(Martinez & Stager, 2013, 송기봉 · 김상균 외, 2015, 재인용).

5) 사전적 정의: attempt to repair or improve something in a casual or desultory way, often to no useful effect. (자주 쓸데없이 막연한 방법으로 무엇인가를 고치거나 개선하려고 하는 시도)

① 만들기

- 재료들을 이용하여 새로운 것을 창조하는 활동
- 지적 능력을 표현하는 강력한 방법
- 자신이 만들었다는 자부심을 갖게 한다.
- 이케아(IKEA) 효과: 사람들이 자신이 만든 것에 대해 가치를 부여하고, 전문가가 만든 물건보다 완벽하지 않지만 직접 만든 것에 더 높은 가치를 부여하는 현상
- 현대의 메이커 운동에서는 최종적으로 만들어진 물건을 공유할 뿐만 아니라 만드는 과정을 비디오, 블로그, 사진 등을 통해 공유하는 것도 포함한다.
- '손은 생각하는 도구이다. 하지만, 만들기 활동 뿐 아니라 재료나 도구들이 만들기 뿐 아니라 문제를 해결하는데 쓰임으로서 학습자는 지적 실험을 하게 된다.
- 만들기를 통해 추구하는 학습목표는 문제 해결을 위해 그들만의 생각을 하고 유도해보도록 하는 것이다.

② 놀이로서의 개조하기

- 개조하기는 놀이와 학습을 아우르는 사회성과 창의력을 결합하는 인간 활동이다.
- 교사가 학생들에게 실험을 하고, 위기를 감수하고 자신들의 아이디어를 가지고 놀 수 있도록 허용해주어야만 학생들은 그들의 다양한 활동들이 허용된다.
- 개조하기란 학생들이 무엇인가를 하는 데 있어 방법을 잘 알지 못할 때, 여러 가지를 시도해 보면서 나타나는 것들을 말한다.
- 개조하기를 할 때는 지시는 없고, 또한 실패도 없고 올바른 방법도 없다.
- 기본적으로 개조하기란 놀이와 연구를 결합한 하나의 프로세스이다. 여기에서 놀이는 재미있고, 창의적이며 목적성을 띠고 동시에 생각을 가지는 활동이다.
- 아커만(2010)은 놀이와 설계는 비슷하다. 설계와 놀이 모두 습관적인 사고 방식을 바꾸는 것, 원하는 바를 이루는 것을 포함하고 있다. 설계와 늘이는 필요로 하는 것이 2가지 있다. 첫째, 다른 방식을 상상해 낼 수 있고 대안을 발명해 낼 수 있는 능력. 둘째, 상상한 것을 아이디어로 머물게 하는 것이 아니라 밖으로 표출하고 싶은 욕구

③ 발명으로서의 공학

- 공학과 기술의 정의: 공학은 인간의 특정 문제에 대한 솔루션을 만들기 위한 설계 방법의 체계적인 실행과 관련된 활동을 의미하고 기술이란 엔지니어가 그들이 가지고 있는 세상과 인간 행동에 이해를 응용하여 인간이 필요로 하는 것과 원하는 것을 충족시키기 위한 방법들을 설계하는 활동의 결과물
- 불행하게도, 우리는 공학을 대학에서 공부하는 뭔가 무척 심오하고 어려운 것으로 여긴다. 사실, 아이들에게 과학에 대해 알고 있는 것을 실생활에 적용해 보라고 한다면 공학은 어린 아이들과 함께 할 수 있는 존재다.
- 재미있는 것을 좋아하고 창의적인 활동을 좋아하는 어린 아이들이 있다면 점점 어려워하는 수학과 과학 교육을 기존의 방식이 아닌 의미 있고 자연스런 상황에서 배울 수 있도록 하는 것이 아이들의 지식 개발에 효과적일 수 있다.
- 수학과 과학을 공부하기에 더 없이 좋은 방법은 실제 실험 프로젝트에 참여할 수 있도록 하는 것이다. 좋은 프로젝트는 학생들로 하여금 더 많은 학습 활동의 필요성을 갖게 하는 것이다.

[표 2-6] Making, Tinkering, Engineering의 비교

	Making (만들기)	Tinkering (개조하기)	Engineering (공학)
Form (형태)	Act (활동)	Mindset (사고방식)	Application (응용) (과학적 원리의 응용)
Definition (정의)	도구와 재료를 가지고 무엇을 만들지에 대한 구성을 포함한 만들기 활동	여러 활동을 통하여 문제에 접근하고 해결하고자 하는 사고방식	더 나은 세상을 만들기 위한 수학, 과학 지식의 활용
Rrole (역할)	공학적 지식을 어린 학습자들이 습득할 수 있도록 하는 하나의 방법	-실습을 통한 학습의 효과적인 형태 -과학과 공학이 어떻게 활용되는지 보여줌	우리 주변 세계를 더 잘 측정하고 설명하게 만듦으로써 인간의 직관력과 과학간의 연결점
교육적 가치	지적 능력을 표현하는 강력한 방법	놀이와 학습을 아우르는 사회성과 창의력을 결합하는 인간 활동	수학, 과학 지식을 실생활에 적용해 봄으로써 자연스런 상황에서 배울 수 있도록 함

만들기는 학습자를 교육 프로세스의 중심에 놓고 있으며, 학생들이 경험해보지 못했을 수도 있는 기회들을 만들어 준다. 메이커들은 새로운 가능성의 세계에서 자신감 있고, 능력 있으며, 호기심이 많은 시민이라고 한다.

우리가 흔히 교육에서 TMI는 'Too much information'를 의미하는데, 때로는 'Too much instruction(너무 많은 강의), Too many interruptions(너무 많은 방해), Too much intervention(너무 많은 개입)을 한다고 한다(Martinez & Stager, 2013).

교사는 학습자들을 가르친다고 너무 않은 정보, 강의, 방해, 개입을 교실에서 하고 있는지도 모른다. 그러한 의미에서 학습자가 자연스럽게 몰입하는 생각하기, 만들기, 개선하기 활동의 회복이 절실하다.

메이커 교육의 새로운 설계모델로서 제안된 TMI 모델의 각 활동 예시는 다음과 같다.

1) 생각하기(Think)

브레인스토밍, 말하기, 예상하기, 재료 수집, 필요한 전문 지식 인식하기, 누가 일할지, 결정하기, 목표설정하기, 프로젝트 대략적으로 묘사하기, 개요 작성하기, 과업 순서도 그리기, 연구하기, 계획하기

2) 만들기(Make)

놀기, 만들기, 개조하기, 창조하기, 프로그램 짜기, 실험하기, 세우기, 허물기, 전략과 재료 시험하기, 다른 사람들 관찰하기, 필요한 프로그래밍 소스 코드 차용하기, 자신의 프로그래밍 소스 코드 공유하기, 프로젝트 프로세스 기술하기, 제품의 취약점 발견하기, 질문하기, 제품 고치기

3) 개선하기(Improve)

연구하기, 말하기, 동료와 의논하기, 다른 시각으로 문제 살펴보기, 다른 재료 이용하기, 변수 바꾸어 시도하기, 비슷한 문제 해결방법 생각하기, 과정 즐기기, 비슷한 프로젝트 찾아 분석하기, 전문가에게 물어보기, 침착하기, 맑은 공기 마셔보기, 잠자리에서 고민하기

흔히 사람들은 **마우스 다운**(mouse down)과 **마우스 업**(mouse up)의 두 가지 좌절을 한다고 한다. 마우스 다운은 사람이 통제할 수 없는 환경 때문에 오는 좌절감이고, 마우스 업은 복잡한 문제를 해결하는 과정에서 발생하는 문제 봉착이다. 그러나 마우스업은 문제가 해결될 경우 자신감이나 자기 효능감을 높일 수 있다는 것이다. 즉 학습의 과정에서 어려운 문제해결(메이킹)은 학습의 내적 의미와 효과가 크다고 한다.

다. 노작적 학습 경험의 의미

1) 노작의 의미

오래 전 Rudolf Steiner(1861~1925)는 "지금까지의 교육의 기본적인 오류는 한결같이 머리(두뇌)만으로 세상을 살아가려고 하는 인간을 만들려고 해왔다. 그 결과, 지금은 머리 이외의 부분은 동물적인 충동에 따라 충동적으로 움직일 수밖에 없는 인간들을 생산해 냈다."고 지적한 바 있다.

오랜 세월이 지난 오늘도 우리의 교육이 너무 머리로만 해결하려는 기본적인 오류나 오해를 범하고 있지 않은지 깊이 성찰할 때이다. 가정에서 자녀를 키우는 부모가 은연중 자녀의 머리만을 채우려는 우를 범하고 있지 않은지, 혹 학교에서도 머리를 위한 교육활동이 주를 이루고 있지 않은지, 자연, 사물, 정신, 마음이 의미 없는 지식과 단편적인 기능보다 앞서야 할 21세기가 된 지금 지식 기반의 정보사회에서 반드시 되물어야 할 과제이다.

물론 머리, 즉 정신의 일깨움이 교육의 궁극적 목표이기는 하지만, 그 수단이 반드시 머리이어야 한다는 논리는 매우 단편적이고 위험한 발상이다.

국어사전적 의미의 노작은 "힘을 들여 부지런히 일함" 또는 "힘들여 일하거나 활동함"이다. 그리고 노작교육의 국어사전 의미는 "단순히 지식전달의 교육이 아니라, 학습자로 하여

금 어떤 일을 힘써 하게 하여, 이를 통하여 스스로 익히고 깨치게 하는 교육" 또는 "아동의 몸의 활동을 통하여 정신을 도야시키려는 교육"이라고 한다.

일반적으로 생활에서는 '노작'이라는 어휘보다는 '일'이라는 어휘가 보다 더 광범위하게 사용되고 있으며, 두 낱말은 같은 뜻으로 쓰일 때가 많다. 일은 '종사하는 직업' '맡은 바 직분' '노력하여 무엇인가를 만들어 내는 작업' 등으로 개념화하지만, 교육적 의미의 일은 '노력하여 무엇인가를 만들어 내는 작업'의 의미일 때이다. 그러나 '노작'은 만들어 내는 결과에 치중하기보다는 작업하는 과정에서의 보람이나 즐거움을 느끼고 어떤 의미를 깨달을 수 있도록 하는 것이다.

또한 노동과 노작이라는 말은 서로 혼용하여 사용하기도 한다. 그러나 노작과 노동은 다음과 같은 점에서 구별된다. 즉 ① 노동의 결과 생산물은 경제적인 상품가치를 가져야 하지만, 노작의 결과 생산한 것은 사회적 생산물이어야 한다는 필연성이 없다는 점이다. ② 노동은 결과에 집착하지만 노작은 과정을 더 중요시하는 활동이다.

그리고 노작은 놀이와 노동을 양끝으로 하는 연속선상에서 중간쯤에 있는 인간활동이다. 이를 내적 만족, 사회적 관련, 창조적 변용을 중심으로 그 관계를 도식화하면 <그림 2-6>와 같다(김기민, 1992 : 18-21).

아래 그림에서와 같이 놀이 쪽으로 갈수록 내적인 만족은 커지나 사회적 관련은 적어지며, 노동 쪽으로 갈수록 내적인 만족은 줄어들고 사회적 관련은 커지게 된다. 한편, 창조적인 변용의 가능성은 노작인 경우에 가장 크게 나타남을 알 수 있다.

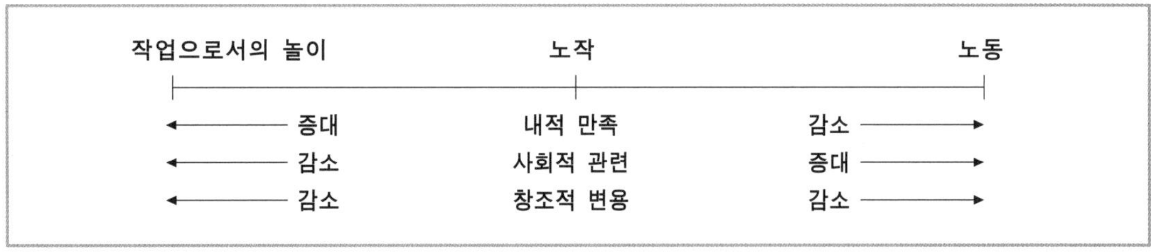

<그림 2-6> 노작의 의미

이와 같이 창조적 변용이 많은 '노작'은 신체적 또는 정신적 활동을 전제로 하며, 유희(놀이)나 경기를 노작으로 보지 않는다. 노작교육 실천가로 알려진 Kerschensteiner(1854~1932)에 따르면 노작(Arbeit)은 Sachlich 측면이 강조된 자아의 표현행위이고, 그가 강조하는 Sachlich는 즉물적 · 실체적 · 사실적 · 객관적인 것을 의미한다. 표현행위에서의 자아는 정신적 · 의지적 · 자발적 · 자율적 면을 강조[6]한 것이므로 그는 Sachlich를 강조하면서도 신체적 노작과 정신적 노작의 개별성은 인정하지 않는다(이재원, 1991 : 3)고 보고 있다.

노작 교육학(Arbeitspadagogik)의 저자인 오스트리아의 교육학자 부르겔은 노작을 협의의 의미와 광의의 의미로 나누었다. 즉 신체적 · 수기적 노작을 협의의 노작이라 하고, 정신적 · 신체적 자기활동을 광의의 노작이라고 하였다. 결국 협의의 신체적 노작은 광의의 노작에 포함되며, 노작은 정신적 · 신체적 자기활동으로 보았다. 즉 신체적 노작은 일련의 분화된 행동의 총체이며, 이들 각각의 행동은 일정한 의도에 따라 움직이는, 곧 의식이 수반된 행동, 즉 의식이 전제된 신체적 — 특히 손의 운동으로 이루어지는 — 행동이라고 본다. 신체적 노작의 의식이 수반된 행동, 즉 의식적 행동이라 할 때 이 행동에는 의식하는 능력을 필요로 하게 된다. 여기에서 말하는 의식하는 능력은 자기 활동목표를 의식하는 능력, 목표실현을 위한 방법을 숙고하고 판단하는 능력, 목표를 성취하고자 하는 정의적 능력이며, 이와 같은 능력이 신체적 노작에 요구된다고 할 때 이는 곧 정신적 · 신체적 자기활동, 즉 광의의 노작일 수밖에 없다(이재원, 1991 : 3-4).

따라서 노작은 개개인의 의지적 가치실현의 행위이며, 정신적 · 신체적으로 통합된 즉물적 · 실체적 · 객관적 · 구체적 행위로 보아야 한다. 즉 노작은 새로운 가치창출을 위하여 자기통제하에 이루어지는 창조적 인간활동을 말한다.

2) 노작의 교육적 가치변화의 역사적 고찰

(1) 고대 그리스 시대의 노작의 교육적 가치

고대 그리스 시대는 노예와 자유인으로 구성되었고, 자유인은 노예의 노동에 의존해 여가를 즐기며 생산활동이나 직업과 무관한 교양교육[7]을 받았다. 이러한 계층사회의 이분적 구조와 자유교육은 철학자들에 의해 이론적으로 정당화되었다. 그 사회에서 교육과 철학은 유한계급의 독점물이었으며, 그 일원인 플라톤, 아리스토텔레스를 포함한 귀족 철학자들은 교육적 가치를 정신에만 부여했다(박성정, 1986 : 6).

6) Kerschensteiner는 이러한 노작활동을 통하여 비로소 인간의 전인적 발달, 즉 인간도야를 성취할 수 있다고 주장하면서 전통적 · 권위주의적 교육, 서적 중심의 교육, 암기 위주 교육, 지식 일변도의 교육을 노작교육을 통하여 혁신하는 데 공헌하였다(김기민, 1992).

7) 여기서의 교양교육은 기술교육이 아닌 인문교육 또는 자유교육을 의미한다.

그들의 교육철학에 근거한 희랍교육은 살기 위해서 노동을 해야 하는 사람과 그 필요에서 면제된 사람 사이의 계층 구분을 공공연하게 표방하는 제도였다. 후자의 계층에 알맞은 자유교육은 전자의 계층에 주어지는 노예적인 훈련보다 내재적으로 높은 수준의 교육이라고 생각되었고, 이 생각은 한 계층은 자유인이고, 다른 계층은 노예적 지위에 있다는 사실을 반영한다[이홍우(역), 1987 : 389].

그리하여 그리스 노예제 사회에서의 노동의 천시는 자유인의 교육에 있어 노동이나 생산에 관련된 학문이나 활동을 배제하도록 했다. 생산활동과 무관한 자유인의 교양교육은 인간의 정신과 신체에 관한 **고전적 이원론**에 의해 정당화되었다. 인간이 인간다울 수 있는 것은 정신을 가지고 있기 때문이며, 신체적 훈련에 의해 근육을 단련할 수 있듯이 정신은 지적 훈련에 의해 도야될 수 있다고 본 것이다(강영혜, 1982 : 5-21).

고대 그리스 시대의 자유교육은 생산적인 일을 배제한 채 근세에 이르기까지 주지주의적 경향을 강화해 갔다. 따라서 형식교육과 노작은 완전히 두 개의 세계에 속해 왔고 그들 사이의 연계를 세우는 문제는 심각히 고려되지 않은 셈이다.

(2) 중세시대의 노작의 교육적 가치

고대의 노예수의 감소와 자유로운 농민의 소작화는 생산력을 감소시켜 노예제 사회가 봉건제 사회로 이행되게 하는 동인이 되었다. 중세에는 정치적으로 봉건제도가 형성되고 경제적으로는 장원제도가 성립되었다. 아울러 종교개혁기까지 교회가 정신적 질서의 주도적 역할을 담당하게 되었다.

중세 수도원의 계율은 생활물자를 생산하기 위한 노동을 수도승의 최고의무로 규정하고 있었다. 하나님에게 봉사하고자 노동에 종사한다는 노동관을 실천함에 의하여 수도원은 고대의 노동 멸시의 풍조를 교정하는 역할[8]을 했다[최재희(1976)를 박성정, 1986 : 10-11에서 재인용]. 성 베네딕트는 “게으름은 정신의 대적이다. 그러므로 승려들은 언제나 수공훈련이나 성경 독서를 하여야 한다.”라고 규정하였다. 여기에 의거 수도사들은 하루 7시간의 노동과 2~5시간의 독서를 하였다(안상원, 1985 ; 박성정, 1986 : 10-11에서 재인용).

중세의 전기가 장원경제 시대라면 후기는 도시경제 시대로 수공업과 상업이 발달하여 상공업자들은 토지를 소유한 귀족들에 대한 봉건적 예속과 속박으로부터 해방과 상공업의 유지와 발전을 위하여 「**길드**」라는 강력하고 특수한 집단을 형성하였다.

이러한 시대적 흐름에서 시민계급이 등장하고 생산과 직업에 관련된 도제제도에 의한 직업훈련이 이루어졌다. 일반적으로 도제제도의 대가는 그들의 견습공에게 두 가지를 가르쳤는

8) 루터는 그 당시까지의 교육을 비유하면서, 소년들은 ‘새장에 갇힌 새’로, 소녀들을 ‘화병에 꽂힌 꽃’으로 비유하면서 주지주의적 교육을 꼬집고 육체적 활동의 살아있는 노작교육을 강조하였다.

데, 그 하나는 그들의 직무에 대한 비법9)이고, 다른 하나는 도덕과 문맹 탈피의 일반적 교양교육을 실시하였다(Brubacher, 1966 : 268).

따라서 중세에 있어서 노작의 교육적 측면은 도제제도를 통한 직업 훈련적 접근이었으며, 학교교육 밖에서의 적용이었지만 처음으로 일을 대상으로 한 훈련이 이루어졌다는 데 큰 의의가 있는 것이다. 그러나 시민계급 중에서도 여가 계층은 자유교육에 관심을 가지고 암기를 중시한 인문주의 학교에서 인문학을 배웠다.

(3) 산업혁명 이후의 노작의 교육적 가치

르네상스 시대의 전통적 인문주의적 교육과정에서 19, 20세기 현대적 교육으로 변모시킨 사회적 세력은 국가주의, 민주주의, 산업혁명이다. 산업혁명은 교육과정에서의 노작의 위치에 큰 변화를 가져왔다(Brubacher, 1966 : 267).

산업혁명으로 말미암아 생산은 가정에서 공장으로, 수공에서 기계공업으로 변천하게 되고, 생산방식의 근원적 변화는 직업적 훈련에 큰 변화를 가져왔다. 산업혁명 이전의 도제제도로는 복잡한 기계적 원리와 훈련 수준을 감당하기 어려웠던 상황에서 학교교육에서 직업훈련의 필요성이 제기된 셈이다.

이러한 경향이 뚜렷해지는 동안 **감각적 사실주의(sense realism)**와 자연주의 세력들은 교육과정에서의 노작의 새로운 역할을 탐색하고 있었다. 감각적 사실주의자들은 구체적 대상이나 사물의 연구에 중점을 둠으로써, 17세기 고도의 언어적 인문주의에 활기를 불어넣으려고 하였다(Brubacher, 1966 : 268-269).

Rousseau로부터 Pestalozzi, Froebel은 이러한 자연주의적 관점에서 아동의 자연적 본성(nature)에 근거한 노작에 교육적 가치를 부여하였다.

Rousseau(1712~1778)의 초기 경향은 실용적인 교육과정의 직업적 경향을 더욱 강화하였다. 그는 인간이 생계를 유지하는 데 가장 본질적인 것은 육체노동이라는 태도를 가지고 있었으며, 그의 저서 『에밀』에서 수공교육에 대해 **"아동이 하루의 언어적 수업으로부터 얻는 것보다 한 시간의 수작업으로 얻는 것이 나을 것이다"**라고까지 주장하였다. 더욱이 Rousseau는 **"책으로 아동을 고립시키는 대신 작업장에 그들을 동참시킨다면, 그들의 손이 그들의 정신계발에 기여하고, 아동이 모든 작업을 체험하면서 철학자가 되어 간다."**고 하였다(Brubacher, 1966 : 269).

아울러 Rousseau는 수공교육 과정의 의의를 개인적 성취는 물론이고 사회적 성취에도 의미를 부여해 직업적 지식을 배우는 것보다 직업을 경멸하는 편견을 극복하는 것을 배우도록 권유한 것은 상당한 의의를 지닌다. 그가 추구한 교육이념은 농부처럼 일하고 철학자처럼 사고하는 인간을 만들고자 했으며, 특정한 직업을 위한 훈련이 아닌 노작의 일반적 훈련이었

9) 여기서의 비법은 직업훈련을 의미한다.

다. Rousseau가 교육과정에 수공 노동을 포함할 것을 주장한 것은 그것이 아동의 본성에 가장 적합하다는 자연주의적 이유 때문이었다(박성정, 1986 : 16-17). 즉 아동은 자연에 일치해서 교육은 아동의 개성을 존중해야 한다고 보고 있는 것 같다. 이러한 Rousseau의 견해는 로크, 몽테뉴, 코메니우스의 영향을 받았을지라도 그 당시까지만 해도 완고한 인문주의적 교육의 틀에 노작을 교육과정에 반영시키려는 노력은 혁신적이고 선구적인 역할을 하였다.

Rousseau의 노작에 대한 교육사상은 Pestalozzi(1746~1827)에 의해 실천에 옮겨졌다. 그는 노작을 통하여 아동의 과학적 인식을 촉구하고 인간관계를 바르게 파악하여 심성의 고상화를 추구함으로써 아동의 전인적 발달을 꾀하고자 했다[송일지(역), 1978을 박성정, 1986 : 17에서 재인용]. 그의 관심은 가난한 사람의 여건을 개선하기 위한 최상의 교육은 직업교육이라고 생각하였다(Brubacher, 1966 : 270). Pestalozzi는 말과 지식이 경험에 앞서는 교육을 비판하고 진리의 인식은 아동기에 노작을 통하여 개발된다고 하여 교육과 노작을 결합시키고자 하였다(박성정, 1986 : 17-18). 따라서 교과에 의존한 교육보다는 사물을 발견하는 데 의존하였으며 경험을 통해 실증하는 '실물교수(object instruction)' 방법을 고안하였다. 그의 인간애를 바탕으로 한 교육적 실천은 여러 학교에서 노작과 직업을 가르쳤으나 불행히도 형식도야(formal discipline) 이론에 바탕을 둔 교육과정과는 큰 차이가 있는 것은 아니었다(Brubacher, 1966 : 270).

Rousseau와 Pestalozzi의 사상적 영향을 받은 Fröebel(1782~1852)은 아동의 개성 발달, 자발적인 활동을 강조했는데, 이는 생활과 노작으로서 이것들을 배우는 것이 관념의 언어적 전달을 통해서 배우는 것보다 훨씬 더 계발적이라고 하였다[최정웅(역), 1984 : 40]. 그는 『인간의 교육(Education of Man)』에서 "인간이 의식주를 해결하고 단지 신체를 보존하기 위해서만 일하고 생산하고 창조한다는 저속한 환상은 고쳐져야 할 것이다. 사실 인간이 하는 일은 정신적이고 고귀한 본질이 외적 형태로 나타나는 것이다. 그러므로 젊은이는 외형적인 일과 창조적이고 생산적인 노작을 위해 일찍부터 훈련되어져야 한다. 삶의 차원에서의 노작의 학습은 지금까지 가장 인상적이고 이해되기 쉬운 것이다"라고 하여(Brubacher, 1966 : 271) 노작의 교육적 가치를 부여하였다.

Fröebel은 사상적으로만 노작을 가치 있게 생각한 것이 아니고 실천적인 노력이 있었다. 1837년 그가 50세가 되던 해에 블란켄 부르크에서 3~8세의 어린이를 위한 '조그마한 어린이 작업소(Kleinkinder beschaftigungsanstalt[10])'이라고 명명한 학교를 세웠으며, 나중에 그 학교는 유치원으로 개칭되었다[최정웅(역), 1984 : 41].

10) Klein은 '적은', Kinder는 '아이들', Beschaftigung는 '작업', Anstalt은 '연구소, 기관'이라는 뜻이다.

Fröebel의 구성적 활동의 수공훈련은 Cygnaeus(1810~1888)에 의해 핀랜드에서 교육과정으로 구성되었다. 그는 단순히 유치원 교육활동을 능가하는 교육 프로그램을 고안해 나갔으며, 1866년에는 모든 남학생에게 의무적으로 수공훈련이 몇몇의 시골 학교에서 부가되었다. 이러한 핀랜드의 수공훈련은 1872년 스웨덴으로 건너가 **공작교수법(Sloyd)**[11]이라는 이름으로 소개되었고, 1877년 스웨덴의 국민학교에 수공훈련 기법이 적용되었다[최정웅(역), 1984 : 45].

Rousseau, Pestalozzi, Froebel로 이어진 새 교육운동은 독일의 Kerschensteiner(1854~1932)에 의해 도입된 노작교육론으로 이어졌다. 그는 학교교육의 목적을 유능한 국민의 육성에 두고 노작교육을 그 수단으로 생각하였다. 종래의 서적 중심의 학교는 유희학교로, 유희학교는 다시 노작학교로 전환되어야 하며, 살아 있는 지식, 실천력 있는 지식, 인간과 성격을 형성하는 데 쓸모 있는 지식을 그 근간으로 한 것 같다(박성정, 1986 : 19). 이러한 노작교육론이 제국주의 독일의 적극적 · 진취적인 유용한 국민의 형성을 노린 공민교육론의 성격을 띠고 있다는 비판[송일지(역), 1983을 박성정, 1986 : 20에서 재인용]을 받았지만 노작에 대한 교육적 가치를 둔 측면에서는 혁신적인 것이었다.

Kerschensteiner의 노작교육론 속에서는 여러 가지 교육적 원리를 찾아볼 수 있다. 가장 대표적인 것은 **사실성의 원리, 수공노작의 원리, 체험의 원리, 직업도야의 원리, 노작공동체의 원리**이다(전일균, 1995 : 38-53).

- 사실성의 원리 : 도덕화된 사실적 교육은, 관념이 사실적 반응을 환기시키는 것으로서, 시간과 장소를 초월하여 무조건적으로 타당하다고 여겨지는 가치들, 즉 진리가치(Wahrheitswert), 도덕가치(Sittlichkeitswert), 미적 가치(Schönheitswert), 구제가치(Erlösungswert) 등이 요구하는 심적 질서와 통일적 가치로의 반응을 그 속에서 환기시킬 수 있도록 배려되어야 한다.
- 수공노작의 원리 : 모든 인간은 사회에서는 지적인 일에만 종사하는 사람들보다는 육체적 활동을 요구하는 일에 종사하는 사람들을 상대적으로 더욱 많이 필요로 한다. … 또한 사람들의 능력이나 성질은 일차적으로 순수한 지적 활동에 의해서가 아니라, 수공활동에 의하여 규정된다. … 수공활동은 모든 진정한 예술의 바탕일 뿐 아니라, 모든 과학의 기초인 것이다.
- 체험의 원리 : 인간은 환경 속에서 존재해 있는 사물(Sachen : Naturerzeugnisse) 및 재화(Güter : Geisteserzeugnisse)를 그 상태, 그대로 보고 배우는 것이 아니라, 재화에 관계되어 있는 여러 가지 작용가치(Wirkungswerte)와 독특한 고유가치(Eigenwerte)를 체험하고, 그 속에서 보다 합리적으로 해석하는 방법을 배우면서 인간도야는 시작된다.
- 직업도야의 원리 : 첫째, 직업에 종사함으로써 국가를 위해 어떤 기능도 수행할 수 있는 능력과 의지를 갖는 것. 둘째, 직업을 생활유지의 측면에서뿐 아니라, 국가에 봉사하는 공무라는 생각을 습관화하는 것. 셋째, 직업을 통해 현실의 국가를 이상적 도덕사회로 발전시키기 위하여 공헌할 수 있는 성향과 능력을 갖는 것.

11) 슬로이드(sloyd)는 손재주를 뜻하는 스웨덴 용어이다.

• 노작공동체의 원리 : 공동체의 도덕화를 향한 개인의 활동은 한편으로는 완전한 정신적 존재로서, 다른 한편으로는 직업적 활동을 통하여, 그리고 공동체의 정치적 삶에 대한 능동적 참여 등을 통하여 정의에 대한 자신의 의지를 표명함으로써 이루어지게 된다.

이상에서와 같이 Kerschensteiner의 노작교육론의 두 가지 큰 의의를 찾아볼 수 있는데, 그 하나는 서적 중심의 교육이 지니고 있는 한계, 즉 정신도야만을 강조함으로써 생겨나는 편향적 인간형에서 벗어나 정신적·육체적 노작활동을 통하여 **전인적 인간상**을 지향한다는 관점에서 그의 노작교육론은 높이 평가되고 있다. 또 다른 하나는 노작활동을 통한 직업도야로서 폭넓은 직업적 소양을 갖게 하려고 하였던 것으로 현대의 비인간적 직업교육 체제에 대하여 많은 시사점을 던져 주고 있다.

(4) 19, 20세기 미국에서의 노작의 교육적 가치

노작에 대한 교육이 미국에 뿌리를 내리는 데 최초의 공헌자는 진보주의 교육의 아버지라고 인정받은 Parker(1831~1902)였다. 그는 교과 중심 학습은 크게 강조를 두지 않았고, "교육의 전 목적은 일을 위하고, 조직적으로 일하고, 일을 사랑하고, 정신과 심정을 일과 연결하도록 아동을 훈련토록 하는 것이다."[Parker(1983)을 최정웅(역), 1986 : 48에서 재인용]라고 믿고 있었다. 또한 그는 퀸시에서 교육의 과정을 실천하면서 형식적이고 획일적인 교육을 비판하면서, 수공훈련, 예술, 음악, 과학, 체육 등의 활동적이고 창조적 자기표현을 강조한 교과영역을 중요시하였다[최정웅(역), 1984 : 47]. Parker의 교육사상은 아동 중심 교육사상을 지녔던 Pestalozzi, Fröebel의 영향(Brubacher, 1966 : 225)을 받은 탓으로 아동의 개성과 요구를 존중하는 데 기초를 두었으며, 이러한 교육사상은 20세기 교육철학에 큰 공헌이 인정되는 Dewey에게 적잖은 영향을 끼친 점은 주목할 만하다.

20세기에 있어서 노작에 대한 교육적 가치에 대한 중요한 문제를 제기한 사람은 Dewey(1859~1952)다. 그는 Rousseau와 Fröebel의 전통을 이어받았으며(Brubacher, 1966 : 272) 찰스 퍼스와 모리스에 의해 학문적인 가르침을 받았다[최정웅(역), 1984 : 54-57]. 교육과 와 화를 동일시한 그는 교육을 사회의 준비과정이 아니라 사회의 과정이라고 하였다. 그의 업적과 사상적 견해에 기초해서 일반적으로 그를 실용주의자, 도구주의자, 실험주의자라고 부른다.

Dewey는 '노작은 직업교육을 주로 하는 훈련과는 신중히 구별하여야 한다. 그 차이의 근거는 노작의 목적이 활동 자체에 속해 있다는 점이다. 즉 노작의 목적은 각종 관념과 그 관념이 행동으로 구현된 것과의 사이에 부단한 상호작용이 일어나서, 성장이란 사실을 초래하는 데 있는 것이지 외부적인 실용을 운운하는 것은 아니다.'라고 하여 활동과정으로서의 의미를 강조하고 있다. 따라서 Dewey가 주장한 **노작교육의 원리는 노작적 경험의 원리, 자기교육의 원리, 수공활동의 원리, 보편적 직업교육의 원리, 민주주의 원리** 등이다(전일균, 1995 : 85-96).

- 노작적 경험의 원리 : 경험 안에서 확실히 다른 것은 유용한 노동과 노동의 강제적 필연성이다(useful labour and its coercive necessity). 직접적이고 감상적인 즐거움은 사물들의 성취상태에서 사물들을 나타내는 데 비해, 노동은 효율성, 생산성, 촉진과 방해, 생성과 파괴 안에서 서로의 사물들을 관련시키는 가운데 사물들을 나타낸다. 쾌락의 견지에서 볼 때 하나의 사물은 그것이 다른 것들을 위해 무엇인가를 한다는 것을 의미하는 것이며, 이는 그것이 하나의 도구 또는 장애물로 정의될 수 있는 유일한 방법이기도 하다. … 노동과 도구의 사용은 충분한 경험적 이유, 즉 실제로 이러한 관련 속에서 특별히 지적될 수 있는 유일한 경험적 사건들이다. 이것들은 자연의 규칙적 순서 또는 이성의 범주, 의지에 의한 사실보다도 인간관계에 대한 신념의 수용을 위한 적절한 근거들이다. … 생산적인 노동에서의 규칙성, 즉 질서 있는 순서는 스스로 통제하는 원리로서 나타나며, 이에 따라 산업기술은 사물들의 계속적인 관련들을 서로 드러나게 하는 경험의 형식들이라 할 수 있다.
- 자기교육의 원리 : 결과에 대한 '절대적 흥미'(exclusive interest)는 노작을 고역으로 변질시킬 수 있다. … 어떤 일이 고역이 될 때, 그 노작활동의 과정은 모든 교육적 가치를 상실하게 된다. … 그러나 자발성은 목적의 평가를 통하여, 가치의식이 목적달성을 위한 수단으로 전환될 때 비로소 나타나게 된다. 즉 행위 그 자체에 흥미가 있는 것은 아니지만 행위에 따른 결과에서 흥미를 차용해 오고 있기 때문에 노작과정에서의 자발성이 가능한 것이다. 학교에서 노작교육은 아동의 자발적 흥미와 주의를 환기시킨다. 즉 노작은 아동으로 하여금 수동적 · 수용적 태도가 아니라, 능동적이며 민활한 활동을 지속하게 한다. … 그리고 이것은 아동에게 미래생활의 실제적 직무에 대한 보편적 준비를 어느 정도는 가능하게 해준다.
- 수공활동의 원리 : 아동들의 첫번째 과제는 자신의 신체적 · 사회적 환경에 대하여 쾌적함 그리고 유효적절한 순응을 확보하는 도구로써 자신의 육체를 구사하는 일에 있다. 아동들은 모든 것을 행함으로써 배우게 되는 것이다. … 그러기 위해서는 여러 가지 동작을 목표에 맞도록 명확히 배열하는 것이 필요하며, 이러한 의식적인 선택과 배열의 활동은 비록 그것이 조잡한 형태일지는 모르나 아동들의 사고작용을 구성하게 된다. 이와 같이 아동들이 손과 발을 사용하여 보이는 것을 다룰 수 있게 되고, 소리와 자세를 결부시키며, 맛과 촉감을 결합시킬 때에 보여지는 기쁨 등의 감정과 지성은, 결국 신체구사의 발달이 지성의 결과라는 것을 의미하는 것이다.
- 보편적 직업교육의 원리 : 산업사회가 지니고 있는 다양한 문제를 해결하기 위해서는 민주주의 체제에서의 직업교육에 대한 재인식이 필요하다. 이러한 점에서 볼 때, 영혼이 없는 기계화된 산업화의 단조로움에 대항하기 위해서는 인간의 자기 결단력과 지적이며 창의적인 독립심이 길러져야만 한다. 따라서 학교에서는 기계적 반복이나 단조로운 기능만을 가르쳐서는 안 된다. 즉 단조로운 기능의 규칙성을 반복시키는 저급한 능력이 아니라, 문학과 예술, 과학에 기초한 가치 있는 내용을 제공해야 한다. 왜냐하면 새로운 발명과 과학의 응용은 산업활동에서의 능동성을 필요로 하는데, 학생들에게 즉각적인 효과만을 요구하게 된다면, 그들은 결국 변화하는 세계에 적응할 수 없게 되기 때문이다. … 따라서 새로운 사회가 요구하는 직업교육은 실용적이며 특화되어 있는 기능, 즉 구두

장이나 양복 기술자를 만드는 교육에서 탈피하여 학생들이 자신의 능력을 인식하고 응용함으로써 마치 도덕교육에서와 같이 스스로 판단하고 행동할 수 있는 지적인 내용들이어야 한다.

Dewey는 교육활동의 일차적 뿌리는 아동이 가지는 본능적인 경향인 행위에 있다고 믿었다. 인간의 문화는 삶을 형성하는 태도로부터 채색된다는 사실을 믿었으며, 노작은 교육과정의 주된 축이 되어야 하며, 노작은 순수한 직업적 도야보다는 자유교과로서의 우월성에 두어야 한다고 주장했다(Brubacher, 1966 : 272). 그러나 이러한 노작을 도입하는 것이 중요하지 않고 그것을 어떻게 사용하는가가 중요한 것이라고 전제하면서 몇 가지 방식은 쓰지 말아야 한다고 주장한다.

즉 명확한 처방이나 지시를 따르는 행동, 또는 기존의 모델을 수정없이 재생하는 활동은 근육의 기민성에는 도움이 될지 모르지만, 목적을 지각하고 정교하게 가다듬는 일을 요구하지도 않고, 수단을 선택하고 맞추는 일을 허용하지도 않는다. 이때까지의 수공훈련의 잘못은 여기에 있으며, 한 치의 실수도 없이 하는 일은 자발성을 제한하고 판단을 최소한으로 감소시킨다고 보고, 창조적이고 건설적인 태도를 살려주는 것이 더 중요하다고 주장한다[이홍우(역), 1987 : 310−311].

이렇게 주어지는 학교에서의 일은 내재적으로 가치 있는 경험의 양식을 제공하며 자유 교육적 효과를 지닌다고 평가한다[이홍우(역), 1987 : 316].

(5) Steiner의 노작교육의 원리 : 자유 발도르프 학교[12)]

Steiner의 교육학은 인간이 지니고 있는 사고(thinking), 감정(feeling), 실천(doing)을 핵심으로 하고 있다. 이는 주지주의적 기존 교육관에 대한 도전일 뿐만 아니라, 현대의 비인간적 교육에 새로운 대안이었다(전일균, 1996 : 44).

Steiner 교육사상에 기초한 여러 발도르프 학교는 다소의 차이점을 보이기도 하지만 Steiner의 교육철학은 그 학교의 교육철학으로 자리잡고 있다. Steiner가 주장한 육체, 영혼, 정신과

12) 1919년 독일의 슈트르가르트에서 처음으로 발도르프 학교가 설립된 이후 21세기에 들어와 실험적 수준을 넘어서 많은 교육학자들에게도 관심을 일으키고 있다. 발도르프 학교는 세계적으로 50여 개국에서 713개의 학교, 1400여 개 유치원, 1200여 개의 사회교육시설, 60개의 교사교육기관이 있다(Stefan, 1998). 우리나라에서는 아직 발도르프의 형태를 갖춘 학교는 없지만, 한국슈타이너교육예술협회가 1995년부터 활동하고 있다. 그러나 루돌프 슈타이너의 교육사상에 대한 논의는 교육철학의 영역에서 오래 전부터 논의되어 왔다. 자유 발도르프 교육의 기본이념은 인간 중심의 전인적 전체적 접근, 정신성의 강조, 감성과 실제적 체험의 강조, 자연과 삶의 체험적 조망, 개성과 공동체 의식 추구, 자립, 책임, 창의적 교육 추구 등을 제시할 수 있으며, 이러한 이념을 실현하기 위하여 8년 담임제(1~8학년), 점수를 매기지 않는 것, 교장이 없는 민주적 학교 경영(교사회의, 학부모 회의), 유급 없는 12학년제, 그리고 이외에 수업에 있어서 집중 수업인 에포크 수업, 형태와 공간을 강조한 포르멘 수업은 발도르프 학교만이 가지고 있는 특징이다. 1919년에 시작된 발도르프 교육이 오늘 우리에게 의미 있게 다가오는 이유는 인지학(anthroposophy)에 기초한 루돌프 슈타이너의 교육론이 정신과 영혼을 배제한 지적 교육의 한계를 들어 내고 있는 기존의 교육의 대안으로서의 역할이 더욱 증대되고 있기 때문일는지도 모른다(최유현, 1999).

의 관계 속에서 물질적 세계에서 정신적 세계로 이끄는 교육적 활동에서 노작활동은 중요한 의미를 갖는 것 같다.

이러한 발도르프 교육, Steiner 교육에서의 중핵적인 영역 중 하나가 노작교육에 있다는 사실은 놀라운 일이다. 그러나 Steiner의 교육관을 이해하면 왜 그러한 접근이 불가피한가를 답할 수 있을 것이다. 노작이 육체적 활동에 그치지 않고 또다른 이유를 담고 있는지 모를 일이다.

인간의 본질에 관한 Steiner의 정의는 다면적이며 인간 중심적이라고 할 수 있다. 인간을 중심으로 하여 삼중적으로 구분되는 세계가 존재한다고 Steiner는 믿고 있기 때문이다. 인간이 지니고 있는 감각을 통하여 만져지고 보여지는 사물의 세계, 스스로 발견한 것이 나에게 어떻게 특성화되어 나타나는가 하는 인상(impressions)의 세계, 그리고 '신성한 존재(divine being)'로서의 그 무엇이 자신의 존재와 활동의 비밀에 관하여 나에게 정체를 드러내는 세계가 바로 그것이다(Steiner, 1971 ; 전일균, 1996 : 45). 인간은 이러한 삼중적 세계와 관계를 맺으면서 **육체, 영혼, 정신**이라는 세 가지 특성을 지니게 된다. 육체는 인간에게 스스로 나타나는 환경 속에 있는 사물을 의미하며, 영혼은 이러한 사물들을 자신의 존재와 결합시키는 것을 말한다. 그리고 정신이란 인간이 사물을 '신성한 존재'로서 느낄 때에 자신에게 나타나는 그 무엇을 뜻한다(Steiner, 1971 ; 전일균, 1996 : 45). 즉 인간은 감각적 인식의 세계인 육체와 자신의 세계를 구축하게 해주는 영혼, 그리고 고귀한 존재로 드러나게 해주는 정신의 영역으로 이루어졌다는 것이다. 즉 물리적 세계(physical world)인 육체(body)가 정신적 세계(spiritual world)인 자아(self)와 연결해 주는 매개체가 영혼(soul)이라는 것이다.

Steiner는 외적 세계에 대한 내면세계의 반응을 중요시하고 인간 나름대로의 발달단계를 거쳐 정신세계에 도달한다고 하여 7년을 주기로 인간의 발달을 구분함으로써 전인적 인간을 향한 과정을 설명하고 있다. 탄생 이후 7세까지는 외적 영향력 속에서 발달하는 단계로서 육체적 모습(physical body)을 가지며, 그 후 14세까지는 영혼의 특질이 나타나는 **에테르화(etheric body)의 단계**, 사춘기 이후 21세까지는 외적 세계에 접근할 수 있는 **아스트랄화(astral body)**, 그리고 21세 이후는 자아(ego)를 통하여 정신을 받아들일 수 있는 단계에 돌입한다고 하였다(Childs, 1991 ; 전일균, 1996 : 46). 인간은 이러한 관계를 겪으면서 자신의 현존재적 육체(life body)에서 벗어나 영혼과 정신에 접근할 수 있는 정안(spiritual eye)을 가진 존재로 발전할 수 있으며, 이때 비로소 세계와 타인의 삶에 대한 진정한 이해를 갖게 된다는 것이다.

인간은 세계와 여러 가지 방법으로 관계를 맺고 있다. 이것은 육체적 · 심적, 그리고 정신적인 활동을 함으로써 이루어진다. Steiner는 바로 이 세 가지 관계에 대해 역설하였다. 그리고 이 관계를 인간의 신체적인 조직과 관련시켰으며, 이것들을 서로의 연관관계로 표현하였다. 인간은 일차원적인 존재가 아니다. 먼저 인간의 육체와 마음의 건강한 발달은 정신적인 개성과 인격으로 인간의 장치를 쓸 수 있는 우선이 된다. 머리, 가슴, 손은 어린아이의 발달을 위해서 똑같은 가치를 가지고 있다. 그렇기 때문에 인지적이고, 도덕적이고, 실용 · 전문적인 재능의 발달은 발도르프 교육에서는 똑같이 중요하게 여기고 장려 · 촉진하고 있다(세계루돌프슈타이너교육예술협회, 1996).

Steiner에 의하면 인간은 육체를 통하여 감각적으로 인지되고 있는 사물과의 관계를 맺고 있다. 특히 아동들에게 있어서 가장 깨어 있는 부분이 바로 손과 발이며, 이를 통하여 외적 세계의 사물과 상호작용하는 것은 영혼과 정신을 일깨우는 데 있어서 매우 중요한 과정이다. 인간에게 있어서 자연이라는 외부세계는 이해의 대상이기도 하지만, 다른 한편으로는 살아 있는 경험으로 작용할 수 있는 것이다(Childs, 1991 ; 전일균, 1996 : 47). 그는 단지 머리로만 아는 지식(head-knowledge)은 인간의 존재와 본성에 대한 참다운 이해를 얻게 하지 못한다고 생각하였다. 인류가 쌓아 놓은 모든 문명은 인간의 노동에 따른 결과이기 때문에, 머리만이 아닌 노작활동을 통해서만 이를 진정으로 이해할 수 있다는 것이다. 특히 Steiner는 이 세상의 모든 물질들은 신의 창조물이므로, 인간은 수공을 통하여 비로소 세계와 대화할 수 있다고 하였다. 물질들은 현명하게 활용함으로써 우리는 정신세계의 일면을 획득해 나갈 수 있는 것이다(Richards, 1980 ; 전일균, 1996 : 47).

따라서 Steiner 교육학에서는 노작교육을 중요하게 생각하지 않을 수 없다. 한편으로는 인류문명을 이해하려는 차원에서, 또다른 한편에서는 영혼과 정신세계를 획득해 가는 방법적 원리로서 노작교육은 자리잡고 있다(전일균, 1996 : 48). Steiner는 이러한 현실적 존재로서의 인간의 삶과 관련하여 다음과 같이 노작교육의 중요성을 강조하기도 하였다(Steiner, 1972 ; 전일균, 1996 : 28).

> 발도르프 학교의 교육목표는 인간 존재로서의 노작에 대한 창조적 학습을 통하여 이루어진다. 아동들은 교실에서 인간의 다양한 삶에 대하여 사고한다. 이러한 과정 속에서 아동들에게 올바른 삶을 구가할 수 있도록 하는 것이 노작활동이다. … 오늘날 많은 사람들이 지적인 삶을 영위하고 있지 못한 이유는 그들이 학교생활 속에서 삶의 핵심적인 요소들은 물론이고 실제적인 활동조차도 배우지 못하였거나, 혹은 배웠다고 하더라도 적절한 시기에 배우지 못하였기 때문이다. 이러한 것은 결국 영혼의 총체적인 발달에 상처를 입히게 된다. … 오늘날 얼마나 많은 사람들이 극히 초보적인 기계적 원리들조차 이해하지 못하면서 기차를 타고 있는지 생각해 보라. 이와 같이 인간에 의하여 창조된 사회적 산물들에 대하여 이해하지 못한다는 것은 결국 비사회적 삶의 시작일 것이다. … 교육은 결국 아동들에게 인간의 창조력과 창의성을 발휘할 수 있도록 많은 것을 제공하여 아동들이 사회적 삶 속에서 올바른 자신의 위치를 찾고 이해하도록 도와 주는 일이어야 할 것이다.

Steiner에 있어서 노작교육은 단순한 기능의 학습을 목적으로 하는 것이 아니라 삶의 다양한 측면과 친숙해지는 데 있었다. 이 세상에 존재하는 복잡하고 다양한 측면들에 대처하기 위해서는 도구사용을 위한 손놀림이 필요하며, 어려서부터 이를 통한 노작활동이 전개되었을 때 기술적인 능력의 확보는 물론이고, 정신능력의 계발까지 얻을 수 있다는 것이다.

Steiner는 이러한 노작활동은 사회적 존재로서의 인간, 육체 · 영혼 · 정신을 일치시켜 주는 존재로서의 전인, 그리고 내면의 세계와 외면의 세계를 연결시켜 주는 통합적 존재로서의 인간을 위하여 꼭 필요한 활동이라고 생각하였다. 그는 노작교육 속에서 자연과 유리되지 않은, 그리고 영혼과 정신이 함께 하는 인간을 발견하고자 하였으며, 이러한 과정을 통하여 물질주의가 지니고 있는 편파적 교육관을 극복할 수 있다고 보았던 것이다. 교육은 결코 외부 세계의 기능들에 적응해 가는 법칙들을 가르치는 것이 아니라, 아동들이 '세계 속에 존재하는 자신을 느끼도록' 하는 진정한 인간으로서의 지혜를 전달해 줄 수 있어야 한다는 것이다(Steiner, 1982 ; 전일균, 1996 : 49).

이와 같은 Steiner의 노작교육은 실제로 발도르프 교육에서 다음과 같이 반영되고 있다[임영희 · 이연현(역), 1996 : 36].

> 어느 날 담임교사가 후미 양의 농업 노작활동의 수업을 보고 후미 양에게 말했다.
> "후미는 일하고 있지 않군."
> 하고 말했다. 그녀는 분명히 갈퀴를 손으로 움직이고 있었다. 옆에 있던 솔바이가 분개해서는
> "후미는 일하고 있어요. 선생님 안 보이세요?"
> 하며 항의했다.
> "아니 내가 하는 말은 후미의 마음 말이야. 그녀의 속이 일하고 있지 않다는 것이야." 하며 돌아갔다.

이 수업에서 후미가 일하고 있지 않고 있는 것은 '후미의 안쪽'이 일하고 있지 않다는 것이며, 손으로 느끼지 않는다는 것이다. 결국 발도르프 교육에서의 노작은 보이는 신체활동보다 보이지 않는 정신적 활동에 그 의미를 크게 두고 있다고 볼 수 있다. 즉 발도르프 교육에서의 노작활동은 아동들에게 '세계 속에 존재하는 자신을 느끼도록' 하는 진정한 인간으로서의 지혜를 전달해 주고자 한다.

Steiner의 노작교육에서 손(신체)은 정신과 영혼[13]으로 이어지는 전 존재로서의 부분이기 때문이다. 제대로 된 교육은 인간 전 존재의 발달이어야 한다. 교과를 가르치는 수업은 바로 이러한 목적 자체는 아니다. 교육을 통해 지적으로뿐만 아니라 감성적으로 발달해야 한다. 더욱이 교육은 열정, 내적 유동성, 영혼에 대한 양식까지 길러 줄 수 있어야 한다.

---

13) 여기서 '정신적'이라는 말은 정신주의 혹은 심령술이나 미신적인 것과 혼동해서는 안 된다. 여기서 정신적이라고 하는 것은 비물질적 · 초감각적인 것에 사용하는 일반적인 말이다(Wilkinson, 1993).

교육이 실패하고, 교사들이 실패하는 이유는 올바른 지식이 부족하기 때문이다. 심리학과 수업 이론이 범람하고 있으나, 이들 역시 핵심을 놓치고 있다. 진정한 교육은 인간에 대한 올바른 지식을 기초로 해서 이루어져야만 한다. 인간에 대한 바른 이해란, 인간을 신체·영혼·정신이라는 전 존재로서 파악하는 것을 의미한다. 적당한 시기에 그 시기에 맞는 영양분이 공급되어야 하고, 필요한 시기에 그 시기에 필요한 힘이 깨우쳐져야 한다[Wilkinson, 1993 ; 고려대교육사·철학연구회(역), 1997].

교육은 육체·정신·영혼 등 넓은 의미에서 인간에 대한 지식에 근거해서 정립되어야 한다. 육체는 외부 세계와 관련되고 영혼은 그 자신의 내적 삶을 갖게 하며, 정신은 영원한 것과 어울릴 수 있게 한다. 따라서 교육을 맡고 있는 교사들 역시 아동들의 총체적 삶에 주목하고 관심을 가져야 한다. 총체적인 삶은 어린 시절의 경험이 훗날까지 영향을 미치도록 하며, 특히 신체의 건강뿐만 아니라 정신발달 측면까지 영향을 준다[Wilkinson, 1993 ; 고려대교육사·철학연구회(역), 1997 : 61].

세계 루돌프 슈타이너 교육예술협회가 펴낸 발도르프 교육에서 1~3학년 교육의 특징은 '세계는 나와 함께이다' '형태수업에서 쓰기와 읽기로' '셈하기를 놀이와 리듬을 통하여' '나와 관계 있는 내용으로' '형상화를 통하여 내면화로' '직접체험으로서의 농작수업' '손으로 만들기' '내면의 새로운 변화'를 내세울 수 있다. 이 중에서 노작교육과 관련된 '직접체험으로서의 농작수업' '손으로 만들기'의 내용의 일면을 소개하면 다음과 같다(세계루돌프슈타이너교육예술협회, 1996).

> 직접체험으로서의 농작수업은 농작을 통하여 아이는 흙과 함께 무언가를 얻어낼 수 있다는 의미가 무엇인지를 체험하게 된다. 이러한 농작과 추수를 한 이후에 아이들은 빵과 음식을 먹을 때 당시의 경험을 생각하며 먹게 된다는 것이다.
>
> '손으로 만들기'에서는 수공 에포크 수업의 경우 여러 가지 수작업들을 이야기를 통하여 배우게 되는데, 이후 바로 각 수작업에 관계된 실천적인 행위와 아주 깊게 연결되어야 한다. 이러한 것의 예로 빵 만드는 사람, 재봉사, 신발 만드는 사람, 대장장이 등이 될 수 있다. 이때에 학부모들은 그들의 직업에 따라서 수업에 직접 참여하여 교실에서 아이들과 함께 실습을 진행하게 된다. 한 예로 조그만 베틀 위에서 아이들이 직접 조그만 천을 만들고 이것을 아이들은 커다란 기쁨으로 집에 가지고 가게 되는 것이다.

그 이후 단계에서도 노작활동은 실제적·실용적이고 여러 노작활동을 통하여 그 활동을 지속적으로 심화시켜 교육과정에 반영하고 있다[Wilkinson, 1993 ; 고려대교육사·철학연구회(역), 1997 : 144-145].

10~12학년을 대상으로 하여 학교에서는 실제적이라고 할 수 있는 집을 짓는 일, 농장의 일, 정원 가꾸기, 지리시간의 이동, 응급처치, 책 제본하기, 목공일, 서류 작성하기 등과 같은 공부나 활동들도 해야 한다. 또한 기계에 관한 사회적 의미를 이해하고, 동료들 사이의 작업을 이해하는 것은 이미 언급했다. 16세가 되면 학생들은 그 전과는 다른 방식으로 사물을 바라본다. 성인 세계로의 첫발을 내딛는 것이 어렴풋이 나타난다.

따라서 학생들에게 소위 실생활(practical life)과 긴밀하게 접근할 수 있도록 해야 한다. 자연스럽게 학구적인 경향을 보이는 아이들도 있다. 그러나 그들도 실제적인 측면을 경험하는 것이 좋다. 왜냐하면 학구적인 경향을 갖는 아이들의 경우에도 실제생활은 준비단계로 필요하다. 전문화도 일반적인 바탕 위에 따라오는 것이다.

농업, 상업, 산업과 같은 전문 분야의 공부도 인간적인 측면을 간과하지 않고, 관련을 갖는 것이어야 한다. 예를 들어 종이, 비누, 기계로 만든 상품 등의 전문적인 제조과정도 가르칠 수 있다. 청소년기에 중요한 경험은 실제로 물레나 손 베틀을 사용해 보고 물방앗간이나 공장의 과정을 생각해 보는 것이다. 물레바퀴 같은 원시적인 형태까지 포함해 다양한 종류의 기계를 작동해 보는 것도 배워야 한다.

[표 2-7]에서 제시한 스위스 바젤 루돌프 슈타이너 학교 교육과정(1~12학년)은 발도르프 학교의 전형적인 교육과정의 예를 보이고 있다고 볼 수 있다.

이 교육과정에서 알 수 있는 바와 같이 매우 다양한 교과목들이 부과되고 있는 점, 감성과 손놀림을 경험할 수 있는 예술, 수공활동을 강조하는 교과가 많다는 점, 그리고 감성과 정신성의 교육을 위한 오이트리미, 프르멘(드로잉) 수업 등을 강조하고 있다는 점이다. 그리고 이러한 교과들은 각 학년 수준의 학생들의 발달단계에 따라 내용을 심화시키거나 달리하여 교육과정을 운영하고 있다는 것이다.

따라서 발도르프 학교의 교육과정에서는 Steiner의 노작교육 사상을 배경으로 한 교육과정이 실제로 배려되어 있으며, 그것은 실천적이고 계획적으로 수업에서 아동들에게 전달되고 있다.

발도르프 교육에서의 노작활동은 루돌프 슈타이너의 노작교육론에 기초하고 있다. Steiner의 노작교육론은 그가 추구하고 있는 교육론을 현실화하는 데 매우 중요한 역할을 하며, 실제로 발도르프 학교에서는 체험과 환경에 기초한 노작활동을 아동들에게 부과하고 있다. 발도르프 교육이 갖는 몇 가지 노작교육의 교육적 의미는 다음과 같이 정리할 수 있을 것이다(최유현, 1999).

[표 2-7] 스위스 바젤 루돌프 슈타이너 학교 교육과정(1~12학년)

<table>
<tr><th>학 년</th><th>1</th><th>2</th><th>3</th><th>4</th><th>5</th><th>6</th><th>7</th><th>8</th><th>9</th><th>10</th><th>11</th><th>12</th></tr>
<tr><td>독일어</td><td colspan="12"></td></tr>
<tr><td>이야기거리</td><td colspan="12"></td></tr>
<tr><td>역사</td><td colspan="12"></td></tr>
<tr><td>예술사/미학</td><td colspan="12"></td></tr>
<tr><td>수학</td><td colspan="12"></td></tr>
<tr><td>지리</td><td colspan="12"></td></tr>
<tr><td>자연</td><td colspan="12"></td></tr>
<tr><td>물리</td><td colspan="12"></td></tr>
<tr><td>화학</td><td colspan="12"></td></tr>
<tr><td>불어/영어</td><td colspan="12"></td></tr>
<tr><td>라틴어</td><td colspan="12"></td></tr>
<tr><td>오이트리미</td><td colspan="12"></td></tr>
<tr><td>체육</td><td colspan="12"></td></tr>
<tr><td>노래</td><td colspan="12"></td></tr>
<tr><td>기악</td><td colspan="12"></td></tr>
<tr><td>그리기</td><td colspan="12"></td></tr>
<tr><td>포르멘, 제도</td><td colspan="12"></td></tr>
<tr><td>수공</td><td colspan="3">뜨개질, 바느질, 자수</td><td colspan="3">인형동물 만들기</td><td colspan="2">꿰매기,
옷만들기</td><td colspan="4">판재 자르기, 접합하기, 옷감짜기, 상자 만들기, 책 제본하기</td></tr>
<tr><td>수공실습</td><td colspan="5">수공 에포크 수업과 관련된 작은 작품 만들기</td><td colspan="3">목공조각,
정원 가꾸기</td><td colspan="4">목공, 금속가공, 플라스틱 가공, 요리</td></tr>
<tr><td>기술</td><td colspan="2"></td><td>농작업,
집짓기,
수공예</td><td colspan="6"></td><td colspan="3">산업공정, 에너지,
환경, 매체, 정보</td></tr>
<tr><td>실천교과</td><td colspan="9"></td><td>농업</td><td colspan="2">측량, 산업실습</td></tr>
<tr><td>졸업
프로젝트</td><td colspan="10"></td><td colspan="2">이론 · 실제 · 예술적 활용 능력 프로젝트</td></tr>
<tr><td>종교</td><td colspan="12"></td></tr>
</table>

※ 음영부분은 해당 학년에 그 교과가 부과되지 않음을 뜻함.

※ 각 교과별로 이수하는 학년시기가 다르며, 각 교과마다 학년이 증가할수록 내용이 심화되고 연계되어 있음(노작활동과 관련된 교과만 학년별 내용 제시함).

자료 : 세계루돌프슈타이너교육예술협회, 발도르프 교육, 1996.

첫째, 발도르프 교육의 노작교육은 전인성(全人性)에 바탕을 둔다.

Steiner 노작교육론의 가장 대표적인 원리 중의 하나가 '전인성'의 원리이다. 이것은 노작활동을 통하여 인간이 지니고 있는 육체와 영혼, 정신을 하나로 통일시킴으로써 전인적 인간으로 나아갈 수 있게 한다는 의미를 지닌다. 노작이라는 육체적 활동을 통하여 영혼과 정신을 일깨워 줄 수 있다는 것이다. 육체를 통하여 머리를 깨어나게 하는 노작활동은 기계적인 과정이 아니라 정신적인 과정인 것이다. 이와 같이 노작활동을 통하여 하나의 인간이 육체, 영혼, 정신을 통일시켜 감으로써, 전인적 존재로 변해갈 수 있다는 사실에 대하여 Steiner는 다음과 같이 그 과정을 설명하고 있다(Steiner, 1972 : 198-199 ; 전일균, 1996 : 50 재인용).

> 아동들은 실제적인 노작활동 속에서 최대한의 자유를 부여받아야 하며, 내적 감수성에 따라 행동할 수 있도록 허용되어야 한다. 본성에 따른 진정한 감정에 충실할 때, 아동들의 영혼은 인간이라는 존재 속에 포함되어 있는 경이로운 요소들을 창조해 낼 수 있다. 그리고 이러한 과정 속에서 아동들은 자신의 전인적 존재상(whole being)에 대하여 깨닫게 된다. 인류의 문명은 인간이 두뇌를 통하여 모든 것을 인식하게 만들어 왔다. 그러나 이러한 인식의 관념을 머리 속에 썩혀 두어서는 안 된다. 두뇌 속에서 잠자고 있는 인식의 세계를 일깨워 전인적 삶으로 인도해야 한다. 영혼은 관념이라는 감각 속에 존재한다. 이것은 추상적인 것이 아니라 구체적인 형상을 지니고 있다. 아동들은 실제적인 노작행위 속에서 자신들이 생각하고 있는 것을 구체화시키게 된다. 이러한 과정을 거치면서 육체와 정신이 하나로 일치되는, 그리고 외적 존재인 육체가 내적 세계에 존재하는 영혼 및 정신과 하나가 되게 하는 것이다.

따라서 노작활동은 단순한 육체적 활동이 아니라 정신적 깨우침의 과정이 된다. '사고는 질서정연한 뜨개질 같다'라는 Steiner의 말처럼 진정한 사고는 모든 생각과 행동의 발달을 이루는 삶의 연속성 속에서 이루어질 수 있다. 특히 예술과 실제적 노작활동(practical skills)에서는 발도르프 교육이 성공적으로 이루어질 경우, 전인적 인간(머리 ; Head, 마음 ; Heart, 손 ; Hand)은 실제로 교육되어질 수 있다(Barns, 1998).

둘째, 발도르프 교육의 노작활동은 창조적 사고활동을 추구한다.

발도르프 교육에서 가장 중요한 관심은 육체, 마음, 그리고 정신의 건강한 형성에 있다. 이미 칸트가 말한 바와 같이 손은 밖으로 나온 인간의 뇌와 같다고 볼 수 있다. 발도르프 학교들은 유치원과 저학년에서는 손가락 놀림에 대하여 중요한 의미를 두고 있다. 이는 음악, 미술 등의 수업에서도 이루어지지만 수공수업을 통하여 뜨개질, 바느질을 통하여 손놀림을 시작한다. 이때에 만들어진 물건들은 실생활에서 쓸 수 있어야 한다. 보기로 책상닦이, 남방셔츠, 신발 등이다. 모든 것은 쓸 수 있어야 하고 동시에 예술적으로 만들어야 한다. 이렇게 발도르프 학교에서는 1919년 이래로 능숙한 손가락 놀림을 통하여 습득하고 그것은 아이의 생각에 늘 활기 있게 만들고 있다고 보는 것 같다.

이와 같이 손놀림 노작의 행위는 학생들의 사고에 생기를 주고, 그들의 손에 의하여 산출되는 작품은 실용적 가치와 예술적 가치를 동시에 추구하고 있다. 이러한 예술성은 스스로의 생각과 표현에 기초하며 단순한 신체적인 모방활동이 아니라 창조적인 사고활동임을 보여주고 있다.

셋째, 노작교육은 발도르프 교육에 있어서 신체와 정신을 통합하는 활동이다.

노작교육은 신체적 활동에 그치는 것이 아니라 사고와 정신적 활동의 하나이다. 이것이 손(hand), 머리(head), 가슴(heart)으로 이어지는 교육을 추구할 때 노작교육은 중요한 가치가 있다고 발도르프 학교에서는 믿고 있는 것이다.

> 어떤 사물을 대할 때 그것이 순전히 분석적인 방법으로 머리로만 써서 얻어야만 하는 것이 아니라면, 모든 배움은 구체적인 행동으로부터 얻게 되는 "실제적인 배움"이다. "손, 머리, 가슴"을 쓰는 실제적인 배움은 자신 스스로 작업을 함으로써 얻게 되는 체험과 실천에 의해서 이루어진다. 학교 실습활동에서 소개되고 실천되는 노작교육은 성장기 어린이들의 사고와 행동발달에 구체적으로 영향을 미치며 손작업과 기계작업에 대한 능력을 갖게 한다(Charles, 1995).

전일균(1996:52)은 Steiner 노작교육론의 중요한 원리로서 통합성의 원리를 내세우고 있다. 즉 노작활동을 통하여 인간의 내면세계와 사물이 존재하는 외부세계가 직접적으로 연결될 수 있다는 점을 강조한다. 이러한 노작교육의 원리는 인간이 우주와 자연의 일부로서 존재해 왔다는 사실에서부터 출발한다. 즉 노작활동은 '작은 항아리가 그 아름다움을 느끼게 해주는 예술품이면서, 한편으로는 곡식을 담는 도구라는 사실'을 깨닫게 해줌으로써 삶의 총체적인 직관력을 갖게 한다.

넷째, 발도르프 교육에서의 노작교육은 실생활과 밀접히 관련을 맺는다.

Steiner 교육론은 신비적이며 비현실적인 것이 아니라, 실생활과 밀접한 관련을 맺고 있다. 이런 의미에서 볼 때 Steiner의 교육론은 현실 세계를 무시하는 것이 아니라 현실의 세계에서 보여지고 있는 모습 이외의 또다른 면을 이해함으로써 현실 세계에 더욱 잘 적응하고 의미 있게 삶을 유지시켜야 한다는 점이 강조되고 있다.

아동들은 노작활동을 통하여 정신작용의 형상화를 얻게 되며, 아울러 성인이 되어 갖게 될 직업활동에 대해서도 다양한 도움을 얻을 수 있게 된다. 또한 자연스러운 노작활동 속에서 아동들은 삶의 전체적인 모습을 이해하게 되고, 사회를 이루어 함께 살아가고 있는 타인들에 대해서도 폭을 넓혀 나가게 된다(Steiner, 1972).

이러한 Steiner의 주장은 노작활동이 생활 속에서 요구되는 다양한 삶의 모습을 아동에게 제공해야 되고 그것이 실생활과 밀접히 관련되고 나아가 미래에 얻게 될 직업 세계에 대한 올바른 이해를 도울 수 있다고 보고 있다.

다섯째, 발도르프 교육의 노작교육은 발달단계에 따라 지속적이고 체계적으로 이루어지고 있으며, 다른 교과와도 밀접하게 관련을 맺고 있다.

발도르프 교육에서 교육과정에서는 앎은 점점 심화된 나선형 교육과정을 기초로 하고 있으며, 이를 위해 수직적 통합(vertical integration)과 수평적 통합(horizontal integration)을 발달단계에서 고려한다. 특히 예술과 노작활동에서 발달단계를 고려한 학년간의 위계는 대단히 중요하다(Barnes, 1998).

Steiner는 7세 이전 유아기를 모방의 시기라고 규정하고 이 시기의 아동들은 영혼의 힘에 의하여 많은 것을 상상할 수 있는 힘을 지니고 있다고 본다. 따라서 이때의 노작과 관련된 활동은 놀이가 주가 되며 이는 어떠한 규칙에도 얽매여 있지 않아야 하고, 자연스러운 자기 표현 속에서 이루어져야 한다고 보고 있다(Steiner, 1988). 그 이후 1학년(7세)부터 12학년까지의 발도르프 교육에서의 노작교육은 발달단계를 고려하여 다음과 같이 이루어지고 있다.

> 발도르프 교육에서의 수공(Handwork) 교과에서는 1학년부터 12학년까지 계속되는 교과로서 바느질과 뜨개질로부터 시작하여 고학년으로 가면서 인형, 의류 등을 직접 만들어서 사용할 정도까지 진행된다. 또한 6학년부터 12학년까지에는 목공(Woodwork)이 실시된다. 여기서는 특히 실용성과 함께 예술적 심미안을 가질 수 있도록 강조한다. 또한 6학년부터 12학년까지 목공과 함께 실시되는 교과인 '재배(Gardening)는 채소 및 과일 재배를 실제로 하게 되며, 이 속에서 흙이라는 자연과 교감할 수 있도록 지도한다. 이외에도 9~10학년에 실시되는 '속기(Shorthand)', 10학년에서의 '측량술(Surveying)'과 응급처치(First Aid), 그리고 11~12학년에서 실시되는 '기술(Technology)교과' 등이 있다(전일균, 1996 : 49).

따라서 발도르프 학교의 아동들은 기초적인 바느질, 뜨개질, 자수 등의 활동으로 손놀림을 통한 노작활동을 경험하고 학년이 높아지면서 농작업, 여러 가지 재료를 이용한 공작활동, 그리고 증기기관, 자동기술, 정보기술까지 확장하여 노작을 경험하고 있다. 특히 재료도 진흙, 나무, 금속, 플라스틱 등의 수준에 따라 다루어 보게 함으로써 노작활동의 지속성과 발달단계를 세밀하게 배려하고 있다.

또한 이러한 노작교육은 수공, 기술 등의 교과에서 독립적으로만 이루어지지 않고 자연과학, 역사, 수학 등의 교과와도 관련을 맺고 있다(세계루돌프슈타이너교육예술협회, 1996).

원인 · 결과적 사고력이 물리과목을 통해서 밝고 어두운 그림을 그리면서 그림자에 관한 공부, 원근법에 관한 공부, 그리고 원근법에 관한 구성이 6학년에 가서 처음으로 요구되며, 7학년에서는 기계학이 계속 이어진다. .... 역사시간에 산업혁명(증기기관)에 대해서 공부할 때는 9학년의 물리가 무엇보다도 그 기본원리를 제공한다. 이때에 집안장식(스위치), 전기회로, 조화론, 수학시간에 하는 분리수 등에 대한 실제적인 도입이 이루어지는데 이것은 10학년에서의 정보기술에 대한 준비를 해준다.

이상에서 제시한 Steiner 노작교육에 기초한 발도르프 교육에 있어서 노작교육의 교육적 의미는 궁극적으로 한 가지 이념에서 통합되어질 수 있는 가능성이 많다. 이는 Steiner가 기본적으로 추구하고 있는 노작교육의 본질인 '손으로 느끼는 전인적 교육'일 것이다.

따라서 발도르프 학교에서는 손으로 느끼는 교육, 손을 통하여 정신을 깨닫는 교육을 통하여 Steiner가 실현하고자 한 것은 인간의 내면에 잠재해 있는 영혼과 정신의 세계를 갱신해 나가는 것이었다. 이 과정에서 Steiner는 현실세계를 무시하지 않고 오히려 현실에 바탕을 주고 있는 점은 지금의 많은 발도르프 교육에서 확인할 수 있다.

특히 지금까지의 많은 교육론이 물질에만 집착함으로써 학생들을 비인간적인 모습으로 만들어 가고 있는 현대의 교육에 많은 시사점을 준다. 우리의 교육이 반드시 발도르프 교육을 지향하는 것을 주장하기는 어렵지만, 우리 아이들에게 제공되는 교육 프로그램의 철학과 그것이 실현되는 교육현장에서의 모습에서 손놀림에 기초한 노작활동이 제대로 배려되고 있는지, 나아가 그 손놀림의 교육에서 학생들이 '느끼고 체험하는 정신적 과정'으로서의 의미를 얼마나 부여하고 있는지를 성찰할 필요가 있다.

3) 노작교육의 교육적 가치

이돈희(1993 : 257)는 교육에서 특히 중요하다고 여겨지는 인간 경험을 언어적 · 논리적 · 과학적 · 심미적 경험의 차원들을 교육적 성장과 방법적 원리의 측면에서 논의하면서, 이러한 경험의 차원과 방법의 측면들이 모두가 교육에서 독립적으로 고려되면 고립된 경험, 즉 '메마른 경험'이 될 가능성이 매우 높다고 지적하였다. 현실적으로 우리의 제도적 교육은 이러한 차원들과 관련하여 경험들을 여러 가지 교과의 이름으로 분류하고 규격화하여 젊은이들의 경험체제에 칸막이를 만들고 파편적 단위로 분리시키고 있다. 언어, 사회, 과학, 수학, 예능, 체육, 기술 등으로 분류될 뿐만 아니라, 각기 또한 하부구조로 분화되어 경험들은 여러 가지의 교과들로 분리되어 있다. 이와 같이 분화된 교과들을 통합하기 위한 노력이 있기는 하지만, 통합의 구조를 성립시키는 데 역시 어려움을 안고 있다.

물론 교육활동을 아무런 사전의 계획 없이 즉흥적으로 진행시키고자 하는 것이 아니라면, 총체적 경험은 어떤 범주의 체계에 의해서 분류되고 각기 그 체계에 따라서 구성되고 운영될 필요가 있다. 그러나 비록 경험이 그 차원의 특성에 따라서 분류된다고 하더라도 적어도

교육적 경험으로서의 의미를 유지하고 그 특징을 지니기 위해서는 언제나 다른 차원의 경험적 의미와 융합할 수 있는 여지를 가지고 있어야 한다.

이를 위해서 이돈희(1993)는 교과별 경험의 다양화를 지향하는 것, 경험의 종합화를 위한 활동을 계획하는 것, 심미적 풍요화를 기하는 것의 세 가지 방안을 제시했다. 그 중에서도 두 번째인 **경험의 종합화를 위한 활동**을 계획하는 것에 '노작'의 중요성이 있다고 하였다. 흔히 기술교육이라고 하면 상업, 농업, 공업 등의 분야에 관련된 지식과 기술을 익히기 위한 교과라고 규정하고 직업교육의 일부로서 운영하려는 경향이 있다고 지적하면서 기술과목은 소위 '교양교육' 혹은 '자유교육'이라고 일컬어지는 것의 내용으로도 다루어질 수 있는 가치를 충분히 가지고 있다고 주장한다. 왜냐하면 기술과목은 인간경험의 여러 차원적 성격에 따라서 구분되는 개별적 교과들의 학습을 통하여 구획화되고 파편화된 단편적 경험들을 우리의 일상적 삶의 상황에 보다 생생하게 집결시켜 주는 기능을 하기 때문이다.

이돈희(1992)는 기술과목의 중요성을 다음과 같은 책상을 만드는 예를 통하여 진술하고 있다.

> 예컨대, 책상을 만드는 활동을 두고 생각해 보자. 똑같이 책상을 만드는 활동이지만 학교에서 기술 시간에 책상을 만드는 일과 공장에서 책상을 만드는 일은 그 일의 성격상 엄청나게 다르다. 학교는 교육적 목적으로 그 일을 하고 공장은 상품의 생산으로 그 일을 한다. 교육활동이라고 해서 학교의 기술시간에는 책상을 만드는 기계적 · 수공적 기술만을 익히게 하는 것이 아니다. 책상을 만들면서 나무나 플라스틱 등의 재료가 지닌 식물학적 · 화학적 성질을 과학수업에서 배운 이론에 관련하여 구체적으로 알게 하고, 책상을 특징 짓는 물리학적 원리를 실제의 질성을 관찰하면서 익히게 한다. 그리고 책상의 생산과정과 유통체제와 소비집단에 관련된 경제적 · 사회적 문제들에 접하게 하며, 국민경제의 지표에 어떤 방식으로 관련되는가를 이해할 수 있게도 한다. 뿐만 아니라 책상의 심미적 질성에 대한 감각을 가지게 하고 책상이라는 가치를 결정하는 요인들에 대한 분석을 한다. 또한 학생들에게 일의 의미와 가치를 직접적인 경험을 통하여 알 수 있게 하고 일에 종사하는 사람들의 세계를 경험하게 한다. 이러한 교육적 경험은 어떤 특정한 상황에 의해서 고립된 것이 아니라 총괄적인 경험을 하게 하는 것으로서, 이것이야말로 인간의 마음과 지력을 균형 있게 계발하며 방법적 원리의 복합적 구조를 경험하게 하는 상황이다. 학문은 왜 학문이며, 기술의 창조력은 어디에서 오며, 예술은 우리의 생활과 어떤 관계에 있으며, 세상의 사람들은 무엇을 하고 있는가를 알게 한다. 그러나 우리의 학교에서는 주로 전통적인 지식의 체계에 따라서 편성된 교과목들을 중심으로 교육의 내용과 활동을 조직하였기 때문에 이론과 질성의 복합상태를 경험하기가 어렵게 되어 있다.

학교교육에서의 노작의 교육적 가치를 체계적으로 고려해야 하는 이유는, 노작을 통하여 일의 사회적 가치를 높게 평가하고, 학교와 산업사회를 밀접하게 관련시키고, 일의 과학적 · 사회적 기초를 이해하게 하고, 능동적 작업에 참여하게 한다(김기민, 1992)는 것이다.

한편, 이재원(1991 : 8)은 '노작의 의의와 그 교육적 가치에 관한 소고'라는 연구에서 노작교육의 가치를 다음과 같이 제시하였다.

- 노작은 신체발달과 건강의 유지에 도움을 준다.
- 노작은 지적 발달에 도움을 준다.
- 노작은 사회성과 도덕성의 발달에 도움을 준다.
- 노작은 진취적이고 실천적인 인간을 육성하는 데 기여한다.
- 노작은 심미적 · 예술적 도야에 도움이 된다. 노작은 자기행위의 표현이다.
- 노작은 전인적 인간도야에 기여한다.

또한 Siberman은 노작의 결과 얻어지는 교육적 효과를 다섯 가지로 제시하고 있다(김기민, 1992 : 재인용).

- 세상의 일들이 어떻게 이루어지는지를 작업해 봄으로써 스스로의 능력을 확인하고 신뢰할 수 있다.
- 일하는 과정에서 새롭게 변형하고 창조함으로써 심미적 경험이 성장할 수 있다.
- 여러 가지 작업의 과정을 연결하여 해봄으로써, 자신의 경험을 통합하고 조직할 수 있다.
- 다른 사람과 상호 연관되어 작업을 함으로써 협동을 증진할 수 있다.
- 일을 통하여 실제로 사회봉사를 해봄으로써 공동체의 삶에 헌신할 수 있다.

즉 노작교육은 개인적 측면에서 건강발달, 지적 발달, 진취적이고 실천적 사고, 전인적 인간, 심미적 · 예술적 경험 등의 가치를 얻게 되고, 그리고 사회적 측면에서 도덕성과 사회성 성숙, 협동을 통한 공동체의 삶을 체험하게 해준다. 즉 노작의 교육적 가치[14]는 개인적 · 사회적 측면에서 인정되고 있으며, 이는 학교교육의 장에서 중요한 교육적 활동임을 확인시켜 주고 있다.

노작교육의 성격은 노작의 의미에서 논리적으로 도출될 수 있는 것이 아니라, 교육적 측면에서 노작의 의미를 검토할 때 보다 분명하게 드러난다고 할 수 있다. 이 점을 고려하여 김기민(1992)은 노작교육의 성격을 다음 세 가지로 규정하였다.

> 첫째, 노작교육은 인간경험의 성장을 목적으로 이루어지는 육체적 활동을 말한다. 노작의 성격상 노작교육에서 추구하는 인간경험의 성장은 다른 교육과정에 비해서 비교적 열려 있다고 할 수 있다. 왜냐하면 노작은 그 과정에 참여한 사람의 자유로운 조작과 자율적인 선택의 폭이 비교적 넓은 인간 활동이기 때문이다. 어쨌든 노작교육은 비록 그 경험의 측면이 다양하기는 하지만, 인간경험의 성장을 목적으로 이루어지는 육체적인

14) 이러한 노작(일)의 교육적 가치는 두 가지 측면, 교육방법적 접근과 교육내용적 접근으로 그 인정될 수 있으며, 이는 최유현(1991)의 '일의 교육적 가치변화와 그 교육철학적 쟁점'에서 논의된 바 있다.

활동임에는 분명하다고 하겠다.

둘째, 노작교육은 인간경험의 성장을 목적으로 이루어지는 육체적 활동이지만, 일차적으로 사회에서의 삶의 양식(과정이나 절차)을 어느 정도 반영하면서, 작업하며 무엇을 만들어 내는 활동을 말한다. 노작교육이 인간경험의 성장을 목적으로 하지만, 무엇을 만드는 과정이나 절차가 없는 활동은 노작교육에서 제외된다. 예컨대 음악에서 악기다루기, 소풍, 영화관람, 문학작품을 감상하는 것, 어른에게 인사하는 것 등은 제외된다. 또한 무엇을 만들어 내는 놀이는 그 성격상 엄밀한 의미에서 노작교육이라고 보기는 어렵다. 다만 작업으로서의 놀이는 노작교육이 전개되기 이전 단계에서, 학생들의 흥미를 유발하여 노작교육에 참여하게 되는 계기를 마련해 준다는 점에서 초보적인 노작교육이 될 수는 있다.

셋째, 노작교육은 일정한 절차나 기술에 익숙하게 하면서도, 여전히 개인적인 변용이나 집단적인 창작의 가능성을 열어 주는 교육을 말한다. 인간 누구나가 똑같은 존재일 수는 없듯이, 인간의 작업 또는 어떤 것도 똑같은 것일 수 없고, 함께 작업에 참여할 때 어떤 과업이 보다 정교하고 효율적으로 수행되기 마련이다. 물론 작업을 하는 데 있어서 일정한 절차와 규칙이 있으며 그것들을 수행해 나가는 데는 일정한 기술적인 숙달을 필요로 한다. 그러나 거기에 소박하든 세련되든, 조잡하든 정교하든 간에 그 나름대로의 독특한 개인적인 또는 집단적인 자질과 관점이 들어 있게 마련이다. 따라서 노작교육은 개인적인 변용이나 집단적 창작을 환영한다는 점에서 예술교육과 유사한 특징을 가지고 있다.

이와 같은 성격과 관련하여 김기민(1992)은 노작교육의 특성으로 첫번째 성격을 **'수공노작'**이라고 정의하고, 두 번째 성격을 **'생산성'**이라고 정의하였으며, 마지막으로 제시한 성격을 **'창조성'**이라고 정의하였다.

이는 기술교과 교육의 성격적 특성과도 매우 밀접한 관련을 맺는다. 즉 '수공노작'은 기술교과 교육이 오랜 전통에서부터 손을 매개로 한 활동과 도구조작은 지금도 여전히 기술교과 교육에서 핵심적인 기술적 활동이다. 그리고 생산성은 기술적 과정과 활동의 결과로부터 얻어지는 산물이다. 그것이 학습의 산물일 때 학생들은 그 산물로 인하여 노작적 기쁨을 더욱 증대시킬 수 있을 것이다. 마지막으로 창조성 또한 기술적 활동의 출발점이자 혁신의 기제이다. 우리 주위에 모든 인공적 산물인 기술적 제품들은 새로운 것으로 가득 차 있다. 그 새로움이 소멸될 때 기술은 의미를 잃고 설 자리를 빼앗기게 된다.

따라서 노작활동과 기술적 활동은 매우 유사한 활동으로 귀결될 수 있으며, 기술교과 교육의 철학적 기초로서 노작교육의 교육적 의미는 중요한 의미를 갖는다.

라. 문제해결 사고와 기술교육 방법론

기술을 교육적으로 배려하는 일은 학생들이 미래에 빠르게 변화하는 기술에 익숙해지고 참여하도록 돕고, 학생들이 자신의 삶의 질을 개선하기 위하여 창의적으로 사고하고 점검하는 것을 가능케 한다. 즉 학생들이 개인 및 집단의 구성원으로서 능동적이고 **창조적인 문제해**

결자(problem solvers)와 혁신자(innovators)가 되도록 배려한다(McComick, 2002).

특히 기술교육 활동은 사고력 증대에 큰 영향을 미친다. 기술교과 교육에서 사고의 두 가지 유형, 즉 비평적(critical)·창의적(creative) 사고를 하는 설계과정 활동과 창의적 문제해결 활동에서 확산적(divergent) 사고와 수렴적(convergent) 사고의 개발에 성공적이라는 수많은 연구결과들이 이를 증명해 주고 있다(Rutland, 2002).

기술적 활동을 본질적으로 규명해 보면, 인간의 혁신적 창조 활동으로 볼 수 있다. 지금까지 인류는 많은 발명품 등의 기술적 결과를 창출하고 발전시켜 왔다. 그 과정은 문제를 인식하고 그 문제 해결을 위한 대안을 탐색하여, 여러 가지 대안들을 평가하여 최적의 대안을 선정하여 구체화하고, 실제로 기술적 실행을 하고, 아울러 그 결과를 평가하거나 성찰하는 과정을 겪어왔다. 이러한 연유로 기술적 활동이라 하면, **기술적 사고, 문제해결 사고, 공학적 사고, 설계 과정**의 다양한 절차가 결국 문제해결 사고 과정이라는 공통점을 찾을 수 있다.

그래서 기술적 경험과 활동을 기본으로 하는 학습 활동은 기술을 사고와 경험하는 활동이며, 문제해결 사고와 능력이 발현되거나 계발되는 핵심적인 교과로 볼 수 있다. 과학을 탐구의 방법이라면 기술을 문제해결 방법으로 대비시켜 구분하는 이유도 여기에 있다.

문제해결을 자세히 들여다보면 문제해결 사고 안에서도 문제 확인 능력, 창의력, 의사결정 능력, 평가 능력 등의 핵심 역량이 관여하고 있다는 사실은 기술교과 교육의 새로운 가치로서의 당위성을 갖게한다.

문제해결은 주어지는 문제의 내용에 따라서 일반적인 문제해결(general problem solving)과 특정 영역에서의 문제해결(domain-specific problem solving)로 분류할 수 있다. 일반적인 문제해결은 인지심리학 또는 문제해결 연구의 이상적이고 궁극적인 목표로써 문제해결의 일반 원리를 찾고자 하는 것이며, 특정 영역에서의 문제해결은 수학, 물리학, 기술학, 공학 등 특정 분야와 관련된 문제의 해결로서 수학교육, 물리교육, 기술교육, 공학교육 등 각 교육 분야에서의 중요한 연구 과제라고 할 수 있다.

특정 영역에서의 문제해결 중에서 기술적 문제에 초점을 맞추어 한정하고 있는 문제해결을 '**기술적 문제해결**'이라 한다(Halfin, 1973; Hill & Wicklein, 1999; Hutchinson & Hutchinson, 1991; Hutchinson & Karsnitz, 1994; ITEA, 2000; Todd, 1990).

기술적 문제해결은 일반적인 특성과 독특한 특성으로 구성되어있다(Custer, 1995; Jereb, 1996; Johnson, 1989). 모든 문제는 초기 상태, 또는 "무엇인가?"라는 진술문, 해결 경로, 목표 상태 또는 무엇을 요구하는가라는 진술을 포함한다(Newell & Simon, 1972). 또한 문제해결은 창조성, 혁신, 끈기 등과 같은 개인적 특성을 포함하는 과정이므로 기술적 문제해결과 일반적 문제해결의 공통점으로 볼 수 있다(Custer, 1995). 그러나 모든 문제가 기술적인 구성요소를 가지는 것은 아니며, 기술적인 요소를 포함하고는 있지만 기술적 문제라 볼 수는 없는 경우도 있

다. 다양한 사고와 주기적인 과정을 촉진하는 능동적인 학습 상황에서 수조작을 수반하는 기술적인 문제 해결은 하나의 정확한 답만을 산출하지는 않는다(Davis et al., 1997). 따라서 다른 방법으로 같은 해결책에 도달할 수 있으며 다양한 방법들이 적용될 수 있으며 다양한 접근 방법들이 적용될 수 있다(Hill & Wicklein, 1999; Johnson, 1994, 1996; Maley, 1986; Pucel, 1995; Savage & Sterry, 1990; Tidewater Technology Associates, 1986; Waetjen, 1989; Wicklein, 1986; Wright et al., 1993).

기술적 문제해결에서 주요한 문제해결 접근은 '**설계**'이다. 모든 기술적인 문제가 설계 문제만은 아니지만 설계는 기술적 개발의 핵심적인 문제해결 과정으로 고려되고 있으며, 설계 또는 문제해결 과정에 대한 교양은 제품이나 시스템을 만들기 위해 수행되는 과정에 대한 친숙도 뿐만 아니라 인지적, 절차적 지식을 요구한다(ITEA, 2000).

기술적 문제 해결은 학생들에게 간학문적 기능을 연습할 수 있는 기회를 주게 된다. 예를 들어, LaPorte와 Sanders(1996)는 기술, 과학, 수학의 연계 활동을 개발하였다. 특히 교사의 자원은 기술, 과학, 수학의 연계활동과 관련되어 있다. 현재의 교육과정과 직업적 개발 노력은 참 학습과 문제기반의 교수방법을 통하여 문제해결능력을 개발하기 위한 방향으로 나아가고 있다(Custer et al., 2001). 또한 문제 확인 능력 개발과 적절한 의사 결정 능력은 기술적 문제 해결 활동에서 중심이 되는 것이며 추상적인 아이디어를 실제의 형태로 변형하여 만드는 것은 문제해결에 있어서 자신감을 갖게 한다(Custer, 1999).

또 다른 문헌에서도 기술적 문제 해결의 독특한 구성요소를 제안하고 있다(Billet, 1994; Custer, 1995; Bosworth & Savage, 1994). 대부분의 이론적인 문제가 사고와 관련 있는 반면, 기술적이거나 실제적인 문제는 사고에 기반 하는 '행위'와 관련되어 있다. 또한 기술적인 문제는 항상 다차원적이라 할 수 있다. 최적의 방법으로 기술적인 문제를 푸는 것은 적절한 기술과 기술적 정책을 고려하는 것만으로 충분하지 않고 구체적인 문제의 해결을 위해 다른 조직적, 경제적 법칙들을 고려해야 한다.

경제와 산업의 관점에서 체계적으로 인지하고, 정의하고, 해결책을 이끌어내는 능력은 기술적 내용에 초점을 맞추고 있어 직업적으로 특히 중요하다. 예를 들어 자동차 정비공은 구성요소나 시스템의 결함에 대해 고장해결이나 분석을 할 수 있어야 한다. 의학 전문가는 규칙적으로 정확한 의학적 진단을 내리는데 가장 중요한 요소가 무엇인지 결정하는 문제에 직면한다. 기술자는 어떤 제조 방법이 물건을 생산하는데 있어서 품질의 저하 없이 가장 경제적인 방법인지를 결정하는 데에 있어서 다양한 요소를 고려해야 한다. 현실을 반영하는 모든 문제는 확실한 해결책을 얻지 못하는 개방형 해결책을 포함한다.

Hartwick(1994)과 Robey(1994)는 또 다른 기술적 문제 해결의 특징이 목표이거나 요청되는 종료 상태가 항상 특정하거나 명백하지 않다고 주장한다. 결과적으로, 그들의 연구는 문제해결자가 기본적으로 가설 생성과 실험을 통해서 문제 해결책에 접근해야 한다는 결론을 내렸다. Jereb(1996)은 이 전제에 대해서 반박하고, 기술 기반 문제는 목표 상태가 대부분 초기 상태에서 알려진다고 주장하였다. 다만 대부분의 기술적인 문제의 경우, 출발상황과 요청되는 결말 상태를 알고 있지만 이런 두 가지 상황 사이의 필요한 변환 활동을 알지는 못한다고 하였다. 또한 목표 정의가 본질적으로 구체적이지 못한 기술적 문제의 특성화를 위해 Polya(1957)의 발견적 사고 안내자를 이용하여 접근하였다. Polya(1957)는 무엇을 요구하는지 명확하게 파악하기 위한 문제 이해가 문제 해결책에 있어서 기본적인 것이라고 조언하였다. 그는 이것이 알지 못하는 변수와 이용 가능한 데이터 사이의 관계를 확인하기 위한 시도에 의해 성취 될 수 있다고 제안했다.

영국을 중심으로 '설계와 기술(design & technology)'의 교과 명칭에서도 설계(design)를 강조하는 이유도 설계 과정(design process)이 교과의 핵심 방법론이기 때문이다.

영국에서는 전통적으로 과거의 '설계, 공작 및 기술(Craft, Desgin and Technology)'교과와 현재의 '설계 · 기술(Design · Technology)'의 교과에서 '설계과정(design process)'을 강조해 오고 있다. 특히 교과명에서도 설계(design)를 포함시켜 기술적 과정과 사고활동을 중요하게 다루어 오고 있다.

Rennes et. al.(1992)은 영국의 설계기술 교육에서 학습활동으로 공학적 설계를 실제적으로 매우 강조하고 있다고 전제하면서, 설계활동(designing)의 사고과정을 크게 네 단계로 보았다(in Alister, 2002 : 86).

- 상상과 구상화(imaging and speculating) - 마음속에서 아이디어를 만들어내고 가능성을 사고한다.
- 모델링과 의사소통(modeling and communication) - 적절한 기법을 사용하여 아이디어를 탐색한다.
- 조사와 분석(investigating and analyzing) - 아이디어를 브레인스토밍하고 연구한다.
- 아이디어 개발과 종합(developing and synthesizing ideas) - 설계 제안서를 만든다.

Gwyneth Owen-Jackson(2001 : 27)은 설계의 과정을 문제명료화(problem clarification), 개념적 설계(conceptual design), 구상설계(embodiment design), 상세설계(detail design)의 네 가지 설계를 기본으로 하여 설계에 초점을 둔 모형을 제시하였다.

따라서 Rennes et. al.(1992)와 Gwyneth Owen-Jackson(2001)의 주장을 정리해 볼 때, 설계과정은 설계활동을 핵심적으로 다루는 공학적 구상, 모델링, 조사, 아이디어 개발과 종합의 절차적 과정을 의미하면서, 설계는 그 과정에서 개념설계, 구상설계, 상세설계로 세분화되어 있음을 알 수 있다.

한편, De Vries(1997 : 23-24)은 설계활동(designing)을 기술의 정의에서 논의되는 네 가지 접근방법(objects, knowledge, activities, volition)에 기초하여 네 영역을 제시하였다.

첫 번째 영역은 인간들에게 사용될 기술적 제품을 만들기 위한 목표를 다룬다. 이 영역에서의 주된 연구문제는 소비자가 제품을 사용할 때, 최적의 요구조건을 만족시켜 주기 위한 설계방법이다. 이는 총체적 질 관리 측면에서 접근된다.

두 번째 영역은 제품설계에 포함된 서로 다른 지식의 유형을 다룬다. 이 연구에서의 주된 연구문제는 경험 중심의 지식(experience-based technologies), 거시적 기술(macro technologies), 미시적 기술(micro technologies) 등의 서로 다른 유형의 기술을 구별하는 데 필요하다는 것을 보여 준다.

세 번째 영역은 설계과정에서의 조직되어질 방법과 다양한 설계활동을 다룬다. 여기서 설계과정의 단계모형의 가치, 한계와 관련된 많은 연구를 발견한다.

네 번째 영역은 인간이 경험하는 삶의 질을 고려하는 설계방법을 다룬다. 인간은 살아남기 위하여, 잠재능력을 확장하기 위하여 환경을 통제하고, 기술은 그러한 행위의 수단으로 제공될 수 있다.

이 네 영역을 위하여 기술교과 교육의 필요와 요구의 네 가지 유형과 관련될 수 있다. 이는 생산기술(첫번째 영역), 설계활동(세 번째 영역), 평가적 방법에 의한 태도(네 번째 영역), 기술의 지식(두 번째 영역), 균형을 갖춘 기술개념의 발달(두 번째 영역)을 활용하는 기술이다(De Vries, 1997 : 23-24). 이와 같이 설계활동은 기술교과 교육의 주된 활동으로 판단되며, 기술적 활동의 방법적 과정임을 확인할 수 있다.

영국의 설계 · 기술 교과에서의 설계과정은 미국의 기술교과 교육에도 영향을 주고 있다. 이는 2000년에 발표된 국가 교육과정 표준(National Standard)의 기술적 교양(technological literacy)의 내용표준에서 설계과정을 Standard 8, Standard 9, Standard 11에서 제시하고 있다(ITEA, 2000 : 15).

기술에서의 설계는 예술에서의 설계와는 의미가 다르다. 즉 기술적 설계는 인간의 요구와 필요를 만족시키는 범위에서 안정성 · 효율성 등이 탐색되지만, 예술적 디자인은 인간의 실제적 요구나 필요에 거의 제한이 없는 예술적 상상력에 기초한다는 것이다. 기술적 설계의 기본적 특징은 유목적적(purposive)이며, 특정한 요구에 기초하며, 시스템적이며, 상호작용적이고, 창조적이고, 많은 해결 가능성을 지닌다는 것이다(ITEA, 2000 : 90-91).

종합해 볼 때, 설계활동의 개념적 특성은 대체로 다음과 같이 정리될 수 있을 것이다.

첫째, 설계활동은 인간의 필요와 요구에서 출발하는 기술적 활동이다. 이러한 특성은 예술적 디자인과는 구별되는 것이기도 하다.

둘째, 설계활동은 일정한 사고과정에 기초하는 정신적 활동이다. 즉 설계활동은 상상과 구상화, 모델링과 의사소통, 조사와 분석, 아이디어 개발과 종합이라는 사고과정을 거치며, 그 과정에서 설계의 수준은 개념적 설계(conceptual design), 구상설계(embodiment design), 상세설계(detail design)로 발전된다.

한편 임윤진 · 최유현(2016)은 **기술적 문제해결 사고력 검사도구** 개발 연구를 통하여 추출한 기술적 문제해결 사고력 검사 구인은 확산적 문제해결사고, 수렴적 문제해결사고, 시각적 문제해결 사고의 3개로 나타났다. 확산적 문제해결사고의 하위요인은 유창성, 민감성, 인식의 접근성, 독창성의 4개로 이루어졌다. 수렴적 문제해결 사고는 논리적 일관성, 목표와 사고의 일치성, 문제해결 개선 노력성의 3개로 이루어졌다. 시각적 문제해결사고는 표현성, 그리고 조직과 구성성의 2개로 이루어졌다(<그림 2－7> 참조).

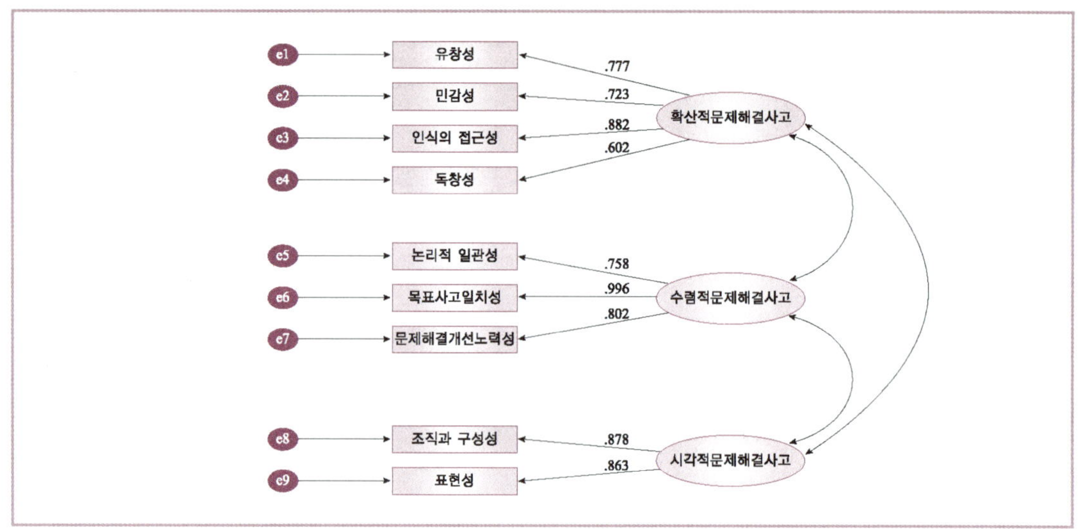

<그림 2－7> 기술적 문제해결 사고력 검사의 구인 모형[15)]

결국 기술교과 교육에서의 문제해결과 설계과정은 핵심적인 방법론이다. 이러한 문제해결과 설계 과정의 사고 과정은 단순히 기술이나 공학과 한정된 사고이기 보다는 보다 넓은 의미에서의 핵심 역량과 사고이다. 따라서 기술교과를 통하여 학습을 경험하는 일은 문제해결의 방법론을 통하여 핵심적인 사고력 교육을 가능하게 한다는 인지적 사고 계발로서의 가치가 있다고 볼 수 있다.

마. 체화된(Embodied) 인지, 연장된(Extended) 마음[16)]

철학적 기능주의에 바탕을 두었던 초기의 고전적 인지주의, 1980년대의 연결주의, 신경과학적 접근들이 비록 마음 과정의 여러 특성들을 밝혀주기는 하였지만 이들이 인간의 마음의 본

15) 제시된 값은 표준화된 회귀계수임.

16) 이 글은 이정모 교수(2010)의 '체화된 인지 접근과 학문간 융합- 인지과학 새 패러다임 철학의 연결이 주는 시사- 철학사상(28-66) 특집 논문을 발췌 인용한 글이다.

질을 설명하는 틀로는 불충분하다는 논의가 철학 내에서 기능주의의 문제점에 대한 비판과(퍼트넘, 1992) 더불어 1980년대 중반 이래로 꾸준히 제기되어 왔다. 이러한 비판은 다분히 철학의 현상학 전통에 바탕을 둔 비판이었으며 몸과 환경의 중요성을 강조한 움직임이었다.

Bem & Keijzer(1996)에 따르면, 인지과학이 현재에 과거 1950년대 의 인지주의의 탄생과 떠오름 시점보다도 더 드라마틱한 전기를 맞고 있으며, 그것은 철학과 심리학, 인지과학에서의 '전통적인 데카르트적 존재론/인식론에 기초한 마음(Mind)'의 개념으로부터 탈피하여, 구체적인 몸이라는 실체를 가지고 환경과의 상호작용 속에서 출현하는 인간의 적응 '행위'로서의 '마음'의 관점으로 전환하는 움직임이라고 할수 있다. 이러한 변화는 1980년대 후반부터 시작되어 21세기 초인 지금에는 '연장된 마음 가설(HEM: Hypothesis of Extended Mind), 또는 HEC(Hypothesis of Extended Cognition)'(Clark & Chalmers, 1998)이 라는 철학적 논의를 바탕으로 하여 인지과학의 제 3의 대안적 접근으로 자리잡아 가고 있다.

이 접근은 미시적, 신경적 또는 생물적 단위 수준에서 모든 것을 설명하려는 연결주의와 같은 낮은 설명 수준의 접근, 그리고 그보다한 수준 위에서 명제 중심으로 논리적 체계에 의해 설명하려는 고전적 인지주의의 정보처리 접근이 지니는 제한점을 벗어나려 한다. 즉 환경과는 독립적으로 한 개인 마음 내부에서 일어나는 정보의 인지적 표상이나 처리가 아니라, 환경과 괴리될 수 없이 환경–몸–뇌가 하나의 통합적 단위를 이루는 바탕위에서 행위를 통하여 구현되는 활동으로서의 마음을 설명하고자 한다. 환경이 인간 인지의 특성, 한계를규정, 제약하고 인간 인지구조가 역으로 환경을 규정하고 변화시키는 그러한 상호작용의 관계 속에서의 인지를 연구하고자 한다. 마음은 뇌 속에서 일어나는 신경적 상태나 과정이라고 하기보다는 신경적 기능구조인 뇌, 뇌 이외의 몸, 그리고 환경의 3자가 괴리되지 않은 채 하나의 단위로 작용하는 통합체(nexus) 상에서 이루어지는 행위 중심으로 재개념화 되어야 한다고 본다.

이러한 **체화된 인지** 관점은 본질적으로 데카르트적 이원론에 바탕을 둔 존재론과 그에서 출발한 인식론으로부터 벗어나자는 탈 데카르트적 움직임의 일환이라고 볼 수 있으며, 이러한 시도는 이미 일찍이 17세기의 B. Spinoza에 의하여 이루어졌다고 할 수 있고, 스피노자 이후에 몸에 대한 강조는 유럽의 현상학적 철학자들에 의하여 주로 이어져 왔다고 할 수 있다. 추상화된 마음의 측면이 강조되는 데카르트의 존재론과는 달리 베르크손, 메를로–퐁티 등의 논의에서는 뇌와 독립적으로 존재하는 심리적 속성의 가능성이 논의되고, 몸과 마음과 환경이 하나의 단위를 이룬다. 몸이 환경의 세상과 일체가 되어 적응하는 과정에서 몸의 행위 하나하나가 마음을 구성한다고 보는 것이다.

체화된 인지 접근은 21세기 초엽 인지과학 내에서 현재로 아직은 통일적인 종합적 틀을 이루지 못하고 다소 산만히 여러 이름 하에서 전개되고 있지만, 고전적 인지주의에서 배제되었던 '몸'을 마음의 바탕으로 되찾게 하며(embodied mind), 마음이 환경 속에 구체적으로 구현되고(embedded mind) 구체적 환경에 상황지워진 인지로써(situated cognition), 데카르트류의 공간적 연장됨이 없는 마음이 아니라 환경에 연장, 확장된 마음(extended mind)으로써 환경과 몸, 마음이 하나의 단위로 작동하는 그러한 역동적인(dynamic), 그리고 인간과 환경의 상호작용(interactions) 틀에서 재개념화 할 가능성을, 아니 그래야 하는 필연성을(Bickhard, 2008) 주장하고 있는 것이다.

인지심리학자인 M. Wilson은 '체화된 인지'란 상황지워진 인지, 시간 압력 하에 있는 인지, 인지적 정보처리 부담을 환경에 내려놓는 인지, 환경이 인지체계의 한 부분인 인지, 행위로서의 인지, 몸에 바탕을 둔 인지라는 여섯 개의 측면을 지니고 있다고 보며, 가장 중요한 것은 마음이, 인지가 몸에 근거하고(based) 있다는 것이다라는 입장을 전개한다.

한편 Gomila와 Calvo에 의하면, 체화된 인지 접근에서 체화됨(embodiment)보다는 상호작용성(interactivism)과 역동성(dynamicism)이 더 핵심이며, 지각은 물론 고차 심적 기능도 이러한 체화적 기초의 제약과 허용 틀에서 이해되어야 한다고 본다.

이러한 체화된 인지 접근의 의의를 다시 요약하자면 다음과 같이 표현할 수 있을 것이다; 행동주의심리학이 마음을 심리학에서 축출하였고, 고전적 인지주의가 그 마음을 인지과학에 되찾아주었지만 뇌의 역할을 무시하였고, 인지신경심리학이 마음을 다시 뇌 속으로 넣어주었지만 환경(맥락)의 역할을 무시하였다면, 이제 제3의 대안적 관점인'체화된 인지' 접근을 통하여 그 뇌를 몸으로, 그리고 다시 그 몸을 환경으로 통합시키는 작업을 하여야 한다고 볼 수 있다.

이러한 인지과학적 측면에서 체화된 인지라는 관점에서 몸을 통한 학습과 인지는 보다 인간의 뇌, 마음, 몸의 분리가 아닌 통합적인 체화의 과정으로 연관성을 갖는다는데 중요한 학습학적 발견이다. 결국 기술교과 교육도 손, 마음을 쓰는 교육이란 점에서 체화 인지는 기술교과의 학습학적 인지에 중요한 당위와 가치를 자리매김 한다는 것이다.

3. 기술교과 교육의 사회 환경적 가치 : 외재적 가치

가. 기술적 교양17)의 탐색과 평가

1) 기술적 교양의 의미

'Technological Literacy'를 적절한 우리말로 바꾸기가 쉽지 않은 것 같다. 한자 문화권인 일본에서는 **기술적 교양**(淸原導修, 1965 : 4)으로, 대만에서는 **과기소양**(Lo, 1992 : 237)으로 번역하여 사용하였다. 우리나라에서 장석민(1985 : 6)은 **기술적 지식**, 이재원(1986b : 28), 최유현(1995, 2001, 2004)은 **기술적 교양**, 노태천(1986 : 50)은 기술적 교양인, 교양적 기술인을 사용한 바 있으며, 김진순(1990 : 28)은 기술적 교양, 장석민 · 이춘식(1993 : 73)은 번역논문에서 **기술적 소양**을 사용하였다. 결국 우리나라에서는 'Technological Literacy'를 기술적 교양 혹은 기술적 소양으로 혼용하여 사용하고 있는 실정이다. 그러나 기술적 소양보다는 기술적 교양이 학교교육에서 길러지는 교양교육으로서의 기술의 의미를 잘 담고 있으므로 기술적 교양이란 용어가 보다 적절하다고 볼 수 있다.

기술적 교양(technological literacy)의 의미를 이해하기 위해서는 기술 혹은 기술학(technology)의 개념을 알아볼 필요가 있다. 이는 기술적 교양이 기술과 교양(literacy)의 의미를 합한 개념으로 이해될 수 있으므로 기술적 교양의 개념을 이해하는 데 도움을 줄 수 있을 것이다. 하지만 이 연구에서는 기술과 기술학의 개념적 논의는 지금까지 논의된 학자들의 연구 결과를 수용하고자 한다. 따라서 기술적 교양에 있어서 '기술적'의 의미는 기술 혹은 기술학의 일반적 의미와 다르지 않다.

실제로 기술적 교양과 관련하여 그 의미에 도움을 주는 것은 기술의 의미보다는 기술학의 의미가 더 밀접한 관련을 맺고 있다. 즉 기술학이 기술의 의미보다는 체계적인 점, 학문과 연구의 대상인 점에서 그 특징을 찾아볼 수 있는데, 이는 체계적이고 이론적인 기술적 교양의 개념을 파악하는 데 도움을 준다.

리터러시(교양 ; Literacy)의 사전적 의미는 '리터러시를 갖춘 상태나 조건 : the state or condition of being literate', '문자의 지식을 소유한 상태 ; 읽고 쓰는 능력 : having a knowledge

---

17) 기술적 교양이란 용어를 최초로 사용한 사람은 1940년대 미국의 Warner와 그의 제자들이다. 그의 제자 Olson의 박사 학위논문(1963)에서 이 용어를 구체적으로 사용하였다. 그러나 그 이후 Towers, Lux, Ray의 'IACP', Face와 Flug의 'America Industry', Maley의 'Maryland Plan', Yoho의 'Orchestrated System' 등의 기술 교육과정 프로젝트에서는 기술(Technology)보다는 산업(Industry)에 치중하여 기술적 교양을 등한시하였다. 이러한 기술적 교양에 대한 관심을 다시 제기한 사람은 Zuga(1985), DeVore(1980) 등의 학자인데, 그들은 '기술적 교양에 근거한 기술교과 교육의 설득력 있는 이유가 있다면 그것은 기술 사회에서의 생존적인 요구'라고 주장하였다(Moss, 1987 : 249).

of letters ; able to read and write'로 나와 있으며(Longman Group Ltd., 1978 : 639), Harris (1970 : 10, in Dyrenfurth, 1987 : 33)는 '일상의 삶에서 습관적으로 직무(practical tasks)를 해결할 수 있는 능력'으로 정의하였고, Luehrman(in Dyrenfurth, 1987 : 33)은 기본적으로 사전적 의미에 동감하면서 단순히 언어의 인식과 더불어 그 언어에 스며 있는 의미를 인식하는 것이라고 하였다. 따라서 교양(literacy)은 단순히 문자 해독의 사전적 의미보다는 '일상의 삶에서 기본적으로 요구되는 직무해결 능력'의 의미를 갖는다.

Dyrenfurth & Kozak(1991 : 1)은 기술적 교양의 의미를 논의하면서 기술적 교양이 정당성이 인정되는 것인지(legitimate), 일시적 유행인지(fad), 표어인지(slogan)가 분명하지 않아 용어의 혼돈을 지적한 바 있다. 또한 Todd(1991 : 11-14)는 기술적 교양은 복합적 의미로 사용되고 있다고 설명한다. 즉 표어(slogan)로서의 기술적 교양, 개념(concept)으로서의 기술적 교양, 목표(goal)로서의 기술적 교양, 그리고 프로그램(program)으로서의 기술적 교양으로 구분하였다.

Zahler & Zahler(1988)는 문화적 교양의 측정도구에서 문화적 교양(cultural literacy)의 용어를 사용하고, 14개의 평가영역 중에서 기술을 한 영역으로 포함하고 있다. 그들은 교양을 갖춘 상태는 '어떤 수준에 도달한 정도가 아니라 세계를 보는 안목을 키우기 위하여 읽고, 쓰고, 말하는 기능을 활용하는 능력'이라고 주장하면서, 개념을 아는 것은 단지 시작을 의미하며 각각의 개념을 서로 관련지어 개인의 철학에 반영하기 위하여 종합하는 능력이 중요하다고 하였다. Miller(1986)는 기초적 교양(basic literacy)은 기술적 교양과 과학적 교양을 갖추기 위한 전제조건이라고 하였다. DeVore(1987)는 기술적 교양은 과학적 교양과 수학적 교양과는 별개의 것으로 인식하여야 한다고 주장하였다(in Dyrenfurth, 1991 : 140).

교양과 관련하여 이상의 여러 문헌을 종합해 볼 때 사용되어지는 용어는 기술적 교양(technological literacy), 과학적 교양(scientific literacy), 수학적 교양(mathematical literacy), 컴퓨터 교양(computer literacy), 정보교양(information literacy), 미디어 교양(media literacy), 농업적 교양(agricultural literacy), 경제적 교양(economic literacy), 문화적 교양(cultural literacy) 등으로 사용되고 있다. 그리고 과거부터 사용하여 왔던 교양은 기초적 교양(basic literacy)으로 구별하여 사용하고 있다. 따라서 기술적 교양은 기초적 교양의 터 위에서 다른 교양과 간접적인 관련을 가지는 의미로 파악된다. 즉 앞에서 전제한 바와 같이 기술적 교양의 일반적 의미는 '**기술 혹은 기술학을 대상으로 한 교양**'임을 확인할 수 있다.

2) 기술적 교양의 중요성

Dyrenfurth, Hatch, Jones & Kozak(1991 : 1-6) 등은 '기술적 교양의 정당성, 유용성, 중요성'이란 글에서 민주시민으로서의 자질 측면, 기술사회에서의 생존적 본성 측면, 기술의 비

인간화 문제, 새로운 직무능력의 요구, 학문으로서의 기술학의 부각 등의 여섯 가지를 내세워 기술적 교양의 중요성을 설명하였다.

특히 1987년, 기술적 교양을 주제로 한 심포지엄에서 그 필요성이 제기되었는데, 즉 ① 기술의 혁신적 발달(Brockway, 1987 : 39-41), 그 중에시도 컴퓨터의 발달 측면(Welty, 1987 : 179) ② 기술과 관련된 올바른 결정을 할 수 있는 민주시민의 자질적 측면(Pilotta, 1987 : 67-76) ③ 기술의 인식이 기계적인 것으로부터 인간적인 것으로 전환될 필요성의 측면(Kranzberg, 1987 : 1-9) ④ 인간의 발달적 관점에서의 조작적 능력의 본성측면(Homo faber ; Chang, 1987 : 49-51) ⑤ 기술의 인간생존적 지식측면 등이다. 이러한 기술적 교양의 필요성에 대한 주장은 淸原道壽(1965), 이재원(1986) 등에 의해서도 제기되었다.

> 한 나라의 기술수준은 그 나라 국민 전체의 기술적 교양수준이 높아지지 않고서는 결코 향상될 수 없다. 마치 피라미드의 정상이 높아지기 위해서는 그 기저가 넓고 튼튼하여야 함과 같다. 기술이 창의적으로 혁신되고 새로운 기술이 연구 · 개발되려면, 국민 모두가 현대의 주요한 산업과 관련된 기술의 기본적인 영역에서 가장 중심이 되는 기초적 기술을 습득하고 그 기술을 통하여 산업기술의 가치를 인식하고 또한 이를 창출해 낼 수 있는 사람을 길러내야 한다. 오늘날 세계 여러 나라들이 보통교육에서 일반 기술교육을 실시하고 있는 이유의 하나는 국가의 기술 수준을 결정하는 피라미드의 기반을 넓고 튼튼하게 구축하려는 데 있다(淸原道壽, 1965 : 4 ; 이재원, 1986 : 28에서 재인용함).

> 고도 기술문명 사회에서 삶을 영위해 나갈 오늘의 어린 남녀 모든 학생들에게 기술적 교양 (technological literacy)을 갖추어 줌으로써 기술적으로 사고하고 기술적으로 실천하는 능력을 길러 주어야 한다(이재원, 1987 : 49).

또한 ITEA(1988), Stone(1987)의 주장에서 기술적 교양이 인간의 삶에 영향력을 행사하고 있음을 알 수 있다.

> 오늘날 문화가 기술과 밀접한 관련을 맺는 관계로 교육적 역할은 모든 학생들에게 기술적 환경에 대한 식견과 이해를 가지도록 도와 주어야 한다. 인간은 가족 구성원, 고용자, 유권자, 노동자로서의 역할을 수행하려면 기술을 올바로 이해하는 것은 필수적이다. 민주사회에서 가장 훌륭한 시민은 기술적으로 교양을 갖춘 사람(technologically literate)으로 평가된다(ITEA, 1988 : 2-7).

> 기술적으로 교양을 갖춘 사람(techniliterate)과 기술적으로 교양을 갖추지 못한 사람(technilliterate)은 철자(영문) "l"의 차이이지만, 그들이 사회와 세계를 보는 안목은 상당한 차이를 초래한다(Stone, 1987 : 13).

미국의 많은 기술교과 교육학자들은 기술교과 교육의 주된 역할과 목표를 기술적 교양(technological literacy)이라고 주장하고 있다. 최근 미국의 각 주에서 개발한 기술교과 교육

과정의 모형에서 기본목표로 삼고 있는 내용에서 이를 확인할 수 있다.[18)]

또한 과학 교육학자[19)]들도 변화하는 고도의 기술사회에서 미국시민이 기술적 교양이 부족함을 탄식하고 내놓은 '오늘은 문제, 내일은 위기(today's problems, tomorrow's crises)'의 표어(Lauda & McCrory, 1986 : 22)는 기술적 교양의 중요성을 단적으로 설명해 주고 있다.

최근 미국에서는 '모든 미국인을 위한 기술교육(Technology for all Americans)'을 슬로건으로 NSF(National Science Foundation)과 NASA의 재정 지원하에 **'국제기술교육협의회(ITEA ; International Technology Education Association)가 K-12 기술교과 교육을 위한 표준 교육과정 프로젝트(A Project to Develop National Standards for K-12 Technology Education)'**를 수행하였다. 이 프로젝트는 초등학교, 중등학교를 위한 기술교과 교육(technology education)의 국가 표준 교육과정 개발에 목적을 두고 기본적으로 모든 학생들의 기술적 교양(technological literacy)[20)]에 주안점을 두고 있다.

제1단계는 기술교과 교육의 정당성(rationale)과 구조(structure)를 정립하고(1996년), 제2단계에서는 기술교과 교육의 국가 표준 교육과정의 내용을 '기술적 교양의 표준'으로 구조화하였다(2000년). 그리고 제3단계 보고서는 평가와 전문가, 교육 프로그램에 대한 표준을 제시하였다(2003년). 지금까지 각 주에서 개발된 교육과정 모형들을 중심으로 교육이 이루어져 왔지만, 이제부터는 국가 수준이 교육과정 표준을 갖게 되는 혁신적인 연구결과이다.

---

18) ① Colorado 주 : 기술 교육과정 모형 연구(Colorado, 1990 : 4)에서 학생들에게 21세기를 준비시키고 적응시켜 주기 위한 가장 중요한 목표를 기술적으로 교양을 갖춘 사람(technologically literate)으로 설정하였다. ② Maine 주 : 기술 교육과정 모형 연구(The Department of Technology at The University of Southern Maine, 1990 : 6)에서 기술교육의 역할(mission)을 기술 중심 사회에서 기술적 교양을 강화'하는 것으로 삼았다. ③ Minnesota 주 : 산업기술교육(Industrial Technology Education)을 위한 Minnesota Plan(1990 : 5)에서는 기술적 교양을 오늘날의 기술과 사회변화 간의 관계를 이해할 수 있는 능력으로 정의하고, 교육과정 개발 목표를 '학생들이 기술적으로 교양을 갖추는 교육과정'으로 설정하였다. ④ New York 주 : '21세기를 위한 기술교육'의 연구(1990 : 9)를 통해서 기술교육 프로그램의 목적을 뉴욕의 모든 학생들이 기술적으로 교양을 갖추는 데 두고 있다. ⑤ Ohio 주 : Ohio 주의 기술교육 프로그램의 모형(1989 : 1)을 개발하면서 사회에서 주요한 쟁점으로 등장하고 있는 기술적 교양에 기초를 둔다고 하였다.

19) 기술적 교양(Technological Literacy)의 중요성을 인식하는 분야가 기술교과 교육분야로 한정되기보다는 교육 전체의 맥락에서도 접근되고 있는 것 같다. 즉 미국의 새로운 교육운동으로서 과학, 기술, 사회교과가 통합적으로 논의되는 STS (Science & Technology, Society) 교육과정에서도 이를 확인할 수 있다.

20) ITEA(2000 : 9)는 기술적 교양을 "기술을 사용하고, 다루고, 평가하고, 이해하는 능력(the ability to use, manage, assess, and understand technology)"으로 간략히 정의하였다.

[표 2-8] 미국의 기술적 교양을 위한 내용표준

목 표	내 용
• 기술의 특성	1. 기술의 특성과 범위 2. 기술의 핵심 개념 3. 기술간의 관계와 다른 영역과의 관계
• 기술과 사회	4. 기술의 문화적 · 사회적 · 정치적 효과 5. 기술적 환경적 영향 6. 기술의 활용과 개발에서의 사회의 역할 7. 기술의 역사적 관점
• 설계	8. 설계의 기여 9. 공학설계 10. 고장문제 해결, 연구, 개발, 발명, 혁신, 실험, 문제해결의 역할
• 기술 세계에서 요구되는 능력	11. 설계과정(design process)의 적용 12. 기술적 제품과 시스템의 사용과 유지 13. 기술적 제품과 시스템의 영향 평가
• 기술의 세계 (designed world)	14. 의료기술 15. 농업과 생물 관련 기술 16. 에너지 및 동력기술 17. 정보와 통신 18. 수송기술 19. 제조기술 20. 건설기술

2000년 4월에 발표된 국가 기술교육과정 내용표준은 기술적 교양표준(standard for techno-logical literacy)은 지식(knowledge), 과정(processes), 내용영역(contexts)으로 구성되어 K-2, 3-5, 6-8, 9-12의 네 수준으로 제시되었다. 이 표준안의 목표는 기술적 교양인(all students can become technologically literate)으로 설정하였다.

한편 2020년에 발표한 미국의 기술 및 공학 교양의 표준((Standards for Technological and Engineering Literacy; STEL)으로 기술 및 공학 교육과정 표준을 제시하고 있는데, 타티틀을 기술 및 공학 교양으로 제시하고 있다. 여기서 제시하는 교양의 정의와 기술 및 공학 교양의 필요성은 다음과 같다.

교양의 정의

과거에 교양은 단순히 읽고 쓰는 능력으로 이해되었지만, 오늘날에는 보다 넓은 의미로 사용되고 있다. 미국 과학, 공학, 보건 학술원 (National Academies of Science, Engineering, and Medicine, 2016)에서는 교양을 문자적 교양 (textual literacy), 수리력 (numeracy), 그리고 특정 학문 영역 내에서의 지식을 의미하는 학문적 교양 (disciplinary literacy)로 나누어 비교하였다. 교양을 구분하는 것은 반드시 필요한 것이며, 어떤 교과에서든지 내용 표준을 다룰 때는 이들 교양의 개념을 고려하여야 한다. 교양은 시간이 흐름에 따라 특정 영역에 주어진 지식, 기술, 능력이 변하는 것처럼 유동적인 것이다. 과학적, 기술적, 공학적, 수학적 교양들 사이에는 수많은 연결 고리들이 존재하지만, 각 분야의 교양은 각기 다른 특징이 있다. 기술과 공학적 교양 (technological and engineering literacy)을 구성하는 하나의 중요한 요소는 설계와 만들기에서 나오는 과정과 행위를 강조하는 것이다. 기술과 공학적 교양을 위한 표준은 기술과 공학적 교양의 요소들을 드러내는 것을 목적으로 한다. 비록 STEM 교양 (STEM Literacy)이라는 용어가 구체적으로 정의되어 있지는 않지만, 많은 사람들은 STEM의 4가지 영역에 해당하는 과학, 기술, 공학, 수학적 교양을 향상시킨다면 우리 주변에 존재하는 수많은 사회적 문제를 해결하기 위해 필요한 기능적 교양(functional literacy)을 만들어 낼 것이라고 이야기 하고 있다.

모두를 위한 기술과 공학적 교양

모든 어린이, 청소년, 어른들은 기술과 공학에 대해 더 많은 이해가 필요하다. 가장 큰 이유 중의 하나는, 기술과 공학은 우리의 삶에 큰 영향을 미치지만 이를 이해하고 있는 사람은 많지 않다. 따라서 사회 차원에서 기술과 공학에 대한 이해를 전체적으로 높이는 것이 필요하다. 예를 들어, 여전히 많은 사람들이 기술을 스마트폰이나 컴퓨터처럼 단순히 의사소통을 하는 도구로 생각하거나, 기술의 정의를 단편적으로 해석해 컴퓨터와 같은 것으로 생각한다. 이와 비슷하게 많은 사람들은 공학을 생각할 때, 이것이 어떻게 우리의 삶과 관련이 있는지에 생각하기 보다는 단순히 직업의 한 종류로만 인식하려는 경향이 있다. 기술과 공학을 배우는 이유는, 그것을 배우는 모든 사람들을 기술자나 공학자로 만들려는 것이 아니다. 사람들이 기술과 관련된 사안에 대해 현명한 의사결정을 내리고 기술에 대해 설계, 개발, 사용과 관련해 기여할 수 있는 교양을 갖도록 하는 것이다.

과학, 기술, 공학, 수학 등의 STEM 분야에 보다 많은 인재가 필요한 것도 기술과 공학을 배워야 하는 주된 이유이다. STEM 분야의 직업은 연구와 개발을 통해 새로운 제품, 서비스를 만들어내고, 이러한 활동은 우리 삶의 질을 향상시킨다. 하지만 전통적으로 기술과 공학은 과학과 수학에 비해 유치원부터 고등학교의 핵심 교과목으로 인식되지 못했다. 모든 직업은 기술적 제품, 시스템, 그리고 과정을 사용해야 하므로 높은 수준의 기술과 공학적 교양은 보다 나은 직업은 준비하는데 도움이 된다. 현대 사회에서 다수의 직업은 새로운 기술을 배워서 적용할 수 있는 비판적(critical), 초학문적(transdisciplinary) 사고력을 필요로 한다. 이

런 요구는 기술과 공학 교육을 확장함으로써 달성될 수 있다.

결국 기술적 교양은 변화하는 기술사회에서의 모든 인간에게 생존적 차원에서 요구되는 기술적 지식 · 기능 · 태도로서, 인간이 기술적 교양을 갖출 때 변화하는 기술사회에서 적응력을 갖고 민주시민의 역할을 감당할 수 있을 것이다. 따라서 모든 학생들에게 기술적 교양능력을 배양시키는 일은 교과교육에 있어서 중요한 교육적 과제이다.

3) 기술적 교양의 개념논의

기술적 교양의 개념적 논의의 접근방법[21]은 크게 세 가지 접근에 의해서 이루어지고 있다. 즉 기술적 교양을 설명하기 위한 '특성을 기술하는 접근법(descriptive characteristics approach)', 기술적으로 교양을 갖춘 사람의 능력을 제시하는 '능력배열 접근법(competency list approach)', 그리고 개념요소, 절차, 관련변인 등을 그래픽 모형으로 개념을 밝히는 '모형적 접근법(models approach)' 등이다.

먼저, **특성을 기술하는 접근법**(descriptive characteristics approach)은 기술적 교양의 특성을 중심으로 정의를 내리고 있다. 다음은 그 정의의 예를 제시한 것이다(in Dyrenfurth, 1991 : 157).

- 기술적 교양(technological literacy)이란
  - 과학을 응용하는 능력과 구체적 문제해결을 활용하는 공학적 기술이다(Miller, 1986).
  - 기술의 광범위한 지식을 소유하고 안전하고, 효과적 · 효율적이고, 적절한 자세로 지식을 적용하고, 개인이 도구, 기계, 기술의 과정을 이용하여 적절한 과제를 수행하는 능력이다(Lux, 1978).
  - 기술을 성공적으로 수행할 수 있는 개인적 자질(소비자 자질 능력, 기술적 기능, 매일의 삶에서 기술을 평가할 수 있는 능력, 민주 기술사회에서의 중요한 쟁점을 이해하는 능력, 기술적 문제해결을 위한 지식을 적용하는 능력, 기술적으로 관련된 영역에서의 직업탐색 능력)을 말한다(NYS, 1984).
  - 기술적 체제를 이해하는 것이다(Jones, 1984).
  - 급속히 발전하는 기술사회에서 현명한 시민으로서 기능을 수행하는 기술이다(Peckham, 1989).
  - 우리 사회에서 정치적 · 경제적 · 사회적으로 관련된 기술적 수단을 창조 · 활용 · 통제하는 기술이다(Bowden, 1982).
  - 사회체제 내에서의 문화적 변동의 결정적 요인으로서, 사회체제의 중요한 구성요소로서의 기술적 체제를 통제하고 이해하는 기술이다(DeVore, 1987a).
  - 일과 삶을 통합하고, 일련의 의미 있는 가치를 찾는 기술이다(Deforge, 1981).

---

21) Dyrenfurth(1991 : 155-156)는 기술적 교양의 개념을 논의하면서, 특성을 기술하는 접근법(descriptive characteristics approach : 기술적 교양을 설명하기 위해 특성을 기술하는 접근법), 능력배열 접근법(competency list approach : 기술적으로 교양을 갖춘 사람의 능력을 제시하는 접근법), 모형적 접근법(graphic approach : 개념을 설명하기 위한 그래픽 모형을 사용하는 접근법) 등으로 정리하였다.

- 환경에 적응하기 위한 제품에 대하여 경험하고, 관찰하고, 조사하고, 설계하는 기술로써 이를 위해 기술적 과정을 이해하는 능력, 구상한 아이디어를 구체화시키는 능력, 대안을 설계하는 능력이 요구된다(Smalley, n.d).

[표 2-9] 기술적 교양의 능력 수준(in Dyrenfurth, 1991 : 163)

순위	기술적 교양의 능력 수준의 기술
1	소비자, 현명한 유권자, 의사결정자로서의 기능을 수행하기 위한 기술적 과정을 이해하기
2	대화하고 작문하는 데 있어서 기술적 용어로 의사소통하기
3	기술이 사회, 문화, 가치관에 미치는 영향을 알기
4	기술의 혜택과 아울러 재앙을 인식하기
5	미래의 기술을 예측하기
6	연구하고 관심을 가져야 할 기술적 용어를 이해하기
7	설계과정과 기술적 문제를 해결하는 방법을 알기
8	오늘날 기술의 강점과 한계를 이해하기
9	기술적 혁신과 변화에 적응하기
10	기술개발과 혁신의 과정을 이해하기

이러한 접근법은 기술적 교양의 특성이 학자마다 서로 다르게 정의되고 있어 개념정립에 혼란을 주고 있으며, 개념의 구조화가 이루어지지 않고 있다.

두번째로 **능력배열 접근법**(competency list approach)은 기술적으로 교양을 갖춘 사람의 능력을 조사·분석하여 제시하는 방법이다. Foster & Perreault(1986)는 기술적 교양을 확인하는 연구를 수행하였는데, 가장 높은 점수 순으로 [표 2-9]과 같이 제시하였다.

또한 Baker(1988 : 59-60)는 델파이 기법을 이용하여 기술적 교양을 정의하기 위한 본질적 준거를 찾는 박사학위 논문에서 산업체 인사, 직업 교육행정가, 교육전문가들을 대상으로 조사한 결과, [표 2-11]과 같이 15개의 준거를 제시하였다. 이러한 준거에 바탕을 두고 Baker는 기술적 교양을 다음과 같이 정의하였다.

> 기술적 교양이란 '도구와 재료의 상호 관련성, 그리고 기술적 용어, 의사소통, 문제해결, 소비자 이익, 환경적 효과, 사회·개인적 가치와 창의성에 기초한 다양한 영향력과 처리과정을 이해하는 능력'이다(1988 : 77).

위의 두 연구(Foster & Perreault, 1986; Baker, 1988)는 전문가들의 의견을 기초로 하기 때문에 객관성을 확보하고 있지만 이론적 틀을 갖추고 있지 못하는 단점을 지니고 있다. 그

러나 Young and Pearson(2001)은 기술적 교양은 지식(knowledge), 능력(capabillities), 사고와 행동 방법(ways of thinking and acting)의 3가지 차원 이상을 개념을 포함한다고 정의하면서 다음과 같은 기술적 교양의 능력을 제시하였다.

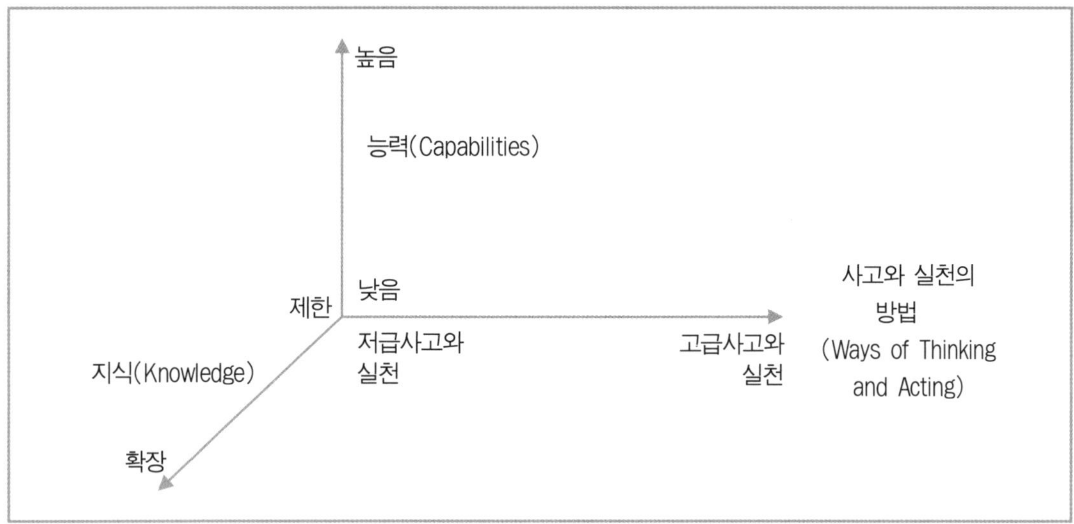

<그림 2-8> Young and Pearson(2001)의 기술적 교양의 3가지 차원

[표 2-10] Young and Pearson(2001)의 기술적 교양의 세 가지 차원 능력 특성

지식(knowledge)	• 매일의 삶에서 기술이 만연하고 있다는 사실의 인식 • 시스템, 제한, 취사선택 등과 같은 기초적인 공학 개념의 이해 • 공학 설계과정의 특성과 한계에 친숙함 • 기술이 인류 역사를 가다듬고 인간이 기술을 다룬다는 사실을 앎 • 기술의 긍정적 부정적 영향이나 결과를 앎 • 비용과 이익의 균형과 거래를 포함하는 기술의 개발과 이용에 고마움을 인식 • 기술이 사회의 가치와 문화를 반영한다는 사실을 이해
사고와 행동 방법 (ways of thinking and acting)	• 기술의 혜택과 위험에 대하여 지속적으로 자신 또는 타인에게 질문하기 • 새로운 기술에 대한 정보를 추구하기 • 기술의 개발과 이용에 대한 의사결정에 적절한 때를 맞추어 참여하기
능력(capabilities)	• 집이나 일터에서 다양한 도구를 조작하고 컴퓨터를 사용하여 문서를 작성하고 인터넷 정보 검색을 하는 등의 광범위한 손 조작 능력(hans-on skills) • 집이나 일터에서 발생하는 간단한 기계적, 기술적 문제를 확인하고 고치는 능력 • 기술적 혜택과 위험에 대하여 알려준 정보를 판단하기 위하여 확률, 규모, 견적 등과 관련된 기본적인 수학적 개념을 적용할 수 있는 능력

세 번째는 **모형적 접근법**으로 기술적 교양의 개념을 논의한 것이다. 이 접근법에 의한 개념을 밝힌 연구자는 Daiber & Wright(1981), McCrory(1983), Dyrenfurth(1984), Harrison (1988), Dyrenfurth(1991) 등이다. Dyrenfurth(1991 : 178-183)는 지금까지의 관련 문헌과 기술적 교양을 주제로 다룬 Yearbook의 연구물(1991)을 종합하여 기술적 교양의 모형을 <그림 2－8>과 같이 제시하였다.

[표 2－11] 기술적 교양의 준거 15가지(in Baker, 1988 : 59－60)

순위	기술적 교양의 능력 수준의 기술
1	기술적 전문용어의 이해 : 모든 수준(노동자에서 관리자에까지)에서의 읽고, 해석하고, 의사소통할 수 있는 능력
2	기술적 문제를 확인하고, 문제해결을 위한 정보를 수집하고, 증거에 기초한 과학적인 접근법을 이해하고, 해결방법을 찾기 위한 시스템을 분석·종합하는 능력
3	기술적 과정과 원리를 이해하는 능력
4	기술의 변화에 적응하고 그 변화를 이해하는 능력
5	기술적 정보를 습득하기 위한 기술적 자원과 출처에 관한 지식
6	기술의 발달과정을 이해하고 기술의 환경적·사회적·인간적·개인적 영향을 예측하는 능력
7	사회구조, 인간윤리와 가치를 근거로 한 기술과 과학의 영향과 상호작용을 이해하는 능력
8	기술의 개인적·사회적·경제적 혜택을 주는 기술적 생산과 처리과정을 평가하는 능력
9	삶에 있어서 사회적·직업적 역할에 맞는 기술적 산물(도구, 기계, 재료, 처리과정)을 활용하는 능력
10	기술적 처리과정과 산업현장과 사회에서의 영향을 이해하는 능력
11	계속 교육이 중요하다는 것을 인식하는 능력
12	과학적 원리에 기초한 기술의 응용을 이해하는 능력
13	서로 다른 활동에 기초한 창의적 기능을 개발하는 능력
14	기술을 개발하는 데 따른 혁신적·비평적·추상적 사고의 중요성을 이해하는 능력
15	과거의 기술적 사건을 현재와 관련시키고 대안을 가지고 미래를 조망하는 능력

이 모형은 기술적 교양을 위한 모형들이 공통적으로 제시한 중요한 사항을 추출함으로 구성되었다.[22] 이 기술적 교양의 모형에서 추출할 수 있는 특성으로 협력활동, 대인관계 능력

22) 이 모형에 포함시킨 내용은 다음과 같다. A. 기술적 교양은 일반 교양교육의 틀에서 구성되었다. B. 기술적 교양은 통합적이고 중핵적인 구성 요소로서 인간과 기술의 상호작용 과정에 강조를 둔 일련의 일반화된 기술적 능력의 숙달을 포함한다. C. 기술적 교양은 기술과 관련된 조작적 능력을 포함한다. 이 능력은 기술적 응용영역으로 타당한 여러 가지 기술군과 하부체제를 구조화한 것이다. D. 기술적 교양은 개인이 기술과 관련하여 가족, 사회, 직업, 시민, 소비자로서의 현명함과 효율성을 제고하는 목표를 진전시키도록 해야 한다. E. 기술적 교양 수준의 진전은 체계적인 교육, 성숙, 개인적 노력의 세 가지 메커니즘에 의해 촉진된다. F. 기술적 교양은 개인의 발달단계와 직무수행 정도에

과 협동, 합리적이고 체계적인 작업 습관, 기술적 절차, 기술적 수행능력, 기초적 수행능력, 창의적 사고력과 의사결정 능력, 적응력, 스스로 학습할 수 있는 능력 등의 일곱 가지로 제시하고 있다. Dyrenfurth(1991 : 179)는 이와 같은 종합적 모형을 제시하고 기술적 교양의 정의를 다음과 같이 내리고 있다. 이 정의는 기술적 교양의 연속성을 강조한 학문적 정의를 바탕으로 하고 있는 점이 특징이다.

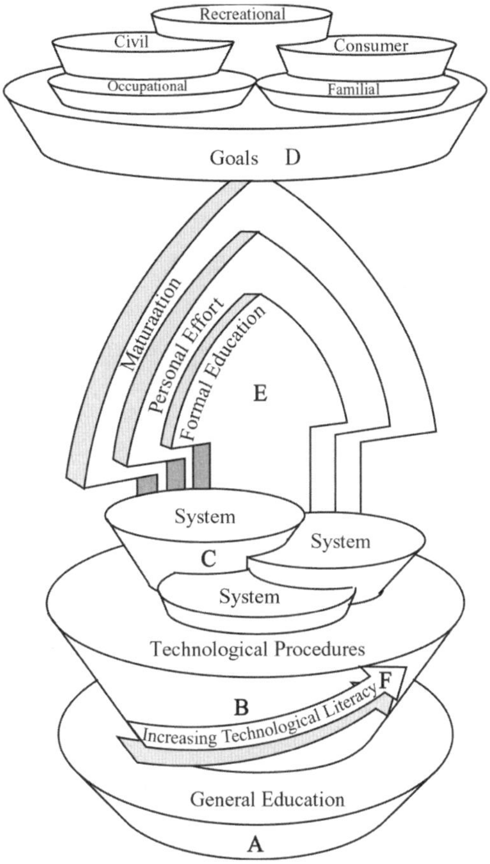

맞는 다양한 수준을 고려한 연속성을 가지고 있다.

■ 모형의 의미

- •원 뿔 A ; 일반 교양교육(독서, 작문, 계산 등에 의한 도구적 학습)
- •원 뿔 B ; 기술적으로 일반화된 능력(generalizable skills : 문제해결, 협력활동, 대인관계 능력, 체계적인 작업 습관)인 기술적 절차를 의미함
- •원 뿔 C ; 기술적 수행능력(technological capability : 에너지와 동력, 재료와 처리, 통신 등)을 의미함
- •원 뿔 D ; 목표
- •화살표 E ; 목표달성을 위한 개인적 노력, 체계적 교육, 성숙 등을 의미함
- •나 선 F ; 기술적 교양의 수준을 증가시키는 것을 의미함

<그림 2－9> Dyrenfurth의 기술적 교양의 종합적 모형(1991 : 178－183)

기술적 교양이란 '개인이 기술을 활용하고 이해하는 정도를 결정 짓는 데 사용되는 개념으로 인식할 수 없는 정도에서 유능한 정도까지의 연속성을 가진 기본적 수행능력과 비평적 사고, 체제적인 작업습관, 기술과 관련된 일반적 작업절차의 이해, 실제적인 기술적 능력, 대인관계와 협동, 스스로 배울 수 있는 능력이다.

한편, 기술적 교양의 하위변인을 설정하고 모형화를 시도한 접근도 있다. Dyrenfurth(1987 : 19-37)는 기술적 교양의 구성요소, 기술적 교양의 수준, 기술적 교양의 결과 변인으로, White(1987 : 113-120)는 기술적 교양의 구성요소, 기술적 교양의 수준, 기술에 대한 태도변인으로, 그리고 Hameed(1988 : 109-112)는 기술적 교양의 시스템, 기술적 교양의 지식적 능력, 기술적 교양의 사회 · 경제적 맥락 변인으로 설정하여 모형화를 시도하였다.

최근에 미국의 국가학업평가관리국(National Assessment Governing Board)에서 2012년 국가 학업평가의 교육적 진보(NAEP, National Assessment of Educational Progress)를 위한 기술적 교양 평가틀(framework)에서 제시한 기술적 교양은 크게 기술과 사회(technology and society), 설계와 시스템(design and syatems), 정보와 통신기술(information and communication tecthnology)로 모형화하여 각각의 기술적 교양의 하위 영역과 4학년, 8학년, 12학년 수준에서 평가할 평가 기준을 제시하였다.

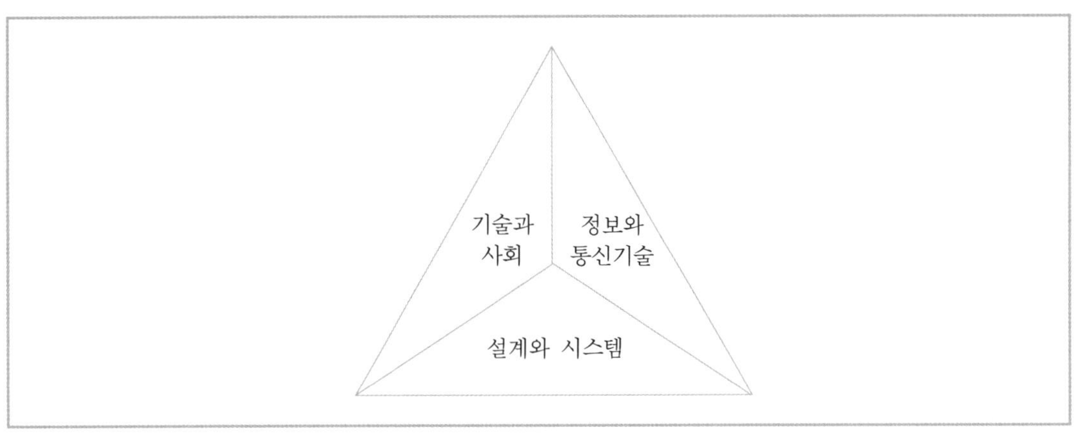

<그림 2－10> NAEP(2010)에서 제시한 기술적 교양의 영역

기술적 교양은 서로 밀접한 관련을 가지고 있다. 세 가지 평가 영역간의 관계는 모형에서와 같이 피라미드의 삼면을 위에서 볼 때(평면도) 세 면으로 표현될 수 있다. 즉 각면은 다른 두면과 연결되어 있다는 것이다. 예를들어 기술과 사회의 쟁점을 다루기 위해서는 가술적 시스템과 설계과정을 이해해야하고, 가능한 문제 해결을 위하여 정보 및 통신기술을 활용할 수 있어야 한다는 것이다.

[표 2－12] NAEP(2010)에서 제시한 기술적 교양의 영역

기술과 사회 (technology and society),	설계와 시스템 (design and syatems)	정보와 통신기술 (information and communication tecthnology)
A. 기술과 인간의 상호작용 B. 자연세계에 미치는 기술의 영향 C. 정보와 지식사회에서의 기술의 영향 D. 윤리, 평등, 책임	A. 기술의 특성 B. 공학 설계 C. 시스템적 사고 D. 유지와 고장문제해결	A. 아이디어와 해결책의 구상과 창출 B. 정보 탐색 C. 문제의 탐색 D. 이이디와 정보의 평가 E. 정보 도구의 선정과 활용

이러한 접근은 이론적 접근으로 이론적 틀을 지닌 일반적 모형으로서 가치가 있지만 객관성의 확보가 과제로 남는다.

이상에서 논의한 바와 같이 특성을 기술하는 접근법, 모형적 접근법 등은 이론적 연구에 의해 그 개념이 밝혀지고 있으며, 능력배열 접근법은 실증적인 조사·연구를 통하여 개념이 논의되어 왔음을 알 수 있다. 그리고 특성을 기술한 접근법은 그 정의가 학자마다 다양하여

이론적인 결론을 이끌어 내기가 쉽지 않다. 그리고 능력배열 접근법은 실증적이고 객관적인 관점에서 그 의의를 찾을 수 있지만 모형적 접근법에 비하여 체제와 논리에 있어서 약점을 지니고 있다.

4) 기술적 교양개념의 구조화

최유현(1995 : 27-32)은 기술적 교양에 개념의 구조화를 통하여 평가모형을 여러 연구를 종합하여 제시하였다. 즉 기술적 교양개념 구조의 세 가지 변인, 즉 기술적 교양의 탐구영역, 기술적 교양의 습득단계, 기술적 교양능력 변인은 각각 몇 가지 하위 변인을 [표 2-13]와 같이 설정하였다.

먼저 **기술의 탐구영역 변인**은 크게 두 가지 요소로 제시하였다. 여기서 기술적 내용은 기술적 요인(technical factors)을 의미하고, 기술적 영향(non-technical factors)은 비기술적 요인을 의미한다. 또한 기술의 내용은 통신기술, 제조기술, 건설기술, 에너지 및 교통기술, 생물기술로 설정하였고, 기술의 영향은 기술과 인간, 기술과 사회, 기술과 환경으로 설정하였다.

[표 2-13] 기술적 교양개념의 구조화(최유현, 1995)

구 분	변 인	하위 변인
제1변인	기술적 교양의 탐구영역	기술적 내용(technological contexts) 기술적 영향(technological impacts)
제2변인	기술적 교양의 습득단계	기술의 인식(technological awareness) 기술의 탐색(technological exploration) 기술의 활용(technological application) 기술의 통제(technological controlling)
제3변인	기술적 교양의 능력	인지적 능력(knowing) 조작적 능력(enabling) 문제해결 능력(problem solving) 평가능력(assessing)

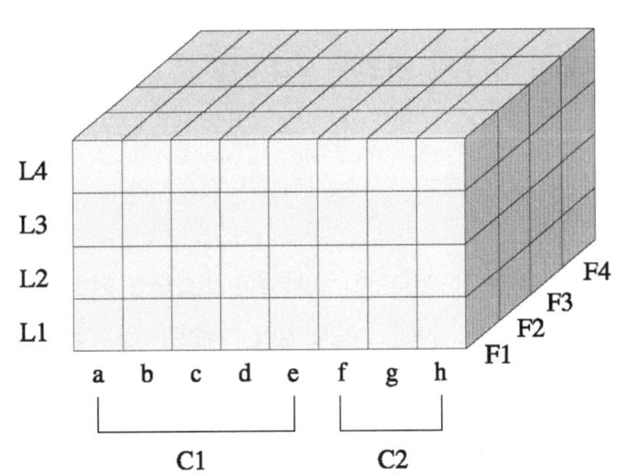

■ 기술적 교양의 탐구영역

C1 기술적 내용(technological contexts) : 통신기술(a), 제조기술(b), 건설기술(c), 에너지와 교통기술(d), 생물기술(e)

C2 기술적 영향(technological impacts) : 기술과 인간(f), 기술과 사회(g), 기술과 환경(h)

■ 기술적 교양의 습득단계

L1 기술의 인식(technological awareness) : 초등학교

L2 기술의 탐색(technological exploration) : 중학교

L3 기술의 활용(technological application) : 고등학교

L4 기술의 통제(technological controlling) : 고등학교 졸업 이상

■ 기술적 교양능력

F1 인지적 능력(knowing)

F2 조작적 능력(enabling)

F3 문제해결 능력(problem solving)

F4 평가능력(assessing)

<그림 2-11> 기술적 교양의 개념 및 평가모형(A Theoretical Model for Technological Literacy)

두 번째로 **기술적 교양의 습득단계 변인**은 기술적 교양을 길러 줄 수 있는 학교 수준의 기술교과 교육에서의 적용을 기초로 설정하였다. 즉 초등학교는 기술에 대한 기초적 의미와 이해를 돕는 기술의 인식단계, 중학교는 기초적 · 기술적 활동을 경험하고 전반적인 기술의 내용을 탐색하는 기술의 탐색단계, 고등학교에서는 기술의 기본적 원리를 중심으로 기술을 활용하는 기술의 활용단계, 끝으로 고등학교 졸업 이상의 수준에서는 삶의 현장에서 제기되는 기술적 상황을 현명하게 대처하는 기술의 통제단계로 설정하였다.

세 번째로 설정한 변인은 **기술적 교양능력 변인**이다. 이 변인은 궁극적으로 기술적 교양에서 길러져야 할 목표의 관점이기도 하다. 즉 기술적 지식의 기본적 지식에 대한 인지적 능력, 기술적 기능활동을 익히는 조작적 능력, 다양한 기술적 문제를 창의적으로 확인하고 해결하는 문제해결 능력, 그리고 새로운 기술적 제품과 기술적 쟁점의 가치를 판단하는 평가

능력으로 설정하였다.

위와 같은 기술적 교양개념의 구조화 변인은 기본적으로 기술적 교양이 무엇인지를 알 수 있는 개념적 틀로서 의의를 지닐 수 있으며, 그 변인을 근거로 **기술적 교양**(technological literacy)을 다음과 같이 정의하였다.

> 기술적 교양이란 '현대 기술문명에 적응하기 위하여[23] 기술학에 기초한 기술적 내용[24]과 기술적 영향을 중심으로 기술의 기초적 인식, 기술의 탐색, 기술의 활용, 기술의 통제 수준에 따라 기술의 기초적 지식을 이해하고, 기술적으로 조작하고, 기술적 문제를 해결하고, 기술적 가치를 평가할 수 있는 교양적 측면[25]의 기본 능력이다'(최유현, 1995).

구조화된 변인을 기초로 하여 이 연구는 <그림 2-11>과 같은 기술적 교양의 평가모형을 기술적 교양의 탐구영역, 기술적 교양의 습득단계, 기술적 교양능력의 세 가지 변인을 기초로 제시하였다.

기술적 교양은 변화하는 기술사회에서의 모든 인간에게 생존적 차원에서 요구되는 기술적 지식·기능·태도로서, 인간이 기술적 교양을 갖출 때 변화하는 기술사회에서 적응력을 갖고 민주시민의 역할을 감당할 수 있을 것이다. 따라서 모든 학생들에게 기술적 교양능력을 배양시키는 일은 기술교과 교육에 있어서 중요한 교육적 과제임에 틀림없다.

5) 기술 교양의 새로운 개념 : Technoliteracies

최근의 컴퓨터 네터워크를 매개로 한 기술 발달 결과는 마샬 맥루한의 "글로빌 빌리지(global village)", "지구 두뇌(world brain)"란 용어가 등장시키고 있다. 이러한 배경에서 기술적 교양(technological literacy)의 개념은 기술 자체에 비중을 둔다면 그 의미는 매우 제한적일 수밖에 없으며, 특히 오늘날 기술들이 네트워크와 통합되면서 인간, 조직, 문화, 지식이 반영될 필요성이 높아진다.

듀이는 기술을 매우 광범위하게 통찰하여 정의하였다. 기술의 인간의 중심이며, 인간 탐구를 전체 경험으로 이동시키는 역할을 한다고 하였다. 이러한 관점에서의 기술은 창의적 경험과 문제해결의 모든 양태의 증거이다. 듀이는 기술은 인문학이나 예술뿐만 아니라 직업과 매

23) 기술적 교양의 필요성을 논의하는 대부분의 문제제기는 고도화된 현대 문명사회에서의 기술의 중요성이 부각됨에 따라 그에 따른 적응력에 바탕을 두고 있다. 따라서 기술적 교양의 궁극적 목표는 '기술과 관련된 현대 문명사회의 적응력을 가지는 것'이다.

24) '기술학에 기초한 기술의 내용'의 의미는 기술적 교양의 내용영역이 상황에 따라 변화하는 것이 아니라 인류 역사를 통해서 자취를 남긴 기술적 활동을 의미 있게 종합·분류하여 대다수의 학자들이 공감하는 기술적 내용을 의미하며, 이 연구에서는 통신기술, 제조기술, 건설기술, 에너지 및 교통기술, 생물기술을 의미한다.

25) '교양적 측면'이라 함은 교양교육으로서의 기술교과 교육에서 기술적 교양을 익힌다는 의도이며, 일부 학자들에 의해 주장된 직업인, 전문가의 수준을 고려하지 않은 보통교육의 측면에서 기술적 교양을 개념화한 것이다.

일의 삶에서의 경험을 모두 포함하는 개념으로 본다(Kahn and Kellner, 2005: 255-256).

Kahn and Kellner(2005)는 리터리시(literacy)는 단순히 능력의 집합체인 단수가 아니라 복합적이고 포괄적인 복수 개념의 리터리시(literacies)이라고 표현해야 한다고 하면서 테크노 리터러시(technoliteracies)는 새로운 미디어와 기술의 유창성과 관련된다고 본다. 결과적으로 테크노 리터러시(technoliteracies)는 컴퓨터, 정보, 핵심미디어, 멀티미디어 리터러시를 아우르는 멀티 리터러시(multiliteracies)를 의미한다고 주장하였다. 즉 테크노 리터러시는 미디어 리터러시, 컴퓨터 리터러시, 멀티미디어 리터러시를 포함하는 개념으로 기술 자체의 의미를 부여하는 기술적 교양과는 차별하여 개념화하려는 시도이다.

결국 테크노 리터러시는 기술적 교양의 개념에서 정보 리터러시를 강조하는 기술적 교양의 발전된 개념으로 볼 수 있다. 기술적 교양이 기술교과의 정당화에 기여한다면 테크노 리터러시는 기술교과는 물론 모든 교과의 컴퓨터를 활용하는 교육공학적 접근에 정당성을 제공해 준다고 볼 수 있을 것이다.

아울러 Kahn and Kellner(2005)는 대안적인 테크노 리터러시는 교육, 기술, 사회를 재구조화하는 과정에서 관련된 교육적, 사회적, 정치적 인식에 성찰적이고 비평적이어야 한다고 주장하고 있다.

나. 기술의 철학적 이해

기술의 철학적 이해는 여러 철학자들에 의하여 논의되어 왔다. 이러한 기술은 기술만의 독립적으로 존재할 수 없다는 증거이다. 기술이 인간에게 미치는 영향, 기술이 사회와 환경에 미치는 영향, 나아가 인류 문명과 정신 까지도 변화시키는 역할을 한다는 것이다.

우리가 주된 관심을 가지고 있는 기술의 철학에 대한 논쟁은 단순히 기술의 지식, 사고, 태도의 교육에서 중요한 혜안을 가질 수 있다는 것이다. 즉 기술적 교양인의 자질에서 기술에 대한 철학적 논쟁과 가치 인식은 의미 있는 일이기 때문이다.

따라서 이 책에서는 기술의 철학적 논쟁 거리를 제공해주는 유익한 글을 중심으로 기술의 철학적 이해를 돕고자 한다.

기술이 인간을 돕는 도구에서 인간을 종속시키는 기계로(홍성욱, 2009a)

19세기 독일의 기술철학자 에른스트 캅(Ernst Kapp)은 모든 기술이 인간 몸의 연장(延長)이라고 주장했다. 1877년에 출판된『기술 철학의 기초』에서 그는 기술을 포함한 인간이 만든 모든 것은 인간의 육체적 기관의 연장이며, 이러한 의미에서 인간은 본질적으로 기술적인 종족(species)이라는 주장을 전개했다. 그에 따르면, 갈고리, 그릇, 칼, 창, 노, 삽, 괭이와 같은 기술은 인간의 손, 이빨, 팔이 연장된 것이며, 철도는 인간 순환계의 연장이고, 전신과 같은 통신기술은 인간의 신경계의 연장에 다름 아니었다. 유명한 미디어학자 마샬 맥클

루언(Marshall McLuhan)도 TV와 같은 미디어나 컴퓨터가 인간의 대뇌와 신경계의 연장이라고 보았다. 우리에게 잘 알려진 그의 저서 『미디어의 이해』에는 "인간의 연장"이라는 부제가 달려 있었다.

하지만 모든 기술을 인간 몸의 연장으로 볼 수는 없다. 기술 중에는 해시계나 철조망처럼 자연을 모방하거나 자연을 체화한 기술도 있다. 간단히 말해서 근대 기술은 인간 몸의 연장이라기보다는 자연을 대체하는 것이라고 볼 수 있다. 전근대 기술이 인간의 노동을 도와주는 '도구'였다면, 근대 기술은 인간의 노동을 종속시키는 '기계'의 외양을 지닌다.

기술이 언제나 사람에게 지는 것이 아니다. 그렇게 믿다가는 기술의 지배와 통제를 벗어나기 힘들다. 기술이 살아 움직이면서 인간을 지배한다는 얘기가 아니라, 기술로 인해서 더 큰 권력을 얻는 사람들이 기술을 통한 암묵적이고 보편적인 지배와 권력을 행사한다는 의미이다. 바로 이런 이유 때문에 기술에 대한 철학과 사상이, 그것도 비판적이면서 균형 잡힌 철학과 사상이 필요하다. 그리고 바로 이러한 이유 때문에 기술에 대한 이해는 사회와 인간에 대한 이해와 바로 통해 있는 것이다.

자연과 인간을 닦달하는 현대의 테크놀로지(손화철, 2009a)

현대기술에 대한 하이데거의 시각도 긍정적이기보다는 부정적이다. 하이데거 이전의 여러 사상가들도 현대 기술에 대한 분석을 시도하고 우려를 표명했지만, 정밀한 이론적 철학에 근거해서 현대 기술이 비인간화를 초래한다고 주장한 것은 그가 처음이다. "기술에 대한 논구"라는 비교적 짧은 글에서 하이데거는 현대 기술의 본질이 "닦달"(Ge-stell)이라는 주장을 펼친다. 이 말의 의미는 현대 기술이 존재하는 것들의 특성과 다양한 측면들을 무시하고 그들 각각의 의미를 기술적 맥락에만 한정하거나 그 맥락에 강제로 맞추는 경향이 있다는 것이다.

현대 기술은 자연에게 에너지와 원자재를 내놓으라고 강요(닦달)한다. 현대기술 앞에서 모든 존재자는 필요하면 언제라도 갖다 쓸 수 있고 대체와 변형이 가능한 "부품"이 되어 버린다. 강에 수력 댐이 건설되고 나면, 강물은 에너지 공급의 자원으로 전락하고 만다. 강의 흐름이 에너지를 생산하는 데 부적합하다면 그 물줄기의 흐름은 강제로 바꿀 수도 있다. 수많은 전설이 숨어있던 울창한 숲은, 이제 신문을 만들 종이의 재료의 생산 공장 취급을 받는다.

이처럼 기술은 어떤 목적을 위해 만들어 사용하는 것이 맞지만, 동시에 그 이상의 의미를 가진다. 하이데거는 기술을 인간의 도구로 보는 인간적, 도구적 정의가 맞기는 하지만 기술의 본질을 보여주지는 못한다고 한다. 기술은 인간에게 완전히 종속된 것이 아니라 인간에게 새로운 무엇인가를 제시하고, 인간의 목적을 이루면서도 새로운 계기들을 만들어낸다. 그래서 하이데거는 기술이 예술과 더불어 숨겨진 진리가 드러나는 통로라고 보았고, 이를 '존재가 자기 자신을 내보이는 한 방식'이라고 표현했다.

현대 기술 역시 인간적, 도구적 정의로 규정될 수 없다. 현대 기술도 전통적 기술과 마찬가지로 한편으로는 인간의 목적을 이루는 도구이면서, 그 행위를 통해 인간과 인간의 목적을 넘어서는 무엇인가를 드러낸다. '닦달'은 전통적 기술의 드러냄과 구별되는 현대 기술의 드러냄의 방식이다.

이러한 처방이 매우 소극적이라는 데 실망하는 사람들이 많다. 시인은 자신의 시를 통해 존재가 자기를 드러내는 것을 가만히 보고 있어야 할지 모른다. 하지만 현대 기술이 모든 것을 부품으로 드러나게 하는 상황에서 그것을 조용히 바라보고 겸손하게 존재에 대한 사유로 돌아가라는 것은 도대체 무슨 뜻인가. 그러나 하이데거의 철학에서 이러한 결론은 불가피해 보인다. 현대 기술사회의 문제를 해결하겠다고 적극적으로 나

서는 것은 결국 모든 문제는 해결되어야만 한다는 기술적 사고방식의 또 다른 표현이기 때문이다. 이러한 태도는 또 다른 닭달로 이어질지 모른다.

하이데거의 기술철학에 대한 평가와 반응은 극과 극을 달린다. 현대사회의 가장 근본적인 문제를 정통으로 지적한 사상이라고 보는 이가 있는가 하면, 기술에 대한 아무 실증적 지식도, 자기주장에 대한 구체적 근거도 없이 비관주의, 회의주의에다 신비주의까지 엮었다는 혹독한 평가도 있다. 존재의 드러냄을 기다리고 가꾸라는 말의 의미가 명확하지도 않거니와 아무것도 하지 말라는 말로 들리기도 하기 때문이다. 그의 사상을 환경윤리적으로 해석하여 모든 존재자의 평화로운 공존을 추구해야 한다고 보는 이들도 있다. 여러 상반된 해석들에도 불구하고 한 가지 확실한 것은, 하이데거를 통하여 철학에서 기술이 중요한 문제라는 사실을, 그리고 기술이 단순히 인간의 목적을 이루기 위한 도구 이상의 그 무엇이라는 것을 깨닫게 되었다는 점이다. 많은 철학자들이 그와 동시대를 살았지만, 하이데거처럼 현대기술의 중요성을 즉각 인지하고 정면으로 씨름한 사람은 많지 않다. 그의 결론에 동의하지 않는 사람들이 많은데도 그를 기술철학의 핵심 사상가로 평가하는 이유가 여기에 있다.

호모파베르에게 자유는 있는가?(손화철, 2009b)

엘륄에 따르면, 실제로는 기술에의 종속이 심화되고 있는데, 현대인들은 그 과정을 삶이 더 나아지는 과정이나 더 인간적이 되는 과정으로 느끼고 있다는 것이다. 그가 기술사회의 앞날에 대해 비관적인 것은, 이러한 분석에 따르면 자연스러운 결론일 뿐이다.

기술이 '자율적'이라는 표현은 자동차가 운전자 없이 혼자 돌아다닌다거나 기계가 생각하는 능력을 가지게 되었다는 말이 아니다. 그것은 기술 발전이 기술시스템의 관성에 의해 지속되고, 그 과정에 인간의 결정은 별다른 의미가 없다는 것이다. 오늘날 기술사회를 이끌어가는 거대한 기술 시스템은 인간들에 의해 조정되기보다는 "더 빨리, 더 많이, 더 싸게"만을 추구하는 '효율성의 법칙'에 따라 운영되고 발전한다. 인간의 가치나 필요는 효율성의 논리 앞에 무력하다. 사실 효율성을 떨어뜨리는 주범이 사람이다. 모든 제조업에서 자동화를 위한 노력이 계속되고 있는 것은 이 때문이다.

기술사회를 바라보는 그의 우울한 시각과 그의 적극적인 삶을 어떻게 설명해야 할까? 그는 자신의 삶을 "전 지구적으로 생각하고 지역적으로 행하라(Think Globally, Act Locally!)"는 말로 정리했다고 한다. 학자로서는 현대 기술사회에 대해 비관적인 결론을 내렸지만, 그 결론이 자신의 삶을 무기력하게 만들도록 하지는 않았다.

유토피아도, 디스토피아도 오지 않는다(이중원, 2009)

하이데거와 달리 아이디는 현대 기술의 부정으로 나아가지 않았다. 오히려 현대 기술의 편재함을 깊이 고려한 상태에서 인간의 실존 문제를 새롭게 다루어야 한다는 인간학의 주제를 던져주었다. 그렇다면 그의 생각은 무엇이며, 그러한 분석이 오늘날 기술에 대한 성찰에서 어떤 의의를 지니는가?

아이디는 기술과 인간이 맺는 전형적인 관계들로 체현 관계, 해석 관계, 배경 관계를 주장하고 있다. 체현 관계(embodiment relation)란 기술이 우리의 신체 기능을 확장시키는 역할을 하는 관계다. 망원경으로 달 표면을 관측하는 경우를 생각해보라. 이 경우 기술은 외부세계의 대상이 아니라 나의 확장된 신체의 일부로 체현되어 '확대된 나' 혹은 '유사-자아'가 된다. 세계와 맞선 나와 공생적인 관계를 맺는 것이다.

해석 관계(hermeneutic relation)란 기술이 해석을 요하는 텍스트를 제공할 때 성립하는 관계다. 전자현미경으로 미시입자의 원자 구조를 탐구하는 경우를 생각해보자. 전자현미경에서 특정의 전파를 발생시켜 입자에 쏘고 입자의 어떤 성질이 그것과 반응하여 특정한 물리적 신호를 산출하면, 전자현미경이 이 신호를 수신하여 컴퓨터의 정보처리 과정을 거쳐 그 결과를 우리가 볼 수 있도록 화면에 그림으로 재현해낸다. 그러니까 화면 속의 그림은 기술에 의해 재구성된 세계에 관한 텍스트인 셈이다. 이는 미시세계의 접근 불가능성 때문에 생기 결과다. 이 경우 기술은 더 이상 나의 신체의 연장이 아니며, 오히려 내가 탐구하고 해석해야 할 대상 곧 텍스트로 다가 온다. 결과적으로 인간과 기술의 관계에서 해석학적 문제가 중요한 문제로 대두된다. 이는 일상생활 속에 보편화된 컴퓨터의 가상공간에 대해 동일하게 주장될 수 있다. 다만 이 경우 차단이 아니라 처음부터 세계 자체가 존재하지 않았다는 점이 다를 뿐이다.

배경 관계(background relation)는 기술이 배경으로 숨어 있으면서 인간과 관계를 맺는 관계이다. 가령 컴퓨터의 제어기술로 불빛이 조절되고 난방이 통제되며 실내 공기가 통제되며 실내 공기가 통풍되는 인공지능 건물에, 내가 살고 있다고 생각해보라. 여기서 기술은 더 이상 신체의 연장 혹은 세계에 접근하는 통로로서가 아니라, 그 자체로 하나의 세계, 곧 대기권에 대비되는 '기술권'(technosphere)으로 인간과 관계한다. 이것이 바로 인간과 기술 사이의 배경 관계다 여기서 우리는 기계들과 직접 관계하지 않으면서 이들을 배경으로 하여 살아가게 된다. 이런 현상은 미래의 유비쿼터스 사회처럼 사회가 고도로 기술화될수록 한층 확대·심화될 것이 자명하다. 한마디로 인간과 기술의 관계는 이처럼 인간이 기술을 통해 세계를 어떻게 경험하는가에 따라 구분되고 그 본질 또한 달라진다고 정리할 수 있겠다.

아이디의 이러한 분석은 고도 기술시대의 인간을 이해하고자 할 때, 기존과 다른 새로운 해명을 제공해준다. 인간과 기술의 관계에 관한 전통적인 입장이라고 할 수 있는 체현 관계만을 보더라도, 우리는 오늘의 인간이 과거의 인간에 비해 놀라울 정도로 인간적 기능이 확대되고 인간과 세계가 만나는 영역도 훨씬 깊고 넓어지고 있음을 확인할 수 있다. 또한 해석 관계도 기존에는 도달할 수 없었던 영역(미시세계나 우주 등) 혹은 존재하지 않았던 새로운 영역(가상공간 등)을 포섭하는 방식으로 인간적 가능성의 확대가 이루어지고 있음을 말해주고 있다. 나아가 배경관계에서 논의된 기술권의 등장도 마찬가지다. 그것은 인간 삶의 패러다임이 새롭게 바뀔 것임을 강하게 함축하고 있다. 이러한 인간적 가능성의 확대는 기술시대의 인간 이해에 반드시 고려되어야 할 요소임에 분명하다. 실제로 현대 기술을 온전히 긍정하는 낙관론의 입장은 바로 이러한 측면들만을 지나치게 강조한다는 평가를 할 수 있다.

정리하면 기술시대의 인간은 기술과 맺는 다양한 관계들을 더불어 고려할 때만 제대로 이해될 수 있다. 그럴 경우 비록 인간 본래의 모습이 축소 혹은 왜곡될 가능성이 있지만, 반대로 전통적인 인간의 영역을 뛰어넘을 수 있는 새로운 인간의 가능성도 동시에 나타날 수 있다. 축소에 대한 반성적 자각이 있다면 그런 전제 위에서 인간의 능력을 확장시키는 기술과 공생을 모색해 볼 수 있다는 것이 아이디 기술철학의 중요한 함의가 아닌가 생각해 본다.

총이 사람을 죽이는가, 사람이 사람을 죽이는가(홍성욱, 2009b)

라투르는 총기의 예도 즐겨 사용한다. 미국에서 총기의 사용을 엄격하게 규제하자고 주장하는 사람들은 "총이 사람을 죽인다"라고 외친다. 총이 없으면 일어나지 않을 살인 사건이 총 때문에 발생한다는 것이다. 반면에 총기 사용의 규제에 반대하는 그룹은 사람을 죽이는 것은 총이 아니라 사람이라고 강조하는데, 이들의 얘기는 "사람이 사람을 죽인다"는 것으로 요약된다. 총은 중립적인 도구이고 용도에 따라서 좋은 목적으로도 혹은 나쁜 목적으로도 사용될 수 있기 때문에, 문제는 총이 아니라 사람에 있다는 것이다.

라투르는 전자를 기술결정론, 후자를 사회결정론으로 분류하면서 이 두 가지 입장을 모두 비판한다. 그의 해법은 사람이 총을 가짐으로써 사람도 바뀌고 총도 바뀐다는 것이다. 총을 가진 사람은 총을 가지지 않은 사람에 비해서 할 수 있는 일이 달라지고, 마찬가지로 총도 사람의 손에 쥐어짐으로써 옷장 속에 있는 총과는 다른 존재가 된다. 즉 총과 사람의 합체라는 잡종이 새로운 행위자로 등장하며, 이 잡종 행위자는 이전에 사람이 가졌던 목표와는 다른 목표를 가지게 된다는 것이다.

기술과 같은 비인간이 빠져버린 자연과 사회는 '근대성'의 골자이다. 결국 라투르에게 기술의 목소리를 복원하고 행위자로서의 이들의 능동적인 역할을 드러내는 것은 서구의 '근대적' 과학과 철학이 범했던 자연/사회, 주체/객체, 인간/비인간의 양분법을 극복하는 실마리를 제공한다. 라투르에게 근대를 극복하는 방법은, 탈근대에 있는 것이 아니라, 근대가 시작되던 시점부터 자연과 사회 모두에 기술과 같은 비인간이 엄청난 속도로 번식했음을 인식하는 것, 즉 "우리가 근대인 적이 없었다"(we have never been modern!)라는 것을 깨닫는 것부터 시작한다.

과학/기술의 이분법도 라투르의 비판의 화살이 꽂히는 과녁이다. 라투르는 과학과 기술을 대체하는 용어로 '테크노사이언스'(technoscience)라는 개념을 사용한다. 기술이 과학에서 광범위하게 사용되고 과학과 엔지니어링의 접점이 확산되는 것을 생각하면 과학/기술의 구분은 의미가 없다는 것이다.

자전거의 진화 : 사회가 기술을 만든다(홍성욱, 2009c)

기술과 사회와의 관계를 설명하는 한 가지 강력한 이론인 기술 결정론(technological determination)에서는 기술의 발전은 물론 기술이 사회에 미치는 영향이 이미 기술 속에 결정되어 있음을 강조한다. 그 단어 자체에서 느낄 수 있듯이, 기술 결정론은 기술이 사회 변화의 작인 중 가장 중요하다고 본다. 기술과 사회의 관계는 기술에서 사회로 그 영향력이 뻗치는 일방적인 관계이다. 그렇기 때문에 기술 결정론자들은 어떤 특정한 기술의 영향은 어느 사회의 경우나 동일하다고 간주한다. 기술결정론에 의하면, 기술은 사회의 외부에서 사회에 영향을 미친다. 이것은 "기후가 사회의 성격을 형성한다"는 19세기의 '기후 결정론'과 같은 맥락이다. 이때 기후는 독립적인 요소에 해당되며 사회는 기후에 아무런 영향을 미치지 못한다.

기술 결정론에서는 기술 그 자체가 사회와, 더 나아가 인간과도 무관하게 발전한다고 간주하며, 심지어는 기술이 독자적인 "생명력"을 가지고 있다고 보기도 한다. 가장 강한 기술 결정론적 견해는 기술 변화가 사회 변화의 유일한 원인이라고 주장한다.

물론 모든 기술 결정론자들이 이렇게 극단적인 입장을 취하는 것은 아니다. 기술만이 사회 변화의 요소라고 보는 입장을 "강성 기술 결정론"이라 부른다면, 기술이 계급, 성(gender), 법, 경제 등 다른 요소와 함께 사회 변화를 가져온다는 입장을 "연성 기술 결정론"이라고 할 수 있다. 즉 강성 기술 결정론에서는 기술이 역사 변화의 유일한 작인임에 반해서, 연성 기술 결정론은 기술이 사용하는 인간이라는 요소가 포함되는 것이라고 볼 수 있다. 강성 기술 결정론자들 중에는 기술의 궤적이 예측 가능하지만 통제 불가능하다고 보는 사람도 있고, 예측도 불가능하고 따라서 기술은 독자적인 생명력을 가지고 있다고 보는 사람도 있다.

기술의 사회구성론은 기술 발전의 궤적이 이미 기술 내에 결정되어 있다는 식의 기술 결정론을 비판하면서 등장했다. 기술의 사회구성론은 결정론적인 '본질주의'를 비판하면서 기술의 발전에서 중요한 역할을 한 사회 집단들을 강조한다. 기술의 사회구성론(기술의 사회구성론은 그 영어 표현은 "social construction of technology"의 앞 글자를 따서 보통 SCOT이라고 불린다)을 정립하는 데 선구적인 연구를 한 과학기술학자 핀치(Trevor Pinch)와 바이커(Wiebe Bijker)는 자전거의 변천에 관한 사례 연구를 통해 기술의 구성 과정을 분석하였다. 기술이 발전하는 과정에서 사회집단들 사이에서는 그 기술이 가진 문제점과 해결책이 다르다는 점 때문에 갈등이 발생한다.

이러한 갈등이 사법적, 도덕적, 정치적 성격을 띠는 복잡한 협상을 통해 해소되는 과정을 거치면서 어느 정도 합의에 도달하게 되면 안정적인 기술적 인공물의 형태가 선택된다. 그런데 사회구성론자들은 이 합의의 과정이 다시 '사회적'과정임을 강조한다. 자전거의 경우에도 자전거 경주와 같은 사회적 요소가 논쟁의 종결에서 중요한 역할을 했다는 것이다.

안전 자전거가 다른 자전거보다 더 효율적이라는 담론은 논쟁이 종결된 후에 그 과정을 정당화하기 위해서 재구성되었다는 것이 사회구성론자들의 주장이다.

무엇보다 기술의 사회구성론은 기술이 가진 유연성(technological flexibility)을 드러냄으로써 기술결정론을 비판하고 "기술이 지금과 다를 수도 있다"는 새로운 가능성을 제시한다. 기술에 대한 사회구성론을 주장하는 학자들도 이러한 이론적 틀을 논쟁적인 기술을 평가하는 '기술 평가'나 엔지니어를 위한 교육의 개혁에 적용하는 실험을 계속하고 있다. 사회구성론자들이나 비판자들 모두는 기술결정론이 지배하는 기술사회의 문제를 극복함으로써 더 바람직한 사회의 발전에 공헌하는 기술철학을 지향한다고 볼 수 있는 것이다.

에디슨은 시스템을 구축했다 : 기술시스템론(송성수, 2009)

휴즈에 따르면, 이러한 기술시스템은 몇몇 단계를 걸쳐 진화하게 된다. 개발, 혁신, 이전(移轉), 성장, 경쟁, 공고화 등으로 구분할 수 있다. 기술시스템이 진화하는 과정에서 각 단계가 반드시 순서대로 등장해야 하는 것은 아니다. 각 단계가 서로 겹칠 수도 있고 특정한 단계가 생략될 수도 있으며 몇몇 단계는 거꾸로 진행될 수도 있다.

발명에는 급진적인 발명과 보수적인 발명이 있는데, 전자는 새로운 시스템의 시작을 가능하게 하며 후자는 기존의 시스템을 개선하거나 확장하는 데 기여한다. 개발 단계는 실험 환경을 더욱 복잡하게 하여 발명품을 실제 세계에서 적용할 수 있도록 하는 과정이다. 혁신 단계에서는 개발된 기술을 바탕으로 실제적인 생산과 판매가 이루어지며 이를 통해 복잡한 기술시스템이 만들어진다. 발명, 개발, 혁신의 단계를 거치면서 특정한 기술시스템이 탄생하는 셈이다.

기술시스템 이론은 기술 변화에 관한 대안적 해석에 해당한다. 즉, 기술이 사회 변화를 결정한다는 기술결정론과 사회적 이해관계가 기술을 형성한다는 사회결정론을 모두 넘어서고 있는 것이다. 사실상 기술시스템 내에 기술적인 것과 사회적인 것이 녹아져 있으며 기술과 사회는 동시에 진화하는 것이다. 물론 기술시스템이 진화하는 단계에 따라 기술과 사회가 가진 영향력의 상대적 비중이 달라지는 것으로 해석할 수는 있다. 예를 들어, 초기 단계의 기술시스템에는 사회적 요소가 영향을 미칠 수 있는 여지가 많은 반면, 성숙한 기술시

스템의 경우에는 외부 환경의 개입이 축소되면서 자신의 발전 경로를 강화하는 경향을 지니게 되는 것이다.

이와 관련하여 성숙한 기술시스템은 기술결정론에서 자주 거론되는 "자율성"을 가진 것 처럼 보인다. 그러나 휴즈는 "기술시스템은 공고화된 이후에도 자율성을 가지지 않는다. 대신에 모멘텀을 가지게 된다"고 지적하고 있다. 성숙한 기술시스템은 변경하기는 어렵지만 불가능하지는 않다는 것이다. 그것은 기술이 인간과 무관한 독자적인 생명을 가진 존재가 아니라는 휴즈의 신념과 직결되어 있다. 그가 2004년에 발간한 저작이 "기술이 만든 세계"가 아니라 "인간이 만든 세계"인 까닭도 여기에 있다.

지금까지 기술에 대한 철학적 주장들을 살펴보았다. 마지막에 제시된 기술의 시스템론은 기술의 철학적 논쟁에 대한 어느 정도 해결을 실마리를 주는 것 같지만 완전하지는 않는 것 같다. 결국 기술의 철학적 견해는 매우 다양하다는 결론을 지을 수 있다. 이 의미는 기술의 철학적 논쟁을 결론을 지을 수 없다는 것이다. 즉 모든 기술에 대해 유토피아적이거나 디스토피아적인 양 극단의 생각이 옳을 수 없음에 동의할 뿐이다. 그들간의 원인과 결과의 해석, 통합적 접근의 가능성, 개별 기술의 특수성에 따라 기술을 다르게 바라보고 있다는 것이다. 그러나 한 가지 중요한 사실을 기술과 사회, 기술과 인간, 기술과 환경, 나아가 기술과 거의 모든 분야에서 그 영향은 매우 밀접하게 관계를 하고 있다는 것이다.

다. 기술의 사회적 이해 : 기술 영향 평가

기술과 교육은 직업기술 교육과 같이 기술을 탐구 대상으로 삼기도 하지만, 기술이 인간에게, 사회에, 환경에 미치는 영향을 고려하고 평가하는 활동과 식견을 갖도록하는 교육 활동의 가치가 매우 중요하다.

1) 기술영향평가의 개념[26]

기술영향평가는 학자에 따라서 다양하게 정의되고 있으나 조기 경보로서의 목적과 의사결정 도구라는 기본적인 골격은 유사하다. 기술영향평가의 상위 개념들을 살펴봄으로서 기술영향평가에 대한 개념을 잘 이해할 수 있을 것이다.

영향평가와 기술평가는 기술영향평가의 상위 개념으로서 두 개념 모두 기술이 사회에 지속적으로 중요하게 미치는 영향을 시스템적으로 분석하고 대안과 방향을 제시하는데 목적이 있다. 두 평가의 차이점은 기술평가가 새로운 기술을 적용하거나 기존의 기술을 개량할 때 예상되는 결과 등을 평가하는 것이지만 영향평가는 좀 더 넓은 의미로서 사업, 정책, 기술

26) 이 부분의 박헌미(2008)의 기술 교육 전문가들의 인식에 기초한 기술영향평가 도구 개발의 박사학위논문의 내용을 재인용한 것이다.

등 모든 행위가 평가 대상이 된다.

Roche(2000)에 따르면 "영향평가(Impact Assessment)는 인간의 행위들로 인해 인간의 삶에 일어날 지속적이고 중요한 변화들을 시스템적으로 분석하는 것이다."(p. 546)라고 정의하였다. Vanclay와 Bronstein(1995)은 영향평가의 주요 분야를 "기술영향평가, 환경영향평가, 사회영향평가, 정책평가"(Lee, 1996, 재인용, p. 129)로 분류하였다. 영향평가의 세부 분야에는 경제 · 재정영향평가, 인구영향평가, 건강영향평가, 생태영향평가와 위험성평가 등이 있다. 새로 개발된 분야에는 기후영향평가, 개발영향평가, 환경 감사와 환경적 지속 가능성이 있다. IAIA(International Association for Impact Assessment)는 영향평가를 "기술영향평가, 환경영향평가, 사회영향평가, 건강영향평가, 인구영향평가, 경제 · 재정 영향평가, 정책평가, 위험성평가 등"(이정환, 2004, p. 129)으로 분류하였다.

설성수(2000)는 기술평가를 "기술 혁신의 현장에서 이루어지는 평가(Technology Evaluation), 기술영향평가(Technology Assessment [TA]), 기술 예측(Technology Foresight), 경제성 평가(Cost benefit analysis), 기술가치평가(Technology Valuation)"(pp. 5-6)로 분류하였다. 박용태, 박광만, 윤병운, 이용호, 정세형(2001)은 기술평가를 "기술영향평가, 기술성능평가(Technology Performance Assessment), 기술가치평가"로 구분하였다. 김재우, 장태종, 손종구, 김기일, 박현우(2004)는 기술평가를 "기술영향평가, 기술등급평가, 기술력평가, 기술가치평가"(pp. 38-49)로 분류하였다. 따라서, 영향평가와 기술평가는 기술영향평가의 상위 개념임을 알 수 있다.

기술영향평가의 개념 중에서 Technology Evaluation과 Technology Assessment는 차이가 있다. Technology Evaluation은 과학 기술의 질적 수준에 대한 판단과 기술적 · 경제적 가치 판단을 근거로 그 값이나 순위를 결정하는 일련의 과정과 결과를 의미한다. 또한 단기적이고 일차적인 효과를 체계적으로 인식하는 것이다. 반면에, Technology Assessment는 과학 기술을 연구 · 개발하고 적용할 때 사회 · 환경에 미치는 영향과 효과를 사전에 검토하고 평가하여 처리와 통제를 할 수 있는 수단을 제공하는 것으로 다양한 평가 결과를 통해 과학 기술의 전체적인 모습과 영향을 조명하는 평가이다. 해당 기술의 2차적 혹은 그 이상의 영향을 장기적으로 파악한다(김인재, 1985; 설성수, 2000).

[표 2-14]와 같이 여러 연구자들이 기술한 기술영향평가에 대한 정의를 살펴보면 기술영향평가의 개념을 잘 이해할 수 있다.

Emilio Daddario(1968)의 정의는 기술영향평가를 의사결정 도구로 본 최초의 정의이므로 기술영향평가의 개념을 확장시켰다. 미국 국회 도서관의 국회 연구 서비스(1972)의 정의에서는 위험성을 최소화하고 장점을 최대화하기 위한 조기 경보 시스템의 필요성과 2차적 결과에 초점을 맞추었으며, 1차적 결과와 균형을 이루기 위한 매커니즘을 설명하였다(Hetman, 1973). Hetman의 정의에서는 시스템 분석과 예측 과정이라는 용어가 사용되었다. 기술을 특

정 영역에 국한시키지 않고 다른 모든 시스템과 상호 연결되어 있다는 것을 인식하고 있다. Coates(1976a)도 시스템적인 평가와 잠재되어 있는 영향들을 강조하였다.

<그림 2-12>는 문제의 공간에 대한 그림으로서 기술영향평가는 ⑧번의 꼭지점과 관계가 있다. 기술영향평가에서 다루는 문제들은 한계성이 있으며, 잠재되어 있고 불확실한 문제들을 다룬다. 상황도 역동적이고 다양하다. 그러므로 기술영향평가의 중요한 역할은 현재의 활동과 관계된 미래의 불확실성을 조직하는 것이다. 의사결정자는 단기 · 장기 이익을 최대화하고 제어할 수 있는 도구를 선택해야하며, 불확실성과 위험성을 추측할 수 있어야 한다.

Emilio Daddario(1968), 미국 국회 도서관의 국회 연구 서비스(1972), Hetman(1973), Coates (1976a), Castro & Menéndez(2003), 염재호(2000), 한국과학기술기획평가원(2002), 고대승(2003)의 정의는 평가 대상 기술의 잠재되어 있는 2차 영향까지 시스템적으로 분석하여 예측하고 그 정보를 중립적으로 제공할 것을 강조하고 있다.

Smits와 Leyten(1988)의 정의에서는 토론이라는 용어를 삽입하면서 기술은 과학 기술자나 정치가들에 의해서만 평가되는 것이 아니라 일반 대중에 의해서도 평가되어야 함을 강조하고 있다. 즉, 구성적 패러다임을 내포하고 있는 것이다.

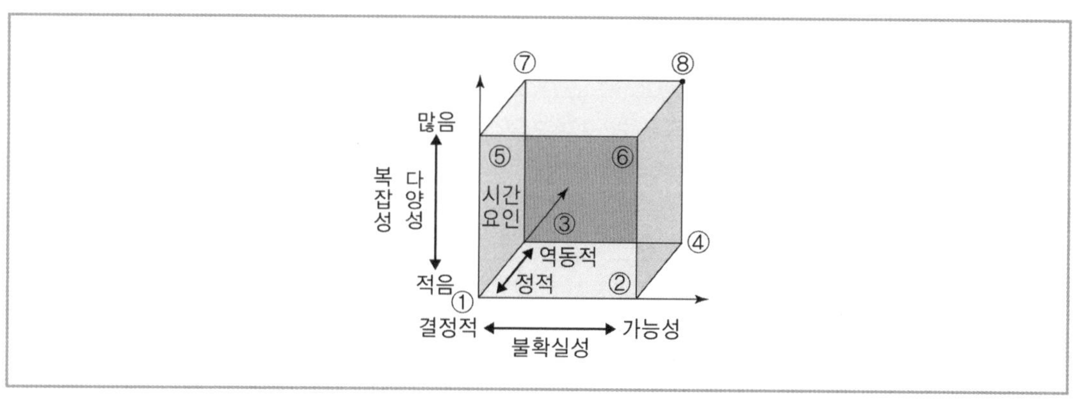

<그림 2-12> 문제의 공간

출처 : The role of formal models in technology assessment, J. F. Coates, 1976b, p.181, 재구성.

Baark(1991)의 "제어, 촉진, 구성적, 실천적/참여적 정의"는 기술영향평가의 발전을 도왔으며 골격이 되었다. 기술영향평가는 기술의 한계를 예측하고 제어할 수 있도록 하며, 국가 경쟁력을 위한 기술 혁신 정책에 도움을 줄 수 있어야 한다. 기술 개발 과정은 결정적인 것이 아니라 사회적 · 정치적으로 조화를 이루어야 한다. 기술영향평가를 통해 사전 대책을 제안하며, 기술적 대안의 사회적 실천을 위해 관심과 참여를 필요로 한다. UN/OTA 보고서(1991)에서는 기술적 · 사회적 맥락에서 기술을 면밀히 모니터링하고 예측한다는 개념을 추가하였다

(Porter, 1995, 재인용, pp. 136-138).

Porter(1995)는 <그림 2－13>과 같이 기술영향평가를 3차원으로 설명하였다. 기술영향평가는 세부적인 것에서부터 세계적인 수준까지 다루며, 제어하는 것에서부터 모니터링 · 예측 · 영향을 평가하는 시스템적 접근을 한다. 또한 기술영향평가에는 쟁점에 초점을 맞추어 분석하는 것에서부터 조직하고 촉진하는 개발 활동 수준까지의 차원이 있다.

Smits와 Leyten(1988), UN/OTA 보고서(1991), Porter(1995) 등은 기술영향평가 활동에 대중들의 참여와 지속적인 모니터링할 것을 더 추가하여 설명하였다.

여러 연구자들의 기술영향평가에 대한 정의는 [표 2－14]와 같다.

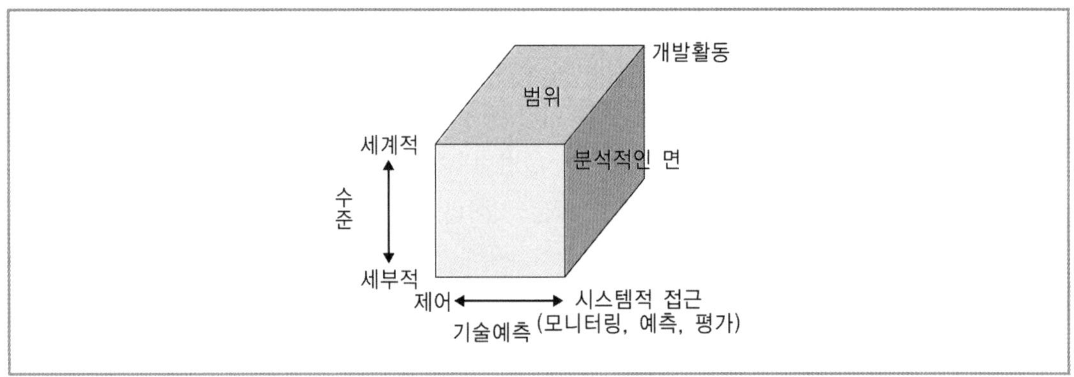

<그림 2－13> 기술영향평가의 차원

출처 : Technology Assessment, A. L. Porter, 1995, p.146.

[표 2－14] 기술영향평가에 대한 정의

연구자	정 의
Emilio Daddario(1968)	정책 입안자들에게 균형 있는 평가 정보를 제공하기 위한 정책 연구의 한 형식으로서 옳고 시기적절한 답을 얻기 위해 정책의 쟁점을 확인하고, 현재 기술의 결과와 대안을 평가하며, 기술적 진보의 중요성 · 상태 · 장점을 시스템적으로 평가하고 분석하는 방법이다.
American Library of Congress (1972)	기술적 변화의 결과를 훑어보는 과정으로서 본래는 단기간에 비용과 이익의 균형을 확인하는 과정이었다. 넓은 의미로는 바라지 않는 영향들을 확인하는 중립적이고 객관적인 과정이다.
Hetman(1973)	기술적 진보에 대해 평가를 하며 시스템 분석과 예측 과정이다. 사회영향평가이며 대안 기술의 평가, 기술적 미래 연구, 기술을 관리하고 제어한다.
Coates(1976)	기술을 개발, 확장, 변화시킬 때 사회에 미칠 영향에 대해서 시스템적으로 평가하는 정책 연구이며, 계획하지 않았고 간접적이고 지연되는 영향까지도 포함한다

Smits & Leyten(1988)	기술의 발전으로 인한 결과들을 분석하고, 분석에 기초한 여러 토론들로 구성되는 과정이다.
Baark(1991)	기술을 제어하고 기술 혁신을 촉진하며 구성적이고 실험적, 참여적이다.
UN/OTA (1991)	시스템적 접근으로서 특정 기술을 기술적·사회적 맥락에서 모니터링하고, 미래를 예측하여 영향을 평가한다.
Castro & Menéndez(2003)	공공 정책을 향상시키기 위해 개발 기술의 가능한 결과들에 대한 정보를 생산하는 것이다.
염재호(2000)	경쟁력 있는 기술인지를 평가하여 장기적 방향을 수립해야 하며, 부정적 영향을 사전에 확인하고 인간의 본성과 사회적 가치에 미치는 영향까지를 평가한다.
한국과학기술기획평가원(2002)	사회에 미칠 영향을 사전에 평가하여 부정적 영향을 최소화하고 긍정적 영향을 최대화하기 위한 방안을 제시함으로 바람직한 방향을 모색한다.
고대승(2003)	논의할 기술, 대안 기술·경쟁 기술과의 관계, 발전 경로, 이익, 수혜자, 취해야할 조치, 위험성과 통제 여부에 답할 수 있는 것이다.

기술영향평가의 주요 기능은 [표 2−15]와 같다.

[표 2−15] 기술영향평가의 주요 기능

연구자	조기 경보	의사결정 기능	미래 예측 및 대안 제시	가치 판단
Smits & Leyten (1988)	−부정적 결과에 대한 조기 경보역할 −과학자의 사회적책임을 증진시킴	−의사결정 기능의 강화, 의사결정과정의 확장, 구성적 기술영향평가	−현행 정책의 지원, 장기적 정책을 개발	
Skorupinski & Ott (2002)	−조기 경보, 위험성 판단	−의사결정 과정을 통해 합리화, 합법화시킴		−가치있는 판단과 윤리적·개념적인 충고
ITA(2008)	−위험성을 조기에 확인 −문제 중심 입장에서 결과를 조사	−구성적 설계와 토론을 유도	−대안 제시	−가치 판단과 사회적 관심을지적

그리고 박헌미(2008) 통하여 확인한 기술영향평가 영역과 항목을 체계화하면 <그림 2−14>와 같다.

기술과 인간 그리고 환경은 따로 떼어서 생각할 수 없다. 기술은 개인과 사회 그리고 환경에 영향을 미치며, 또한 환경을 개선하기 위한 인간의 욕구는 기술 개발에 영향을 미친다. 윤리적 측면은 인간적 측면, 사회적 측면, 환경적 측면, 기술적 측면에서 모두 필요한 항목이지만 각 항목의 구성 요소로 놓기에는 중요성이 매우 높기 때문에 독립적인 항목으로 범주화하였다. 기술영향평가 영역은 개인적 측면, 사회적 측면, 환경적 측면, 기술적 측면, 윤리적 측면이 완전히 독립적이지는 않으나 각각의 측면에서 대상 기술을 평가해야할 필요성이 있다.

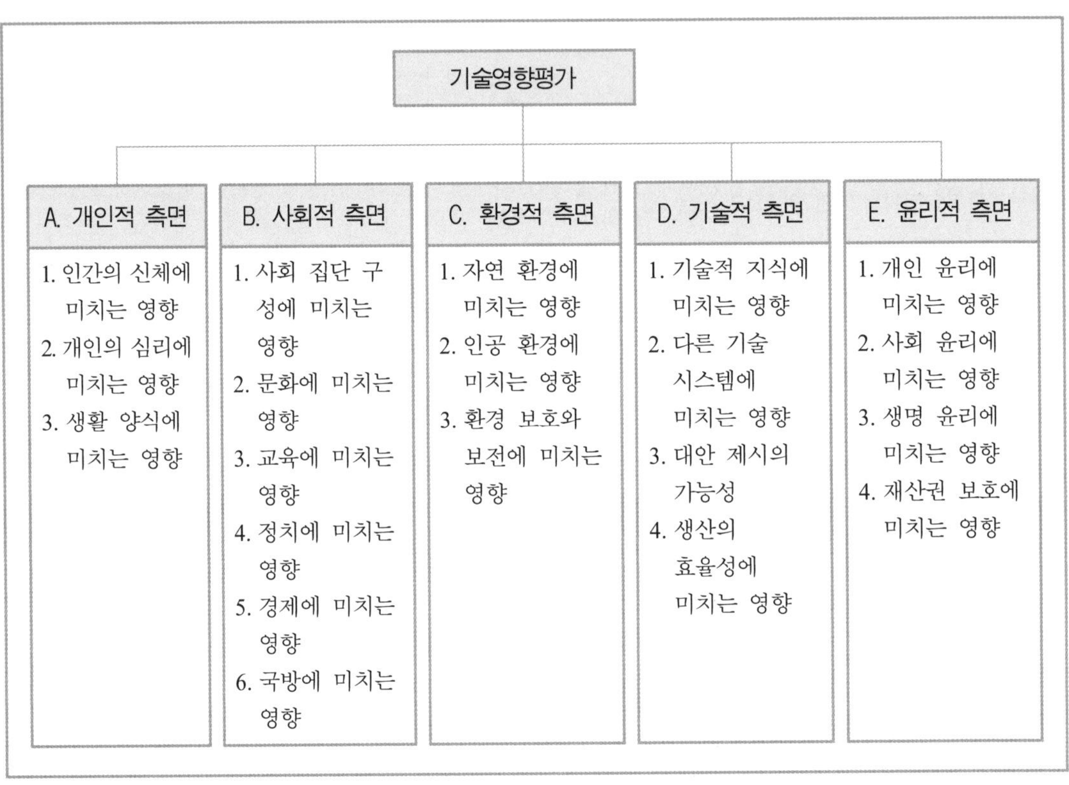

<그림 2－14> 기술영향평가 영역 및 항목의 체계도

기술영향평가는 특정 기술에 대해 계획하지 않은 간접적인 영향까지도 사전에 예측하는 것을 목적으로 한다. 기술을 개발할 때 인간의 욕구만을 생각하는 것이 아니라 사회적 맥락에서 시스템적으로 평가하고 지속적으로 모니터링을 해야 한다. 기술은 모든 사람들에게 영향을 미치므로 평가 과정에 대중이 참여하여 토론하고, 그 평가 결과는 정책에 반영될 수 있도록 하는 것이 중요하다. 기술영향평가는 사회의 가치를 반영하고 윤리적인 충고를 할 수 있어야 한다.

2) 기술적 영향 평가의 교육적 적용 모델

Synder와 Hales(1981)에 따르면 "인간, 사회, 기술의 발달 관계는 인간 적응 시스템의 분

석을 통해 이해할 수 있다"(p. 6)고 하였다. 인간 적응 시스템은 <그림 2-15>와 같이 사회의 가치와 믿음에 관계된 관념적 시스템, 조직과 규제에 의한 사회적 노력의 형태인 사회적 시스템, 인간의 생존 욕구를 충족시키기 위해 물리적 세계를 변화시키고 인간의 잠재력 확장을 위한 수단들과 관계된 기술적 시스템으로 구성된다. 인간의 기술적 노력들은 투입, 과정, 산출, 피드백 등의 요소들을 통해 시스템을 구성한다. 여기에서 산출이 사회·문화적 맥락을 갖는 환경에 새롭게 공급된 제품과 서비스·바람직한 결과 등을 의미한다. 기술 시스템은 상호 관련성이 있으며 과거·현재·미래를 갖는 역동적 활동이다. Kranzberg(1987)도 "기술적 능력의 확장에 대해 윤리적·도덕적 질문을 해야 하고, 기술과 개인·사회·환경과의 관련성에 대한 이해를 포함하는 투입과 산출에 대한 인식이 필요하다"(p. 3)고 기술하였다.

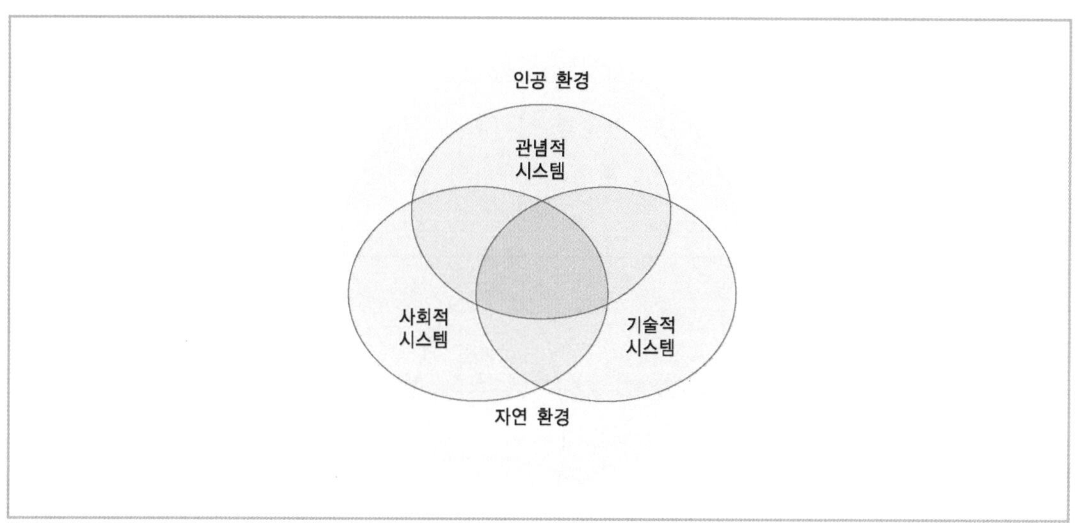

<그림 2-15> 인간 적응 시스템

출처 : Jackson's Mill industrial arts curriculum theory, F. Synder, & J. A. Hales, 1981, p.7.

Dyrenfurth(1991)에 따르면 "기술적 활동은 가치, 지식, 사고 과정, 물리적 수단, 인간 능력의 확장, 영향 등으로 구성된다"(p. 150)고 하였다. ITEA(1993)도 "기술은 지식체이고 활동이며 영향"(p. 2)이라고 기술하였다. ITEA는 기술을 "활동, 맥락, 활동장소, 시스템, 영향" 등의 다섯 가지 관점에서 바라보았는데, 활동·시스템·영향의 세 관점에서 기술이 미치는 영향을 중요하게 설명하였다. 이 세 관점은 강조점이 조금씩 다를 뿐이고 상호 연관이 되어 있다.

기술을 활동으로 보는 관점에서는 기술 개발의 단계를 "개발, 생산, 이용, 평가"로 제안하였고, 마지막 단계인 평가 단계에서 기술이 개인·사회·환경에 미치는 영향을 평가하여 적정 기술인지의 여부를 결정한다. 기술은 인간의 욕구를 만족시키는 것 이상을 포함해야 하므로 평가 단계에서 기술의 타당성과 가치를 결정한다. 기술 생산품은 사회와 정치 시스템에 적합해야 하고 그 사회의 가치로서도 받아들여져야 하며 환경과도 조화를 이루어야 한다. 따라서, 기술은 인간의 잠재력을 확장하는 동시에 자연 환경과 인공 환경을 통제 · 변경하므로 그 영향력을 평가해야 한다(ITEA, 1993; Wright, 1995). Seemann(2003)에 따르면 기술 활동을 위한 필수 기본 요소는 "환경, 도구, 중개인으로서의 인간, 시간을 포함하여 적용될 상황 등"(p. 6)이며 기술은 이 요소들의 생산물이라고 한다. 그러므로 <그림 2-16>과 같이 모든 기술 분야에서 문제 해결을 위한 설계를 하고 기술적 선택을 할 때는 이 요소들과의 관계를 명료하게 이해해야 한다.

기술을 시스템으로 보는 관점에서는 기술이 사회, 경제, 문화, 역사, 환경에 영향을 미치고 영향을 받는다는 것을 강조한다. 기술은 다른 시스템들과 깊은 관계성을 가지고 있다. Lisensky 외(1985)는 기술을 "도구 · 기법 · 지식 · 자원 · 시스템이 인간의 환경과 조직에 미치는 영향을 바탕으로 하는 과학적 · 경제적인 사회적 과정"(Dugger & Yung, 1995, 재인용, p. 3)이라고 정의하였다. Barnes(1987)도 기술을 정의하기 위해 도출한 핵심 요소에서 "기술과 인간의 능력 · 사회 · 경제 · 문화 · 정치 · 환경 · 미래와의 관계성"(p. 131)을 강조하였다.

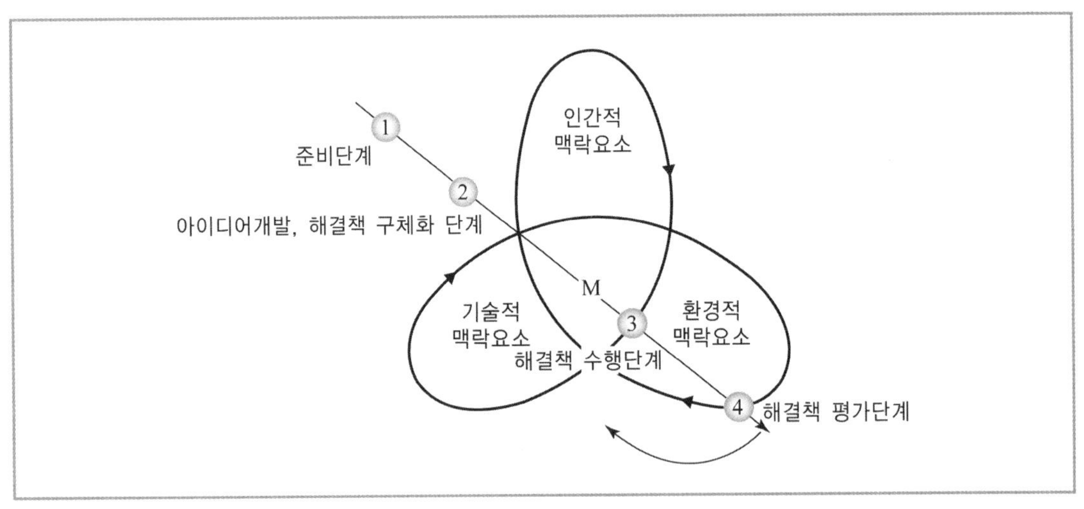

<그림 2-16> 설계-문제해결과정에 적용한 홀리스틱 통합 모델

출처 : Technacy education : Towards holistic pedagogy and epistemology in general and indigenous/cross-cultural technology education, K. Seemann, 2000, p.13.

기술을 영향으로 보는 관점에서는 기술이 긍정적인 영향과 함께 부정적인 영향을 동반한다는 양면성을 강조하고 있다. Meyers(1987)는 "기술이 육체적 능력과 지적 능력의 확장, 육체적 활동과 지적 활동의 감소라는 혜택을 주었지만 비윤리적인 면, 비인간화, 기계의 숭

배, 자원 감소 등의 부작용을 동반하였다"(p. 122)고 서술하였다. Devore(1991)도 "기술로 인한 부정적인 영향들을 최소화하기 위하여 기술영향평가를 실시해야 한다"(p. 258)고 주장하였다. Barnes와 Erekson(1991)은 기술적 변화를 위한 "문제 해결 시스템 모델"(p. 111)을 네 영역으로 제시하였는데 그 중 세 영역에서 기술이 미치는 영향을 중요하게 다루고 있으며 기술의 양면성에 대해서도 기술하고 있다. 첫째 영역은 인공 두뇌학 영역으로 계획된 것과 계획되지 않은 것, 바라는 것과 바라지 않는 것, 의도된 것과 의도되지 않은 것 등이 구성 요소이다. 둘째 영역은 기술의 통제 영역으로 과학 관련 법 · 기술적 · 재정적 · 지식의 제한, 목적의 세분화, 개인과 사회가 구성요소이다. 셋째 영역은 기술의 영향 영역으로 개인 · 사회 · 경제 · 문화 · 정치 · 환경에 미치는 영향이 구성 요소이다. 기술이 미치는 영향의 속성은 <그림 2−17>과 같이 계획하고 바라던 것이 즉시 나타나기도 하지만 그와는 반대로 바라지 않았던 것, 계획되지 않았던 것들이 나타날 수 있으며 잠재되어 있다가 나중에 나타나기도 한다. 해로운 사슬은 오랜 기간이 지난 후에야 나타나기 시작하고 멈추는데도 오랜 시간이 걸리므로 기술의 결과를 예측하는 일은 매우 어려운 일이다. 그렇지만 모든 기술을 설계할 때 그 결과를 정확히 예측하려는 자세는 꼭 필요하다(Wright & Brown, 2004).

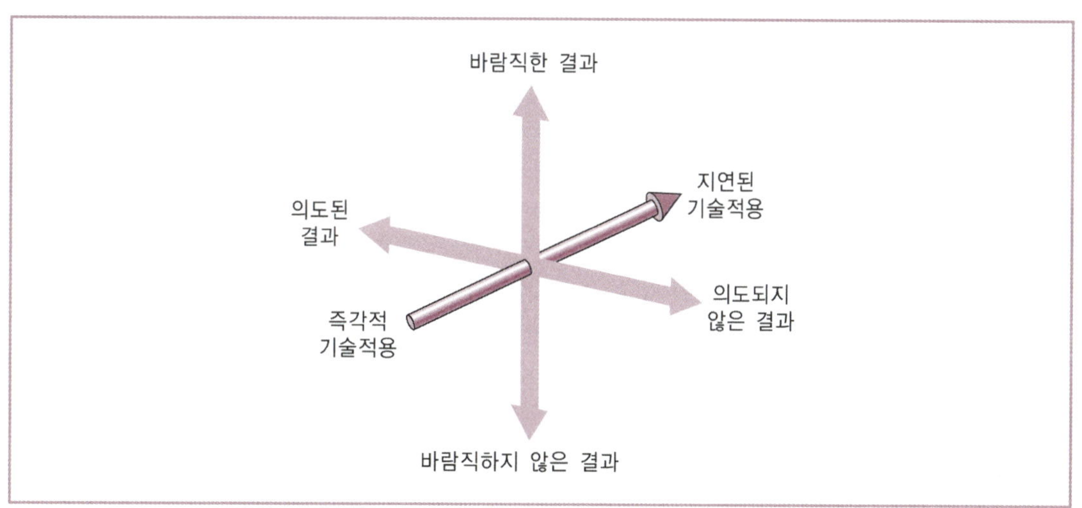

<그림 2−17> 기술이 미치는 영향의 속성

출처 : Technology design and applications, R. T. Wright, & R. A. Brown, 2004, p.658.

기술은 긍정적 영향뿐만 아니라 부정적인 영향도 동반하기 때문에 기술의 설계 과정에서는 기술의 양면성을 평가해야 한다. 또한 기술은 시간을 초월하여 모든 사람들에게 영향을 미치므로 기술의 설계자뿐만 아니라 일반 대중들도 기술을 평가할 수 있는 능력을 기본적으로 지녀야 한다. 따라서, 기술은 사회와 무관하게 독립적으로 발달하는 것이 아니므로 기술을 설계하고 개발할 때는 인간적, 사회적, 환경적 맥락에서의 이해가 필요하다.

기술의 잠재적 가능성과 효과를 충분히 조사하고 검토해야 한다. 모든 기술적 결정은 그 결과를 낳게 한다. 어떤 기술은 당장 결과가 나타나고, 어떤 기술은 결과가 지연되어 나중에 나타난다. 또 기술은 의도된 기술과 의도되지 않은 기술, 바람직한 기술과 바람직 하지 않은 기술의 네 가지 결과를 낳는다. 가장 위험스러운 결과는 의도되지도 않고, 바람직하지도 않고 효과가 지연될 경우 발생한다.

앞으로 우리와 우리의 후손이 살아갈 미래의 세계는 우리가 기술을 어떻게 발전시키며 이용하느냐에 달려 있다. 만약 기술이 잘못된 방향으로 발전하여 지구의 온난화 형상, 수질 오연, 생물공학 기술의 오용 등과 같은 문제를 지속적으로 일으킨다면 인류의 미래는 밝지 못할 것이다. 기술은 어디까지나 인류가 함께 행복해 질 수 있는 방향으로 발달해 가야 함을 잊지 말아야 한다.

오늘날 우리가 사용하고 있거나 확인되고 있는 여러 가지 기술적 제품이나 시스템은 '의도성의 유무'(의도한 기술과 의도하지 않았던 기술)과 '결과의 가치' 측면에서 기술적 영향을 평가해 볼 수 있다.

[표 2-16] 기술 영향 평가 분석의 틀

	의도했던 기술	의도하지 않았던 기술
바람직한 결과	A 유형	B 유형
바람직하지 못한 결과	C 유형	D 유형

ITEA(1993)가 제시한 기술 영향 평가 과정 모형은 다섯 단계의 모형을 제시하였다.

첫째, 바람직한 결과를 기술한다.

둘째, 바람직한 결과를 위한 평가 준거를 결정한다.

셋째, 알맞은 기술을 적용한다.

넷째, 준거를 이용하여 기술이 미치는 영향을 평가한다.

다섯째, 기술이 적정하다고 판단되면 사용을 위해 기술을 추천한다.

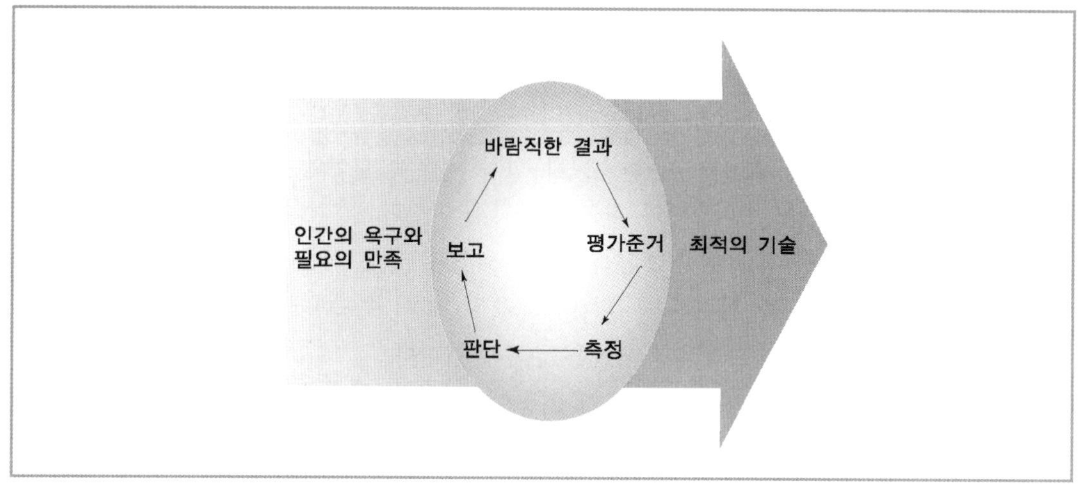

<그림 2－18> ITEA(1993)가 제시한 기술 영향 평가 과정 모형

라. 공학과 기술의 진로 탐색

학생들이 학습하는 궁극적인 이유는 자신이 갖고 있는 꿈과 재능을 발견하고 미래에 가질 직업을 통하여 자아 실현하는 준비하기 때문이다. 무한하고 지극히 개별적인 잠재 능력을 탐색하고 확인하는 일의 진로 교육은 매우 중요한 의미를 갖는다. 기술 교육을 통해서도 다양한 진로와 소질을 발견하고 계발하는 중요한 학습 활동이 될 가능성이 높다고 판단된다. 특히 최근 자유학기제의 조심스런 실험과 적용은 기술적 체험 활동이 중요한 대안 활동 중 하나로 적용될 수 있을 것이다.

교육부는 2011년 교육과정 총론 고시를 통하여 추구하는 인간상을 '우리나라의 교육은 홍익인간의 이념 아래 모든 국민으로 하여금 인격을 도야하고, 자주적 생활 능력과 민주 시민으로서 필요한 자질을 갖추게 함으로써 인간다운 삶을 영위하게 하고, 민주 국가의 발전과 인류 공영의 이상을 실현하는 데에 이바지하게 함을 목적으로 하고 있다'고 밝히고, 구체적으로 교육과정이 추구하는 인간상의 첫 번째로 '전인적 성장을 바탕으로 자아정체성을 확립하고 자신의 진로와 삶을 개척하는 자주적인 사람'을 제시하고 있다.

총론의 교육과정이 추구하는 인간상으로 자신의 진로와 삶의 개척이라는 중요한 교육적 필요가 제기된다(교육부b, 2011).

실과(기술 · 가정)는 실천 교과의 성격을 가진 보통 교과로서, 초등학교 5~6학년군에는 '실과', 중학교 1~3학년군에는 '기술 · 가정'이 편제되어 운영된다. 실과(기술 · 가정) 교과는 '가정생활', '기술의 세계'로 교육 분야를 구분하여 개인과 가족이 전 생애에서 직면하게 될 생활의 경험과 문제를 실제적이고 통합적인 내용으로 구성하고, 노작활동을 비롯한 다양한 실천적 경험을 바탕으로 학습자들이 문제해결능력을 길러 일과 직업에 대한 건전한 가치관을 형성하여 **진로를 탐색을 할 수 있는 역량**을 길러주는 데 중점을 둔다(2011a, 교육부).

여기서 알 수 있듯이 기술교과 교육은 일과 직업에 대한 건전한 가치관을 형성하여 진로를 탐색할 수 있는 역량을 길러주어야 하는 책무가 주어진다.

결국 학생들에게 공학 기술에 대한 직업 세계 탐색과 공학 기술 분야의 일 경험을 통한 자신의 진로 적성과 재능을 발견하는 기회의 교육은 매우 중요한데, 이러한 교육적 가치를 실현할 수 있는 교과가 기술교과라는 사실을 주목해야 한다.

이는 기술교과교육이 오래 전부터 교과의 기능으로 **'진로 계발' '직업 탐색'의 기능**을 지녀온 학문의 역사적 전통과 맥락을 같이한다고 보여진다.

마. 융합교육으로서의 기술교육

현대 사회에서의 기술은 과학, 수학, 공학 등과 결합하여 점차 고도화되고 복잡해지고 있다. 기술교과는 전통적으로 간학문적 특성을 지닌 교과이므로 기술교과에서 다루어지는 학습 주제도 타 교과의 내용을 융합하여 적용할 수 있다. 따라서 기술교과에서 타 교과와의 통합 교육을 통해 기술적 소양을 기를 수 있도록 의미 있는 학습 경험이 제공될 필요가 있다(교육과학기술부, 2011).

통합 교육은 외국에서 MST, STS, STEM 등 다양한 형태로 교과 간 통합의 시도가 있어 왔다. 이 중 STEM 교육은 과학기술교육 개혁의 중심을 이루고 있으며, 오늘날 전 세계 모든 분야에서 가장 핵심적으로 논의되고 있는 주제이다(백윤수 외, 2011). 우리나라에서는 이러한 STEM 교육에 예술을 포함한 STEAM 교육을 주요 정책으로 발표하였고, 이를 통해 학생들의 과학기술에 대한 흥미와 이해를 높이고 융합적 사고와 문제해결능력을 기르고자 하였다(교육과학기술부, 2010).

즉 STEAM이란 용어는 미국을 비롯한 선진국에서 과학기술 분야의 인재 양성을 위해 실시하고 있는 STEM 교육에 예술(Arts) 부분이 통합된 교육 방식을 의미한다(김세현, 유효숙, 최경희, 2011; 김정아 외, 2011; 이효녕, 2011). 그러므로 STEAM의 교육적 정의를 확인하려면 그 기원인 STEM 교육의 정의를 확인해 볼 필요가 있다. 미국 STEM 교육 전문가인 Sanders 교수는 STEM 교육이 STEM 교과 간 의사소통과 협력을 바탕으로 한 통합적 접근이 중요하다고 보고 '통합적 STEM' 이란 용어를 사용하였다. 그는 2009년 'The Technology Teacher' 라는 전문지에서 STEM의 정의가 미국 내에서도 모호하고 정립되어 있지 않다고 지적하였다.

이에 그가 정의한 '통합적 STEM 교육'은 STEM 교과에서 둘 이상의 내용과 영역을 통합하는 교육 접근 방식으로, 사회나 예술 등의 다른 과목과의 연계도 이루어 질 수 있다고 보았다(이효녕, 2011; Sanders, 2009).

우리나라에서 STEAM 용어의 공식적인 등장은 2011년 교육과학기술부 업무 보고로, 이 문헌에서는 STEAM을 과학기술에 대한 흥미와 이해를 높이고 과학기술 기반의 융합적 사고(STEAM Literacy)와 문제해결력을 배양하도록 하는 교육으로 정의하였다. 여기에서 제시된 정의를 바탕으로 이후 여러 연구에서 STEAM 교육의 목적으로 과학기술에 대한 흥미 유발이나 문제해결력의 배양을 제시하고 있다(백윤수 외, 2011; 이철현, 한선관, 2011; 한국과학창의재단, 2011; 한정혜 외, 2011).

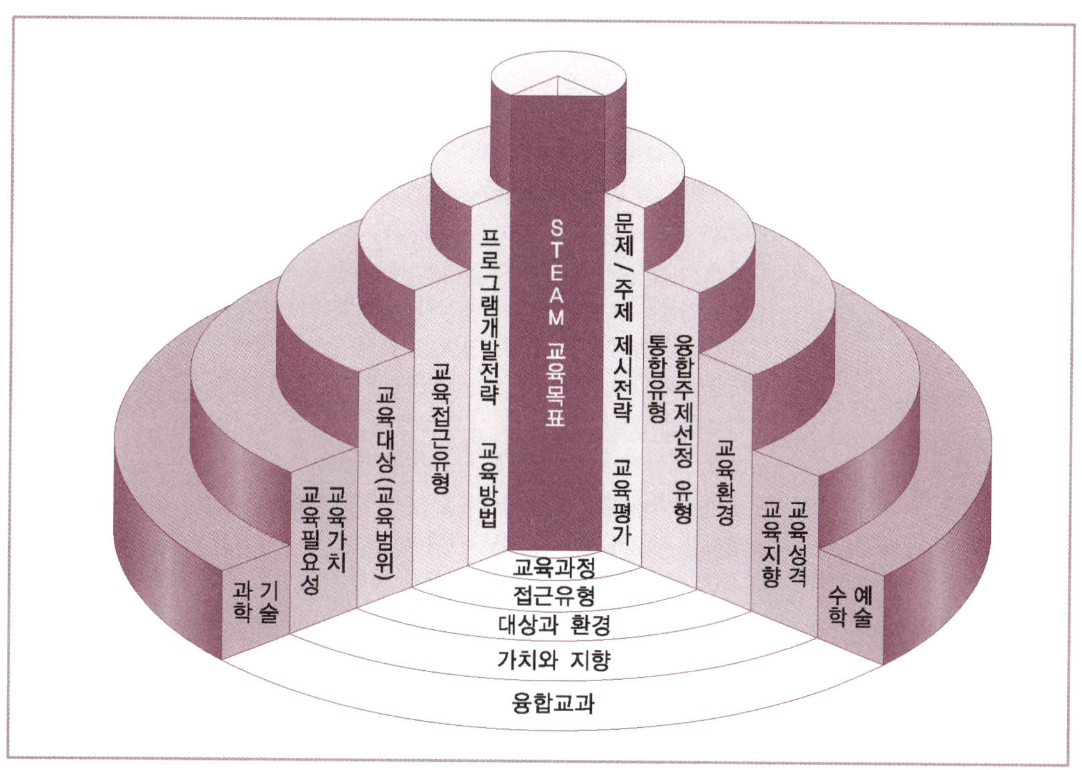

<그림 2-19> STEAM 교육과정 모형

따라서 STEAM은 과학(Science), 기술(Technology), 공학(Engineering), 예술(Arts), 수학(Mathematics) 교과 중 둘 이상의 교과 간 통합 교육으로, 과학기술에 대한 학생들의 흥미와 이해를 높이고 융합적 사고와 문제해결력을 배양하는 교육이다(이은상, 최유현, 2012).

최유현 외(2012)는 <그림 2-19>와 같은 STEAM **교육과정 모형**을 개발하였다. 이 모형은

STEAM 교육의 목표, 가치, 지향, 내용, 범위, 방법론, 접근 유형 등을 포괄하는 모형으로 STEAM 교육의 정체성을 확보하고, 교육과정을 설계하고 운영하는데 지침이 될 수 있을 것이다.

STEAM 교육과정 모형은 크게 STEAM 교육목표, 교육과정, 접근 유형, 대상과 환경, 가치와 지향, 융합교과로 설정하였다. STEAM 교육모형에 따른 교육 과정은 STEAM 교육목표를 달성하기 위하여 과학, 기술, 공학, 예술, 수학의 융합교과를 기반으로 교육의 가치와 지향, 대상과 환경, 접근 유형, 교육과정이 구성된다(최유현 외, 2012).

[표 2-17] STEAM 교육모형(최유현 외, 2012)

구분		교육 모형
융합교과		STEAM(Science, Technology, Engineering, Arts, Mathmatics)
교육목표(G)		창의적 문제해결력을 갖춘 융합 인재양성(G1), 의사소통 및 통섭능력을 지닌 인재양성(G2) 배려와 감성을 갖춘 조화로운 인재양성(G3), 융합적 지식을 이해하고 창출하는 인재양성(G4)
가치와 지향	교육 가치(V)	미래 창의 융합 인재 양성에 기여(V1) 과학, 기술/공학, 예술, 수학 등 교과에 대한 이해와 흥미 증진에 기여(V2) 실제 상황 속에서의 과학, 기술/공학, 수학 등에 대한 이해 증가에 기여(V3) 학생들의 창의성 및 문제해결력, 비판적 사고 향상에 기여(V4) 학생들의 인성, 협동능력, 의사소통능력 향상(V5) 학생들의 융합적 지식 및 사고 능력 증진에 기여(V6) 융합, 협력의 교육 인프라 및 문화를 창조(V7)
	교육 필요성(N)	미래 사회에 필요한 융합인재를 양성하기 위해(N1) 창의적 사고와 태도를 지닌 인재를 양성하기 위해(N2) 과학, 기술/공학, 예술, 수학에 대한 이해와 흥미를 높이기 위해(N3) 융합적 사고와 실생활 중심의 문제해결력을 향상시키기 위해(N4)
	교육 지향(A)	창조적 사고와 실천(A1) 협력적 지식 창출과 소통(A2) 융합적 지식의 이해와 적용(A3)
	교육 성격(C)	실생활적 유용성(실생활에서의 복잡한 문제를 해결)(C1) 교과간 통섭(과학, 기술/공학, 수학 등 교과간의 상호 필요성 이해)(C2) 지식의 복합성(다양한 학문을 통해 지식의 구조를 체험)(C3) 융합적 창조성(융합적 학습 경험을 통해 미래 사회에서 요구되는 창의적 사고력과 문제해결능력을 기름)(C4) 협력적 소통(개인보다 집단의 소통과 협력을 통한 지식의 창출 가치를 경험(C5)

대상과 환경	교육 대상(R)	STEAM 교육에서 'A'는 예술뿐 아니라 사회, 언어 등 인문 교과 전체를 의미한다(R2). STEAM 교육에서 'T(기술)'와 'E(공학)'는 초, 중등단계에서는 구별이 어렵기 때문에 하나로 봐야 한다(R3). STEAM 이외의 교과인 사회, 언어, 윤리, 역사, 경제, 정보 등의 교과도 관련지어 통합될 수 있다(R4).
대상과 환경	교육 환경(E)	STEAM 교육을 위한 교수자의 역량과 태도(E1) STEAM 교육을 위한 학습자의 역량과 태도(E2) STEAM 교육을 위한 물리적 환경(시설)(E3) STEAM 교육을 위한 교육 과정(E4) STEAM 교육을 위한 학교장의 경영 의지(E5) STEAM 교육을 위한 예산(E6) STEAM 교육을 위한 교육문화와 풍토(E7) STEAM 교육을 위한 교육 정책과 지원(E8)
접근 유형	교육 접근 유형(AT)	현 교육과정의 각 교과를 기반으로 한 STEAM 교육(AT1) 현 교육과정의 교과 외 활동을 기반으로 한 STEAM 교육(AT2) 교내외 동아리 활동을 기반으로 한 STEAM 교육(AT4) 교외 캠프 및 교육센터를 기반으로 한 STEAM 교육(AT5)
	융합 주제 선정 유형(ST)	생활 주변 융합 주제(ST1), 학문 기반 융합 주제(ST2), 기술/공학 기반 융합 주제(ST3), 맥락 및 학문 연계 융합 주제(ST4), 맥락 및 기술(공학) 연계 융합 주제(ST5)
	통합 유형(CT)	다학문적 통합 유형(CT1) 간학문적 통합 유형(CT2)
교육과정	프로그램 개발 전략(S)	문제 중심(S1) 주제 중심(S2) 활동 중심(S3)
	교육 방법(M)	문제중심학습(PBL) 중심의 접근(M1), 문제해결법 중심의 접근(M2) 프로젝트법 중심의 접근(M3), 협동학습법 중심의 접근(M4) 창의공학설계법 중심의 접근(M5), 탐구법 중심의 접근(M6)
	문제/주제 제시 전략(P)	실세계 문제 제시형(P1), 자율적 문제 창출형(P2), 논리적 문제 해결형(P3) 생활 또는 제품의 불편과 문제를 발견하는 발명 문제형(P4)
	교육 평가(A)	과정 지향 평가(A1), 수행중심 평가(A2), 논술 및 토론형 평가(A3) 인성과 태도에 중점을 둔 평가(A4), 포트폴리오 평가(A6) 동료 또는 (팀)자기 평가(A7)

국내에서 STEAM 관련 수업 설계 모형에는 김진수(2012), 최유현(2012)의 STEAM 수업 설계 모형, 이소이(2011)의 STEM 기술 수업 설계 모형이 있다. 이들 수업 설계 모형을 살

펴보면 [표 2-18]과 같으며, 이를 통해 다음의 시사점을 얻을 수 있었다.

첫째, 통합의 유형을 결정해야 함을 확인할 수 있었다. 세 연구자의 수업 설계 모형에서 교과 통합에 대한 내용이 모두 다루어지고 있는데, STEAM 수업은 통합 교육의 일종이므로 어느 교과를 중심으로 어떤 내용을 통합할 것인지에 대한 고려가 필요함을 확인할 수 있었다.

둘째, 수업 주제에 대한 충분한 고찰이 필요함을 확인할 수 있었다. 교육과학기술부(2010), 백윤수 외(2011), 한국과학창의재단(2011), 한정혜 외(2011) 등의 연구에서 STEAM 교육의 목적 중 하나를 과학기술에 대한 흥미와 이해를 높이는 것으로 보았다. 그러므로 STEAM 적용 수업 주제 선정 시 학생의 흥미와 이해를 높일 수 있는 주제 선정을 위한 충분한 검토가 필요하다.

셋째, 해결해야 할 문제의 제시가 필요함을 확인할 수 있었다. STEAM 교육의 목적 중 하나는 문제해결력 신장으로 볼 수 있는데(교육과학기술부, 2010; 이철현, 한선관, 2011; 최유현 외, 2012; 한국과학창의재단, 2011; 한정혜 외, 2011), 이를 위해 이소이(2011) 모형에서는 '기술적 문제 선정 및 개발'로, 최유현(2012) 모형에서는 '문제 상황 및 제시할 문제를 설계하기'로 문제를 설계하도록 되어 있었다. STEAM 적용 수업에서는 이와 같이 잘 설계된 문제의 제시를 통해 학생들의 문제해결력을 높일 수 있어야 한다.

[표 2-18] STEAM과 관련된 수업 설계 모형

STEAM 수업 설계 모형		STEM 수업 설계 모형
김진수(2012) 모형	최유현(2012) 모형	이소이(2011) 모형
• 준비 - 요구분석 - 단원 및 활동과제 선정 - 교육과정 분석 - 통합유형 선정 - 수업목표 진술 - 수업내용 조직 - 평가도구 준비	• 수업의 기초 설계 - 통합 교육의 목표 설정하기 - 통합 유형 선정하기 - 적용할 수업 유형 정하기 - 학습자 특성 조사하기 - 가용한 인적/물적 자원 및 공간 확인하기 • 수업의 주제 설계 - STEAM 학습 주제 구상하기 - 통합 교과의 핵심개념(keywords), 내용과 범위 구체화하기 - 잠정적 주제 진술 및 주제 목표 설정하기 - 주제를 시나리오로 만들기 - 주제를 구체적으로 진술하기	• 수업 요구 및 목적 확인 - 교육 과정적, 학생 발달적, 사회적 요구 및 수업 목적 확인 • 기존 단원 내용 분석 - 기술교과 내용 분석망 작성 - STEM 관련성 확인 • STEM 수업 단원 선정 - 기술교과 단원 또는 내용 선정 • 학습자 및 수업 환경 분석 - STEM 활동 경험, 흥미, 선호 학습 형태 등 - 수업 시간, 장소, 매체 등 • 단원 분석과 STEM 영역 통찰을 기초로 기술적 문제 선정 및 개발

	-주제를 학습 문제로 개발하기 -문제의 프레임을 구상하기 -문제 상황 및 제시할 문제를 설계하기	-기술적 문제해결의 과정 고려 -기술적 문제의 조건 확인 • STEM 수업 내용 계열화 -STEM 통합 내용의 계열 도식 작성 -STEM 선행 학습 확인 -STEM 영역별 학습 내용 범위 선정 • STEM 수업 목표 및 성취 활동 진술 -Gronlund 목표 진술법 활용 -일반적 목표 · 기술 문제해결 중심 -구체적 목표 · STEM 각 영역별 목표
• 개발 -교사용 자료 -학생용 자료	• 수업 전략 설계 -STEAM 학습 절차 설정하기 -학습 활동 설계하기 -학습 평가 전략화하기 -교수-학습 과정안 작성하기 -학습자를 위한 학습 자료 만들기 -교사를 위한 교수 자료 만들기	• STEM 수업 전략 설계 -문제 유형 결정 -학습 상황 계획 -지원적 정보 설계 -절차적 정보 설계 • 교수학습 자료 제작 -교사용 수업 설계서
• 실행 -프로젝트 학습 -협동학습	• 수업 실행 -학습자의 지식 탐구/문제해결 -교사의 학습 안내, 교수, 지식 구성 촉진 • 학습자 보고 및 발표 -학습자의 지식 탐구/ 문제해결 결과의 발표와 공유 -문제해결 결과의 토론 및 피드백	• 수업실행
• 평가 -전문가 타당도 평가 -학습자 만족도 평가 -개선사항	• 교사의 수업 성찰 -수업 설계 및 전략의 평가와 성찰 -수업 실행 과정 평가와 성찰 -수업 설계 개선점 도출 및 타 적용	• 수업평가

ITEEA(2000)의 기술·공학 소양 표준에서 '학문적 통합자로서의 기술과 공학 (Studies of technology and engineering as a Disciplinary Integrator)'이 적합 교과임을 잘 설명해주고 있다.

즉 모든 교과목들은 각 학문에서 정의하는 내용 (content), 인식론적 기초 (epistemological basis), 실천의 역사, 교육과정 범위(inclusive of curricula), 수업, 연구 등에서 고유의 특성을 갖고 있다. 이런 특징들에 따라 가르치는 방법과 내용이 결정된다. 하지만 교과목은 진공상태로 존재하거나 다른 분야와 떨어져 독립적으로 생존하지 못한다. 교육은 기본적으로 통합적 성격을 갖고 있다. 표면적으로 기술과 공학 교육은 과학과 수학의 기반 위에 존재하고 있는 것처럼 보이지만, 사실 예술과 인문학과도 밀접한 관련이 있다. 예를 들면 트럭이나 전기차와 같은 수송기술 시스템 개발자는 사람의 이동성을 고려한 기술적 관점도 생각해야 하지만, 동시에 소비자에게 매력적인 예술적 원리와 자동차가 운전자의 요구를 충족하고 안전하게 주행할 수 있는 인간 요인 (human factor)도 고려해야 한다. 또한 사회적 요인들은 기술의 수용성(acceptance)과 적용성(adoption)을 결정하며, 효과적인 글쓰기를 통한 의사소통과 계획, 마케팅 능력도 갖춰야 한다. 이러한 다교과적 연결은 기술과 공학적 소양의 핵심이며 STEL 표준의 기초이다.

STEM이라는 용어는 기술과 공학의 다학문적 특성을 가장 잘 표현하는 것 중의 하나이다. 하지만 가끔씩 'STEM 교육'은 불균형적으로 과학과 수학에만 초점을 맞추고 기술과 공학에는 큰 관심을 두지 않는다. 이것은 과학과 수학이 학교 교육에서 핵심과목으로 여겨지기 때문일 것이며, 그로인해 기술과 공학은 선택 교과로 학생들에게 제공되기도 한다. 더욱이 STEM 교육에서 특정교과에만 배타적으로 집중하는 것은 다른 교과의 역할을 축소시키며, STEM 교육의 성공에도 도움을 주지 않는다. 기술과 공학을 위한 표준은 기술과 공학교육의 핵심인 다학문성(multi-disciplinary)에 초점을 맞추고 있지만, 동시에 교육자들에게 기술과 공학을 보다 잘 이해하고 어떻게 가르칠 것인지를 돕기 위해 설계되었다.

기술과 공학적 소양을 바르게 이해하기 위해 극복해 야할 한가지 문제는 이것이 다양한 인간의 활동 영역을 포함하고 있으며, 지속적으로 변한다는 점이다. 기술과 공학을 위한 소양 표준(STEL)은 이러한 광범위한 기술과 공학 영역과 관련지어, 포괄적으로 실천(practice)에 사용되는 핵심적인 지식, 기술, 성향을 분석하여 그에 따라 작성되었다. 이들은 표준 문서의 각 장에서 상세하게 소개되어 있다. 기술과 공학 소양을 위한 표준은 필수적인 지식에 초점을 맞춤으로써, 유치원부터 고등학교에(PreK-12) 이르기까지 학생들의 예상 성취를 정의하고 있다. 이는 언어 소양, 과학 소양, 수학 소양과 마찬가지로 모든 학생들이 달성해야 할 특정 단계의 소양을 의미한다. 기술과 공학적 소양(technological and engineering literacy)은 현대 사회 속에서 다른 형태의 소양처럼 성공적인 삶의 위해 꼭 필요한 요소이다.

기술교육은 필요와 욕구를 충족시키기 위해 인간이 만들어낸 제품, 시스템, 과정과 관련이 있으며, 이는 여러 전문 분야 중에서도 가장 광범위한 학문적 구조를 지니고 있다. 이들 범주는 기능 교육 (직업교육) 부터 정보통신, 컴퓨터 등 다양한 공학의 하위 영역까지 포함한다. 기술과 공학 소양을 위한 표준에서 정의한 것처럼 기술과 공학 교육은 이들 분야에서 개인의 진로를 계속적으로 계발하기 위한 효과적인 출발점을 제공한다. 기술과 공학 교육은 학생들의 대학 진학 또는 진로 계획과 관계없이 유치원부터 고등학교에 이르기까지 모든 사람에게 필요한 기능과 핵심적인 이해를 제공한다.

기술과 공학 교육의 중요한 특징은 학생들이 학습에 능동적으로 참여할 수 있는 손놀림(hands-on), 설계 중심 전략(design-based strategies) 등의 수업 방법에 있다. 이러한 현실적인 경험(authentic experiences)은 종종 서비스 학습 프로젝트나 기술 학생 협회(Technology Student Association; TSA)와 같은 교과외 교육활동에서 나오기도 한다. 교과 외 교육 활동들은 흔히 디자인 챌린지, 기술 경연 대회(VEX 로보틱[27]) 참여와 박물관 견학과 같은 비형식적 학습을 포함한다. 기술과 공학적 내용영역과 실천(contexts and practices)은 다음 장에서 기술과 공학의 수업에서만 발견될 수 있는 고유의 교육방법론과 함께 상세하게 설명할 것이다.

기술과 공학을 위한 소양 표준은 단순히 학생들이 기술과 공학 실험실에서 달성해야 할 기술적 사실, 개념, 능력의 체크리스트 만이 아니라, 그 이상의 것을 제공한다. 기술과 공학 교사는 학생들이 예술, 언어, 역사, 과학, 수학, 과학 등의 다른 교과에서처럼 기술과 공학적 소양을 갖도록 하기 위해 도움을 주는 역할을 담당한다. 기술과 공학은 우리 모두의 삶 속에서 반드시 필요한 것이며, 이러한 것들은 다양한 교수학습 경험 속에 적용되어야 한다. 세상은 지속적으로 변하기 때문에, 우리는 학생들에게 기술과 공학적 지식을 제공할 뿐만 아니라, 그러한 변화에 지속적으로 적응할 수 있는 평생 학습자(lifelong learners)가 될 수 있는 능력을 길러주어야 한다.

바. 발명과 기술교육

발명, 특허, 지식재산에 대한 기본적 소양은 현대인이 가져야 할 리터러시(literacy)이다. 따라서 국가 교육과정에서도 전 교과를 통하여 지식재산교육을 반영할 것을 요구하고 있는 것은 같은 맥락이다. 결국 지식재산 소양은 국가적으로 지식재산의 경쟁력을 올리는데 큰 기여를 할 것이다. 이른바 기술적 교양의 피라미드 이론에서 설명될 수 있을 것이다. 즉 한

27) VEX: 미국 중고등학교에서 가장 폭넓게 사용되는 학습용 로봇 키트

나라의 전문가 수준에서의 지식재산 수준은 보통 국민의 지식재산 소양과 무관하지 않으며, 피라미드를 높이(전문적 지식 재산 수준) 쌓으려면 기반 층(국민의 지식 재산 소양)이 넓고 두터워야 한다는 것이다.

결국 발명의 개념 속에 내포된 핵심 개념은 다음과 같이 정리될 수 있을 것이다(최유현, 2014).

- 새로운 창조물
- 사회적 가치 추구
- 지식재산 가치 창출
- 정신적 사고 표현 활동
- 혁신적 문제해결 활동
- 인류의 공학 기술적 노력 산물

이상에서 내포된 발명의 개념을 발명의 목적, 발명의 행위, 발명의 방법으로 범주화하여 조작적으로 정의해 보면 다음과 같이 정의 할 수 있을 것이다(최유현, 2014)

발명은 **사회적 가치 실현 및 지식 재산 가치 창출을 위하여**(목적) **존재하지 않은 물건, 방법을 창조하거나 기존의 존재하는 물건이나 방법의 개선시키는**(행위) **인간의 혁신적 문제해결 활동**(방법) 이다.

발명교육은 개인적으로 미래 인재로서의 필요한 사고력에 기반한 핵심 역량의 차원, 그리고 개인의 자존감, 자신감, 행복한 개인을 위한 정서적 가치, 개인 지식의 차원에서의 요구되는 발명과 지식재산의 소양의 가치로 나누어 볼 수 있을 것이다(최유현, 2014).

발명 교육은 문제 분석부터 대안 탐색, 아이디어 수집 및 분석, 대안 선정, 실행, 평가의 문제해결 과정으로 정보수집능력, 창의력, 문제해결능력, 의사결정능력, 의사소통능력, 평가능력의 핵심 사고 역량을 발현시키고 계발할 수 있음. 또한 발명에 필요한 융합적 사고와 기업가 정신도 함께 다루어질 수 있다.

발명은 자기주도적, 문제해결적, 팀 협력에 기반을 두고 교육이 진행되면, 자신에 대한 성취감, 자신감, 자기 효능감, 그리고 타인과의 배려와 협력의 정서적 마인드를 기를 수 있다.

지식재산은 국가 경쟁력이며, 더욱더 지식재산의 가치가 증대될 것임. 따라서 지식재산에 대한 기초적 소양은 사소한 발명이라도 보다 쉽게 권리를 인정받고 사업화 될 수 있는 가능성이 있음. 아울러 최근 저작권, 특허분쟁, 특허괴물 등의 지식재산 관련 용어의 이해에도 도움을 줄 것으로 기대된다.

이러한 발명교육의 개념과 가치를 들여다 보면, 기술교육이 지닌 개념과 가치와 유사한 맥락이 있다. 기술과 발명은 불가분의 관계다. 기술적 활동이 발명 활동이며, 기술적 결과가

발명품이기 때문이다. 교육으로서의 발명이 창의적 문제해결, 지식재산 소양의 필요성을 인식한다면, 그 발명은 기술 교육에 내용과 과정에서 반영될 수 있다.

그래서 기술교육에서의 발명은 7차 교육과정부터 반영되어 2015 개정 교육과정에서도 지식재산 창출(발명), 보호, 활용의 관점에서 초등학교 실과, 중학교과 고등학교 기술-가정, 공학기술, 지식재산 일반(신설)에 이르기까지 내용으로 확고한 자리를 잡고 있다.

사. 인간적 미래 기술 담론

얼마 전 이인식이 펴낸 **'따뜻한 기술'**의 책을 접하게 되었다. 새로운 기술의 개발과 혁신이 기업과 국가의 경쟁력이 되지만 한편으로는 모든 사람에게 나쁜 기술이 아니라 착한 기술이 되어야 한다. 이는 기술을 배우는 학습의 차원에서 매우 중요한 가치이다. 아무리 혁신적인 기술이라 할지라도 그것이 인류에게 해가 된다면 그 기술은 개발되거나 도입되어서는 안 된다.

아마도 이러한 견지에서 보다 인간적이고 지속가능한 미래 기술의 담론을 이끌기 위한 시도가 '따뜻한 기술' 담론이라고 생각된다. 이 논의는 기술 불전 불가론이 아니라 올바른 방향으로 기술을 혁신시키는 바라직하고 생산적인 논의이다.

이 책에서는 성장을 넘어 공존과 상생을 추구하는 '따뜻한 기술'의 가능성에 접근한 최초의 시도로서 각 분야 최고 전문가 23인이 제시하는 미래 기술 발전의 청사진이 담겨 있다.

> 인간을 생각하는 기술, 자연과 상생하는 기술, 물질문명 폐해의 해결사로 등장한 '36.5도 착한 기술을 고민할 때이다. 성장형 기술개발에 인문학적 성찰이 요구되는 21세기, 기존의 이윤과 실리 중심 기술이 가져온 폐해로 인해 인간은 전 세계적으로 이분법과 불평등이라는 심각한 해체 위기를 맞고 있다. 과학기술의 눈부신 발전과 산업화는 우리에게 막대한 편리와 물질적 풍요를 가져다주었지만, 그 양적 성장이 인간 내면의 정신적 풍요까지 채워 주지는 못했다. 최첨단 기술은 모든 인류가 아닌 특정한 소수에, 가난한 자가 아닌 자본이 있는 자에 기여하는 측면이 강했기 때문이다. 한편에서 비만을 걱정하고 다이어트를 걱정하는 동안 다른 한편에서는 "가족이 쓸 물을 얻기 위해 날마다 4시간 넘게 10킬로미터를 걸어 오간다. … 집안의 수세식 화장실은커녕 집 밖에 공중변소조차 갖지 못한 후진국에서는 해마다 220만 명이 설사로 목숨을 잃는다.(이인식, 2012, 8~9쪽)

아프리카나 남미와 같은 저개발 국가들에게 최첨단 기술은 삶을 풍요롭게 해 주는 도구가 되지 못한다. 전기가 들어오지 않는 곳에서 전기세탁기, 냉장고, 텔레비전, 컴퓨터는 그림의 떡에 불과하다. 선진국에서는 그들의 지치고 힘든 삶에 전혀 도움이 되지 않는 기술들만 양산하고 있는 것이다. 하지만 기술은 인간의 삶을 보다 풍요롭고 안전하게 만드는 것이다. 이것이 바로 최첨단 기술이 아니라 적정기술의 필요성이 제기된 이유이다(염재호, 24~25쪽)

이처럼 기술의 양면성을 목도한 각계의 전문가들로부터 기술이 갖고 있지 못한 이 불편한 결핍에 대한 문제 제기와 더불어 이에 대한 대책을 찾으려는 움직임들이 속속 등장하기 시작했다. '소외된 90%를 위한 디자인' 운동의 확산은 이를 반증하는 적절한 예이다. 제품의 개발이 이윤을 넘어 그것을 사용하는 인간의 필요와 가치까지 생각하게 된 것이다. 그러나 세계 유수의 산업디자인 단체들이 주도하는 '착한 디자인' 운동이 전 세계적인 흐름으로 확산되고 있는 데 반해 '따뜻한 기술'에 대한 인식은 아직까지도 정책 연구 단계에 머물러 있다. 그런 의미에서 인도주의적 기술의 가능성에 대한 우리의 관심을 불러일으키고, 정책적 뒷받침을 촉구해 우리 사회에 뿌리를 내리게 하려는 이 책의 지향은 성장과 상생의 융합이라는 바람직한 미래형 발전의 포문을 열고 산업과 기술에 사회적 책임과 역할을 묻는 최초의 시도라는 점에서 주목할 만하다.

따뜻한 기술은 기술이 더 이상 인간적 가치와 지속 가능성을 외면할 수 없게 된 현시대의 요구를 대변하며, 더 나아가 기존의 맹목적인 성장 중심 기술개발이라는 근거 없는 신화를 바로잡고, 미래 사회에서 기술이 역임해야 하는 역할과 바람직한 방향을 제시한다. 기술은 꼭 필요한 자리에, 꼭 필요한 사람을 위해 존재할 때 아름다울 수 있다. '따뜻한 기술'의 새로운 가능성을 발견하는 일은 교육에서 있어서도 매우 중요한 쟁점과 성찰을 제공한다. 단지 기술적 앎과 수행을 넘어서 어떠한 기술이여야 하는 철학적, 사회적 물음을 교실에서 녹여내야 한다는 것이다. 이러한 요구와 함의가 실현된 기술 교육은 착한 기술에 대한 역사적, 현재적, 미래적 전망과 성찰을 가능하게 하는 가치가 구현될 수 있을 것이다.

결국 따뜻한 기술은 **지속가능 발전 기술**과 맥락을 같이한다고 보여진다. 무분별한 개발로 환경오염 문제와 자원 고갈 문제, 국제 사회의 양극화 문제가 발생하면서 인류는 지구의 제한된 자원 속에서 무조건적인 성장과 발전이 가능하지 않다는 것을 알게 되었다. 이에 미래 세대가 사용할 자원을 낭비하지 않으면서 현재 세대의 욕구와 필요를 충족하는 지속 가능 발전을 위한 노력이 범지구적으로 이루어지고 있는 현실에서 지속가능 발전의 개념을 고민해 보아야 한다.

'지속 가능성' 개념은 1950년대부터 발생된 세계 곳곳의 환경오염 사건은 1972년 로마 클럽의 「성장의 한계」라는 보고서를 통해 사람들에게 환경의 중요성을 일깨워 주는 계기가 되었다. 이 보고서에서 '지속 가능성'라는 개념이 처음 사용되었다.

지속 가능 발전의 영역 지속 가능 발전은 사회 정의, 경제 성장, 환경 보전의 조화롭고 균형 있는 발전을 의미한다. 따라서 지속 가능 발전의 영역은 경제뿐만 아니라 빈곤과 불평등

등의 사회 영역, 생태 보존, 기후 변화 등의 환경 영역을 포괄한다.

지속 가능 발전을 위한 사회적 지속성, 경제적 지속성, 환경적 지속성의 균형 있는 통합은 인구의 증가와 성장이 생태계의 수용 능력의 한계 내에서 조화롭게 이루어져야 가능하다. 또한 생태계의 보존과 사회적 불안전을 해소하기 위해 절대 빈곤 문제를 해결하여야 하고, 희소한 경제적 자원을 효율적으로 관리하여야 한다.

결국 지속가능한 발전도 기술적 문제진단과 해결 노력이 요구된다. 기술 교과 교육에서 이러한 지속가능 발전의 기술의 중요성을 인식하고 2011년 개정 교육과정부터 내용 요소와 성취기준으로 설정되어 반영되고 있다.

전 지구적 자원의 한계, 지구의 수명을 단축하는 심각한 오염원, 지구의 생태계가 교란되고 기술 만능의 인류 재앙을 경계할 필요가 증대되고 있다.

지속 가능한 발전(持續可能發展) 또는 지속 가능한 개발(영어: sustainable development, SD)은 환경을 보호하고 빈곤을 구제하며, 장기적으로는 성장을 이유로 단기적인 자연자원을 파괴하지 않는 경제적인 성장을 창출하기 위한 방법들의 집합을 의미한다. 처음 용어가 등장한 것은 1987년에 발표된 유엔의 보고서 "우리의 미래"(브룬트란트)였으며, 이에선 '미래 세대가 그들의 필요를 충족시킬 능력을 저해하지 않으면서 현재 세대의 필요를 충족시키는 발전'으로 정의되었다(위키백과, 2013).

지속가능한 발전은 환경에만 집중하는 것이 아니며, 일반적인 정책의 영역인 경제, 환경, 사회를 포함한다. 이를 지지하기 위해, 여러 UN 문서, 가장 최근에는 2005년 세계 정상회의 결과문서(World Summit Outcome Document)에서 "상호의존적이고 상호 증진적인 지속 가능한 발전의 기둥"으로서의 경제적 발전, 사회적 발전, 환경 보호를 언급하였다.

유네스코 세계 문화 다양성 선언(The Universal Declaration on Cultural Diversity, 2001)[1]에서는 추가적인 개념으로서 "자연에게 있어서 생물 다양성이 중요하듯이, 인간에게 있어서 문화 다양성이 필요하다"고 언급하였다. 문화 다양성은 단순한 경제적인 성장이 아닌, 보다 만족스러운 지적, 감정적, 윤리적, 정신적인 삶을 달성하기 위한 하나의 방법으로서의 근원이 된다는 것이다. 이러한 견해에 따르면, '문화 다양성'이 지속가능한 발전의 네 번째 정책영역이 된다.[28)]

이러한 지속가능발전의 교육적 지향을 기술교육에서도 가능하다. 특히 기술적 아이디어 발상의 문제해결 조건에서 지속가능발전의 준거를 활용한다면 매우 진취적인 지속가능발전 교육적 가치가 기대된다.

28) http://ko.wikipedia.org/wiki/%EC%A7%80%EC%86%8D_%EA%B0%80%EB%8A%A5%ED%95%9C_%EB%B0%9C%EC%A0%84

탐구문제

1. 기술은 [   ]이다. [   ]을 완성해 보고, 그 이유를 설명해 보자.

2. '기술'과 '기술교과 교육'의 개념 정의와 '기술교과 교육의 성격'에서 개념화한 진술에서 기술교과 교육이 공통적으로 지향하는 핵심개념(key words)을 중심으로 마인드 맵(mind map)을 그려 보자.

3. 공학기술 교육의 개념을 살펴보고 왜 대두되는지 미국과 한국의 동향을 설명해보자.

4. 'Technology Education'과 'Technical Education'을 우리말로 번역해 보고 그 차이점을 설명해 보자.

5. 왜 기술교과교육이 가치가 있는지를 구체적 사례를 들어 설명해보자.

6. 'Homo Faber'와 '실천과학(praxiology)'의 의미를 기술교과 교육과 관련지어 설명해 보자.

7. 노작교육은 기술교과 교육의 정당성으로 어떻게 기여하는지 설명하고, 놀이와 노동과 비교하여 노작의 의미를 예를 들어 설명해 보자.

8. 노작교육의 가치를 기술교과 교육에서 어떻게 실현시킬 수 있는지, 그 방안을 구체화해 보자.

9. 루돌프 슈타이너의 노작교육론을 정리하고, 구체적으로 자유 발도르프 학교에서 실현되는 예를 설명해 보자.

10. 기술적 교양(technological literacy)의 의미와 개념을 설명해 보자.

11. 세계적 기술교과 교육에서 기술적 교양(technological literacy)을 강조하는 문헌들을 조사하여 정리해 보자.

12. 기술에 대한 철학적 논쟁인 '기술결정론, 기술의 사회구성론, 기술의 시스템론'을 정리해 보고 각각의 주장의 근거를 제시해 보자.

13. 기술적 영향 평가가 기술교과 교육에서 왜 중요한지 정리해보고, 실제 교육적 활동 모델을 개발해 보자.

14. 기술교과 교육의 가치로써 진로교육이 왜 가능한지를 사례를 들어 제시해 보자.

15. 자유학기제의 진로교육 사례를 조사하여 설명해 보자.

16. 기술교과 교육의 가치로써 융합교육이 대두되는지를 사례를 들어 제시해 보자.

17. 우리나라 융합교육의 사례를 조사하고 우수한 점과 개선점을 찾아보자.

18. 기술교과 교육의 가치로써 발명교육이 왜 가능한지를 사례를 들어 제시해 보자.

19. 기술교과 교육의 가치로써 지속가능 발전 기술이 왜 제시되는지를 사례를 들어 제시해 보자.

20. 적정기술, 지속가능발전 기술의 개념을 조사해보고 공통점과 차이점을 설명해 보자.

주제를 확장하는 토의 · 토론 과제

1. ET가 우리에게 '기술교과 교육'이 무엇이냐고 묻는다면 어떻게 대답할 지를 토의해 보자.

2. "과학이 기술의 발전을 낳는다"와 "기술이 과학을 낳는다"의 주장 중에서 한 가지 주장을 선택하여 그 주장을 동의하는 논거를 제시하고, 아울러 반대의 주장에 대한 반론을 제시하여 토론해 보시오.

3. 기술에 대한 학자들의 철학적 논쟁들을 정리해보고 여러분이 지지하는 이론을 정당화하고, 반대하는 이론을 비판해 보자.

4. 기술교과 교육의 성격을 '기술적 교양 교과' '기술학적 지식 교과' '기술적 문제해결 교과'로 개념화할 경우 그 의미를 토론해 보자.

5. *'I hear and I forget. I see and I remember. I do and I understand'* 가 의미하는 바를 기술교과 교육과 관련하여 예를 들어 토론해 보자.

6. 이돈희와 듀이가 말한 다음의 진술이 의미하는 바를 토론해 보자.

> 예컨대, 책상을 만드는 활동을 두고 생각해 보자. 똑같이 책상을 만드는 활동이지만 학교에서 기술시간이나 과학시간에 책상을 만드는 일과 공장에서 책상을 만드는 일은 그 일의 성격상 엄청나게 다르다. 학교는 교육적 목적으로 그 일을 하고 공장은 상품의 생산으로 그 일을 한다. 교육활동이라고 해서 학교의 기술시간에는 책상을 만드는 기계적 · 수공적 기술만을 익히게 하는 것이 아니다(이돈희).
>
> 노작을 도입하는 것이 중요하지 않고 그것을 어떻게 사용하는가가 중요한 것이라고 전제하면서 몇 가지 방식은 쓰지 말아야 한다고 주장한다. 즉 명확한 처방이나 지시를 따르는 행동, 또는 기존의 모델을 수정 없이 재생하는 활동은 근육의 기민성에는 도움이 될지 모르지만, 목적을 지각하고 정교하게 가다듬는 일을 요구하지도 않고, 수단을 선택하고 맞추는 일을 허용하지도 않는다(듀이).

7. 우리나라의 교육과 자유 발도르프 학교의 특징을 비교 · 제시해 보고, 각 특징이 갖는 의미를 토론해 보자.

8. 기술의 철학적 이해가 기술교과교육에 어떠한 시사점을 주는지, 그리고 어떠한 적용이 가능한지를 토론해 보자.

9. 중학교 1학년의 12종의 교과서에 제시되는 기술의 발달과 영향이란 주제의 내용을 기술 영향 평가 관점에서 준거를 설정하고 분석하여 새로운 교육 활동을 개발해 보자.

10. 중학교 및 고등학교 교과서 제시되는 공학 기술과 관련된 직업 세계 중 한 가지를 선정하여 그 직업의 카드를 만들어보고, 관련 직업을 인터뷰해 보자.

11. 중학교 및 고등학교 교과서 제시되는 '발명'의 내용을 조사하고 어떠한 활동들이 있는지 알아보고, 이러한 문제를 다루는 새로운 문제해결 활동 자료를 개발해 보자.

12. 중학교 및 고등학교 교과서 제시되는 '융합적 내용'을 조사하고 어떠한 활동들이 있는지 알아보고, 이러한 문제를 다루는 새로운 문제해결 활동 자료를 개발해 보자.

13. 중학교 및 고등학교 교과서 제시되는 적정 기술 및 지속가능 발달 기술의 내용을 조사하고 어떠한 활동들이 있는지 알아보고, 이러한 문제를 다루는 새로운 문제해결 활동 자료를 개발해 보자.

14. 집단 탐구(group investigation) 협동학습 방법으로 미래 기술의 사례를 유토피아와 디스토피아 측면에서 각각 3개씩 팀별로 조사하여 발표하여 학급 보고서를 만들어 보자.

참고문헌

고려대교육사·철학연구회(역)(1997). 루돌프 슈타이너의 교육론 3(*Wilkinson Roy(1993)'s Rudolf Steiner on Education. Gloucestershire* : Hawthorn Press). 내일을 여는 책.

고인석 외. (2009). 지식의 이중주. 서울: 해나무.

교육과학기술부(2008). 중학교 수학 과학 기술·가정 교육과정 해설. 대한교과서주식회사.

교육과학기술부(2011). 「제2차 과학기술인재 육성·지원 기본계획('11~'15)」 연구.

교육부(1997). 실과(기술·가정) 교육과정. 대한교과서주식회사.

교육부(2015a). 실과(기술·가정)/정보과 교육과정. 교육부 고시 제2015-74호 [별책 10].

교육부(2015b). 초·중등학교 교육과정 총론. 교육부 고시 제2015-80호 [별책 1].

교육부(2022). 실과(기술·가정)/정보과 교육과정. 교육부 교육부 고시 제2020-33호 [별책 10].

권성호, 강경희(2008). 교양 교육에서의 융합적 교육과정으로의 접근 -한양대 사례를 중심으로-. 교양교육연구, 2(2), 7-24.

김기민(1992). 노작교육의 성격과 가치. 박사학위논문. 서울대학교.

김남준, 이중식, 최병일, 공채영, 이종영(2008). 과학기술과 인문사회과학의 융합연구 활성화 방안. 서울대학교 차세대 융합기술원.

김영민(2017). 초·중등 공학교육 프로그램 구성 모형 개발. 박사학위논문. 충남대학교.

김영채(1995). 사고와 문제해결 심리학. 서울: 박영사.

김진수(2011). 한국현장과학교육학회 학술대회 심포지엄 주제발표 논문(2011.8.9)

김진순(1990). 초·중등학교 기술교과 교육내용의 계열화에 관한 연구. 박사학위논문. 서울대학교.

류창열(1991). 기술의 의미에 대한 역사적 고찰. 대한공업교육학회지, 16(1). 21-31.

류창열(1992). 과학기술의 발달에 따른 기술의 의미 변화에 관한 연구. 대한공업교육학회지, 17(1). 76-90.

류창열(1994). 직업-기술교육의 이론과 실제. 대전: 충남대학교출판부.

류창열(1995). 한국인의 눈으로 본 기술과 일의 세계. 서울: 교학사.

류창열(2006). 기술교육원론. 충남대학교출판부.

박규호(역)(2002). 손이 지배하는 세상. 해바라기.

박미은(2008). 기술교육 전문가들이 인식하는 기술영향 평가 도구개발. 박사학위논문. 충남대학교.

박성정(1986). 산업사회에서의 노동의 교육적 의미에 관한 연구. 석사학위논문. 서울대학교.

박영숙, 제롬 글렌, 테드 고든(2008). 전략적 사고를 위한 미래예측. 서울: (주)교보문고.

박헌미(2008). 기술 교육 전문가들의 인식에 기초한 기술영향평가 도구 개발. 박사학위논문. 충남대학교.

봉공진(1992). 학술단체와 연구기관의 전문가가 인식하고 있는 기술의 개념. 석사학위논문. 충남대학교.

세계루돌프슈타이너교육예술협회(1996). 발도르프 교육. 한국어판.

손화철(2009a). 자연과 인간을 닦달하는 현대의 테크놀로지. 이상욱 외. 욕망하는 테크놀로지(pp.53-63). 서울: 동아시아.

손화철(2009b). 호모파베르에게 자유가 있는가. 이상욱 외. 욕망하는 테크놀로지(pp.64-74). 서울: 동아시아.

송성수(2009). 에디슨은 시스템을 구축했다: 기술시스템론. 이상욱 외. 욕망하는 테크놀로지(pp.121-131). 서

울: 동아시아.

송일지(역)(1978). 신교육운동사. 서울 : 한마당.

윤지현(1999). 실과교육에서의 '기능' 개념에 대한 고찰. 한국실과교육학회지, 12(2). 135-158.

이돈희(1992). 교육정의론. 교육과학사.

이돈희(1993). 교육적 경험의 이해. 교육과학사.

이무근(1993). 직업교육학원론. 서울 : 교육과학사.

이인식 기획(2012). 따뜻한 기술: 첨단과 상생의 만남. 고즈윈.

이장규 · 홍성욱(2005). 공학기술과 사회. 공학기술과 인간사회. 한국공학교육학회. 지호. 109-186.

이재원(1986). 중학교 기술과 교육의 연혁. 대한공업교육학회지. 11(1). 3-9.

이재원(1991). 노작의 의의와 그 교육적 가치에 대한 소고. 대한공업교육학회지, 16(1). 1-9.

이재원(1999). 노작교육. 직업교육훈련대사전. 한국직업능력개발원. 154-155.

이정모(2010). 체화된 인지 접근과 학문간 융합-인지과학 새 패러다임 철학의 연결이 주는 시사, 철학 사상, 김영정 선생님 추모 특집. 28-62. 서울대학교 철학연구소.

이정희(역)(1998). 슈타이너(*Christoph Lindenberg(1992)'s Rudorf Steiner*). 한길사.

이중원(2009). 유토피아도, 디스토피아도 오지 않는다. 이상옥 외. 욕망하는 테크놀로지(pp.75-83). 서울: 동아시아.

이철우 · 이진호(1989). 뇌와 지능. 서울: 교육과학사.

이홍우(역)(1983). 윤리학과 교육. 서울: 교육과학사.

이홍우(역)(1987). 민주주의와 교육(*Dewey's Democracy and Education*). 서울: 교육과학사.

이효녕. (2011). 미국의 STEM 교육 동향 및 실태 분석을 바탕으로 국내 초 · 중등 STEAM 교육의 방향 제안. 한국과학창의재단.

임운진 · 최유현(2014). 기술적 문제해결 사고력 검사도구 개발 및 타당화. 한국기술교육학회지, 14(3), 56-84.

임영희(역)(1997). 슈타이너학교의 감성교육(고야스미치코 저). 밝은누리.

임영희 · 이연현(역)(1996). 슈타이너학교의 참교육이야기(고야스미치코 저). 밝은누리.

장석민(1985). 기술교육의 교육과정 모형연구. 한국교육개발원.

전일균(1995). 케르센슈타이너와 듀이의 노작교육론 비교 연구. 박사학위논문. 고려대학교.

전일균(1996). 루돌프슈타이너의 노작교육론. 교육학연구, 34(5). 43-62.

정성봉(1999). 실과 · 기술 가정교육과정론. 교육사.

정수진(2004). 기술의 개념요소 구명을 위한 이론적 접근. 석사학위논문. 충남대학교.

최유현 외(2012). 창의적 융합인재양성을 위한 STEAM교육모형 개발. 한국연구재단 학제간 융합연구 결과 보고서.

최유현 외 역(2021). 기술 · 공학 소양 표준(International Technology and Engineering Education Association, Standards for technological and Engineering literacy: Defining the role of technology and engineering in STEM education(2020)). 마루비.

최유현(1991). 일의 교육적 가치변화와 그 교육철학적 쟁점. 대한공업교육학회지, 16(2). 58-65.

최유현(1994). 미국 기술교과 교육의 새로운 동향. 직업교육연구, 13(1). 92-106.

최유현(1995). 기술교과교육에서의 기술적 교양목표 성취를 위한 문제해결 수업전략의 효과. 박사학위논문. 서울대학교.

최유현(1996). 초등 실과교육의 정체성과 정당성에 관한 이론적 탐색. 실과교육연구 제9집. 전국교육대학교 실과교육연구회, 1-30.

최유현(1999b). 발도로프 교육에서의 손놀림 노작교육의 교육적 의미. 홀리스틱교육실천연구, 2(2). 31-44.

최유현(2000). 국내외 기술과 교육과정의 변천 및 동향 분석을 통한 발전과제의 제기. 한국기술교육학회지, 1(1). 195-206.

최유현(2001). 실과교육학연구. 형설출판사.

최유현(2004). 기술과 교육의 학습방법으로서의 설계과정과 문제해결 과정 비교연구. 한국실과교육학회지, 17(2). 173-190.

최유현(2005). 기술교과 교육학 개념구조의 이론적 탐색. 한국실과교육학회지, 18(1).

최유현(2010). 기술교과 교육의 탐구. 형설출판사.

최유현(2014), 발명교육학 연구. 형설출판사.

최유현(1999a). 실과교육. 직업교육훈련대사전. 한국직업능력개발원, 333-335.

최정웅(역)(1984). 20세기 교육의 사조(*Meyer's The Development of Education in the Twentieth Century*). 서울: 이문출판사.

최정훈. (2011.7). 미래과학교육의 혁신:융합을 기반으로 하는 STEAM 교육, 위즈덤교육포럼.

토머스 휴즈. (2008). 테크놀로지, 창조와 욕망의 역사(김정미 역). 서울: 플래닛미디어.

허경록(1998). 자유발도로프 학교의 교육과정. 강연자료.

홍성욱(2009a). 테크놀로지와 인간 그리고 사회. 이상옥 외. 욕망하는 테크놀로지(pp.15-44). 서울: 동아시아.

홍성욱(2009b). 테크놀로지와 인간은 대칭이다. 이상옥 외. 욕망하는 테크놀로지(pp.84-95). 서울: 동아시아.

홍성욱(2009c). 자전거의 진화: 사회가 기술을 만든다. 이상옥 외. 욕망하는 테크놀로지(pp.110-119). 서울: 동아시아.

Association of Waldorf School of North America : AWSNA(1998). On line. Available : http://www.awsna.org/awsna/index.htm/.

Baker, D. R. (1988). Technological Literacy : The Essential Criteria for a Definition. Oklahoma State Univ., Doctoral Dissertation.

Balistreri, J. P. (1987). Impacts of Technology, *Technological Literacy : The Roles of Practical Arts and Vocational Education*. Blankenbaker, E. K., Miller, A. J. (ed.). Columbus, Ohio, The Ohio State Univ. 77-78.

Bame, A. & Booth, R. (2000). Design Problem Solving : The Signature of Technology Education. *Technology Education for 21st Century a Collection of Essay*s. 49th Yearbook. Council on Technology Teacher Education. 21-25.

Barnes, H. (1998). Waldorf Education : An Introduction. AWSNA(Association of Waldorf School of North America)(1998). On line. Available: http://www.awsna.org/awsna aw/index.htm/.

Barnes, J. L. (1989a). *Producing a Technologically Literate Citizen : A Curriculum Model*. National Association for Sci. Tech. Soc., Univ. Park, P A. (ERIC Document Reproduction Service No. ED 315.326).

Baron, M. A. & Boschee, F. (1995). *Authentic Assessment*. Technomic Publishing Company, Inc.,

Pensylvania.

Bensen, M. J. (1995). A Context for Technology Education. *Foundations of Technology Education.* 44th Yearbook. Council on Technology Teacher Education. Glencoe. 1-24.

Beynon, J. & Mackay, H. (1992). *Technological Literacy and the Curriculum.* London : The Falmer Press.

Brockway, J. P. (1987). Technology and Liberal Arts : Are We Producing Technopeasnts? *Technological Literacy : The Roles of Practical Arts and Vocational Education.* Blankenbaker, E. K., Miller, A. J. (ed.). Columbus, Ohio, The Ohio State Univ. 39-48.

Brockway, J. P. (1987). Technology and Liberal Arts : Are We Producing Technopeasnts? *Technological Literacy : The Roles of Practical Arts and Vocational Education.* Blankenbaker, E. K., Miller, A. J. (ed.). Columbus, Ohio, The Ohio State Univ. 39-48.

Brubacher, J. S. (1976). *A History of the Problems of Education.* New York : McGraw-Hill.

Chang, Suk-Min. (1987). Study on the Justification of Technology Education as General Education, *Technological Literacy : The Roles of Practical Arts and Vocational Education.* Blankenbaker, E. K., Miller, A. J. (ed.). Columbus, Ohio, The Ohio State Univ. 49-52.

Choi, Y. H., Lim Y. J., Kim, S., & Lee, K. (2021). Perceptions of Korean Technology Education Experts on the Future Technology Education Directions in Relation to Current technology education in the United States and Japan : Focusing on "STEL" in the United States and "Technology Education in the 21st Century" in Japan, Korean Journal of Industrial Educations, 46(2), 40-68, 10.35140/kiiedu.2021.46.2.40

Daiber, R., Literland. L. & Thode, T. (1991). Implementation of School-based Technology Education Programs. Dyrenfurth, M. J. & Kozak, M. R. (ed.). *Technological Literacy.* Council on Technology Teacher Education. 40th Yearbook. 187-211.

Delbecq, A. L., Van den Ven, A. H., & Gustafson, D. H. (1975). *Group Techniques for Planning. A Guide to Norminal Group and Delphi Processes. Glenview,* Illinois: Scoot, Foresman and Company.

DeVore, P. W. (1980). *Technology: An introduction.* Worcester, M. A. : Davis Publications.

Driscoll, J. T. (1987). Technological Literacy in the Curriculum : A View From Fairfax County. *Bulletin of Sci. Tech. Soc., 7.* 159-166(ERIC Document Reproduction Service No. ED 309.996).

Dyrenfurth, M. J. & Mihalevich, J. R. (1987). *Technological Literacy : More than Computer Literacy.* National School Boards Association Conference, Dallas(ERIC Document Reproduction Service No. ED 305.901).

Dyrenfurth, M., Hatch, L., Jones, R., Kozak, M. (1991). Prologue. Dyrenfurth, M. J. & Kozak, M. R. (ed.). *Technological Literacy.* 40th Yearbook. Council on Technology Teacher Education. 1-6.

Dyrenfurth, M. J. (1987). International Perspectives on Technological Literacy, *Technological Literacy: The Roles of Practical Arts and Vocational Education.* Blankenbaker, E. K., Miller, A. J. (ed.). Columbus, Ohio, The Ohio State Univ. 14-19.

Foster, W. T. (1989). Technological Literacy : A Construct or Catch Phrase?. *Journal of Industrial Teacher Education, 27(1).* 61-63.

Gradwell, J. B. (2002). The Immensity of Technology. Gwyneth Owen-Jackson(ed.). *Teaching Design and Technology in Secondary Schools*. London and New York : The Open University. 4-18.

Hameed, A. (1987). A Global Model Technological Literacy. *Technological Literacy : The Roles of Practical Arts and Vocational Education*. Blankenbaker, E. K., Miller, A. J. (ed.). Columbus, Ohio, The Ohio State Univ. 109-112.

Hatch, L. (1985). Technological Literacy : A Secondary Analysis of National Assessment of Educational Programs Science Data. Doctoral Dissertation. University of Maryland College Park. *UMI Abstract Document*.

Hayden, M. A. (1989). The Development and Validation of a Test of Industrial Technological Literacy. Doctoral Dissertation. Iowa State University. *UMI Abstract document*.

International Technology Education Association and Its Technology for All Americans Project (2000). *Standards for Technological Literacy : Content for the Study of Technology*. Reston, V. A. : Author.

International Technology Education Association(1996). *Technology for All Americans : A Rationale and Structure for the Study of Technology*. Technology for All Americans Project.

International Technology and Engineering Education Association (ITEA/ITEEA). (2000/2002/2007). Standards for technological literacy: Content for the study of technology. Reston, VA: Author.

International Technology and Engineering Education Association (ITEEA). (2020). Standards for technological and Engineering literacy: Defining the role of technology and engineering in STEM education. Reston, VA: Author.

Jan L. Harrington. (2009). 기술과 사회, (김태훈, 박경문, 배명일, 원영선 역.). 서울: 이산문화사.

Javaris, T. (1993). *Teaching Design Technology in the Primary School.* T. J. Press Ltd. Padstow, Crornwall.

John R. Dakers. (2006). *Defining Technological Literacy Toward an Epistemological Framework*. United States of America: Palgrave.

Johnson, J. R. (1992). Technology Education : an Imperative. *The Technology Teacher*, *52*(2). 3-5.

Johnson, S. D. (1997). Learning Technological Concepts and Developing Intellectual Skills. *International Journal of Technology and Design Education, 7*. 161-180.

Kimbell, R., Stables, K. & Green, R. (2002). The Nature of Purpose of Design and Technology, Gwyneth Owen-Jackson(ed.). *Teaching Design and Technology in Secondary Schools*. London and New York : The Open University. 19-30.

Korean Ministry of Education (KMOE). (2021). The Journal of Korean National Curriculum Modification Plan. Retrieved from https://www.moe.go.kr/boardCnts/view.do?boardID=294&boardSeq=84176&lev=0&searchType=S&statusYN=W&page=1&s=moe&m=020402&opType=N

Korwin, A. R. & Jones, R. E. (1990). Do Hands-On, Technology-Based Activities Enhance Learning by Reinforcing Cognitive Knowledge and Retention?. *Journal of Technology Education, 1*(2). Electronics Document.

Kowal, J. J. (1987). Technology : The Newest Liberal Arts. *Technological Literacy: The Roles of Practical Arts and Vocational Education*. Blankenbaker, E. K., Miller, A. J. (ed.). Columbus, Ohio, The

Ohio State Univ. 59-66.

Kranzberg, M. (1987). Technological Literacy : What? Why? For Whom?. *Technological Literacy : The Roles of Practical Arts and Vocational Education*. Blankenbaker, E. K., Miller, A. J. (ed.). Columbus, Ohio, The Ohio State Univ. 1-12.

Kuforiji, P. O. (1992). Development and Validation of an Achievement Test of Technological Literacy for Senior High School Students. Doctoral Dissertation, West Virginia University. *UMI Abstract Document*.

Lauda, D. P. & McCrory, D. L. (1986). A Rationale For Technology Education. *Implementing Technology Education*. 35th Yearbook. American Council on Industrial Arts Teacher Education. 15-46.

Lawshe, C. H. (1975). A Quantitive approach to content validity. *Personnel Psychology, 28*(4), 563~575.

Marc J. de Vries, Ilja Mottier. (2006). *International Handbook of Technology Education Reviewing the Past Twenty Years*. The Netherlands: Sense Publishers.

Martin Heidegger. (2008). 강연과 논문(이기상, 신상희, 박찬국 역.). 서울: (주)이학사.

Martin, L. (1987). A Case for Technological Literacy, *Technological Literacy : The Roles of Practical Arts and Vocational Education*. Blankenbaker, E. K., Miller, A. J. (ed.). Columbus, Ohio, The Ohio State Univ. 53-58.

McCormick, R. (2002). Capability Lost and Found?. Gwyneth Owen-Jackson(ed.). *Teaching Design and Technology in Secondary Schools*. London and New York : The Open University. 92-108.

Miranda, M. A. (2000). Technology Education is Powerful Teaching. *Technology Education for 21st Century a Colion ion of Essays*, 49th Yearbook. Council on Technology Teacher Education. 57-62.

Morley, J. (2002). How Can We Meet the Challenges Posed by a New Model of Practical Scholarship?. Sayers, S., Morley, J. & Barnes, B. (ed.). (2002). *Issues in Design and Technology Teaching*. Routledge, Falmer. 13-26.

Moss, J. (1987). Technological Literacy : The Roles of Vocational Education. *Technological Literacy : The Roles of Practical Arts and Vocational Education*. Blankenbaker, E. K., Miller, A. J. (ed.). Columbus, Ohio, The Ohio State Univ. 249-254.

Mueller, P. A., & Oppenheimer, D. M. (2014). The Pen Is Mightier Than the Keyboard: Advantages of Longhand Over Laptop Note Taking. *Psychological Science,* 25(6), 1159–1168. https://doi.org/10.1177/0956797614524581

NAEP(2010). *Technological Literacy Framework for the 2012 National Assessment of Educational Progress: Discussion Draft*. National Assessment Governing Board. WestEd.

National Academy of Engineering. (2004). *Engineer Of 2020 (Visions Of Engineering In The New Century)*. Washington, D.C: Nat'l Academy Press.

Pearson, G. & Young, T. (2002). *Technically Speaking : Why All Americans Need to Know More about Technology*. Committee on Technological Literacy. National Academy Press. Washington, D.C.

Pilotta, J. J. (1987). The Underside of Technological Literacy. *Technological Literacy : The Roles of Practical Arts and Vocational Education*. Blankenbaker, E. K., Miller, A. J. (ed.). Columbus, Ohio, The Ohio State Univ. 67-76.

Pretzer, W. S. (2000). From Fluid Mechanism to Fluid Intelligence. *Technology Education for 21st Century a Collection of Essays*. 49th Yearbook. Council on Technology Teacher Education. 175-182.

Pucel, D. J. (1988). *Technological Literacy : A Goal and Role for Secondary Industrial Education*. American Vocational Convention, St. Louis (ERIC Document No. ED 302.713).

Roberts, R. W. (1971). *Vocational and Practical Arts Education ; History, Development, and Principles*. New York : Harper & Row Publishers.

Rudolf Steiner College(1998). On line. Available : http://www.steinercollege.org/ waldorf/index.html/.

Sassmannshausen, W. (1998). 우리 어린이들은 지금 바라고 있는 것은 무엇인가?. 한국슈타이너교육예술협회 강연자료집.

Snyder, M. S. (2004). Defining the Role of Technology Education by Its Heart and Its Heritage. *The Journal of Technology Studies, 30*(1). 19-26.

Stefan, Leber(1998). 창의적인 인간교육의 현장-발도르프학교. 한국슈타이너교육예술협회 강연자료집.

Steiner Rudolf(1972). *A Morden Art of Education*. London : Rudolf Steiner Press.

Stone, R. D. (1987). Techniliterate vs Technilliterate(There's an L of a Difference). *Technological Literacy : The Roles of Practical Arts and Vocational Education*. Blankenbaker, E. K., Miller, A. J. (ed.). Columbus, Ohio, The Ohio State Univ. 13-18.

Todd, R. D. (1991). The Natures and Challenges of Technological Literacy. Dyrenfurth, M. J. & Kozak, M. R. (ed.). *Technological Literacy*. 40th Yearbook. Council on Technology Teacher Education. 10-27.

Waks, L. J. (1987). A Technological Literacy Credo. *Bulletin of Sci. Tech. Soc., Vol. 7*. 357-366(ERIC Document Reproduction Service No. ED 309.996).

Welty, K. (1992). Technological Literacy and Political Participation in Mclean County. Illinois. *Journal of Industrial Teacher Education, 29*(4). 7-22.

Wright, J. R. (1993). The Lexicon of Technological Literacy. *The Technology Teacher, 52*(5). 3-8.

Wright, R. T., Israel, E. N. & Lauda, D. P. (1993). *Teaching Technology : A Teacher's Guide*. International Technology Education Association.

Yakman, G. (2010). STEAM education: An overview of creating a model of integrative education. Retrieved from http://www.steamedu.com.

Young, T. and Pearson, G. (ed.). (2001). *Technically Speaking : Why all americans need to know more about technology*. Washington, D.C., National Academy Press.

제 2 부

기술교사 교육과 교육 시설

주제를 여는 연구 문제 *Meeting the Problems*

제3부에서는 국내외 기술교사 교육의 동향과 기술교사의 자질, 직무, 역량, 자격 기준, 임용시험 평가 영역, 장학이론에 대하여 탐구하고, 기술교과 교육 환경을 위한 교육 시설에 대하여 논의하되, 다음과 같은 문제를 다룬다.

❶ 기술교과 교사교육의 새로운 동향과 기술교사의 자질과 자격기준은 어떻게 설정될 수 있는가?

❷ 기술교육 시설에서의 교과의 특성과 인간공학적 맥락에서 어떻게 설계될 수 있는가?

3장

기술교사의 자질과 장학

◎ 해시 태그 Key words

# 기술교사 교육	# 외국의 기술교사 교육	# 기술교과 교수학 지식
# 기술교사 자질	# 기술교사 직무	# 공학 기술교사 역량
# 기술교사 자격 기준	# 기술 임용 평가 영역 및 요소	# 장학이론
# 인간자원 장학	# 발달장학	# 자기장학
# 협동적 전문성 개발	# 자기장학	

1. 기술교사 교육의 동향

가. 한국의 기술교사 교육 개요

우리나라 기술 교사 양성기관은 1969년 기술교과가 탄생된 이후 12년 뒤인 1981년 충남대학교에 기술교육과가 처음으로 설치되어 학생을 모집하였고, 1992년도에는 한국교원대학교에, 2001년 세한대학교(전 대불대학교) 기술교육과가 설치되어 현재에까지 이르고 있다. 그리고 공주대학교에서 2012년에 기술 · 가정교육과를 신설하였다. 특히 충남대학교 기술교육과는 공과대학에 소속되어 있다가 2009년 3월부터 사범대학으로 편제되어 운영되고 있다. [표 3-1]은 2017년 현재 충남대학교 기술교육과의 교육과정을 제시한 것이다. 충남대학교는 150학점을 이수하도록 되어있고, 그리고 복수전공으로 기술교사를 자격을 원하는 학생의 경우는 복수전공으로 기술교육 전공과목을 40학점을 이수하도록 한다.

[표 3-1] 충남대학교 사범대학 기술교육과 교육과정(2017)

학년	학기	이수구분	교과목번호	교과목명	학점시수
1	1	전공기초	50009	공업수학	3-3-0
	1	전공기초	26016	진로계발	2-2-0
	1	전공기초	50014	공업물리	3-3-0
	1	전공기초	29755	공학기초소양	3-3-0
	2	전공기초	15616	공업역학	3-3-0
	2	전공기초	26015	정보기술실습	2-1-2
	2	전공기초	29754	창의공학설계입문	2-2-0
	1	전공기초	30141	미래설계상담1	0-0-0
	1	전공기초	30142	미래설계상담2	0-0-0
	2	전공기초	30143	미래설계상담3	0-0-0
	2	전공기초	30144	미래설계상담4	0-0-0
	1	전공기초	30145	미래설계상담5	0-0-0
	2	전공기초	30146	미래설계상담6	0-0-0
2	1	전공핵심	37294	기술교육론	3-3-0
	1	전공핵심	20403	설계제도	2-0-4
	1	전공핵심	22121	생물기술	3-3-0
	1	전공핵심	23418	컴퓨터기술	3-3-0
	1	전공심화	26005	기술교육최신동향	2-2-0
	1	전공심화	26009	컴퓨터프로그래밍	3-3-0
	1	전공심화	26011	교육과컴퓨터	2-2-0
	2	전공핵심	11541	제조기술	3-3-0
	2	전공핵심	13866	건설기술	3-3-0
	2	전공핵심	13893	전기기술	3-3-0
	2	전공핵심	30359	인터넷기술실습	3-0-6
	2	전공심화	13872	기계기술	3-3-0
	2	전공심화	22114	CAD 실습	2-0-4
	2	전공심화	31545	지속가능발전과 기술교육	2-2-0
	2	전공심화	26010	발명과특허	3-3-0
	2	전공심화	26012	교육통계와전산자료분석	3-3-0
	2	전공심화	26014	직업과진로	2-2-0

3	1	전공핵심	13897	전자기술	3-3-0
	1	전공핵심	29791	제조기술실습	3-0-6
	1	전공핵심	37295	기술 교육과정 및 교재연구	3-3-0
	1	전공심화	30358	목재가공실습	3-0-6
	1	전공심화	26006	교육자료설계와 개발	2-2-0
	1	전공심화	26008	기술교육실천사례	2-2-0
	1	전공심화	29313	토목기술	3-3-0
	1	전공심화		열유체공학	3-3-0
	2	전공핵심	29771	수송기술	3-3-0
	2	전공핵심	29792	건설기술실습	3-0-6
	2	전공핵심	60074	기술논술	2-2-0
	2	전공핵심	60076	기술 교수법 및 평가	2-2-0
	2	전공핵심	26023	정보통신기술	3-3-0
	2	전공심화	10987	교육로봇기술	3-3-0
	2	전공심화	29793	전기전자기초실습	3-0-6
4	2	전공심화	29314	융합기술최근동향	2-2-0
	1	전공심화	13855	에너지와 동력	3-3-0
	1	전공심화	26024	과학기술사	2-2-0
	1	전공심화	26030	ICT활용 교육	2-2-0
	1	전공심화	26051	기술과사회	2-2-0
	1	전공심화	29315	교과지도와생활상담	2-2-0
	1	전공심화	29316	전기전자응용실습	2-0-4
	1	전공심화	29795	수송기술실습	2-0-4
	2	전공심화	26168	기술교육연구법	2-2-0
	2	전공심화		지식재산일반	2-2-0
	2	전공심화	29796	기술교육프로젝트	0-0-0
	2	전공심화		기술수업설계실제	2-0-4

충남대학교 기술교육과는 2017학년도 교육과정 개정에 따라 이수체계도를 개발하였다. 전공 교과의 경우 전공기초, 전공핵심, 전공심화로 학년 간 교육과정의 계속성과 계열성을 고려하여 교과를 분류하였다.

구분	1-1	1-2	2-1	2-2	3-1	3-2	4-1	4-2
전문기초교양	융합지식과 미래교육리더십 창의적 문제해결과 팀워크	창의발명과 지식재산이해						
전공기초	미래설계상담 1 공학기초소양 진로개발 공업수학 공업물리	미래설계상담 2 창의공학설계입문 공업수학 공업물리	미래설계상담 3	미래설계상담 4	미래설계상담 5	미래설계상담 6		
전공핵심			기술교육론 설계제도 생물기술 컴퓨터기술	제조기술 전기기술 인터넷기술실습 건설기술	기술교육과정 및 교재연구 제조기술실습 전자기술	기술교수법 및 평가 기술논술 수송기술 정보통신기술 건설기술실습		
전공심화			컴퓨터프로그래밍 기술교육최신동향 교육과 컴퓨터	기계기술 기계기술 기계기술 CAD실습 발명과 특허 직업과 진로 교육통계와 전산자료분석 지속가능발전과 기술교육	토목기술 목재가공실습 열유체공학 기술교육 실천사례 교육자료설계와 개발	교육로봇기술 전기전자기초 실습 융합기술 최근동향	ICT활용 교육 에너지와 동력 수송기술실습 전기전자응용실습 지식재산일반 교과지도와 생활상담 과학기술사	기술과 사회 기술교육 프로젝트 기술수업 설계실제 기술교육 연구법

<그림 3－1> 충남대 기술교육과 이수 체계도

한편, 최유현(2007)은 한국 교사교육의 특징을 미국의 교사교육과 비교하여 다음과 같이 그 특징을 제시하였다.

첫째, 한국의 기술교사 교육은 가장 큰 장점은 교사가 되기를 희망하는 학생이 많고 상대적으로 한국의 다른 교과보다 교사 임용의 기회가 많다는 점이다. 이는 한국에서 교직의 선호도가 높다는 전체적인 맥락에서 이해될 수 있으나, 이러한 학생들의 희망은 학생 선발, 교육과정 및 수업 운영에 많은 보탬이 되고 있다. 이러한 한국의 상황은 미국에서 가장 큰 문제로 겪고 있는 교사의 지망자의 감소와 인기 하락 등에 큰 시사점을 주고 있지만, 이는 교사교육의 내적 문제이기보다는 외적인 사회적 상황과 경제적 처우 등에 따른 것으로 판단된다.

둘째, 기술교사 교육에 등록하는 모든 학생이 교사로의 진로 목표가 뚜렷하여 오로지 교사가 되기 위한 학업과 준비를 하게 되어 단일한 교육과정을 운영하는데 어려움이 없다. 반면, 미국의 경우 기술교육과 내에서도 교사를 준비하는 학생과 산업체 취업을 준비하는 학생이 있어 복잡한 교육과정의 운영을 할 수밖에 없는 실정이다.

셋째, 충분하고도 다양한 기술교과 내용학과 기술교과 교육학 등이 교육과정에 반영되어 보다 전문성을 높일 수 있는 교육과정을 운영하고 있다는 것이다. 이는 미국의 졸업 학점(120－130)보다 많은 학점(140－150)의 탓도 있지만, 미국이 교양교육을 강조하는 것과 달리 최소한 교양만 부과하고 나머지는 전공 교과를 운영하는 이유도 있다. 특히 충남대학교의 기술교과 교육학 강좌와 전문성 개발 강좌는 기술교과 교육학의 전문적인 강좌를 개설하여 학생들의 선택에 따라 높은 수준의 전문성을 높일 수 있는 기회를 열어주고 있다.

나. 한국의 기술교사 임용 제도

현재의 **교사임용제도**는 교육공무원법 제11조 제1항에 대한 헌법재판소의 위헌 판결(1990년 10월 8일)과 함께 교원임용시험이 1991년부터 적용되면서 시작되었다. 그 이전까지 국립 대학의 사범계학과는 졸업과 동시에 발령을 받아 의무적으로 복하는 하는 제도가 시행되었고, 사립대핵의 사범계 학과나 교직과목 이수자들은 교원채용순위고사를 보고 합격해야 공립중고등학교에 임용되었다.

따라서 현재 기술 교사로 임용받기 위해서는 기술교육 사범계학과를 졸업하거나 교육대학원에서 2정 기술 정교사 자격을 취득한 자에 한하여 국가에서 실시하는 중등임용시험에 합격하여 임용을 받아야 한다.

2017년 현재 적용되고 있는 임용시험의 출제 개요[1]는 다음과 같다.

- **시험명**
  공립(국, 사립) 중등학교 교사 임용후보자 선정경쟁시험
- **출제방향**
  합리적인 방법과 절차를 통하여 수준 높은 양질의 문항을 출제
  교사로서의 전문적인 능력을 측정하는 평가
  공정하고 객관적이며 신뢰성이 있는 중등교사 임용 전형자료를 제공
- **근거법령**
  교육공무원법(개정 2016.1.27.) 및 교육공무원임용령(개정 2016.1.6.)
  교육공무원임용후보자선정경쟁시험규칙(개정 2014.8.8.)
- **시험관리기관**
  시 · 도교육청 : 시행공고, 원서 교부 · 접수, 문답지 운송, 시험 실시, 합격자 발표
  한국교육과정평가원 : 1차 시험 출제 및 채점, 2차 시험 출제
- **시험일정** 각 시 · 도교육청 홈페이지의 공고문 참조

1) http://www.kice.re.kr/boardCnts/list.do?boardID=1500200&m=010601&s=kice&searchStr=

[표 3－2] 임용시험 과목, 시험 시간, 문항 유형

구분	교시	출제 분야	시험시간	문항 유형	문항수	문항당 배점	교시별 배점
1차시험	1교시 (교육학)	교육학	60분 (09:00~10:00)	논술형	1문항	20점	20점
	2교시 (전공A)	교과교육학 (25~35%)	90분 (10:40~12:10)	기입형	8문항	2점	40점
				서술형	6문항	4점	
	3교시 (전공B)	교과내용학 (65~75%)	90분 (12:50~14:20)	기입형	5문항	4점	40점
				서술형	2문항	5점	
				논술형	1문항	10점	

구분	시험과목	시험시간	비고
2차시험	교직적성 심층면접, 교수 · 학습 지도안 작성, 수업능력 평가(수업실연, 실기 · 실험)	시 · 도교육청 결정	

※ 2차 시험은 시도별, 과목별로 다를 수 있음(시 · 도교육청 안내 참고).2차 시험

다. 일본의 교원 면허 제도2)

일본의 교원이 되려면 초등학교, 중학교, 고등학교, 맹 · 농 · 양호학교, 유치원의 교원 및 양호 교원, 각 학교급마다의 교원 면허장이 필요하다. 이 중에서 중학교 · 고등학교는 교과목별로 면허장이 교부되며, 교원 면허장은 일본 전국의 각 도도부현 교육위원회(한국의 '교육청'과 같은 성격)로부터 수여된다.

1) 면허장의 기본적인 종류

교원의 면허장은, 보통 면허장, 특별 면허장, 임시 면허장의 3개에 크게 나눌 수 있다.

보통 면허장은, 학위와 대학 등 교직 과정의 이수에 있어서의 단위의 습득에 의해 수여되는 면허장으로, 필요한 학위와 교직 과정의 단위 수의 차이에 따라 ① 전수(專修) 면허장, ② 1종 면허장, ③ 2종 면허장으로 나누어져 있다(고등학교의 면허장에는 2종 면허장이 없음).

특별 면허장은, 면허장을 가지지 않지만 뛰어난 지식 경험을 갖고 있는 사회인을 학교 현장에 활용하기 위하여 수여되는 면허장으로, 수여 조건으로는 담당 교과에 관한 전문적인 지식 경험이나 기능을 가지는 것이다.

임시 면허장은 보통 면허장을 가지는 사람을 채용할 수 없는 경우에 한정하여, 예외적으

2) 출처 : 문부과학성. 教員をめざそう！(교원양성 안내자료집)

로 수여되는 준교사의 면허장입니다. 그러나 보통 면허장의 수여 건수가 가장 많으며, 대부분의 교원은 보통면허장을 소지하고 있다.

2) 교직 과정

(1) 면허장 취득에 필요한 과목

보통 면허장을 취득하기 위해서는 원칙적으로 대학 등의 교직 과정의 단위를 습득할 필요가 있다. 면허장을 취득하기 위해서는 ① 교과에 관한 과목, ② 교직에 관한 과목, ③ 교과 또는 교직에 관한 과목을 습득해야 한다.

① 교과에 관한 과목

교과에 관한 과목에서는, 교과의 내용에 관한 학문 영역의 전문적 지식이나 기능을 습득한다. 예를 들면, 중학교 사회의 면허장을 취득하기 위해서는, 일본사 및 외국사, 지리학, 「법률학, 정치학」, 「사회학, 경제학」, 「철학, 윤리학, 종교학」에 관한 과목을 배우게 된다(「 」는 그 과목 중에서 1 과목을 필수 이수).

② 교직에 관한 과목

교직에 관한 과목에서는 교과 지도, 학생 지도 등 학교에서의 교육 활동을 진행시키는데 있어서 필요한 지식, 기능이나, 교직의 의의, 교원의 역할 등에 대하여 배운다. 구체적으로는, 「교원의 직무 내용」, 「교육의 이념 및 교육에 관한 역사 및 사상」 「유아, 아동 및 학생의 심신의 발달 및 학습의 과정」, 「교육과정의 의의 및 편성의 방법」, 「각 교과의 지도법」, 「교육방법 및 기술」, 「학생 지도 이론」, 「진로 지도」 등의 과목을 배우게 된다. 또, 교직에 관한 과목 중에는 교육 실습도 포함된다. 2010년도 입학생부터는 최종 학년에 '교직 실천 연습'이라는 과목이 새롭게 설강되었다. 교직 실천 연습은 교원으로서 최소한 필요한 자질 능력을 습득한 것을 확인하기 위한 과목이다.

③ 교과 또는 교직에 관한 과목

교과에 관한 과목, 교직에 관한 과목, 교직에 관한 과목에 준하는 과목을 이수한다.

[표 3-3] 교원면허장 취득에 필요한 단위수의 개정(2000년)전후 비교표

구분	개정전				개정후			
	교과	교직	교과 또는 교직	계	교과	교직	교과 또는 교직	계
소학교전수(專修)	18	41	24	83	8	41	34	83
소학교 1종	18	41		59	8	41	10	59
소학교 2종	10	27		37	4	31	2	37
중학교 전수	40	19	24	83	20	31	32	83
중학교 1종	40	19		59	20	31	8	59

중학교 2종	20	15		35	10	21	4	35
고등학교 전수	40	19	24	83	20	23	40	83
고등학교 1종	40	19		59	20	23	16	59
유치원 전수	16	35	24	75	6	35	34	75
유치원 1종	16	35		51	16	35		41
유치원 2종	8	23		31	4	27		31

출처 : 김성숙(2006). p.13에서 재인용

(2) 교직과정 이수 가능 대학

일본의 경우 개방형 교원양성체계를 선택하고 있기 때문에, 교원양성대학(예. 학예대학) 뿐만 아니라, 일반 대학을 졸업하여도 교직 과정에 필요한 단위를 이수하였을 경우에는 교원 임용 시험을 볼 수 있다. 단, 교직 과정에 필요한 단위를 이수하기 위해서는 각 대학에 희망하는 교직 면허를 취득할 수 있도록 강의가 개설되어 있어야 하며, 따라서 문부과학성 홈페이지에 교원면허증 취득 가능한 대학을 링크해 놓고 있다[3].

3) 일본의 교원 채용 시험

공립학교의 교원 채용 시험은 전국 각 도도부현 교육위원회에서 각각 실시하고 있다. 많은 교육육위원회에서는 학교 종별, 교과별로 전형을 실시하고 있으며, 전형에 합격하여 채용되면 해당 지역의 '지방공무원'이 된다. 시험과목은 각 지방의 교육위원회에 따라 시험 과목과 내용이 다르지만, 대체로 아래와 같다.

① 필기 시험 : 일반 교양 시험, 교직 교양(교육 원리, 교육 심리, 교육법규 등), 전문 교양(교과에 관한 내용) 등
② 면접 시험 : 집단 면접이나 개인 면접 등 여러 가지 방법으로 행해짐
③ 논문 시험
④ 실기 시험 : 수영이나 피아노 연주, 영어회화 등 교과 등에 관한 실기 시험이 실시되기도 함
⑤ 그 외 : 모의 수업이나 지도안 작성, 적성 검사 등을 실시하고 있는 교육위원회도 있음

4) 일본의 교원면허갱신제도[4] 폐지

일본은 2007년 6월 개정 교육직원면허법을 설립하고, 2009년 4월 1일부터 교원면허갱신

3) http://www.mext.go.jp/a_menu/shotou/kyoin/daigaku
4) 출처 : 문부과학성(2008). 教員免許更新制の概要. (교원면허갱신제 안내자료)

제를 도입하였다. 교원 면허 갱신제는 시대의 변화에 따라 교원으로서 필요한 자질 능력이 유지되도록, 정기적으로 최신의 지식과 기능을 익히는 것과, 교원이 자신감과 자부심을 갖고 교단에 서서 사회의 존경과 신뢰를 얻는 것을 목표로 하는 것이다(부적격 교원의 배제를 목적으로 한 것이 아니라고 표명하고 있음).

이로써 일본의 교원면허는 10년의 유효기간을 갖게 되며, 만료 전 2년 내에 대학 등이 개설하는 30시간의 면허장 갱신 강습을 수강 · 수료한 후, 면허 관리자에게 신청하여 수료 확인을 받아 갱신하여야 자격을 유지할 수 있다.

수료 확인 기한의 연기나, 강습의 면제 대상자에 해당하는 경우에는 필요한 절차를 걸쳐 연기 및 면제받을 수 있다.

가. 갱신 학습 대상자

① 현직 교원(지도 개선 연수 중의 사람을 제외하다)

② 교원 채용 예정자

③ 교육위원회나 학교 법인 등이 채용한 임시 임용(또는 비상근) 교원

④ 과거에 교원으로서 근무한 경험이 있는 사람 등

나. 갱신 학습 제외자(면허 관리자에게 신청하여, 강습없이 면허장을 갱신)

① 우수 교원 표창자

② 교원을 지도하는 입장에 있는 사람

- 교장(원장), 부교장(부원장), 교감, 주간 교사 또는 지도 교사
- 교육장 또는 지도 주사 등

※지식 기능이 불충분한 사람은 불가

다. 면허장 갱신 강습

1) 면허장 갱신 강습을 개설할 수 있는 사람

① 대학

② 지정 교원 양성 기관(전수학교 등 문부 과학 대신의 지정을 받은 곳)

③ 도도부현 · 지정도시 등의 교육위원회 등

2) 면허장 갱신 강습의 강사

① 대학의 교수 · 준교수 · 강사

② 교육위원회의 지도 주사 등

3) 면허장 갱신 강습의 내용

① 교육의 최신 주제에 관한 사항(12시간 이상)

② 교과 지도, 학생 지도 및 교육의 충실에 관한 사항(18시간 이상)

③ 강습은 장기 휴업 기간 중이나 토 · 일요일 개강을 기본으로 하고, 통신 · 인터넷이나 방송에 의한 형태 등도 인정하며, 수강하기 쉬운 환경을 정비하도록 한다.

그러나 일본 정부는 2021년에 10년마다 교원면허의 갱신이 필요한 '교원면허 갱신제'를 폐지하고 새로운 연수제도를 마련해 교육위원회가 교원별 연수기록 작성을 의무화하는 법률 개정안을 결정했다.

그동안 일본 교육계는 '교원면허 갱신제'가 30시간 이상 강습을 받아야 하고, 3만엔(31만 3000원) 정도의 수강료를 부담해 교원의 업무 및 경제적 부담이 가중되고 있다는 등 문제를 지속적으로 제기해 왔다. 이러한 이유로 일본 문부과학성 자문기구 중앙교육심의회는 2022년 8월 23일 소위원회를 열고 '교원면허 갱신제'의 폐지 방안을 확정했다.

또 교원의 자질 향상을 담보하기 위해 2023년 4월 1일부터 새로운 연수제도를 마련해 교육위원회가 교장이나 교원의 개인별 연수기록을 의무적으로 작성하고, 그 기록에 근거해 지도나 조언 등을 실시하는 내용을 담았다.

라. 미국의 기술교사 교육 동향

미국의 기술교사의 수는 여러 연구에서 나타난 바와 같이 최근 들어 감소하고 있는 실정이다. 즉 2000-2001년에는 38,537명이었으나, 2004년에 와서는 35,909명으로 줄어들었다 (Meade & Dugger, 2004). 50개 주를 대상으로 한 2002년의 조사통계에서도 미국의 기술교사가 충분한가에 대한 질문에서 단 2개주(Alabama와 New York주)를 제외하고 48개주에서 교사 부족을 호소하고 있다(Ndahi & Rize, 2003).

특히 미국 교사들이 새롭게 고용된 후 33%가 처음 3년 내에 교직을 떠나고, 46%는 처음 5년 이내에 교직을 떠난다는 통계 보고가 있다(Ingersoll, 2002, in Ndahi & Rize, 2003). 이처럼 미국 교사의 낮은 공급율과 높은 이직율의 이유는 열악한 작업조건, 행정 및 지역사회의 지원 부족, 경제적, 정책적 문제, 학교 개혁 노력 등이 주된 이유로 나타난다(Gursky, 2001, in Ndahi & Rize, 2003). 이러한 기술교사 부족의 단기적인 해결책으로 학사학위 소지의 계절학기 등록을 통하여 직업전환 프로그램(career switcher program)을 개설하는 방안을 제시하기도 한다. 실제로 근래에는 미국의 Old Dominion Univ.와 Ball State Univ. 등 몇몇 대학에서는 온라인 원격교육을 통하여 기술교사 교육 자격을 취득하는 기회를 주고 있는 실정이다.

결국 미국 기술교사의 부족으로 인해 학생들과 학교에서 필요로 하는 기술 교과목의 개설 수가 줄어들 수밖에 없으며, 최근 새롭게 모든 미국인을 위한 기술교육을 위한 표준의 개발과 새로운 기술의 도래에 따른 기술과 교육의 필요성 증대 측면에서 볼 때 큰 골칫거리가 되고 있다.

미국에서도 기술교사가 되기 위해서는 기술교육 전공의 대학을 졸업하고 일종의 자격시험

(Professional Teacher Assessment Requirements)을 치르도록 되어있다. 대부분의 주에서 일반학력 시험과 전공 시험을 통과해야 기술교사가 될 수 있다. 미국의 버지니아 전문교사 자격시험(Virginia Department of Education, 2001)의 평가영역은 일반학업능력 평가(Academic Skills Assessment)-Praxy I(수학－최저합격 178점, 읽기－최저합격 178점, 쓰기－최저합격 178점), 그리고 전공 평가(Content Assessment, 기술교육, 최저합격 610점)로 구성되어 있다. 따라서 이 자격 시험은 일종의 절대평가이므로 일정 자격만 갖추면 모두 통과하게 되어 있는 점이 한국과 다르다.

미국의 기술 교사교육은 전통적으로 매우 오랜 역사를 지니고 있으며, 대학에 따라 공과대학, 사범대학 등 다양한 소속을 지니고 있으며, 프로그램도 매우 다양한 형태로 운영되고 있다. 이 중에서 평가 인증을 받은 6개 대학의 기술교사 교육 프로그램의 교육과정을 살펴보면 다음과 같다.

[표 3－4] 미국 기술교사 교육 대학 교육과정의 비교

대학	편제 및 특징	교육학 과목	교과교육학 과목	교과내용학 과목
North Carolina State Univ. Technology Education	• 목표 －기술적 기능 개발과 기술적 과정의 이해 －기술적 문제해결 능력 －기술적 발달의 이해와 평가 －현대기술 영향의 이해와 평가 －기술에 대한 교수 능력 • 수학, 과학, 기술교육과내에 전공을 둠 • 자격과정과 비자격과정으로 운영 • 석사과정에서도 교사자격 취득가능	－교육심리 －발달심리 －학교와 사회 －특수 아동 교수법 －다민족 교수법 －교육과정 기초 －독서지도 －중등교육기초 －청소년 교수 학습 －청소년 발달 －기술교육실습(8) －인턴십(6)	－기술 학문적 탐구 －현대기술교육과정 －기술교육 개발과 적용 －창의적문제해결 교수법 －기술실 계획 －기술교육과정/방법 －기술교육세미나 －기술수업 관리및 안전	• 통신 －그래픽 기초 －공학그래픽 －응용 CAD －그래픽 기술 －전자기술 －통신기술 • 건설 －목재가공 －건설기술 －건설기술세미나 • 제조 －도자기공예 －금속기술 －산업 컴퓨터 응용 －제조기술 －제조기술 세미나 • 교통 －교통－에너지동력기술 －특별주제개인연구

Ohio State Univ. Technology Education	• 자격과정과 비자격과정으로 운영 • 일반 교양 84–85 기술교육내용학 53–56, 기술교과교육 43 선택 16–20	[일반교양] 작문(15) 수리기능(9–10) 자연과학(20) 사회과학(15) 예술/인문학(25)	[자격과정–전공필수] –통합교과 독서지도 –기술교육교수법 I –기술교육교수법 II –기술교육교수법 III –교육철학 –현대교육사 –기술교육현장경험(5) –고급기술교육현장경험(5) –기술교육현장경험(15) [비자격 과정] 한 집중코스 선택 21학점 이수 –경영 집중 코스 –제조 집중 코스 –건설 집중 코스 –통신 집중 코스 –에너지/동력/교통 집중 코스	[필수] –기술과 학교 –설계 –제조 I –에너지/동력/교통 –전기공학 –건설 I –통신기술 I –생산 –로봇공학 –그래픽 표현 –응급처치 [선택] –6과목 중 3과목 –제조 II –에너지/동력/교통 II –전자공학 –건설 II –통신기술 II –기술 일러스트레이션
Ball State Univ. Technology Teacher Education	• 대학교양 41–46 교육학 39학점 기술교육내용학 49학점 졸업자격 129학점 • 4년간 전자포트폴리오 요구	–다문화 교육 개론 –중등교육 인간발달 –고등학교 교수법 –중학교 교수법 –교육심리학 –교육의 사회, 역사, 철학적 기초 –학생교사–중등학교	–기술교육 탐구 –기술교육교수법 –기술교육 프로그램 기획 –다민족 학생을 위한 기술교육	–기술의 기초 –설계 기술 –생산 기술 –제품 설계 –정보 처리 –기술의 이용과 평가 –교통 시스템 –통신 시스템 –건설 시스템 –시스템 설계 –기술적 기획 –캡스톤 기술 실습 –재료 처리 –에너지 처리 –제조 시스템

Millersville Univ. Technology Education	• Industry & Technology 학부 • 1학기 교육 실습 • 127학점 이상 - 일반교양 51학점 - 기술교양 12학점 - 기술내용학 32학점 - 기술교과교육학 27학점 - 교사자격 학점 3.0 이상 요구	- 현대교수법 기초 - 교수법의 심리적 기초	- 기술교육론 - 기술교육과정과 수업 - 혁신과 설계 - 기술교육세미나 - 교육실습(12)	[기술교양] - 통신시스템 - 에너지, 동력, 교통 - 생산 재료 및 처리 - 생명 관련 기술 [기술적 내용] - 제도 통신 - 그래픽 통신 - 전기전자 시스템 I - 전자시스템 Ⅱ - 비금속재료 처리 - 금속재료처리 - 전력변환과 통제 - 생산설계(R&D) - 건축제도와 설계 - 제조 기획
Illinoise State University Technology Education	• 120학점 • 일반교양, 기술교육내용학, 기술교과교육학으로 구분 - 교사자격 학점 2.5 이상 요구	[교양코스 필수] - 언어와 작문 - 화법 기초 - 물리학 기초 - 인간행동 탐구 [교육학] - 교육심리학 - 사회적 기초 - 중등교육 쟁점 - 중등 독서지도 - 중등 교육 수업 및 평가방법 - 교수 능력 - 교육실습		- 기술학 기초 - 동력 기술 - 기술 제도 - 빌딩 건설 기초 - 제조 과정 기초 - 그래픽 통신기술 - 교통기술교재연구 - CAD - 컴퓨터통신시스템 - 삼각함수 [선택] 15학점 - 건설, 설계 제도, 전자, 그래픽 통신, 산업기술, 제조, 교통 등
Utah State Univ. The Department of Engineering and Technology Education	• 124학점 - 일반교양24학점(통신리터러시 6학점 포함) - 중등교사자격과정 35학점 - 전공과정 55학점 - 선택 10학점	[중등교사자격과정] - 중등교사를 위한 교육공학 - 교수법 I - 교수법 Ⅱ - 임상교육경험 I - 임상교육경험 Ⅱ - 교육실습 세미나 - 교육실습(중등학교)(10)		[통신] - 9학점 - 통신기술 - CAD - 컴퓨터 시스템과 네트워크 [제조] - 9학점 - 재료 처리 시스템 - 목재 제조시스템

	-수업 경영과 동기 부여 -다문화 교육 기초 -학습자 학습의 인지사고와 평가 -읽기, 쓰기와 기술 -특수학습자 교육		-컴퓨터 통합 제조 [에너지, 동력, 교통] -3학점 -에너지, 동력, 교통 시스템 통제 기술 [건설] 6학점 -건설과 계획 -건축과 건설시스템 [관련 전공] 8학점 -기술교육 기초 -과학, 기술, 사회 -프로그램과 코스 개발 -생명기술 기초 [공학교육] 6학점 -공학 원리 -공학 시스템 [관련 기술] 14학점 -전자 기초 -대학 수학 -삼각함수 -기술 물리학

위의 표에서 알 수 있듯이 미국의 기술과 교사교육 프로그램은 졸업에 필요한 학점은 120-130학점 정도로 나타났으며, 일반교양의 학점이 50학점 정도로 상대적으로 많은 학점을 요구하고 있다. 이는 미국 대학의 특성상 학부 단계의 교육에서 일반적 교양 교육을 강조하고 있는 이유이다. 또한 교육실습을 4학년 2학기 한 학기 동안 운영하고 있으며, 학점수도 10학점 전후로 상당히 높은 비중을 차지하고 있다. 세부적인 전공교과목은 내용학에서는 제조, 건설, 교통, 정보통신, 생명공학 기술 등을 근간으로 하지만 다양한 교과목의 개설을 확인할 수 있다. 이들 공학 관련 교과목도 완전히 공학적 접근이 아니라 학교에서 필요한 기술교육적 접근을 하여 실제 다루는 내용도 공학적 내용을 가르치는 방법론적 내용을 많이 포함하고 있다.

결국 미국의 기술교사 교육과정은 Wright(1995)가 범주화 한 '기술에 대한 이해 능력(Know Technology)', '기술에 대한 실천 능력(Do Technology)', '기술에 대한 교수 능력(Teach Technology)'를 중심으로 편성되어 있음을 알 수 있다.

그리고 기술교육 전공 내에서도 교사자격 코스와 비자격 코스를 운영하여 학생들의 교육과정 설계에 따라 교사 혹은 산업체로 진로를 결정하기도 한다. 특히 Illinoise State University

에서는 'Department of Technology' 내에 'Construction Management, Graphic Communications, Industrial Computer Systems, Integrated Manufacturing Systems, Technology Education'의 5개 전공을 두고 있다. 또한 North Carolina State University에서는 사범대학에 소속된 'Department of Mathematics, Science and Technology Education' 내에 'Technology Education' 전공을 두고 그 안에 'Graphic Communications과 Technology Education'의 2개 하위 전공을 두고 있고, 기술교육 전공 내에서도 자격 코스와 비자격 코스가 있다. Illinois 주립대학의 기술교사 교육 코스 졸업생의 진로는 각종학교 교사, 기술조정관, 산업기술교육 인사, 산업체 취업 등으로 매우 다양하다.

Daugherty(2005)는 기술과 교사교육을 담당하는 교수들을 대상으로 '기술교사 교육의 역할 변화(A Changing Role for Technology Teacher Education)'라는 연구를 수행하였다. 이 연구의 결론은 미국 기술교사 교육자들은 새로운 기술과 교육의 혁신과 역할 변화에 대한 요구에 민감하게 인식하고 있고, 최근의 STL, AETL 등의 표준과 ITEA/CTTE/NCATE의 교사교육 표준을 그 기반 모델으로 판단하고 있는 것으로 파악된다. 또한 그들이 강조하는 내용의 핵심은 기술적 교양과 더불어 공학, 설계를 기반으로 하는 공학 교육(engineering education)을 기술과 교육(technology education)에 접목시켜야 한다고 판단하고 있다. 중요한 수업전략으로는 다양한 접근을 필요로 하지만, 여전히 문제해결, 협동학습 등의 구성주의적 학습 철학을 강조하고 있는 것으로 나타났다. 이러한 연구 결과는 미국 기술교사 교육의 미래를 예측할 수 있는 중요한 연구 결과이다. 한국 기술 교사양성 교육과 비교되는 미국의 기술교사 양성교육의 특징은 다음과 같이 정리될 수 있다(최유현, 2007).

첫째, 미국 기술교사교육이 갖는 역사적인 전통과 많은 연구의 축적에서 오는 역사성과 학문적 위상이 주는 시사점이다. 사실 우리나라의 기술교사교육은 상당 부분 미국의 기술교사 양성교육과정을 참조하고 있는 실정에서 잘 알 수 있다. 특히 한국 보다 비교할 수 없을 정도로 많은 대학에서의 기술 교사교육 프로그램의 개설과 운영은 결국 많은 기술교사교육 연구와 실천을 동시에 이루어지고 있는 실정이다. 한국에 고작 3개의 대학에서 운영되고 있는 기술교사교육 프로그램의 수적인 한계와 많은 교사교육자와 연구자의 절대적인 수적 열세를 무시하기가 어렵다.

둘째, 미국의 기술교사 교육과정의 다양성과 유연성은 우리나라 교육과정에 큰 시사점을 준다. 모든 학생들이 교사로 희망하지 않기 때문에 불가피한 교육과정 운영이지만, 교육과정을 개인이 설계하기에 따라 산업체로의 취업이 가능한 교육과정 이수가 가능하다는 것이다. 이는 오직 교사가 되기 위한 교육과정의 운영으로 교사가 되지 못하는 경우의 진로를 미리 설계해 주지 못하는 한국의 기술교사 교육과정과는 차이가 있다. 따라서 한국의 기술 교사교육과정도 보다 유연성을 가지고, 기술교사는 물론, 전반적 공학기술 이해가 필요한 분야의 개발과 취업, 교육관련 전문가, 인력자원개발 담당자 등의 다양한 진로가 가능한 교육과정을 운영할 필요가 있다.

셋째, 기술교사 교육과정에서 교육실습을 양국에서 모두 부과하고 있지만, 미국의 경우는 4학년 마지막 학기에 한 학기동안 교육실습을 하여 보다 현장 적응력을 갖춘 교사를 양성하고 있다. 이러한 시사는 한국의 경우 보다 많은 학점과 교과목을 운영하고 있어 한 학기제의 섣부른 적용은 현실적으로 어렵지만, 보다 교육실습을 강화하는 방안의 모색과 최근 논의되는 사범대학 6년제 논의가 현실적인 검토와 대안이 될 수 있을 것이다.

넷째, 미국의 학부교육의 특징은 우리나라 보다 적은 졸업학점과 교양교육의 강조이다. 미국의 졸업학점이 적지만 교양교육이 40-50학점에 이르러 충분한 교육을 가능하게 한다. 이는 보다 전문화된 교육은 대학원과정에서 심화하고 최소한의 전공 지식을 요구하고 있다. 이는 교사가 될 학생들의 일반교양과 학업능력을 기본적으로 요구하고 있는 교사자격시험에서도 잘 나타난다. 우리나라의 경우 교사자격은 졸업과 동시에 주어지지만, 미국의 경우는 교사자격시험을 통과해야 하는데, 부과과목으로 일반학업능력(수학, 쓰기, 읽기)과 전공(기술교육학)을 제시하고 있다. 따라서 우리나라에서도 가능한 학점 범위에서 보다 내실 있는 교양교육의 강화를 모색할 필요가 있다.

끝으로 미국 기술교사 교육의 시사점은 '기술 교사교육 표준'의 마련이다. 이 표준안은 미국 교사교육 교육과정을 개발하고 운영하거나 교사자격시험의 필수적인 지침으로 작용하여 주 마다 자율적이고 다양한 접근을 하기는 하지만 공통적인 기준을 참조로 하고 있다. 또한 많은 대학의 기술교사교육 프로그램의 인증을 판단하는 평가 지침이 되기도 한다. 우리나라도 기술교사 교육의 표준은 물론 교사교육 시설의 표준도 하루 속히 마련되어야 할 것이다.

2. 기술교사의 교과 교육학 지식[5)]

송일민(2011)은 박사학위논문에서 **기술교과교육학지식**을 학교 현장의 실제 수업에서 교육과정에 관한 지식, 교수법 및 평가에 관한 지식, 학생에 관한 지식, 그리고 상황에 관한 지식 등의 구성요소들이 상호 복합적, 융합적인 형태로 결합되어 발현되는 실천적 지식으로 정의하고 기술교사들의 수업에서 나타난 기술교과교육학지식을 분석하였다.

유능한 교사는 교과 내용을 학생들의 이해할 수 있는 형태로 변환시킨다. 그러기 위해 교사는 구체적인 교과 내용 맥락에 맞추어 교수 지식을 변경함으로써 고유의 교과교육학지식을 개발하게 된다. 교과교육학지식 연구를 통해 여러 학자들이 파악한 교사 지식을 구성하는 영역들과 교과교육학지식과의 관계를 나타내면 다음 <그림 3-2>와 같다(Magnusson, Krajcik, & Borko, 1999: Shulman, 1986, 1987).

5) 이 부분은 송일민(2011). 기술과 수업에서 교사의 교과교육학지식에 관한 사례 연구에서 재인용하거나 발췌하여 제시함.

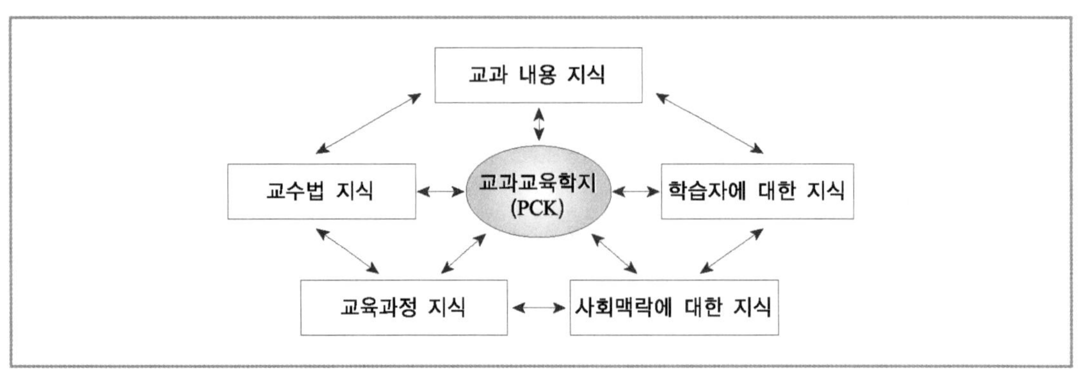

<그림 3－2> 교과교육학지식과 교사 지식 구성 요소 관계

<그림 3－2>에서 볼 수 있듯이 교과교육학지식은 교과 내용 지식, 교수법 지식, 교육과정 지식, 상황에 관한 지식과 학습자에 관한 지식이 서로 상호작용하여 변형된 결과이다. 그림에서 화살표는 교과교육학지식과 교수 지식의 타 영역들과 상호 영향을 주고받는다는 것을 의미한다. 수업을 통해 교과교육학지식이라는 형태로 표출되는 교사의 전문적 실천은 교사의 상황 인식과 교사 수업의 지향점에 따라 다르게 나타난다. 즉, 교과교육학지식은 교사가 지도하는 수업 주제와 교사가 지향하는 목표에 따라, 때로는 내용 지식에 초점을 맞추기도 하고, 교수방법이나 전략에 중점을 두기도 하는 등 다양한 양태로 표출될 수 있다.

교과교육학지식과 교사지식을 구성하는 범주들(domains of teacher knowledge) 간의 관계를 나타낸 것이 <그림 3－3>이다.

<그림 3－3>에서 볼 수 있듯이 어떤 교사의 수업 실천에서 명시적으로 드러나는 교과교육학지식에는 이를 뒷받침하는 다양한 교사 전문 지식 영역들이 있다. 교과교육학지식을 뒷받침하는 교사 전문 지식의 영역들은 교과별로 다소 다를 수 있지만, 일반적으로 (1) **교과 내용 지식**, (2) **교수 방법에 관한 지식**, (3) **학생에 관한 지식** 등이 공통으로 포함된다. 수업에서 교과교육학지식이라는 양식으로 표출되는 교사의 전문적 실천이 어떠한 요인의 영향을 받아서 어떤 의사결정 단계를 거쳐서 특정한 교과교육학지식 양태를 띠게 되는지를 심층적으로 탐색해 볼 필요가 있다. 즉, 빙산의 드러난 부분을 떠받치고 있는 거대한 지식 기반의 유형과 역할을 재조명 해 볼 필요가 있을 것이다. 교사가 지도하는 수업 주제와 교사가 지향하는 목표에 따라 명시화된 교과교육학지식은 때로는 내용 지식에 초점을 맞추기도 하고, 교수방법이나 전략에 중점을 두기도 하는 등 다양한 양태로 표출될 수 있다. 교과교육학지식이 표출되는 특징은 교사의 상황 인식과 교사 수업의 지향점에 따라 달라진다.

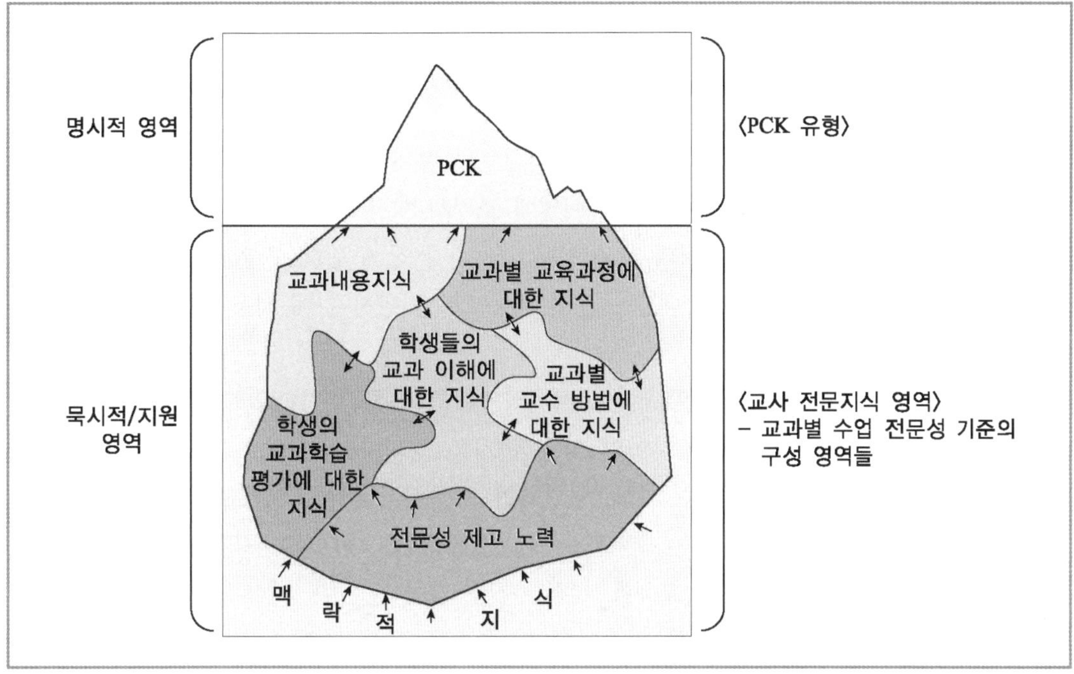

<그림 3－3> 교과교육학지식과 교사 전문 지식 영역의 관계

자료 : 이화진 등(2006).수업 컨설팅 지원 프로그램 및 교과별 내용 교수(PCK)개발 연구 : 2006 KICE 교수학습 개발센터 운영을 중심으로. 한국교육과정평가원. p.124 재구성

교과교육학지식은 교사지식을 구성하는 교과내용 지식, 일반 교수법적 지식 및 상황 지식 영역의 영향을 받아서 재구성되는 영역이다. 즉, 일반 교수법적 지식은 교과교육학지식에 영향을 미치는 중요한 교사 지식의 한 영역이다. 교사는 일반 교수법적 지식을 비롯하여 다양한 지식 영역을 기초로 수준 높은 학습을 촉진할 수 있는 교수 절차와 방법을 선택하여 활용하게 된다.

1986년에 슐만(Lee Shulman)은 교사의 지식을 교과 내용지식(subject matter knowledge), 교과교육학지식(pedagogical content knowledge), 교육과정 지식(curricular knowledge)의 세 가지로 분류하였다. 이 중 교과교육학지식은 교과 내용을 다른 사람들이 이해할 수 있도록 제시하고 형식화하는 방법에 관한 지식으로, 교수 능력과 밀접하게 관련되어 있는 내용 지식의 특별한 형태이다.

Shulman(1987)은 교사 지식을 다시 내용 지식(content knowledge), 일반 교육학 지식(general pedagogical knowledge), 교육과정 지식(curriculum knowledge), 교과교육학 지식(pedagogical content knowledge), 학습자에 관한 지식(knowledge of learners and their characteristics), 교육적 환경에 관한 지식(knowledge of educational contexts), 교육목적, 가치, 철학, 역사적 배경

에 관한 지식(knowledge of educational ends, purposes, and values, and their philosophical and historical grounds)의 일곱 가지로 세분화하였다. 여기에서 Shulman(1987)은 교과교육학지식을 '내용과 교육학의 특별한 화합물(amalgam)로서 교직에서만의 독특한 지식으로, 그들만의 전문적 이해의 특별한 형태'라고 정의하였다. 이에 덧붙여 Shulman은 일곱 가지 교사의 지식 중 교과교육학지식을 '특정 주제나 문제를 어떻게 조직하고 표현하며 학습자의 능력과 흥미를 적절화 하는가에 관한 이해'로 교사와 교과 전문가를 가장 잘 구분할 수 있는 기준으로 삼았다. 다시 말해 교과교육학지식을 교과 내용을 수업 내용으로 전환시킬 때 사용하는 교사의 전문지식으로 이해하였다(이연숙, 2006).

Grossman(1990)은 Shulman이 제안한 교사지식체계를 이론적 기반으로 하여 교수 활동을 뒷받침 하는 지식 영역들과 그들 사이의 상호 관계를 정의하면서, 교수활동을 위한 전문적 지식의 네 가지 영역을 교과 내용 지식, 일반적인 교수법적 지식, 교과교육학지식, 교육 상황 지식 등으로 정의하였고, 그 중 교과교육학지식을 교과를 가르치는 목적에 관한 개념, 학생의 이해력에 관한 지식, 일반 교육학 지식, 수업 전략에 관한 지식 등으로 분류하였다. Grossman은 교과교육학지식 연구를 통하여 특별 주제를 위한 표현과 방법에 관한 지식, 특정 주제에 있어 학생의 개념과 오개념에 관한 지식, 특정 주제에 있어 교육목적에 관한 지식으로 세부적으로 분류하기도 하였다. 이 세부적인 분류는 수업 전략, 교수법 등에 포함되는 내용으로 파악될 수 있다.

기술교과교육학지식은 다른 교과와 마찬가지로 내용, 교육, 학생, 상황 등 기초 지식의 영향 하에 형성되지만, 이와는 독립적으로 존재하는 기술교과 교사의 실천지로서 기술교과 수업의 배경 지식이 되는 기술교과 교육과정, 기술교과 교수 방법 및 평가, 기술교과 학습에 대한 학생 이해, 기술교과 수업 환경 지식 등의 구성 요소로 이루어지고 동시에 이러한 요소들이 서로 결합된 지식이라고 볼 수 있다. 여기서 기술교과 교육과정에 관한 지식은 기술교과 교육의 목표와 기술교과의 내용에 관한 지식을 포함한 것이다.

송일민(2011)은 기술수업 실천 분야에 있어 우수한 기술교사를 연구 참여자로 보고 설정된 기준에 의해 선정된 교사들 중 연구 참여자로 참여하기를 동의한 10명의 기술교사들을 선정하여 관찰, 면담하였다. 10명의 교사들로부터 확보된 자료는 수업 지도안, 수업자료, 학습지, 사전 면담지, 수업 촬영 동영상, 수업 후 면담 자료 등이다.

그는 우수한 기술교사들의 수업 실천 속에 나타난 기술교과교육학 지식은 무엇인가라는 연구 문제를 정의적, 인지적, 심동적 영역의 세 가지 측면에서 분석한 결과 다음과 같은 결론을 얻었다.

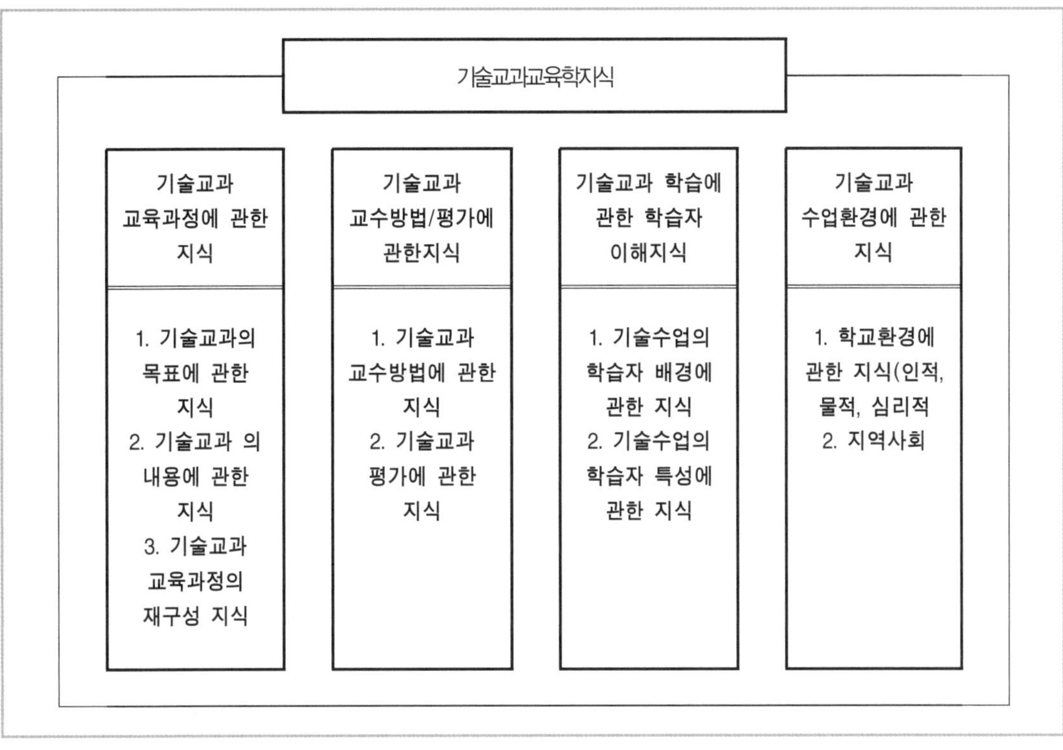

<그림 3－4> 기술교과교육학지식의 모형

가. 정의적 학습목표에서 기술교과교육학지식

기술교사들의 수업을 계획하고 실천하는데 있어서 수업의 목표는 가장 중요한 요소로 작용하고 있으며, 교사의 수업을 분석하기 위해 수업의 시작에서 종료에 이르는 행동의 흐름을 파악하였다.

정의적 학습 목표의 기술수업은 생명기술의 이용이 인간 생활과 생태계에 미치는 영향을 다룬 내용으로 "유전자 변형 및 조작이 우리에게 미치는 영향을 생각해보고 이에 관한 자신의 의견을 말할 수 있다"라는 목표를 가지고 도입 단계에서는 전시수업에서 배운 내용에 대한 확인과 학습 목표의 제시가 있었다.

정의적 학습 목표에서 수업 조직은 학생들이 쉽게 이 과제에 접근할 수 있는 병원에서 온 편지라는 수업 동기 유발이 있었으며 생물 기술에 관한 퀴즈, 모둠 활동, 영화시청 등으로 학생들이 학습 목표에 대하여 쉽게 접근할 수 있는 기회를 제공하였다.

정의적 학습 목표에서 수업의 특징은 학생들의 참여를 증대시키기 위해 보상 활동을 할 수 있는 기회와 이 보상 활동 결과에 대한 발표를 할 수 있는 기회를 주었다. 또한 유전자 변형 인간을 소재로 하고 있는 영화를 시청하게 하여 학생들에게 영화에서 벌어지고 있는 상황에 관한 토론과 현명한 의사 결정을 통한 의견을 발표하게 하였다.

특히 생명기술의 발달을 수업한 교사의 경우 "유전자 변형 식품(GMO) 사용에 관한 긍정적인 면과 부정적인 면"을 빈도 있게 다루었다.

정의적 학습 목표를 이루기 위한 수업에서 나타난 기술교사의 기술교과교육학지식은 '기술에 관한 바람직한 태도 형성'이라는 기술교육의 철학/목표를 겨냥한 것으로 학생들의 적극적인 참여와 활동 속에서 나타났다.

정의적 학습목표와 관련된 수업활동에서는 기술에 대한 바람직한 태도를 가지는 기술수업에 초점이 맞추어져 있었으며 이를 위해 학생들의 적극적인 참여활동이 중심이 되는 수업이 전개되었다. 특히 이 단원을 수업한 교사의 경우 잦은 학생들의 참여와 활동이 돋보였는데 생명기술의 발달과 관련된 주제에 대하여 학생들의 의견을 끊임없이 물었고 학생들에게 자신들의 의견을 발표할 수 있는 폭넓은 기회를 제공하였다.

나. 인지적 학습목표에서 기술교과교육학지식

인지적 학습 목표의 기술 수업은 모두 4명의 교사로서 통신기술과 생명기술의 발달, 발명의 의의와 가치, 기계의 이해와 관련된 단원의 내용이었다.

인지적 학습목표에서 4명의 기술교사들은 "통신기술을 이해하고 발달과정을 설명할 수 있다". "생명기술을 이해하고 발달과정을 설명할 수 있다". "자전거의 구조와 작동 원리를 설명할 수 있다"와 같이 "무엇 무엇을 할 수 있다"라는 학습목표를 제시하고 있다.

인지적 학습목표에서의 수업 조직은 학생들이 어렵거나 생소한 기술 용어에 대해 수업의 흥미를 잃을 수 있는 단원의 내용에 대해 교사들은 모두 자신만의 동기유발 방법과 다양한 수업자료를 활용하고 있었다. 특히 강의식 수업으로 일관되지 않고 다양한 동영상 및 프레젠테이션 자료를 제공하였으며, 실물 또는 모형을 준비하여 학생의 이해를 도왔고, 질의-응답의 상호작용, 퀴즈 등 다양한 활동을 포함하였다.

인지적 학습목표에서의 수업특징은 모든 교사들이 실물과 관련된 모형을 제시하고 있으며, 상당히 많은 짧은 질문과 재미있는 이야기들을 들려주어 주어 재미있는 스토리 텔러(Story teller)로서 또는 실제 교사가 시범을 보이는 수업을 진행해 나갔다.

인지적 학습목표를 주로 가지는 기술수업에서 교사들은 기술학이라는 학문에 초점을 둔 개념 위주의 수업을 진행하였다.

4명의 교사는 기술교육에서 무엇을 가르쳐야 하는가에 대해 스스로에게 답변할 수 있었을 때 자신 있는 수업을 할 수 있었다고 하였다. 또한 내용에는 체계가 있어야 하며 기술수업

에서 다루어야 할 내용으로 제조기술, 건설기술, 수송기술, 정보통신기술, 생명기술의 다섯 가지 주요 영역으로 뽑았다.

또한 인지적 학습목표를 가진 기술수업을 효과적으로 실천하는 기술교사들은 전통적인 강의식 수업만을 고집하기 보다는 개인교수법, 시범, 프로젝트법 등과 같은 다양한 수업방법을 사용하였다. 특히 심동적 학습 목표의 기술 수업에서 자주 사용되었던 시범은 인지적 학습 목표의 기술 수업에서 학생들이 실습을 해볼 시간이 없거나 더 효과적인 개념의 이해를 위해 아주 유용한 교수 학습 방법으로 활용되고 있는 것으로 나타났다.

인지적 학습 목표를 위한 기술 수업에서의 수업방법으로 학생들의 지식 구성을 위한 스토리텔링이 있는 기술수업은 학생들이 스스로 생각하면서 개념을 정립하도록 계속되는 이야기로 제시되어 있었다.

다. 심동적 학습목표에서 기술교과교육학지식

심동적 학습 목표의 기술 수업에서는 모두 5명의 교사로서 학습 목표는 "구상도를 그릴 수 있다". "자동차를 설계할 수 있다". "표지판을 만들 수 있다". "광석 라디오를 제작할 수 있다". "모형 교량의 제하실험을 할 수 있다" 등으로 모두 학생들의 실천적 경험을 주된 목표로 하고 있었다.

심동적 학습 목표에서의 수업 조직은 동영상 감상을 하거나 완제품을 제시하여 학생들의 관심을 끌었으며, 구상 단계부터 완성된 작품까지 학습과정에 대한 종합적인 평가를 위해 포트폴리오 평가 방법을 사용 하였다.

심동적 학습 목표에서 수업의 특징은 학교나 학생이 수업 상황에 유리하게 실습 내용을 바꾸어 실시하였으며, 기술교사들의 수업에는 많은 학생들이 실패하지 않고 성취감을 느끼는 수업, 다양한 체험학습의 개발, 그리고 결과보다는 과정에 초점을 맞추는 수업을 전개하였다. 즉, 학생 누구나 즐겁게 문제해결자가 될 수 있도록 배려하여 학생들이 성공적인 문제해결의 즐거움을 맛볼 수 있도록 수업 속에서 끊임없이 노력하고 있었다.

이 영역을 수업한 대부분의 교사는 심동적 영역의 기술수업을 실천하기 위해서는 학교의 상황에 맞게 체험학습을 새로 만들거나 기존의 교육과정에서 제시하고 있는 실습을 재구성이 필요하다고 인식하고 있었다.

3. 기술교사의 자질과 직무

기술교사의 수업 관련 직무분석에 관련된 선행 연구를 명확하게 이해하기 위해 그 기능을 지식, 계획, 실행, 전문성의 네 가지 범주로 유목화 하였다.

먼저 지식 영역에서는 전공과목에 대한 지식, 일반교양에 관한 지식, 교과(내용)에 관한 지식, 학생의 다양성에 대한 이해 등으로 구분하였다. 계획 영역에서는 실습실 계획, 교수·학습 활동 준비, 학습 집단 조직, 수업 목표 설정, 수업활동의 구조화 등으로 분류하였다. 실행 영역에서는 학생과의 바람직한 관계 유지, 긍정적인 학습 분위기 조성, 상호 작용 지도, 실습실 및 기구 운영, 실습·실기 지도, 실기 이론 지도, 교수 능력, 다양한 수업 전개, 학습 동기 유발, 교과 내용 전달, 학생 수행 평가, 평가 결과의 활용 등으로 구분하였다. 마지막으로 전문성 영역에서는 수업 결과의 평가, 반성적 수행, 교과의 전문성 제고, 자기 계발을 위한 계속적인 노력과 연구, 지역 사회 및 다양한 인적 자원과의 관계, 가족과 지역 사회 파트너십, 동료와 협력하기 등이 포함되어 있다. 선행연구에서 나타난 기술교사의 수업관련 직무들을 유목별로 구분하여 기술교사의 자격기준에 반영하였다.

[표 3-5] 기술교사의 수업관련 직무와 관련된 선행연구

연구자	수업 관련 직무	
박홍준 (1989)	• 교직관련 전문 지식과 소양 • 교육과정 재구성 • 올바른 실기능력 • 올바른 교수능력 • 학생과의 바람직한 인간관계를 유지할 수 있는 능력	• 일반교양에 대한 폭넓은 지식 • 전공과목에 대한 깊은 지식 • 실기지도능력
여인문 (1994)	• 실습실의 계획 • 기술적 이론지도 • 평가	• 실습실에서의 기구 사용법을 지도 • 실습실에서의 안전 지도
김판욱 (2003)	• 교과수업준비 • 실습과제 지도 • 학업성취도 평가	• 교수활동 • 실습실 운영 • 자기계발
이명훈 (2006)	• 교수학습지도 • 전문성 신장	• 실습지도 및 실습실 운영
임찬빈 (2006)	• 교과 내용에 대한 전문 지식 • 수업 설계 • 수업실행	• 학생에 대한 이해 • 학습 환경 조성관리 • 전문성 발달

Indiana의 CTE 교사기준(1998)	• 학생지식 • 동료와 협력 수행 • 학습자 환경 • 가족과 지역사회 파트너십	• 교과지식 · 평가 • 교육내용과 수업 자료지식 • 반성적 수행
NBPTS (2000)	• 학생들에 대한 지식 • 동료와 협력하기 • 학습 환경 조성 • 가족과 지역사회와 협동	• 다양성 이해 • 교과에 대한 지식 • 반성적 실행 • 평가
Texas주의 CTE 교사기준 (2005)	• 수업 준비 • 학생 수행 평가 • 전문성 개발 • 수업 환경 관리 • 교수 관련 활동 수행	• 수업 촉진 • 학생 활동 조직과 지지 • 교육과정 개발 및 적용 • 도구, 설비, 장비, 재료 관리

출처 : 2004(이수정), 2005(전용조), 2006(이명훈), 2006(임찬빈) 일부 내용 재구성

한편, 전용조(2005)는 **기술교사의 직무**를 다음 5가지 직무군으로 대별하고 각각의 직무를 추출하였다.

A. 기술교과 교수 · 학습 설계 능력군
B. 기술교과 교수 · 학습 실행 능력군,
C. 기술교과 교수 · 학습 평가 능력군
D. 기술교과 교육시설 조직 · 운영 능력군
E. 기술교과 전문성 개발 능력군

전용조가 추출한 기술교사의 직무는 <그림 3-5>와 같다.

A. 기술교과 교수·학습 설계 능력군

A1. 기술교과 교육과정 분석 능력	A1-1. 기술교과의 철학적 배경과 교육목표 및 내용의 중요도를 인식할 수 있다.	A1-2. 기술교과의 국가 성취기준, 교육과정 해설서, 교과서를 분석할 수 있다.
	A1-3. 지역수준 및 학교수준의 교육과정 편성·운영을 분석할 수 있다.	A1-4. 학습자 특성과 교수·환경을 분석할 수 있다.
	A1-5. 기술교과의 교육과정 분석 결과에 의하여 학교 교육계획 및 운영계획을 수립할 수 있다.	
A2. 기술교과 교수·학습 계획 수립능력	A2-1. 연간 기술교과 교수·학습과정안을 작성할 수 있다.	A2-2. 기술교과 성취기준에 따라 학교수준의 교육내용을 선정하고 재구성할 수 있다.
	A2-3. 기술교과 성취기준과 교육내용에 따라 교수·학습방법을 선정할 수 있다.	A2-4. 학습자 특성과 교수·학습 환경에 따른 매체(ICT)와 자료를 개발 할 수 있다.
	A2-5. 기술교과 교수·학습자료 탐색과 분석, 갱신, 공유를 할 수 있다.	

B. 기술교과 교수·학습 실행 능력군

능력	세부 능력	세부 능력
B1. 기술교과 교수·학습방법의 실행 능력	B1-1. 기술교과의 성취기준과 내용에 적절한 교수·학습 방법을 적용할 수 있다.	B1-2. 기술교과 교수·학습 매체(ICT)와 자료를 활용할 수 있다.
	B1-3. 학습자와 능동적으로 상호작용할 수 있다.	
B2. 기술교과 교수·학습 과정의 지도 능력	B2-1. 기술이 사회에 미치는 영향과 평가에 대한 이론 및 체험활동을 지도할 수 있다.	B2-2. 기술의 체제(제조기술, 건설기술, 수송기술, 정보·통신기술, 생명기술)에 대한 이론 및 체험활동을 지도할 수 있다.
	B2-3. 기술적 혁신과 발명에 대한 이론 및 체험활동을 지도할 수 있다.	B2-4. 기술적 문제해결과 설계과정에 대한 이론 및 체험활동을 지도할 수 있다.
	B2-5. 기술과 관련된 통합적 접근방법으로 진로교육을 할 수 있다.	

C. 기술교과 교수·학습 평가 능력군

능력	세부 능력	세부 능력
C1. 학습자 평가 능력	C1-1. 학교특성을 반영한 기술교과 성취기준을 선정할 수 있다.	C1-2. 기술교과 성취기준, 교육 내용, 교수·학습 방법에 따른 평가계획을 수립할 수 있다(평가기법, 평가도구, 평가시기).
	C1-3. 교수·학습 과정에서 다양한 평가 자료를 수집할 수 있다.	C1-4. 학습의 과정과 결과를 평가할 수 있다.
	C1-5. 평가 결과를 환류하여 학습자를 격려하고 보완해 줄 수 있다.	
C2. 교사의 성찰 능력	C2-1. 교수·학습 활동의 계획-과정-결과를 평가 분석할 수 있다.	C2-2. 교수·학습 활동의 평가·분석 결과를 교수·학습 개선에 적용할 수 있다.

D. 기술교과 교육시설 조직 · 운영 능력군

D1. 기술교과 교육여건 조성 능력	D1－1. 기술교과의 연간 실험 · 실습 및 체험활동 예산을 편성할 수 있다.	D1－2. 기술교과의 교육환경을 재구성할 수 있다(강의공간, 기자재공간, 실험 · 실습공간, 전시공간, 준비공간, 컴퓨터실, 야외 실습장 등)
D2. 기술교과 교육시설 운영 능력	D2－1. 기술교과 교육시설 연간 운영계획 수립할 수 있다.	D2－2. 학교규모에 맞게 기술교과 교구 · 설비기준을 마련할 수 있다
	D2－3. 기술교과 교육시설의 각종 교구와 설비를 구입－관리－활용할 수 있다.	D2－4. 기술교과 교육시설을 동아리 활동 또는 계발활동 공간으로 활용할 수 있다.
	D2－5. 기술교과 교육시설의 안전시설을 계획 · 구축하고 학생안전을 지도할 수 있다.	D2－6. 기술교과 교육시설 운영 결과를 평가하고 개선할 수 있다.

E. 기술교과 전문성 개발 능력군

E1. 기술교과에 대한 전문가적 태도 함양	E1－1. 기술교과의 교육적 효과와 사회에 미치는 영향에 대한 긍지와 사명감을 기른다.	E1－2. 기술교과 교육과정 결정에 대한 참여적 태도－행위－결과에 대한 책임감을 기른다.
	E1－3. 기술과 사회 및 학습자 환경의 변화에 적극적으로 대응할 수 있다.	
E2. 기술교과에 대한 전문성 유지 · 발전	E2－1. 국내 · 외 기술교육의 최신 동향과 연구정보를 이해하고 현장 적용능력을 기른다.	E2－2. 기술교육 현장의 문제 해결 능력을 기른다.
	E2－3. 기술교과 교육연구와 실천 및 정보공유를 할 수 있다.	E2－4. 기술교육 관련 연수 계획을 수립하고 활동할 수 있다.
	E2－5. 전문성 개발 활동을 성찰할 수 있다.	

<그림 3－5> 기술교사의 직무

그리고 이은상(2016)은 박사학위논문으로 기술 교사에게 공학 관련 내용을 가르치는 데 적절한 행동 모델의 기초를 제공하고, 공학 교수역량 수준을 파악하는 지표로 활용될 **공학 교수역량 모델**을 개발하였다.

델파이 조사 결과 2개 역량군(기초 역량군, 전문 역량군), 4개 역량 요소(공학 태도, 공학 사고, 공학 지식, 공학 수행), 30개 역량 지표(도전적 태도, 공학 윤리, 긍정적 태도, 새로운 환경의 수용, 책임감, 협력, 평생 학습 태도, 리더십, 확산적 사고, 수렴적 사고, 분석적 사고, 비판적 사고, 시스템적 사고, 공학 개론 지식, 수학 지식, 과학 지식, 인문학 지식, 사회학 지식, 예술 지식, 수요자 요구 고려 설계, 최소 비용 고려 설계, 환경에 미칠 영향 고려 설계, 판매 전략 고려 설계, 제작 관련 안전지도, 모형 제작, 작품 제작, 체험 활동 중 의사소통, 보고서 작성, 발표, 평가)로 구성된 공학 교수역량 모델을 개발하였다.

1. 기초 역량군													2. 전문 역량군																
1.1. 공학 태도								1.2. 공학 사고					2.1. 공학 지식						2.2. 공학 수행										
1	2	3	4	5	6	7	8	9	10	11	12	13	14	15	16	17	18	19	20	21	22	23	24	25	26	27	28	29	30
111	112	113	114	115	116	117	118	121	122	123	124	125	211	212	213	214	215	216	221	222	223	224	225	226	227	228	229	2210	2211
도전적 태도	공학 윤리	긍정적 태도	새로운 환경의 수용	책임감	협력	평생 학습 태도	리더십	확산적 사고	수렴적 사고	분석적 사고	비판적 사고	시스템적 사고	공학 개론 지식	수학 지식	과학 지식	인문학 지식	사회학 지식	예술 지식	수요자 요구 고려 설계	최소 비용 고려 설계	환경에 미칠 영향 고려 설계	판매 전략 고려 설계	제작 관련 안전지도	모형 제작	작품 제작	체험 활동 중 의사소통	보고서 작성	발표	평가

<그림 3-6> 이은상(2016)의 공학 교수 역량 모델

IPA 분석 결과 교육 요구가 높은 역량 지표는 '1 도전적 태도', '11 분석적 사고', '13 시스템적 사고' 등 3개 지표였고, 변형 IPA 분석 결과 교육 요구가 있는 역량 지표는 '8 리더십', '11 분석적 사고', '12 비판적 사고', '13 시스템적 사고', '15 수학 지식', '17 인문학 지식', '18 사회학 지식', '19 예술 지식', '20 수요자 요구 고려 설계', '21 최소 비용 고려 설계', '22 환경에 미칠 영향 고려 설계', '23 판매 전략 고려 설계' 등 12개 지표였다.

Borich(1980)의 교육 요구 분석 결과 전체 순위가 1위에서 10위에 해당하는 교육 요구가 높은 역량 지표는 '1 도전적 태도', '10 수렴적 사고', '11 분석적 사고', '12 비판적 사고', '13 시스템적 사고', '19 예술 지식', '20 수요자 요구 고려 설계', '21 최소 비용 고려 설계', '22 환경에 미칠 영향 고려 설계', '23 판매 전략 고려 설계' 등 이었다. 이들 역량 지표 중 두 개 이상의 분석 방법에서도 공통으로 포함된 역량 지표는 총 9개로 이들 역량 지표를 교육 요구가 높은 역량 지표로 선정하였다([표 3-6] 참조).

[표 3-6] 최종 선정된 교육 요구가 높은 역량 지표

IPA 분석(3개)	변형 IPA 분석(12개)	Borich 교육 요구 분석(상위 10개)	최종 선정(9개)
1 도전적 태도 11 분석적 사고 13 시스템적 사고	8 리더십 11 분석적 사고 12 비판적 사고 13 시스템적 사고 15 수학 지식 17 인문학 지식 18 사회학 지식 19 예술 지식 20 수요자 요구 고려 설계 21 최소 비용 고려 설계 22 환경에 미칠 영향 고려 설계 23 판매 전략 고려 설계	1 도전적 태도 10 수렴적 사고 11 분석적 사고 12 비판적 사고 13 시스템적 사고 19 예술 지식 20 수요자 요구 고려 설계 21 최소 비용 고려 설계 22 환경에 미칠 영향 고려 설계 23 판매 전략 고려 설계	1 도전적 태도 11 분석적 사고 12 비판적 사고 13 시스템적 사고 19 예술 지식 20 수요자 요구 고려 설계 21 최소 비용 고려 설계 22 환경에 미칠 영향 고려 설계 23 판매 전략 고려 설계

4. 미국 기술교사의 자격기준

교사의 자격기준을 제시한 외국의 사례는 많다. 특히 미국의 경우는 CREATE (Center for Research on Educational Accountability and Teacher Education)에서 제시한 일반교사의 자격기준이나, ETS(Educational Teaching Service)의 교사임용 및 평가 프로그램인 Praxis 시리즈의 자격기준, INTASC (Interstate New Teacher Assessment and Support Consortium) 등이 제시한 교사 자격기준이 등이 있다.

미국의 교사 자격기준 중에서 특히 주목되는 것은 미국의 교사 자격기준 국가 위원회(National Board for Professional Teaching Standards : NBPTS)가 제시한 교사 직무(practice) 기준이다. 여기에서는 진로-기술과(Career and Technical Education Standards : agriculture and environmental sciences ; family and consumer science ; manufacturing and engineering technology ; technology education etc.)교사 자격 기준으로 통합하여 제시 하고 있다.

[표 3-7] NBPTS의 교사 자격기준

진로-기술과 교사 자격 기준 (Career and Technical Education Standards)	
영역	세부 기준
생산적 학습 환경 조성	기준 1. 학생에 대한 지식(Knowledge of Students) - 학생들의 복지와 학력향상에 헌신해야한다. - 학생들을 깊이 이해하고 요구를 충족시킬 수 있어야 한다.
	기준 2. 교과 지식(Knowledge of Subject Matter) - 교과관련 보편적 학술지식과 일의세계에 대한 핵심지식을 갖추어야 한다. - 학생평가, 수업설계, 실습장 관리, 교육과정 목표에 대한 지식을 갖추어야한다.
	기준 3. 학습 환경(Learning Environment) - 학급을 효율적으로 관리하고 수업에 대한 애정과 민주적 가치를 존중하는 학급 환경을 만들 수 있어야 한다.
	기준 4. 다양성(Diversity) - 학생들의 수업, 실습 기회 등의 모든 활동에서 인간의 다양성을 존중하고 공정하며, 공평한 환경을 만든다.
학생 학습 향상	기준 5. 교과지식의 향상(Advancing Knowledge of Career and Technical Subject Matter) - 학생들에게 진로, 기술, 학구적 교과를 통합적으로 학습하는 다양한 활동을 학습하게 하고, 개념적이고 경험적인 학습지도를 통해 학생능력을 개발시킬 수 있어야 한다.
	기준 6. 평가(Assessment) - 학생들의 학습과 학습과정에 대한 유용한 정보를 얻기 위한 효과적이고 다양한 평가방법을 활용할 수 있어야 한다.
일의 세계와 성인의 역할 학습 지원	기준 7. 일의세계 준비(Workplace Readiness) - 학생들이 직업세계의 문화를 이해할 수 있는 기회를 제공하고 올바른 직업선택을 할 수 있도록 지도한다.
	기준 8. 다양한 삶의 역할을 관리하고 균형 잡기(Managing and Balancing Multiple Life Roles) - 학생들이 그들의 삶 속에서 요구되는 경쟁과 책임을 이해할 수 있도록 지도한다.
	기준 9. 사회성 개발(Social Development) - 학생들이 자의식, 자신감, 리더십, 건전한 인성, 시민윤리와 도덕성을 갖출 수 있도록 지도한다.
전문성 개발과 향상을 통한 교육 성취	기준 10. 반성적 학습(Reflective Practice) - 교사들은 정기적으로 그들의 평생학습을 통하여 학습의 효과와 질을 향상시키고, 분석 평가한다.
	기준 11. 협동적 동료의식(Collaborative Partnerships) - 교사는 동료, 지역사회, 산업현장과 함께 협동하여 일할 수 있어야 한다.

기준 12. 전문가적 공헌(Contribution to the Education Profession) - 교사는 동료, 교육공동체 및 그들 분야의 성장과 발달을 촉진시키기 위해 다른 사람들과 함께 일한다.
기준 13. 가족과 지역사회의 유대(Family and Community Partnerships) - 교사는 모든 학생의 교육을 위한 공동의 목표를 성취하기 위하여 가족, 지역사회와 함께 일한다.

NBPTS 자격기준의 특징은 우선 교사가 가져야 할 자격 요소를 네 영역으로 나누어 설정하였고, 진로-기술교사군의 자격기준으로 여러 교과목을 통합(Career and Technical Education Standards : agriculture and environmental sciences ; family and consumer science ; manufacturing and engineering technology ; technology education etc.)하여 제시하고 있다는 점이다. 즉 교사의 자격기준을 생산적 학습 환경조성, 학생 학습 향상, 일의 세계와 성인의 역할학습 지원, 전문성 개발과 향상을 통한 교육성취 영역으로 나누어 제시되고 있다.

가. ITEA(2003)의 Professional Development Standards와 Program Standards

2003년 개발한 ITEA(International Technology Education Association)의 제3차 보고서는 '기술과 교육을 위한 기술적 교양의 평가, 전문가, 프로그램의 국가적 표준(AETL - Advancing Excellence in Technological Literacy: Student Assessment, Professional Development, and Program Standards)'이다. 이 표준은 제2 단계의 기술적 교양 표준(STL)의 K-12의 기술 활동 교실에서의 적용을 위한 수단을 제공하고, 제2 단계의 기술적 교양 표준(STL)에 기반을 두었고, 학습자 평가 표준(Student Assessment Standards), 전문가 개발을 위한 표준(Professional Development Standards), 프로그램(Program Standards) 표준을 주된 내용으로 하고 있다.

ITEA에서 개발한 '전문가 개발을 위한 표준'(Professional Development Standards, ITEA, 2003)은 교사, 장학사, 행정가를 준비시키기 위한 전문성 개발을 기획하는데 기준을 제공한다. 이 표준은 크게 'STL과의 일치' '학습자로서의 학생' '교육과정과 프로그램' '수업전략' '학습환경' '지속적인 전문성 개발' '예비교사교육 및 재교육'의 7개 영역으로 되어있다. 한편, ITEA의 3차 보고서(AETL)에서 함께 개발된 교사를 위한 '프로그램 표준((Program Standards)'은 다음과 같다(ITEA, 2003).

표준 PD－1 : 기술교육 프로그램 개발은 STL과 직접적인 관련이 있어야 한다.

표준 PD－2 : 기술교육 프로그램 실행은 모든 학생들의 기술적 교양을 촉진하여야 한다.

표준 PD－3 : 기술교육 평가는 모든 학생들의 기술적 교양을 보장하고 촉진시켜야 한다.

표준 PD－4 : 기술교육 프로그램 학습 환경은 모든 학생들의 기술적 교양을 촉진시켜야 한다.

표준 PD－5 : 기술교육 프로그램 관리는 학교, 권역 학교, 지역, 주 수준의 지명된 인사에 의하여 관리되어야 한다.

프로그램 표준은 교사를 위한 프로그램 표준뿐만 아니라 행정가를 위한 프로그램 표준도 5개의 표준을 제시하고 있다. 이것은 표준은 같은 내용이지만 세부 지침이 교사와 다르게 설정되어 있다. 특히 '표준 5'에서 행정, 재정적인 지원 및 프로그램, 자원의 조정과 홍보, 지원 등을 구체적으로 다루고 있다.

나. ITEA/CTTE/NCATE(2003) Program Standards

기술교사교육에서 프로그램의 인증은 매우 중요한 역할을 하는데, 지난 15년 동안 인증을 위한 지침과 표준은 많은 교사 교육 대학에 적용되어져 왔다. 보다 최근에는 기술 교사교육 분야에서 많은 전문가들의 노력에 의하여 개발된 STL 표준(Standards for Technological Literacy)은 새로운 ITEA/CTTE/NCATE 표준을 수정하여 기술과 교육의 전문성에 크게 기여하였다.

Jackson's Mill Curriculum Theory(Snyder & Hales, 1981)가 기술과 교육의 지식의 기초로서 제안되었을 때, 1987년에 처음으로 ITEA/CTTE/NCATE 교육과정 표준이 마련되었고, 1992년에 2차 개정판이 나오게 되었다. 그리고 1997년에 A Conceptual Framework for Technology Education(Savage & Sterry, 1991)에 기초하여 새로운 개정이 이루어졌다. 그 이후로 1996년, 2000년, 2003년에 TfAA(Technology for All Americans) 프로젝트가 수행된 후 STL, AETL에 기초하여 2003년, ITEA/CTTE/NCATE Program Standards라는 이름으로 새로운 기술교사교육 프로그램 표준을 마련하게 되었다. 이 표준안은 모두 10개의 표준으로 구성되어 있다.

[표 3-8] 국제기술교육학회(ITEA)/미국기술교사협의회(CTTE)/미국교사교육자격인증협회(NCATE) 프로그램 기준 (Program Standards)

기술과 교육의 교과 내용 표준	기술과 교육을 위한 교수 전략의 표준
• 표준 1-기술의 특성	• 표준 6- 교육과정
• 표준 2-기술과 사회	• 표준 7- 수업 전략
• 표준 3-설계	• 표준 8- 학습 환경
• 표준 4-기술적 세계에서의 능력	• 표준 9- 학습자
• 표준 5-설계(기술)의 세계	• 표준 10- 전문성 개발

여기서 표준 1 - 표준 5는 기술교과 내용학으로 볼 수 있으며, STL의 표준의 5개 영역을 그대로 제시하고 있다. 그리고 표준 6 - 표준 10은 기술 교사 교육 프로그램에서 효과적인 교수법에 필요한 지식을 제시하고 있다. 표준 6 - 표준 10의 자세한 기술은 Professional Development Standards에 제시되어 있다. 따라서 이 표준은 모두가 TfAA 프로젝트의 한 부분이다. 특히 표준 5의 설계의 세계는 의료, 생명 · 농업 기술, 에너지, 통신, 교통, 건설, 제조기술로 구성되어 있다. 표준은 대체로 다음과 같이 표준(standards), 지표(indicator), 채점기준(rubrics)으로 구성되어 있다.

미국에서는 총 71개의 대학에서 기술교육 전공의 교사교육의 프로그램을 가지고 있다(Ndahi & Ritz, 2003). 이 중에서 ITEA/CTTE/NCATE에서 인정하는 질적인 표준을 받은 기술교사 교육 프로그램은 40개 대학의 기술교육 프로그램으로 60% 정도수준만 평가 인증을 받고 있는 셈이다.

다. 미네소타주의 기술교사 자격기준

[표 3-9] 미네소타주의 기술교사 자격기준

기술과 교사 자격 기준(Technology Education Standards)	
영역	세부 기준
기술학의 중심 개념을 이해해야 한다.	기준 1. 기술교사는 기술과 관련된 문제를 정의하고, 해결방안을 찾고, 분석하고, 실행하고, 평가하고 어떻게 적용할 것인지를 이해해야 한다.
	기준 2. 기술교사는 다음에 제시된 기술적 지식의 내용을 설명하고, 분류하고, 조직할 수 있어야 한다. 2-1. 통신기술 - 통신 그래픽과 전자부호 형식 - 디자인, 그림, 사진, 인쇄, 컴퓨터 베이스 통신

	- 데이터 처리, 프로그래밍, 송-수신과 같은 통신 시스템 2-2. 건설기술 - 주거, 상업, 공공 구조물 분야 - 목재, 콘크리트, 철제, 전기, 기계를 이용한 건설시스템, 부지 개발 등 2-3. 제조기술 - 여러 가지 제조 유형 - 성형, 분리, 조립, 검사, 완제품 만들기를 포함한 제조공정 2-4. 에너지와 동력 - 방사능, 화학, 열, 기계, 전기, 핵에너지 등의 에너지 형태 - 에너지의 추출, 저장, 조절, 전환, 저장 기술 - 화석연료, 태양, 원자력, 전기, 재생에너지 자원 - 기계적 동력시스템의 전환, 조절 2-5. 수송기술 - 육상, 수상, 항공, 우주 수송 유형 - 수송을 위한 추진, 조향, 조절, 서스펜션, 지지 시스템 구조 2-6. 생명기술 - 생명기술의 재배, 사육, 수확, 처치, 전환, 생육을 위한 과정 - 인간적 요인, 공학, 건강, 작물 경작과 사육, 연료와 화학물질 생산, 생물학적 재료의 관리와 처치 등 2-7. 생명기술, 통신, 건설, 제조, 에너지와 동력, 수송기술의 사용을 위해 필요한 것과 시간, 자본, 에너지, 도구, 재료, 정보 자원의 기술적 관리
	기준 3. 투입, 처치, 결과를 포함하는 미시·거시 시스템 속에서 기술적 요소와 구성품, 장치들이 어떻게 작동하는지, 이러한 시스템이 어떻게 상호작용하고, 작동하는지를 안다.
	기준 4. 기술의 역사적, 사회적, 윤리적, 환경적, 경제적 영향을 안다.
	기준 5. 직업 현장에서의 기술과 평생학습 가치의 중요성을 알고, 취업, 인턴쉽, 멘토쉽, 견습을 통하여 얻을 수 있는 진로개발의 중요성을 이해한다.
기술교과 교수-학습의 중심 개념을 이해해야 한다.	기준 6. 기술교육의 정의, 철학, 원리를 알아야 한다.
	기준 7. 기술교사는 의사결정, 비판적 사고, 기술적 문제해결을 위한 기술적 이슈와 문제를 이해해야 한다.
	기준 8. 기술교사는 도구, 장비, 재료들을 어떻게 사용해야 하는지와 안전한 학습 환경을 이해해야 한다.
	기준 9. 기술교사는 도제 정신, 멀티미디어 기술, 기계 조작능력, 실습장 조직 관리를 포함하는 실습관련 교수기술을 갖추어야 한다.
교육학, 학생, 학습, 학급관리, 전문성 개발을 포함하는 교과	기준 10. 기술교사는 학생들의 물리적, 사회적, 감성적, 도덕적, 인지적 개발에 적합한 교육원리를 이해하고 적용할 수 있어야 한다.
	기준 11. 기술교사는 중등교육을 위한 최적의 실천과 연구를 이해하고 적용할 수 있어야 한다.

	기준 12. 기술교과의 중심개념에 근거한 교육과정 목적과 목표를 개발할 수 있어야 하고, 학생들의 교과 학업성취를 위한 교수 전략과 재료들을 적용할 수 있어야 한다.
	기준 13. 학교와 지역사회, 프로그램의 목표를 이해하고 그 협력과 역할을 이해해야 한다.
	기준 14. 일상생활을 포함한 학교생활의 경험, 일의 세계, 미래의 교육적 기회와의 관계를 어떻게 연결할 것인지, 그것이 왜 필요한지를 이해해야 한다.
수업을 이해한다.	기준 15. 창조적 교육기회의 활발한 동반자로서 사업가, 산업체 대표, 지역사회의 조직체 등을 어떻게 할용 것인지 알아야 한다.
	기준 16. 교수-학습과정에서 교육과정 활동과 기타 활동의 목표와 역할을 이해한다.
	기준 17. 기술수업에서 성공하는 학생들의 독서능력을 이해하고 더 효과적인 기술내용자료의 독서를 위해 학생들을 돕기 위한 전략을 갖고, 학생들의 다양한 독서 이해 능력을 이해해야 한다.
	기준 18. 교육프로그램의 범위 안에서 중·고등학교 학생들의 객관적인 학습 경험을 통하여 효과적인 실습기준을 적용할 수 있다.

5. 한국 기술교사의 자격기준 및 임용 평가 영역

교사의 자질 향상과 관련되는 요소로는 교사의 양성 과정과 선발 기준, 자격 기준을 들 수 있다. 현재 까지 교사의 양성과정과 관련된 연구(이인제, 2004 ; 박선형·정영수, 2005)는 많이 이루어져 왔으나 각 교과 담당 교사의 자격 기준을 중심으로 연구된 경우는 많지 않다. 각 교과 교육에 적합한 교사의 자격기준을 명확하게 제시할 수 있다면 그 자격기준은 해당 교과 교사의 양성이나 현직 교육, 교사 선발을 둘러싼 문제들을 논의하는 기준이 될 수 있을 것이다.

교사 관련 정책의 주요 과제는 양질의 교사 양성과 이런 교사를 임용하는 과정을 개선하는 것이었다. 교원 양성 과정은 당연히 선발 제도와 불가분의 관계를 맺고 있다. 교사의 질적 수월성을 확보하고 교원 양성 체제의 효율성을 높이는 가장 실효성 있고 효율적인 방안은 교원 양성 과정이나 제도의 개선으로 손쉽게 이루어질 수 있다. 그러나 교원 선발 제도나 교원 양성 제도를 개선하는 문제는 모두가 교사의 자격기준 문제로 귀결된다.

가. 교육인적자원부의 교사 일반기준

교육과학기술부(2006. 11. 17)에서는 '신규교사의 자질과 능력에 관한 일반 기준'을 처음으로 고시 하였다. 교육과학기술부에서 고시한 신규교사의 자격에 관한 일반 기준은 각 교과의 특성 보다는 일반적인 교사의 자질에 관한 포괄적인 내용으로 되어 있으며 전체 10개의 기준으로 되어있다. 이 안은 교사로서 갖추어야할 일반 교양적인 측면을 강조한 자격기준으로 교사의 태도, 교과에 대한 전문지식, 교과 교육과정 개발 능력, 수업의 효과적 계획·운영, 평가, 전문성 개발 등을 내용을 담고 있다. 교육인적자원부가 '신규교사의 자질과 능력에 관한 일반기준'을 설정·제시한 것은 여러 측면에서 매우 의미 있는 진전이다.

[표 3-10] 신규교사의 자질과 능력에 관한 일반기준(교육인적자원부)

구분	자질과 능력기준
기준 1	교사는 건전한 인성과 교직 사명감 및 윤리의식을 갖는다.
기준 2	교사는 학생들의 학습과 복지를 위해 헌신한다.
기준 3	교사는 학생과 학생의 학습·발달을 이해한다.
기준 4	교사는 교과에 대한 전문 지식을 갖는다.
기준 5	교사는 교과, 학생, 교육상황에 적절한 교육과정을 개발·운영한다.
기준 6	교사는 수업을 효과적으로 계획·운영한다.
기준 7	교사는 학생의 학습을 모니터하고 평가한다.
기준 8	교사는 학습을 지원하는 환경과 문화를 조성한다.
기준 9	교사는 교육공동체 구성원들과 협력관계를 구축한다.
기준 10	교사는 전문성 개발을 위해 끊임없이 노력한다.

나. 기술교사의 자격 기준

기술교과를 담당하는 교사의 자격기준과 평가 영역 및 평가요소를 수정·보완하기 위하여 수행되었다. 연구 목적을 달성하기 위하여 2009년 개발 된 교사 자격기준, 평가 영역 및 평가요소(노태천 외, 2009)와 관련 문헌, 2015 개정 교육과정을 조사 분석하였으며, 작성된 교사 자격기준, 평가 영역 및 평가요소의 타당도를 검증하기 위하여 다양한 전문가들을 대상으로 한 설문조사를 실시하였다. 또한 기술교사 양성 대학의 교수 및 기술교사 등의 전문가들과 수차례 협의회 및 간담회 등을 통하여 수정·보완 작업을 실시하였으며, 세미나와 공청회를 통하여 각종 의견 수렴과 보완 과정을 거쳐 20개의 기술교사 자격기준, 76개의 세부 자격 기준으로 개발되었다. 또한 평가 영역 및 평가요소는 7개의 기본이수 과목, 20개의 분야, 56개의 평가 영역, 209개의 평가요소로 구성되었다. 이 연구의 결과는 기술교과 중등 임용 선발 경쟁시험과 교사양성 사범대 교육과정의 정상화를 위한 기초를 제공하는 자료로 활용될 수 있을 것이다(최유현 외, 2017).

이 연구는 2016년에 한국교육과정평가원의 일부 교과 교사자격기준 및 평가 영역 수정보완연구의 일환으로 수행되었다.

[표 3-11] 기술교사 자격기준 및 세부 자격기준 기술교사 자격기준

구분(대범주)	표시 과목별 자격기준	세부 자격기준
교직 태도	[기준 1] 기술교사는 건전한 인성과 교직 사명감 및 윤리의식을 갖춘다.	1. 기술교사는 건전한 인성을 갖추어야 한다. 2. 기술교사는 교직 사명감을 갖추어야 한다. 3. 기술교사는 교직에 적합한 윤리의식과 사회적 책임의식을 갖추어야 한다. 4. 기술교사는 기술과 교육의 교육적 가치에 대한 신념과 사명감을 갖추어야 한다.
	[기준 2] 기술교사는 학생들의 학습과 복지를 위하여 헌신한다.	1. 기술교사는 학생을 존중하고 공정하게 대우한다. 2. 기술교사는 학생 개개인의 교육적 요구에 적극 응한다. 3. 기술교사는 학생이 자신의 잠재력을 최대한 발휘할 수 있도록 돕는다. 4. 기술교사는 학생이 기술적 교양을 갖출 수 있도록 헌신적으로 노력한다.
학습자 이해	[기준 3] 기술교사는 학생 개개인을 깊이 이해하고, 학생의 학습과 발달특성을 이해한다.	1. 기술교사는 학생의 인지·사회성·정서·신체발달을 이해한다. 2. 기술교사는 학생의 선행학습, 학습방식, 학습동기, 학습요구를 이해해다. 3. 기술교사는 학생의 개인적 특성과 가정·사회·경제·문화적 환경을 이해한다. 4. 기술교사는 학생 개개인이 처한 다양한 환경의 차이에서 오는 기술적 지식과 능력의 차이를 이해한다.
교과 지식	[기준 4] 기술교사는 기술의 개념과 특성을 이해하고 기술과 사회와의 관계를 설명할 수 있어야 한다.	1. 기술교사는 기술의 개념과 특성을 이해한다. 2. 기술교사는 기술이 역사발전에 미친 영향을 알고, 개인과 가정, 사회생활, 미래 사회에 미치는 영향을 설명할 수 있어야 한다. 3. 기술교사는 과학, 수학, 사회, 공학 등의 주변 학문 간의 관련성을 설명할 수 있어야 한다. 4. 기술교사는 기술이 사회에 미치는 영향을 인식하고 편견 없이 설명할 수 있어야 한다.
	[기준 5] 기술교사는	1. 기술교사는 개인의 창의적 사고력, 문제해결능력 등을 이끌어 낼

기술교과 교육을 위한 기술적 세계에서의 능력과 소양을 갖춘다.	수 있어야 한다. 2. 기술교사는 기술 시스템을 이용하고, 결정하고, 통제할 수 있어야 한다. 3. 기술교사는 교과내용에 대한 실천적 지식, 실험·실습의 원리와 관련된 지식을 갖추어야 한다. 4. 기술교사는 학습자의 다양한 아이디어를 유도하여 새로운 제품제작이나 발명으로 연결시킬 수 있어야 한다.
[기준 6] 기술교사는 교과의 기반이 되는 학문의 핵심 개념, 개념들 간의 관계, 탐구방식을 이해한다.	1. 기술교사는 기술적 탐구방식을 이해한다. 2. 기술교사는 교과의 배경이 되는 기술학의 구조와 개념을 이해한다. 3. 기술교사는 교과의 내용 체계를 파악하고 교과 내용의 전 영역에 대한 통합적 사고가 가능해야 한다. 4. 기술교사는 기술 교과교육학의 최신경향 및 내용을 알고 이를 탐구해야 한다.
[기준 7] 기술교사는 제조기술을 이해하고 그 지식을 교과교육에 적용하는 능력을 갖춘다.	1. 기술교사는 제조기술의 발달과정과 개념, 영향, 중요성을 이해한다. 2. 기술교사는 제조기술을 분류할 수 있고, 생산 시스템을 이해한다. 3. 기술교사는 여러 가지 재료의 특성을 알고, 제품을 구상하며, 설계를 할 수 있어야 한다. 4. 기술교사는 제품의 설계 도면을 기초로 적합한 재료와 공구를 이용하여, 실생활에 유용한 물건을 만들고 평가할 수 있어야 한다.
[기준 8] 기술교사는 건설기술을 이해하고 그 지식을 교과교육에 적용하는 능력을 갖춘다.	1. 기술교사는 건설기술의 발달과정과 개념, 특성, 영향을 이해한다. 2. 기술교사는 건설기술을 분류할 수 있고, 건설 시스템을 이해한다. 3. 기술교사는 구조물의 종류 및 시공 원리를 이해한다. 4. 기술교사는 건설구조물을 구상, 설계하고 간단한 모형을 제작할 수 있어야 한다.
[기준 9] 기술교사는 수송기술을 이해하고 그 지식을 교과교육에 적용하는 능력을 갖춘다.	1. 기술교사는 수송기술의 발달과정과 개념, 특성, 영향을 이해한다. 2. 기술교사는 수송기술을 분류할 수 있고, 수송 시스템을 이해한다. 3. 기술교사는 에너지의 종류와 특성을 알고 여러 가지 동력발생 장치를 이해한다. 4. 기술교사는 다양한 수송 장치들의 작동원리를 이해하고 설명할 수 있어야 한다.
[기준 10] 기술교사는 정보통신기술을 이해하고 그 지식을 교과교육에 적용하는 능력을 갖춘다.	1. 기술교사는 정보통신기술의 발달과정과 개념, 특성, 영향을 이해한다. 2. 기술교사는 정보통신기술을 분류할 수 있고, 정보통신 시스템을 이해한다. 3. 기술교사는 정보 통신 기술을 이용하여 정보를 효율적, 능률적으로 작성하고 처리할 수 있어야 한다. 3. 기술교사는 정보통신 윤리와 개인정보 보호 및 지적 재산권에 대하여 올바로 이해한다.
[기준 11] 기술교사는 생명기술을 이해	1. 기술교사는 생명기술의 발달과정과 개념, 특성, 영향을 이해한다. 2. 기술교사는 생명기술을 분류할 수 있고, 기본적인 원리를 설명할

	하고 그 지식을 교과교육에 적용하는 능력을 갖춘다.	수 있어야 한다. 3. 기술교사는 생명기술의 다양한 적용 분야를 알고, 윤리적 문제를 편견 없이 설명할 수 있어야 한다. 4. 기술교사는 간단한 발효 원리나 재배 기술을 활용 할 수 있어야 하고, 생명기술을 활용하여 생성된 다양한 생명체들을 합리적으로 이용할 수 있어야 한다.
교육 과정 개발 운영	[기준 12] 기술교사는 국가교육과정을 이해하고 교과, 학생, 교육상황에 적절한 교육과정을 개발, 운영하는 능력을 갖춘다.	1. 기술교사는 국가수준의 교육과정을 이해한다. 2. 기술교사는 국가교육과정을 학생과 교육상황에 적합하게 재구성하여 교과교육에 적용할 수 있어야 한다. 3. 기술교사는 교육과정 자료를 연구, 개발하여 기술교과 교육에 적용할 수 있어야 한다.
수업 능력	[기준 13] 기술교사는 효과적으로 수업을 계획하는 능력을 갖춘다.	1. 기술교사는 학습 목표를 학습자의 입장에서 명료하게 진술하고, 교과 및 영역별 목표와 연계성을 가질 수 있도록 진술할 수 있어야 한다. 2. 기술교사는 학생들의 개인차를 고려하여 수업 전략, 집단 구성, 학습 활동을 구안할 수 있어야한다. 3. 기술교사는 이론 수업과 실습수업을 구분하여 계획할 수 있고, 학습 활동을 실생활에서의 경험을 중심으로 구조화할 수 있어야 한다. 4. 기술교사는 교과의 학문 체계 및 교육과정에 기반을 둔 학습 주제와 내용을 선정할 수 있어야 한다.
	[기준 14] 기술교사는 효과적으로 수업을 운영하는 능력을 갖춘다.	1. 기술교사는 동기 유발을 위한 흥미롭고 다양한 교수·학습 자료 및 매체를 준비하여 수업을 효과적으로 운영할 수 있어야 한다. 2. 기술교사는 교과의 내용 체계 및 학생들의 특성에 따라 학습 내용의 수준과 양을 조절하여 수업을 운영할 수 있어야 한다. 3. 기술교사는 학습 활동들을 수업의 주제에 따라 다양한 매체를 이용하여 유기적으로 구조화 할 수 있어야 한다. 4. 기술교사는 실습수업을 효과적으로 지도할 수 있는 실기능력을 갖추어 수업에 임해야 한다.
	[기준 15] 기술교사는 교과학습에 대한 학생의 학습 요구를 진단하고 적절한 지원을 제공하는 능력을 갖춘다.	1. 기술교사는 학생들의 선행 지식을 진단하고 활성화할 수 있어야 한다. 2. 기술교사는 학생들의 생활 경험과 흥미를 학습 목표와 관련시켜 학습의 방향을 적절한 방법으로 제시할 수 있어야 한다. 3. 기술교사는 동기 유발을 위한 흥미롭고 다양한 교수·학습 자료 및 매체를 준비할 수 있어야 한다.
학생 평가	[기준 16] 기술교사는 학생들의 학습을 모니터하고 평가할 수 있는 능력을 갖춘다.	1. 기술교사는 학습목표 및 평가목적에 적합한 평가방법을 선정할 수 있어야한다. 2. 기술교사는 평가의 목적과 내용에 적합한 평가도구를 개발하거나 선택하고, 평가의 질을 스스로 점검하고 개선할 수 있어야 한다.

		3. 기술교사는 평가계획에 부합하도록 평가를 실시하고 정확하게 채점하며 평가의 목적에 부합하도록 성적을 부여해야 한다.
	[기준 17] 기술교사는 평가의 결과를 정확히 해석하고 교육적 의사결정에 활용하는 능력을 갖춘다.	1. 기술교사는 평가 결과를 정확하고 타당하게 분석 및 해석할 수 있어야한다. 2. 기술교사는 학생, 학부모, 교육 관련자와 평가 결과에 대해 정확하게 의사소통할 수 있어야한다. 3. 기술교사는 평가 결과를 수업 및 학생에 대한 교육적 의사 결정에 활용해야 한다.
학습 환경 조성 영역	[기준 18] 기술교사는 학습을 지원하는 환경과 문화를 조성하는 능력을 갖춘다.	1. 기술교사는 민주적으로 학급을 관리 · 운영한다. 2. 기술교사는 학생의 자율적 문제해결과 의사결정을 지원한다. 3. 기술교사는 서로 존중하고 신뢰하는 학교 문화를 조성한다.
지역 사회 와의 연계	[기준 19] 기술교사는 교육 공동체 구성원들과 협력 관계를 구축하는 능력을 갖춘다.	1. 기술교사는 교육의 사회 · 문화 · 정치 · 경제적 맥락을 이해한다. 2. 기술교사는 교육 공동체 구성원들과 효과적으로 의사소통한다. 3. 기술교사는 교육 공동체 구성원들의 참여와 협력을 유도한다.
전문성 개발 영역	[기준 20] 기술교사는 자신의 교육 실천과정을 평가하고 전문성을 향상 시킬 수 있는 능력을 갖춘다.	1. 기술교사는 전문성을 계발하기 위한 장기적인 계획을 수립하고 실천한다. 2. 기술교사는 자신의 교육 실천과정을 반성하고 평가할 수 있어야 한다. 3. 기술교사는 수업 반성을 통해 자신의 전문 지식, 실습실 관리와 실기 지도 능력을 정확하게 평가하고, 부족한 부분을 보충하기 위해 지속적으로 노력한다.

다. 2016년 개발 기술과 기본 이수과목의 평가 영역 및 평가 내용 요소

교육부에 제시하고 있는 기술 관련 과목의 **기본 이수 과목**은 다음과 같다.

[표 3-12] 기술관련 과목의 기본 이수 과목

표시과목	관련학과 또는 학부	기본이수과목(또는 분야)	비고
기술 Technology	기술교육 및 관련되는 학부 (전공 · 학과)	(1) 기술교육론 (2) 제조기술(제도, 기계) (3) 건설기술(토목, 건축),	(1)-(6)분야 중 각 분야에서 1과목 이상 이수

		(4) 수송기술(에너지, 자동차공학) (5) 정보통신기술(전기, 전자, 컴퓨터, 정보통신) (6) 생명기술(재배사육, 생명기술기초,)	
가정 Home Economics	가정교육학 및 관련되는 학부 (전공 · 학과)	(1) 가정교육론 (2) 영양학, 식품과 조리 (3) 의복재료와관리, 의복디자인과 구성 (4) 주거학, 실내디자인 (5) 가정경영, 소비자학 (6) 아동학, 가족학 (7) 가정생활과복지, 가정생활문화, 가정생활과진로	(1)−(7)분야 중 각 분야에서 1과목 이상 이수
기술 · 가정 Technology & Home Economics	기술교육, 가정교육학 및 관련되는 학부 (전공 · 학과)	(1) 기술 · 가정교육론(또는 기술교육론, 또는 가정교육론) (2) ①제조기술(제도, 기계), ②건설기술(토목, 건축), ③수송기술(에너지, 자동차공학), ④통신기술(전기, 전자, 컴퓨터, 정보통신), ⑤생명기술(재배사육, 생명기술기초) (3) ①영양학, 식품과조리, ②의복재료와관리, 의복디자인과구성, ③주거학, 실내디자인, ④가정경영, 소비자학, ⑤가족학, 아동학, ⑥가정생활과복지, 가정생활문화, 가정생활과진로	(1)분야에서 1과목, (2)의 ①~⑤와 (3)의 ①~⑥분야 중 각 분야에서 7과목 이상 이수하되, ※가정 전공은 (2)분야에서, 기술 전공은 (3)분야에서 각각 35학점 이상 이수

2015 개정 교육과정의 분석과 기술교과 양성대학의 교육과정 분석, 전문가 자문 협의회를 통해 도출된 2016년 기술과 기본 이수과목의 평가 영역 및 평가 내용 요소는 [표 3−13]과 같다. 7개의 기본이수 과목, 20개의 분야, 56개의 평가 영역, 209개의 평가요소로 구성되어 있다.

[표 3−13] 2016 개발 기술과 기본 이수과목의 평가 영역 및 평가 내용 요소

기본이수 과목 및 분야		평가 영역	평가 요소
E. 기술 교육론	E1. 기술 교육 기초	E11. 기술의 학문적 기초	E111. 기술의 개념과 관점 E112. 기술의 역사적 이해와 전망 E113. 기술의 사회적 영향과 평가 E114. 기술의 철학적 이해
		E12. 기술교육 이해	E121. 기술 교육의 개념과 성격 E122. 기술 교육의 역사와 철학

		E13. 기술교사교육 및 기술교육연구	E131. 기술교사 자질과 기준 E132. 기술교육 연구 방법론
	E2. 기술 교육 이론	E21. 기술교과 교육 과정	E211. 기술 교육과정의 성격 E212. 기술 교육의 목적과 목표 E213. 기술교과 교육과정 변천 E214. 현행 기술교과 교육과정 E215. 외국의 기술교육과정
		E22. 기술교과 수업 방법론 및 교재	E221. 기술교과 수업의 지향 E222. 기술교과 수업의 설계 E223. 기술교과 교수·학습 방법론 : 프로젝트법, 문제해결, 협동학습, 토의토론학습 등 E224. 기술교과 수업 매체 및 자료의 활용 E225. 기술교과 교과서 및 교재
		E23. 기술교과 학습 평가	E231. 기술교육 평가의 의미와 동향 E232. 기술교육 평가의 전략 및 설계 E233. 기술교육 평가의 방법 : 수행평가, 포트폴리오 등 E234. 기술교육 평가의 기준과 루브릭
	E3. 기술 교육 실제	E31. 기술교육시설과 행정	E311. 기술교육 시설의 특성과 유형 E312. 기술교육 시설의 운영과 관리 E313. 기술교육 행정 및 장학
		E32. 직업과 진로	E321. 일과 직업의 세계 이해 E322. 진로 설계 이론 E323. 진로 발달 이론
T. 공학 기술 공통 (제조, 건설, 수송, 정보 통신, 생명)	T1. 공학 기술 기초	T11. 발명과 지식재산	T111. 발명 문제해결 T112. 특허와 지식재산
		T12. 창의공학설계	T121. 창의공학설계
		T13. 기술 개발과 표준	T131. 표준기술 이해 T132. 기술 개발과 표준
		T14. 지속가능발전 기술	T141. 지속가능발전 기술 T142. 적정기술
		T15. 기술과 안전	T151. 기술과 안전
M. 제조	M1. 제조 기술 의 기초	M11. 제조기술의 이해	M111. 제조기술 개념과 특성 M112. 제조기술 시스템

기술	M2. 설계와 제도	M21. 제품구상과 설계	M211. 제품 구상과 스케치 방법 M212. 설계를 위한 제도 규격(KS) 및 표준 M213. 제품 설계를 위한 투상도 선정 M214. 제품제작을 위한 올바른 치수기입방법 M215. 생활에 필요한 제품의 도면 그리기(전개도, 상관체 포함)
		M22. 제품 도면 그리기	M221. 조립도 및 부품도 그리기 M222. CAD로 2D, 3D 부품 도면 그리기 M223. 3D 형상 제품 도면 그리기
	M3. 기계 기술 개요	M31. 재료 및 기계에 작용하는 힘	M311. 재료의 거동(응력, 변형률) M312. 강체의 평형 및 합력 M313. 도심과 무게중심
		M32. 기계제품의 구성요소	M321. 기계 요소의 역할과 특징 M322. 결합용 기계 요소 M323. 축용 기계 요소 M324. 동력전달용 기계 요소 M325. 관용 기계 요소 M326. 기타 기계 요소(스프링, 브레이크 등)
		M33. 기계 재료	M331. 기계에 사용되는 재료의 종류, 특징 M332. 금속 및 비철 금속 재료 M333. 비금속 재료 및 신소재
		M34. 제품제작기술	M341. 제품제작기술의 종류 및 특징(제거, 변형, 응고, 절단 및 접합) M342. 특수가공의 이해(기계적 특수가공, 화학적 특수가공, 전기적 특수가공 등) M343. 3D 프린터를 활용한 제품제작기술 M344. 제품 후가공 기술의 종류 및 특징(도색, 도장, 광택, 열처리, 표면처리)
		M35. 공구다루기 및 측정	M351. 전동공구 및 기타 공구 다루기 M352. 제품의 검사 및 측정
		M36. 생산자동화	M361. 생산자동화의 개념 및 특성 M362. 스마트 공장 M363. 산업용 로봇 M364. 미래 생산자동화 시스템
C. 건설기술	C1. 건설기술기초	C11. 건설기술의 이해	C111. 건설기술 개념과 특성 C112. 건설기술 시스템

	C2. 토목 기술	C21. 토목기술의 이해	C211. 토목기술의 개념과 특징 C212. 토목기술과 환경 C213. 토목기술의 발달과정 C214. 건설 재해와 안전
		C22. 토목계획	C221. 토목계획의 이해 C222. 하천 및 항만계획 C223. 도시계획 C224. 국토개발계획
		C23. 토목설계	C231. 토목설계의 이해 C232. 구조물의 응력과 변형률 C233. 구조물의 해석
		C24. 토목시공 및 관리	C241. 측량 및 지반조사 C242. 토목시공의 이해 C243. 토공사 및 기초공사 C244. 상하수도공사 C245. 콘크리트 및 강구조 공사 C246. 토목시공 관리
	C3. 건축 기술	C31. 건축기술의 이해	C311. 건축기술의 개념과 특징 C312. 건축기술과 환경 C313. 건축기술의 발달과정
		C32. 건축계획 및 설계	C321. 건축계획의 이해 C322. 건축물의 설계과정 C323. 설계도면의 종류 C324. 건축법규의 이해
		C33. 건축구조	C331. 건축구조의 이해 C332. 철근콘크리트 구조 C333. 철골구조 C334. 조적구조
		C34. 건축시공 및 관리	C341. 가설공사 C342. 지정 및 기초공사 C353. 골조공사 C354. 마감공사 C355. 건축시공 관리
T. 수송 기술	T1. 수송 기술 기초	T11. 수송기술의 이해	T111. 수송기술 개념과 특성 T112. 수송기술의 기본 원리 T113. 수송기술 시스템 T114. 첨단 수송기술 T115. 수송기술의 영향과 관련 직업

	T2. 에너지 기술	T21. 열유체 역학	T211. 열역학 기초 T212. 열사이클의 이해 T213. 열기관(냉난방장치 포함)의 종류와 특징 T214. 유체역학 기초 T215. 유체기계(펌프, 터빈 등)
		T22. 에너지	T211. 에너지, 일, 열의 기본 개념 T212. 에너지 변환과 에너지 이용 현황 T213. 원자력에너지의 원리와 이용 T214. 신재생 에너지의 원리와 이용 T215. 에너지의 이용과 환경
	T3. 자동차 기술	T31. 자동차의 기본 구조 및 안전	T311. 자동차의 기본 구조(각부 명칭 및 용도)와 종류 T312. 인체공학적 설계 및 안전 장치 T313. 자동차 안전(관리 및 안전 운행 방법)
		T32. 동력발생장치(엔진)와 동력전달장치	T321. 가솔린/디젤기관의 구조와 동작 원리, 2/4 행정의 이해 T322. 클러치, 변속장치, 연결요소 T323. 차동장치, LSD, 타이어 T324. 시동장치
		T33. 조향, 현가 및 제동장치	T331. 현가장치(쇽업소버, 스프링 등) T332. 조향장치(스티어링, 캠버, 토우인 등) T333. 제동장치(브레이크, ABS 등) T334. 운전정보기기(크루즈컨트롤, 네비게이션 등)
		T34. 연료공급, 윤활, 냉각, 배기, 공조장치	T341. 연료공급 및 윤활장치 T342. 냉각장치 T343. 배기장치와 공기정화장치
		T35. 미래 자동차 기술	T351. 미래 자동차 기술의 동향 T352. 미래 자동차 기술의 원리(자율주행차, 전기자동차, 하이브리드 자동차, 연료전지자동차, 수소자동차 등)
I. 정보 통신 기술	I1. 정보 통신 기술 기초	I11. 정보통신기술의 이해	I111. 정보통신기술 개념과 특성 I112. 정보통신기술 시스템 I113. 첨단 정보통신기술
	I2. 전기 기술	I21. 전기 기술의 이해	I211. 전기 기술 기초 I212. 수동소자 특성 I213. 단상과 3상 교류 회로 I214. 자동 제어 기초
		I22. 전력 전송과 전기	I221. 발전, 송전, 배전

	기계	I222. 발전기의 원리와 종류 I223. 전동기의 원리와 종류 I224. 전기 안전 공학
	I23. 전기 응용과 측정	I231. 광원과 조명 I232. 전열과 가전 기기 I233. 전기 재료 I234. 전기 측정
I3. 전자 기술	I31. 전자 기술의 이해	I311. 전자 기술 기초 I312. 전자 응용 I313. 반도체 기초 I314. 반도체 종류와 소자
	I32. 다이오드	I321. pn 접합 다이오드 I322. 정류회로 I323. 평활회로와 정전압 회로 I324. 다이오드의 종류
	I33. 트랜지스터	I331. 트랜지스터 원리와 동작 I332. 트랜지스터 동작 I333. 트랜지스터 스위칭 회로 I334. 트랜지스터 증폭 회로
I4. 컴퓨터 기술	I41. 컴퓨터 구조	I411. 디지털 논리 회로 I412. 데이터의 표현과 컴퓨터 연산 I413. 컴퓨터 시스템의 구성과 기능
	I42. 운영 체제	I421. 운영체제의 기능 I422. 프로세스 및 프로세스 스케줄링 I423. 주기억장치 및 파일 관리
	I43. 프로그래밍 언어의 이해(C or C++)	I431. 변수와 자료형 I432. 연산자, 제어문, 전처리기 I433. 함수, 배열 및 포인터 I434. 구조체, 파일 입출력 I435 동적메모리와 선형리스트 및 정렬
I5. 정보 통신 기술	I51. 정보통신 기초이론	I511. 데이터통신의 회선구성, 접속형태, 전송방식 I512. OSI 참조 모델 I513. 신호와 채널 용량 I514. 신호의 부호화 및 다중화 I515. 오류 검출 및 정정
	I52. 데이터 전송제어	I521. 데이터 전송의 흐름제어 및 에러제어

		및 정보통신망	I522. 블루투스, 휴대폰망 기초 개념, HDLC I523. 회선교환과 패킷 교환
		I53. 인터넷과 TCP/IP	I531. 유선 LAN과 무선 LAN I532. TCP/IP와 사물인터넷 I533. 응용계층 프로토콜 I534. 전달계층 프로토콜(TCP) I535. 네트워크계층 프로토콜(IP)
		I54. 정보통신응용 및 보안	I441. 소켓 인터페이스, I442. 클라이언트/서버 프로그램, I443. 컴퓨터 및 인터넷 보안 I444. 피지컬컴퓨팅
B. 생명 기술	B1. 생명 기술 기초	B11. 생명기술의 이해	B111. 생명기술의 개념과 특징 B112. 생명기술 시스템 B113. 첨단 생명기술 B114. 생명기술의 활용 분야와 관련 진로
		B12. 생명기술과 윤리	B121. 생명기술의 사회적 영향 B122. 생명기술에서 윤리와 안전
	B2. 생명 기술 활용	B21. 농업 분야에서의 활용	B211. 재배 사육의 기초 B212. 식물 육종법 및 영양 생식 B213. 인공수정과 동물 복제 B214. 세포 융합 B215. 조직 배양 기술 B216. 최신 농업의 경향과 특징
		B22. 환경 분야에서의 활용	B221. 생물 환경 정화 B222. 환경오염물질의 처리 B223. 생명기술과 에너지
		B23. 의료 분야에서의 활용	B231. 유전자 치료 B232. 생명기술과 의약품 B233. DNA 지문 및 PCR
		B24. 유전자 재조합 기술	B241. 유전자 재조합의 원리 B242. 유전자 재조합의 활용

6. 기술교사의 전문성 개발과 장학

가. 기술교과 교육에서의 장학의 본질

장학의 어원적 개념은 여러 표현이 있다. 미국에서는 장학을 Supervision이라고 쓰는데, 이는 "Superior"와 "vision" 합성어로서 "Superior"는 "높은 곳" 혹은 "우수한"이란 뜻이고 "vision"은 "본다" 또는 "감시한다"는 뜻을 지닌 말이다. 그러므로 이 말은 "높은 곳에서 우수한 사람을 감시한다"는 의미로 視學 내지 監督을 지칭한 말이었다. 그러나 유럽에서는 장학을 "inspection"이라고 쓰는데, 이는 "in"과 "spect"의 합성어로서 "들여다 본다"는 뜻으로 감시, 시찰, 검열 등의 의미를 지닌 말이다.

그러나 이러한 장학의 개념은 크게 변하였다. 지금은 이러한 권위주의적 奬學의 개념은 변하여 민주적 장학이 강조되기에 이르렀다. 현재 이러한 장학은 행정조직에서는 민주적 지도성이 강조되어 지도·조언 기능을 중시하고, 학교교육에서는 협동적인 교내장학과 자기장학이 강조되어 수업기술과 경영능력을 중시하게 되었다. 이렇게 현대적 장학은 그 내용과 방법 면에서 커다란 변혁을 가져오게 되었다. 장학활동은 여러 관점으로 다음과 같이 열거할 수 있다(정태범, 2002).

(1) 장학은 학교에서 교육활동(교육목적, 교육방법, 교육평가 등)이 제대로 이루어질 수 있도록 지도, 조언, 점검 등 전문적 역할을 수행한다.
(2) 장학은 교원의 전문성(교과지도능력, 학생지도능력, 학교 및 학급경영능력)을 향상시키기 위한 각종 활동을 전개한다.
(3) 장학은 학교의 교육여건을 갖추어 교육활동을 원활하게 하고, 직접적으로는 교사의 교수활동에 영향을 끼쳐 학생들의 성장발달을 돕는데 기여한다.
(4) 장학은 교수-학습의 효율화를 목적으로 교사의 전문성의 신장, 교육과정의 운영 및 학교 경영의 합리화를 위해 제공되는 지도, 조언, 조정, 정보제공, 자원봉사 등 일련의 전문적·기술적 활동이다
(5) 장학은 학생들의 성장·발달을 돕기 위하여 교육조건을 마련하고 교육환경을 조성하며, 교사들의 교직능력을 개발하여 교수 학습활동의 질적 향상을 도모하는 활동을 전개한다.
(6) 장학행정은 민주적인 장학의 바탕 위에서 전문적인 지도와 조언을 통하여 교사의 전문성을 향상시킴으로써 학생의 성장 발달을 돕는 창조적이며 협동적인 활동을 수행하는데 두어야 한다.

이상의 장학활동을 중심으로 하나의 개념구조를 제시한다면 <그림 3-7>과 같다.

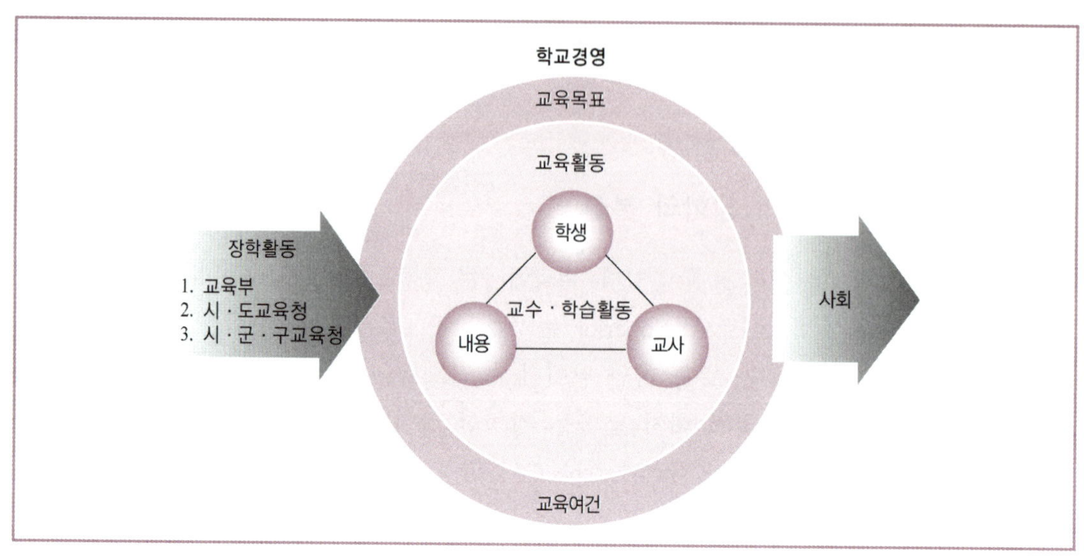

<그림 3-7> 장학의 개념 구조

주삼환(2003)은 장학이 무엇이냐에 대하여 학자들마다 또 시대에 따라 약간 그 접근법과 강조점이 다를 뿐이지 수업을 향상 · 개선해야 한다는 데는 이견이 없다고 전제하면서 학의 개념을 여러 학자들의 개념 접근에 기초하여 다음과 같이 구조화하였다.

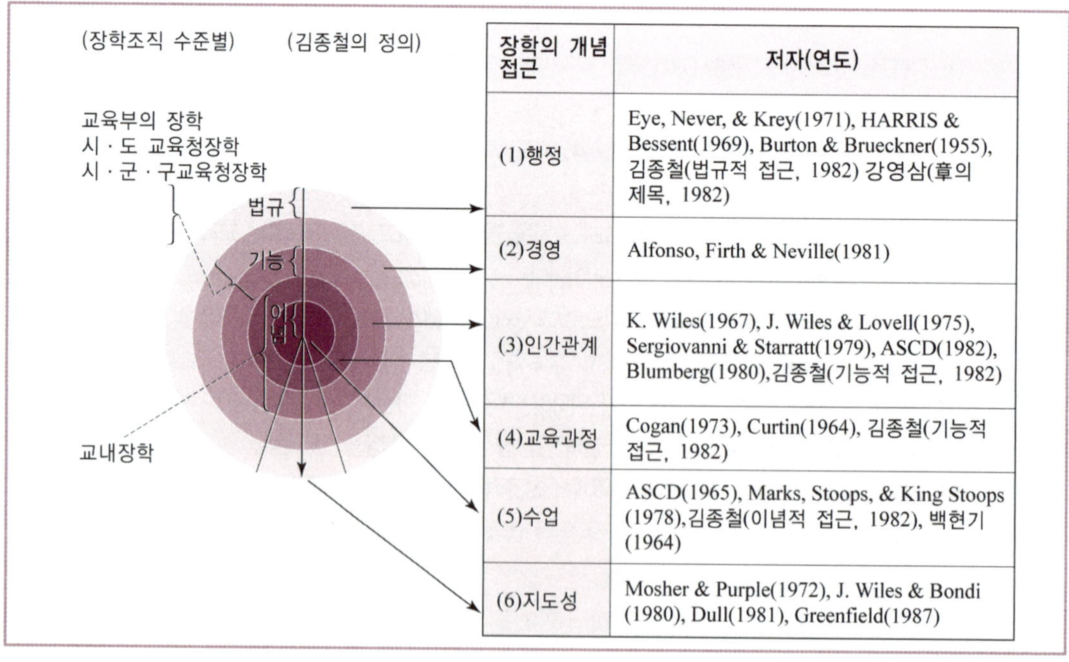

장학의 개념 접근	저자(연도)
(1)행정	Eye, Never, & Krey(1971), HARRIS & Bessent(1969), Burton & Brueckner(1955), 김종철(법규적 접근, 1982) 강영삼(章의 제목, 1982)
(2)경영	Alfonso, Firth & Neville(1981)
(3)인간관계	K. Wiles(1967), J. Wiles & Lovell(1975), Sergiovanni & Starratt(1979), ASCD(1982), Blumberg(1980),김종철(기능적 접근, 1982)
(4)교육과정	Cogan(1973), Curtin(1964), 김종철(기능적 접근, 1982)
(5)수업	ASCD(1965), Marks, Stoops, & King Stoops (1978),김종철(이념적 접근, 1982), 백현기 (1964)
(6)지도성	Mosher & Purple(1972), J. Wiles & Bondi (1980), Dull(1981), Greenfield(1987)

<그림 3-8> 장학의 개념 정의 접근

<그림 3－8>에서와 같이 장학의 접근과 장학조직수준을 연결시켜 보면, 수업이 이루어지고 있는 학교에서는 수업장학이 강조되고, 수업현장과 멀리 떨어진 교육인적자원부에서는 정책적·외곽적 장학을 해야 한다는 암시를 하고 있다. 또 하나는 앞으로의 장학은 수업과 교사가 있는 현장으로 내려와 장학의 본질과 밀착되어야겠다는 시사를 받을 수 있다.

학생의 학습을 촉진하기 위한 "수업개선"을 장학의 본질이라고 할 수 있다. 수업개선을 위해서 ① 교사의 교수행위변화를 위하여 계획적·공식적으로 그리고 직접적으로 도와주고, ② 교사와 학생 사이에서 상호작용하는 교육과정을 잘 마련하도록 노력하고, ③교육자료와 학습환경을 개선해야 한다. 이것이 장학의 핵심이다. 물론 장학의 본질인 "수업개선"을 위해서 간접적으로 행정·경영·인간관계적 장학을 할 수도 있으나 가능한 한 직접적인 수업장학에 초점을 맞추는 것이 더 효과적일 것이다. 이를 요약하여 그림으로 종합하면 <그림 3－9>와 같다(주삼환, 2003).

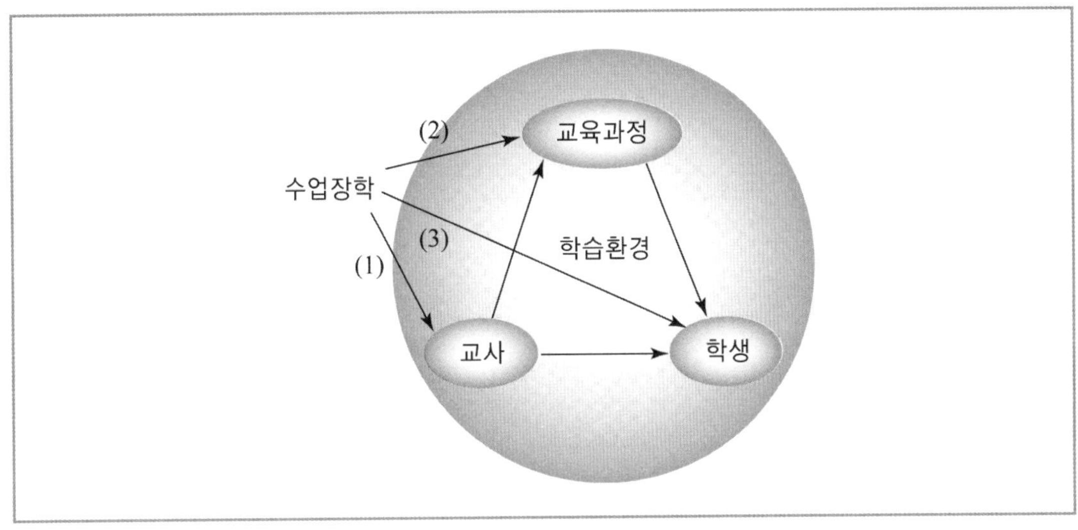

<그림 3－9> 장학의 본질 : 수업개선

따라서 기술교과 교육에서의 장학의 본질에 수업개선에 있으며, 학습 환경을 배경으로 교육과정, 교사, 학생에 초점을 둔다. 즉 기술 교사의 교수행위변화를 위하여 계획적·공식적으로 그리고 직접적으로 도와주고, 기술 교사와 학생 사이에서 상호작용하는 교육과정을 잘 마련하도록 노력하고, 기술 교육 자료와 학습 환경을 개선해야 하는데 장학의 본질이 있음을 알 수 있다.

나. 새로운 장학 이론 탐구

1) 인간자원장학[6]

Sergiovanni & Starratt(2006)는 인간자원장학이란 개념을 도입하였다. 본서의 초판에서 과학적 관리장학의 이미지로부터 바뀐 학교를 보여주는 새로운 장학의 형태를 소개하였다. 새로이 나타나는 이 형태는 분명히 수정주의운동의 한 부분으로 발전된 장학이라 말하였다. 많은 학자들과 장학실천자들은 이 발전된 장학을 인간관계 장학과 혼동했었다. 이러한 혼동 때문에, 그리고 발전된 형태를 나타내주는 개념과 실천에 대하여 보다 잘 이해를 심어줄 수 있을 것이기 때문에 저자들은 인간자원장학이란 말을 택하였다. 인간관계장학과 인간자원장학을 구별하는 일은 아주 중요하다. 인간관계장학과 인간자원장학은 둘 다 교사의 직무만족에 관심을 갖는다는 면에 있어서는 공통이지만, 인간관계에서는 「직무만족」을 학교운영의 원활과 보다 효과적인 학교를 만들기 위한 수단으로 본다. 인간관계장학에서 교사를 의사결정에 참여시키는 것은 교사의 직무만족을 증가시키기 위해서이다. 직무만족을 느끼는 교사는 다른 사람과 함께 일하기 쉽고, 지도하기 쉽고, 그래서 효과성(effectiveness)은 증가할 것이라고 가정되는 것이다.

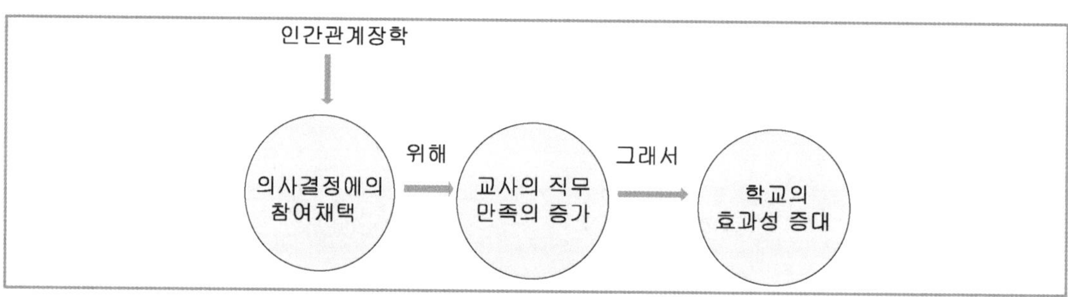

<그림 3－10> 인간관계장학의 본질

이 전략의 배경에 깔려있는 합리성은 교사는 중요한 존재로서, 참여되고 있다는 것을 느끼고 싶어 한다는 것이다. 이러한 감정은 급기야 교사로 하여금 학교에 대하여 보다 좋은 태도를 가지게 하고 그래서 관리하기 쉽게 된다는 것이다.

이와는 대조적으로 인간자원장학에서는 교사의 직무만족을 교사가 일하게 되는 바람직한 목적으로 보는 것이다. 이러한 관점에 의하면 직무만족은 중요하고 의미 있는 일을 성공적으로 성취함으로써 생긴다고 보는 것이다. 이러한 종류의 성취감은 학교효과성의 주요 구성요소이다. 인간자원론적 장학사는 교사들이 학교효과성을 증대시킬 잠재력을 가지고 있다고 보

6) 이 부분은 주삼환이 Sergiovanni & Starratt(2006)의 저서를 번역한 자료를 재인용 함

기 때문에 교사를 의사결정에 참여시키는 것이다. 보다 나은 의사결정이 이루어지고, 이러한 결정에 교사가 적극 참여하고 또 주인의식이 증대되면, 일에 대한 성공가능성, 학교효과성의 조건은 증가한다고 가정하는 것이다.

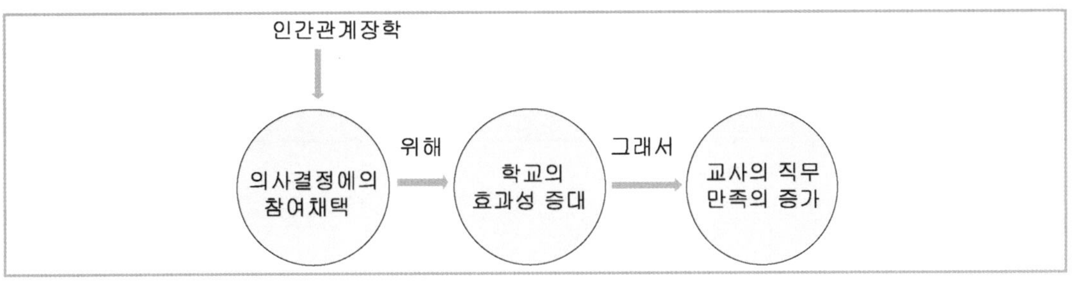

<그림 3－11> 인간자원장학의 본질

성과계약, 기정목표에 대한 책무성 강조, 능력기준 설정과 같은 몰정적(沒情的) 질 관리 기제에 바탕을 두고 있는 최근에 널리 알려진 신과학적 관리장학의 이미지가 성공적이라는 점에서 인간관계장학과 인간자원장학 사이에 혼동이 생기고 있다. 본 서론에서 이미 밝힌 바 있는 것처럼 장학에 대한 관심을 다시 불러일으키게 하는 여러 요소들 때문에 우리는 인간관계 대신에 보다 더 직무 중심적이고 과업 지향적 접근을 택하게 되는 것이다. 우리가 신과학적 접근을 채택하는 데서 부딪치게 되는 문제는 학교 과업이 강조되는 한편 조직과 교육 프로그램, 수업에 있어서의 인간적 측면을 무시하게 되는 데 대한 합리성과 전망을 가질 수밖에 없다는 점이다. 예를 들면 신과학적 관리에서는 모든 교사, 모든 교수 상황, 모든 학생, 모든 시간에 적용되는 능력 · 직무수행 기준, 다른 구체적 제시 등을 열거할 것을 가정하는데 이것은 비현실적이고 바람직하지도 않다는 결론이다. 인간자원론에서는 저자들이 주장하는 것처럼 학생과 학급의 관계를 교사와 학교에 적용하는 것과 마찬가지로 인간과 조직, 인성의 성취의 양면을 통합하려는 것이다.

2) 발달장학[7)]

발달장학은 Glickman(1981)이 개발한 것으로 교사의 발달정도와 장학방법에 맞게 장학하여 교사의 발달수준을 높인다는 원리에 근거하고 있는데 근본정신은 선택적 장학과 마찬가지이다.

인간주의 심리학자(humanistic psychologists)들은 학습을 “세상에서 합리성과 질서를 발견하기 위한 개인의 호기심의 결과”라고 보는 데 비하여, 인지심리학자(cognitive psychologists)

7) 이 부분은 주삼환의 장학의 이론과 실제의 내용(2009a : 164－168)을 재정리한 것이다.

들은 학습을 "외부환경에 대하여 행동하는 개인과 개인에 작용하는 생물적·무생물적 외부환경 사이의 상호교환의 결과"라 보고, 행동주의 심리학자(behavioral psychologists)들은 학습을 "외부환경에 의한 개인의 흔적(imprinting) 또는 조건화(conditioning)"라 보고 있다. 이러한 세 관점을 표로 요약 하면 다음과 같다.

[표 3-14] 학습의 심리적 관점에서의 세 관점

학습의 심리학적 관점	인간주의자	인지론자	행동주의자
학생의 책임	고	중간	저
교사의 책임	저	중간	고
학습방법	자기발전	실험	조건화

마찬가지로 장학도 비지시적(nondirective), 협동적(collaborative), 지시적(directive) 지향으로 구분되는데 [표 3-15]와 같이 요약된다.

[표 3-15] 장학의 지향 관점에서의 세 관점

장학의 지향	비지시적	협동적	지시적
교사의 책임	고	중간	저
장학사의 책임	저	중간	고
주요방법	자기평가	상호규약	구체적 기준

이 장학의 세 관점과 교사의 수업을 변화시키도록 영향을 주는 장학행위를 연결시켜 보면 <그림 3-12>와 같다.

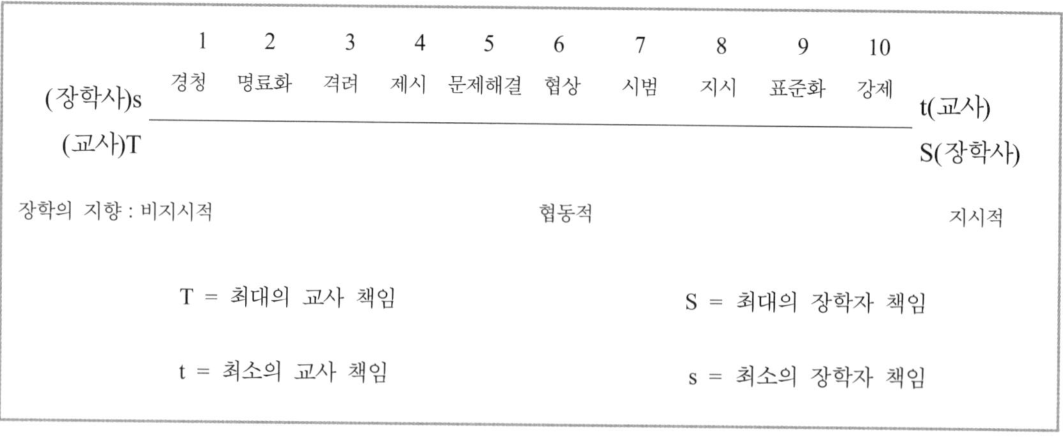

<그림 3-12> 장학행위 연속선(The Supervisory Behavior Continuum)

지시적·협동적·비지시적 장학방법을 교사의 발달정도에 맞게 적용하여 교사를 최상의 발달 상태로 변화시키자는 것이다. 그러기 위해서는 교사의 발달정도를 발견해야 하는데 먼저 발전의 기준이 있어야 한다.

교사의 발달정도를 찾아내는 첫째 기준은 참여수준(lever of commitment)이다. 교사는 참여가 낮은 수준에서 높은 수준으로 참여 연속선 <그림 3-13>에 따라 발달한다고 볼 수 있다.

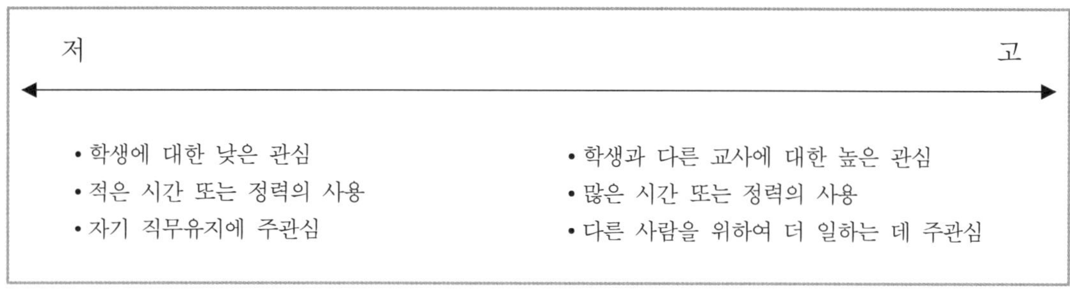

<그림 3-13> 참여의 연속선

발달의 두 번째 기준은 추상적 사고의 수준이다. 장학자는 교사가 추상적 사고의 연속선 <그림 3-14>를 따라서 발달한다고 생각한다.

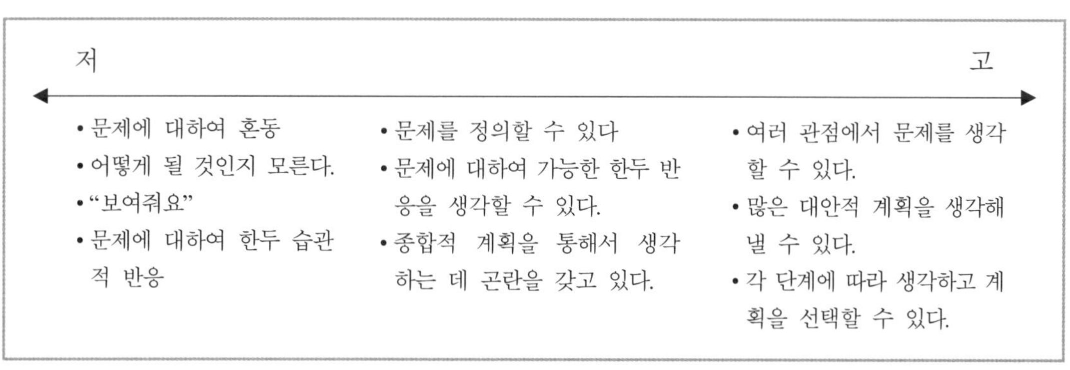

<그림 3-14> 추상적 사고의 수준

이 두 기준을 결합하면 ① 탈락교사(teacher dropout), ② 분석적 관찰자(analytical observers), ③ 무초점교사(unfocused workers), ④ 전문가(professional)로 <그림 3-15>와 같이 분류될 수 있다.

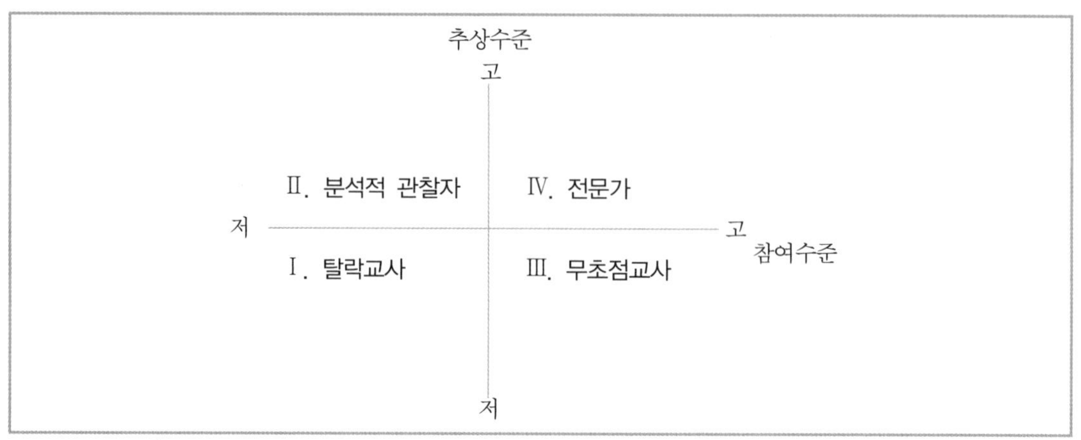

<그림 3-15> 교사의 분류

이제 교사의 분류에 따른 장학방법과 장학의 발달방향을 제시하면 <그림 3-16>으로 요약된다.

이 발달장학은 교사의 발달정도에 따라 알맞은 장학방법을 결정한다는 데 "발달"이란 말이 의미가 있으며 또 그렇게 해서 교사를 이상을 향해서 발달시킨다는 데 "발달"이란 말은 의미가 있다.

각 교사에게 알맞은 장학을 한다는 의도는 좋으나 여기에도 문제가 있다.

첫째, 복잡한 교사들을 발달정도에 따라 이렇게 분류하기가 그렇게 쉽지 않다는 점이다. 아마 정확하게 분류하자면 장학보다는 분류에 더 시간을 많이 보내야 할지도 모른다.

둘째, 바쁜 장학자나 교장이 각 교사를 평가하고 각 교사에게 독특하게 반응을 줄 수 있을 만큼 충분한 시간과 정력을 가질 것이라 기대하기는 현실적으로 어렵다.

그래도 특이한 각 교사에 알맞은 장학을 시도하였다는 것은 큰 공헌이라 아니할 수 없다.

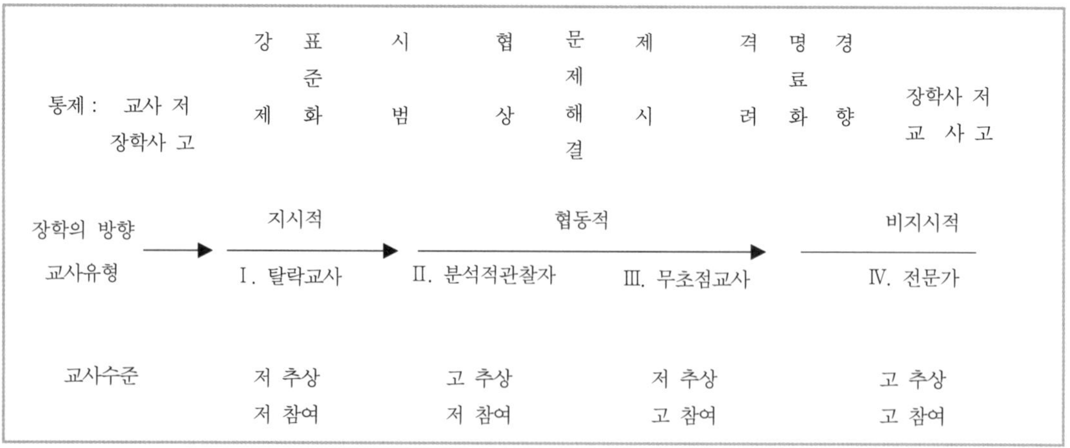

<그림 3-16> 장학행위 연속선상의 발전방향

발달장학은 장학의 한 가지 이론으로 볼 수도 있지만, 교사들의 장학에 대한 학습심리적 관점, 장학 지향의 관점에 대한 이해를 넓혀 준다. 따라서 발달장학의 이해를 통하여 장학이 갖는 교육적 의미와 적용을 기술교사에게 실천할 수 있는 이론적 토대를 제공해 주는데 의의가 있다.

3) 협동적 전문성 개발

협동적 전문성 개발은 선택적 장학 체제에서 제공되는 방법의 하나이다. 이 방법은 동료들 간의 체계적인 협동을 통해 교사들의 발달을 촉진하는 과정을 의미한다.

협동적 모델은 교사의 관점에서 볼 때에는 몇 가지 장점을 가지고 있다. 그것은 교사들의 전문성을 인정하고, 보상해주며, 동시에 교사들로 하여금 자신들의 능력 개발에 대해 책임을 지도록 한다. 따라서 그것은 교사들로 하여금 전문적인 문제들에 관해 상호작용을 하게 함으로써 소외감을 줄여 주는 역할을 한다. 또한 협동적 모델은 교실 문을 새로운 아이디어, 동료들의 도움, 그리고 관심 있는 동료들로부터의 기여를 향해 열어 놓는다. 그리고 그것은 교사들이 동료 교사들을 지원의 원천으로 선호하는 것에는 잘 부응한다. Zahorik(1987)은 교사들이 상호간에 자료, 훈육, 학습 활동, 개별화, 학생 평가, 방법, 목표, 학생 강화, 강의, 질문, 공간 조직 등 11가지 종류의 도움을 주고 받음을 발견했다.

협동적 전문성 개발은 종종 교사들이 서로를 관찰하고 회의를 하는 체제인 동료 지도(peer coaching)와 혼동된다. 그러나 본 저자가 지적한 바와 같이(Glatthorn 1990), 협동적 전문성 개발은 동료 지도(peer coaching)보다 훨씬 더 종합적이다. 협동적 전문성 개발에는 다음과 같은 형태들이 있다.

동료 지도(peer coaching)

문헌을 검토하면, 협동적 전문성 개발은 동료 지도(peer coaching)나 동료 장학(peer supervision)의 형태를 가장 많이 취한다(이 용어들은 문헌에서 서로 바꾸어 쓰이기도 한다). Goldsberry (1986)의 "동료 컨설테이션"(colleague consultation) 모델은 가장 완전하고 종합적인 것의 하나로 보인다. 본 저자는 Goldsberry의 모델을 단순화시켰다. 첫째, 협동적 팀은 수업 관찰을 위한 2개 군을 구성하는데, 양자는 서로를 학년도 중 2회 관찰하는 것에 동의한다. 이들은 초기 계획 협의회를 열어 교수에 대한 아이디어를 공유하고 잠정적인 관찰 일정에 대해 결정한다. 먼저 관찰의 대상이 되는 교사는 관찰의 초점을 정한다. 이들은 관찰자가 관찰의 초점에 관해 자료를 수집하는 것을 돕기 위해 간단한 관찰 양식을 선정하거나 개발한다. 관찰자는 관찰을 하고 양식에 자료를 기록한다. 그리고 나서 관찰자는 피관찰자가 되어 관찰의 초점을 정하고, 동료들의 도움을 얻어 관찰 도구를 선정하거나 개발한다.

초점을 맞춘 관찰의 첫 주기가 끝난 후, 이들은 자료를 교환하기 위해 만난다. 그리고 각각의 초점을 맞춘 관찰 결과를 조사하는데, 관찰의 대상인 교사가 의제를 결정하고 자료의 분석을 주도한다.

이러한 방법의 특징은 다음과 같다. 첫째, 동료는 촉진자와 자료원으로서 행동하고, 피관찰자인 교사는 의

제를 통제한다. 즉, 이 교사는 관찰의 초점을 정하고, 관찰 양식을 결정하고, 보고의 책임을 맡는다. 피관찰자 교사가 모든 권한을 가지고 있기 때문에, 동료 지도의 경험이 덜 위협적이다. 그리고 이들간의 상호작용에는 분명한 초점이 있다. 장학의 모든 주기를 복제하는 것이 아니라, 두 명의 동료는 피드백을 원하는 발달의 한 양상에 초점을 맞춘다는 것이다. 끝으로, 초점을 맞춘 자료의 분석을 강조하는 이 방법은 둘 중의 한 교사가 평가적인 형태로 빠져 들어갈 위험성을 줄여준다.

동료 지도는 세 단계로 이루어진다. 첫 번째 단계는 외적인 지식-전문가들이 개발한 정보를 강조한다. 지도자는 연구와 전문가들의 조언을 요약해서 선택된 연구가 편견이 없는 것임을 분명히 한다. 예를 들면, 학습 양식에 대한 토론에서 지도자는 학습 양식의 수용을 지지하는 연구는 물론 그것의 유용성에 의문을 제기하는 연구도 포함시킨다. 그리고 구성원들은 다음과 같은 질문을 하면서 외적인 지식을 분석한다(그것에 대해 논쟁하는 것이 아니다). 즉, 전문가들은 어느 정도 동의하는가? 이들을 갈라 놓는 구체적인 문제들은 무엇인가? 연구는 어느 정도 신뢰할 만한가?

두 번째 단계는 구성원들의 개인적 지식에 초점을 둔다. 이들은 주제에 대한 그들의 경험을 반성하고 공유한다. 문장으로 만드는 것은 사고를 촉진시키므로, 참여자들로 하여금 경험으로부터 무엇을 배웠는지에 관해 쓰도록 한다. 그리고 구성원들은 그들의 경험과 통찰력을 공유한다. 참여자들은 이야기되는 것에 대해 논쟁하지 말고 듣도록 한다. 이들은 학습 양식을 수용하는데 커다란 어려움이 있음을 보고하는 교사에게 다음과 같은 질문을 할 수 있다.

- 선생님이 동질적인 학급들을 가지고 있었다고 하더라도, 똑같은 문제가 있었겠습니까?
- 선생님은 충분한 시간동안 노력했다고 생각하십니까?
- 특별한 자료들을 개발하지 않아도 되는 보다 단순한 방법을 생각할 수 있습니까?

이 단계의 의도는 연구결과에 대해 시험해 보려는 것이 아니라, 교사들의 중요한 경험적 지식에 의존하고자 하는 데 있다. 그러한 지식은 때로는 연구를 지지할 것이고, 아니면 그것에 의문을 제기할 것이다. 후자의 경우, 교사들은 자신들의 탐구와 반성을 계속해야 한다.

세 번째 단계는 토론에서 나온 지식이 어떻게 계획과 교수에 영향을 줄 것인지 예상하고 조사하는 것이다. 이 단계는 각 참여자로 하여금 전체를 종합하고, 그간의 대화를 앞으로의 의사결정에 연결시키게 한다. 교사는 해당 문제에 대해 연구를 계속하고, 이제는 단단한 지적 기반을 갖추게 된 현재의 행동을 계속하거나, 교수의 어떤 측면을 바꾸게 한다.

몇몇 자료들은 동료 지도(peer coaching)의 가치를 지지하는 단편적인 증거를 제공한다. (예를 들면, Dantonio 1995를 참고하라.) 몇몇의 잘 짜여진 연구들은 동료 지도(peer coaching)가 교사들의 태도에 긍정적인 효과가 있고, 교사들의 연구를 자각하고, 의사 소통을 향상시키며, 교수에 대한 구체적 변화를 도와준다고 결론을 내린다. (Goldsberry 1986, Smyth 1983, Roper and Hoffman 1986, Sparks and Bruder1987를 참조할 것.) 그러나 동료 지도(peer coaching)가 문제로 둘러쌓여 있다는 증거들도 있다. 즉, 관찰에 대한 훈련을 받지 않은 교사들은 신뢰로운 자료를 만들지 못하며, 교사들은 협의회에서 지나치게 칭찬을 하는 경향이 있고, 많은 교사들이 그 경험을 위협적이라고 생각한다는 점이다. (McFaul and Cooper의 1984년 논문과 Goldsberry의 똑같은 논문집에서의 반응(1984)을 참조할 것.)

그리고 협동적 전문성 개발의 또 하나의 방법은 전문적 대화이다.

전문적 대화

전문적 대화는 교사들의 인지 수준 향상을 위해 계획된, 전문적 문제들에 대한 구조화된 토론이다. Clark와 Peterson(1986)에 의하면, 세 가지 양상의 교사의 사고가 교실에서의 수행에 중요한 역할을 한다. 교사의 이론과 신념, 교사의 계획, 교수 중에 이루어지는 교사의 상호작용적 의사 결정 등이 이것이다. 전문적 대화는 이 세 가지 모두에 영향을 주기 위한 것이다.

효과적인 전문적 대화는 구조화되어야 한다. 그렇지 않으면, 목적이 없는 수다로 빠질 수 있다. 본 저자가 성공적으로 사용해 온 한 모델은 Buchmann(1985)의 논문에 기반을 둔 것이다.

그룹은 처음 3개월간의 잠정적인 일정을 계획하기 위해 최초의 모임을 갖고, 주제들을 사전에 결정하고 각 토론의 지도자를 정한다. 토론들은 세 가지 기준에 적합해야 한다. 첫째, 주제가 그들에게 전문적인 관점에서 볼 때 중요해야 한다. 그리고 문제들은 식견있는 전문가들이 서로 의견을 달리하는 것들이어야 한다. 마지막으로 자료들은 주제와 관련하여 활용 가능한 것이어야 한다. 다음에 제시한 것은 이러한 과정을 통해 개발된 하나의 목록이다.

- 학습 양식
- 다문화 교육
- 숙제
- 잠재적 교육과정
- 특수한 요구를 가진 학생의 통합 교육

전문적 대화 때문에 교사들의 행동이 변했다는 경험적 연구결과는 없지만, 몇몇 단편적 증거는 참여자들이 대화에 긍정적 태도를 가지고 있고, 그 결과의 하나로 그들의 사고에 변화가 있음을 보여 준다. (Gibboney 1989 : Welch 1994)

4) 자기장학

수업개선의 목적이라면 수업을 가장 세심하게 이해하고 있는 사람은 당사자인 교사 자신이다. 교사 스스로 수업 개선을 위한 합리적인 평가의 틀을 가지고 성찰한다면, 의미있는 수업의 개선이 이루어질 수 있을 것이다.

자기장학[8)]에 의한 전문적 성장과 교수기술 향상방법으로는 여러 가지가 있을 수 있다. 예

8) 원래 자기장학(self-supervision)이라는 말은 모순을 안고 있다. 장학(supervision)이라는 어원이 감독이란 말에서 나왔기 때문에 반드시 타인의 감독, 그중에서는 높은 사람, 우수한 사람의 감독이란 것이 전제가 되기 때문에 자기감독, 자기장학이라는 용어에는 원칙상 모순이 있다. 그러나 장학의 목적이 교사의 전문적 성장과 교수기술 향상이라고 한다면 타인의 도움을 받지 않고도 이 목적만 달성할 수 있다면 이를 장학이라고 해서 크게 잘못될 것은 없다. 오히려

를 들면, 앞에서 말한 것처럼 녹화 · 녹음에 의한 방법, 학생 · 학부모 또는 동료교사로부터의 피드백을 받는 방법, 전문서적 독서, 대학원 수강, 연수회, 세미나 참가하는 방법 등이 있다. 다만 자기장학도 연간계획에 의하여 계획적으로 해야 한다는 점을 첨언하고자 한다(주삼환, 2009a).

(1) 자기장학의 성격

자기장학은 다음 네 가지 특성을 가지고 있는 전문적 성장의 과정이다(주삼환, 2009a).

① 전문적 성장의 프로그램에 의하여 개인이 독립적으로 일한다. 팀의 지도적(leadership)인 구성원이 교사를 위한 자원인사로서 활동하지만 다른 사람이 교사를 전통적인 의미의 장학을 하지도 않고 교사가 팀의 다른 교사의 협동적으로 일하지도 않는다.

② 개인교사는 목표지향적인 전문적 개선 프로그램(goal-oriented program of professional improvement)을 개발하고 추구한다. 이 프로그램의 목표는 교사 자신의 전문적 필요성에 대한 평가로부터 나온다. 교사의 목표가 반드시 조직의 목표로부터 나올 필요는 없다. 교사 개인의 전문적 성장이 적어도 학교목표를 위해서 간접적으로 기여할 것이라고 가정될 뿐이다.

③ 교사 개인은 이러한 목표를 달성하기 위하여 일하는 데 있어서 다양한 자원에 접근한다. 목표들의 성격에 따라 리더와 교사는 하나 이상의 다음 자원과 경험이 적절한지를 결정한다. 즉 ㉠ 교사의 수업을 녹화한 비디오테이프, ㉡ 학생으로부터 받은 피드백, ㉢ 전문서적과 컴퓨터에 의한 정보 서비스, ㉣ 대학원과정과 집중적 워크숍, ㉤ 학교와 교육청의 장학사와 행정가로부터 받는 지지, ㉥ 학교 상호간 방문과 같을 자원과 경험이 적절한지 등을 알아보아야 한다.

④ 자기장학 프로그램의 결과를 교사의 근무평정과 업적평가에 사용하지 않는다. 이 자기장학 프로그램과 평가는 완전히 분리한다. 교육청의 프로그램이 어떻게 되었는지 교사는 평가받지 않는다는 가정이다.

이 네 가지 특성은 자기 지향적 전문적 성장과 다른 현직 연수교육의 형태와도 구별된다.

(2) 자기장학의 여러 형태

관련문헌을 상세히 고찰해 보면 용어상 모순성을 내포하고 있는 자기장학(self-supervision) 또는 자기지향 전문적 성장(self-directed professional growth)에 관한 언급은 거의 없다. 그라나 자기평가 체제(self-appraisal system)와 비디오테이프를 통한 수업의 자기분석(self-analysis of instruction with video tape)이라는 두 가지 비유적 접근에 대한 참조가 있다. 이 접근은 앞서 정의한 자기장학과 어떤 관점에서는 각각 다르지만 이들 비유적 접근을 고찰해 보면 논의대상이 되는 접근의 강점과 약점에 대한 어떤 관점을 밝혀 주리라 믿는다.

"스스로 돕는 자"가 더 바람직하다. 그래서 교사 스스로의 동기유발에 의하여 자기장학을 하고 장학적 효과를 가질 수 있다면 이는 장학의 가장 바람직한 형태라고 할 수 있다(주삼환, 2009a: 180-181).

자기장학은 그 성격상 비평가적이지만 몇 가지 다른 측면에서는 자기평가 체제와 비슷하다. 이 자기평가 체제에 대해서는 전문학술지에서 자주 논의되어왔다. 거의 모든 자기평가 프로그램이 목적관리(Management By Objective, MBO)체제를 변경시킨 것이기 때문에 다음의 논의는 자기장학의 특별한 형태에다 초점을 둔다.

어떻게 자기평가 체제가 운영되는가? 개개의 계획에 따라 약간의 변화가 있기는 하지만 일반적으로 어느 정도 유사한 과정을 따르는 것 같다(주삼환, 2009a).

① 행정가는 당해연도 교육청의 목표와 학교목표를 설정하고 이것을 장학직원과 수업관계 직원이 알 수 있도록 발표한다.

② 각 직원은 자체평가(self-evaluation)를 하고 개별수행목표(individual performance targets)를 설정하는데 이것은 교육청의 목표나 학교목표와 관련될 것으로 기대된다.

③ 각 직원은 수행목표(performance objectives)와 그 목표도달 방면의 반을 차지하고 학생들이 나머지 반을 차지하도록 녹화하는 방법이다. 모리츠와 마틴레이놀즈(Moritz &Martin-Reynolds)가 이 과정을 기술한 것처럼 교사는 동료들에게 마이크로티칭(micro-teaching : 4, 5명의 학생을 대상으로 5~15분간 한 가지 내용을 가르치는 축소된 수업) 수업을 실시함으로써 시작하여, 단순히 녹화과정에 익숙하게 되도록 하려는 목적으로 교실에서 간단한 녹화연습을 하게 된다. 그러고 나서 교사는 자기가 녹화하기를 원하는 수업이나 활동을 선택하여 녹화를 한다. 다음에 교사가 비디오테이프를 검토하는데, 첫째, 녹음을 끄고(audio off) 비언어적 행동에만 초점을 맞추어 보고, 두 번째는 화면을 끄고(video off) 언어적 행동에 초점을 두고 본다. 비디오테이프를 시청·분석한 결과를 토대로 교사는 다음 달부터 개선시키고자 하고 교사개발의 초점이 될 한두 가지 언어적 또는 비언어적 기술을 확인해 낸다. 분석이 완전히 끝나면 의논하기 위하여 장학자나 행정가와 만나게 된다.

모리츠와 미틴레이놀즈는 녹화(taping)-목표설정(goal setting)-협의(sharing)의 주기는 프로그램의 첫해에는 3~4회 실시하고 다음해에는 그 빈도를 줄여서 운영할 것을 권고하였다. 미국 오하이오 주 교사들을 표집하여 3년 이상 조사한 연구를 인용하면서 이들은 교사들이 프로그램에 대하여 긍정적 감정을 나타내고, “전통적(traditional)” 평가보다 녹화에 의한 자기평가를 더 좋아하며, 행정가와 비디오테이프에 대하여 의논하는 것이 “위협적이 아닌(nonthreatening)” 경험이라고 믿는다는 보고를 하였다(주삼환, 2009a).

이와 같이 자가장학의 기본 철학과 실제적 유용성은 매우 크다고 판단된다. 장학이 외부의 타율적, 형식적, 제도적인 틀에서 이루어지는 것보다 수업개선의 본질적인 장학의 의미에 기초할 때, 자기장학은 교사 자신의 수업에 대한 성찰과 개선에 큰 도움을 줄 것이다. 특히 기술교사의 수업에 대한 기획, 수업의 실행, 수업의 성찰은 학습자들의 기술적 활동과 상호작용이 중요한 기술교과 본질의 수업 특성을 살리는데 크게 도움이 될 것이다.

4장

기술교과 교육에서의 시설과 안전

이 장에서는 기술교과 교육에서의 교육시설을 탐구하는데 주된 목적으로 하며, 주로 실습활동이 이루어지는 공간의 평면계획을 인간공학적 관점에서 탐구하고, 실제로 교육적으로 타당하고, 효율적이고, 안전한 교육 시설을 탐구하고자 한다.

◎ **해시 태그 Key words**

교육시설 # 모듈실 실험실 #실험실습실
인간공학시설 # 작업대 설계 #평면계획
기술실 안전 관리

1. 기술교과 교육 시설

기술 교과 교육 시설은 기술 교육의 목적을 달성하기 위해 필요한 교육적 활동을 원활하게 수행할 수 있도록 설치한 학교의 물리적 환경으로 정의할 수 있다. 학생들에게 최적의 기술적인 학습 환경을 제공하는데 주된 목적이 있으며, 학생들이 기술과 관련된 다양한 학습 경험을 가질 수 있도록 충분한 공간과 설비를 갖추고, 쾌적한 환경을 유지해야 한다.

기술 교육 시설은 교실(classroom), 실험 · 실습실(laboratory · shop), 부속실(auxiliary room)의 3가지로 구성되며(Gemmill, 1989 ; Polette, 1991) 각각의 기능은 다음과 같다.

가. 교실

교실에서는 기술 교과 내용에 관련된 이론 수업 활동이 이루어진다. 교사와 학생은 수업 내용에 따라 강의, 토의 · 토론, 발표 등의 활동을 수행하며 필요에 따라 개별 집단, 소집단, 전체 집단의 형태로 학습 집단이 조직된다.

교실에서의 학습은 크게 반응 학습(reaction learning)과 상호 작용 학습(interaction learning)으로 나뉜다(Polette, 1991 ; Storm, 1993). 반응 학습은 학생들이 주로 듣거나 관찰하고, 기록하는 활동을 통하여 학습에 참여하는 비교적 소극적인 학습으로 컴퓨터, OHP, 비디오, 실물 화상기 등의 수업 매체가 사용된다. 상호작용 학습은 집단 토의 · 토론, 보고서 발표 등의 활동을 통한 적극적인 학습이다.

나. 실험 · 실습실

실험 · 실습실에서는 교과 내용에 대한 직접적인 체험 활동을 통해 수업이 진행된다. 교사는 주로 학습 보조자의 역할을 하며, 학생들은 수업 목표를 달성하기 위해서 주어진 수업 내용에 대해서 활동 학습(action learning), 혹은 체험 활동(hand-on activity)을 전개한다(Storm, 1993).

일반적으로 실습장(shop)은 수기적 기능의 계발을 위해 설계된 수기 훈련 시설을 말하며, 실험장(laboratory)은 연구, 실험, 조사, 분석, 평가, 제조, 건설, 수송, 통신 등의 활동을 통하여 학습자의 전반적인 계발을 위해 설계된 교육 시설을 뜻한다.

이러한 의미에서 보면 기술교과 학습 활동은 실습실보다는 실험실의 의미를 살린 활동 공간이 필요로 하게 된다.

Gemmill(1989, p. 1)에 의하면 기술 교육을 위한 실험 · 실습실은 추구하는 교육 목적에 따라 단위 실습실, 제한된 일반 실습 · 실험실, 종합적인 일반 실험실의 3가지 형태로 나뉜다고 설명했다(김종복, 2003).

1) 단위 실습실(Unit shop)

단위 실습실은 하나의 특정한 교과 내용에 대해서 수기적 기능 실습을 할 수 있도록 설계된 형태의 시설이다. 일반적으로 특정한 교과 내용의 실습에 필요한 기계나 장치를 중심으로 조직되어져 있고, 실습에 필요한 공구, 도구 등은 개별적으로 사용할 수 있도록 배치되어 있다. 단위 실습실은 직업 생활에 필요한 전문적인 기능 습득이 주된 목적이기 때문에 주로 직업 교육을 목적으로 설립된 학교, 직업 훈련원, 전문대학이나 일반 대학에서 흔히 볼 수 있으며 용접 실습실, 선반 실습실, 주조 실습실, CAD실습실 등이 이에 속한다.

2) 제한된 일반 실습 · 실험실(Limited general shop · laboratory)

제한된 일반 실습 · 실험실은 2~3개의 단위 실습실을 묶어 놓은 형태이며 재료, 특정한 교과 영역, 산업과 기술에 관련된 것에 대한 다양한 학습 경험을 제공하기 위해서 설계된 교육 시설이다. 비슷한 교과 내용에 대해서 실습할 때 필요한 여러 가지의 기계, 장치 등이 효과적으로 조직되어 있고, 실습에 필요한 공구, 도구 등은 공동으로 사용 가능하게 배치한다. 제한된 일반 실습 · 실험실은 주로 실업계 고등학교, 전문대학이나 일반대학 같은 고등교육을 위한 학교 등에서 흔히 볼 수 있으며, 기계공작 실습실, 일반 설계 실습실, 전기 · 전자 실습실 등이 이에 속한다.

3) 종합적인 일반 실험실(Comprehensive general laboratory)

종합적인 일반 실험실은 기술과 관련된 사실이나 개념에 대해서 전반적인 이해와 경험을 할 수 있도록 설계된 형태의 시설이다. 시설에는 제조, 건설, 수송, 통신 생명 관련 기술과 관련된 전반적인 체험 활동을 할 수 있는 충분한 공간과 설비들이 갖추어져 있다.

다. 부속실

부속실은 교사와 학생이 직접적으로 수업을 전개하는 곳은 아니지만 수업에 필요한 것들을 지원하고 보조하는 공간을 포괄적으로 지칭한다. 교사의 수업 준비와 사무 활동을 위한 교사실, 수업에 사용되는 재료, 도구, 공구, 장비 들을 저장할 수 있는 저장실, 수업에 필요한 여러 가지 자료를 보관할 수 있는 보관실 등이 이에 속한다.

2. 모듈식 실험실[9)]

기술교육에서의 모듈식 활동은 학생들에게 활동적, 협동적, 통합적인 학습 경험을 제공해 줄 수 있기 때문에 미국을 중심으로 모듈식 실험실이 각광을 받고 있다(Pullias, 1997, p. 28). 모듈식 실험실의 가장 큰 특징은 교육과정의 변화에 따라 융통성을 가진다는 것이다. 이러한 모듈식 실험실의 장점과 단점을 Glockner와 Adamsom(1996, p. 19)는 다음과 서술하였다.

9) 이 부분은 정민주(2001)의 체제적 배치 계획을 적용한 모듈식 체험 활동 중심 중학교 기술교육 시설의 설계의 일부 내용을 재조직하여 제시하였다.

장점

교육과정의 변화에 관계없는 융통성을 가진다.

다양한 수업 활동에 비해서 적은 설비 비용이 든다.

학생들의 개별적인 요구를 충족시킬 수 있다.

다양한 기술적인 개념에 대한 경험할 수 있다.

확실한 학습 결과를 얻을 수 있다.

기술의 발전에 따라 설비들을 개선시키기 쉽다.

평가를 명확히 할 수 있다

단점

흥미있는 영역에 대해서 깊이있는 경험을 제공할 시간적 여유가 없다.

항상 높은 수준의 사고 기능을 요구하지 않는다.

모듈은 너무 지시적일 수 있다.

학생들이 지루해지기 쉽다.

교사의 부족하다.

피츠버그 중학교에서는 기술 교과 교육을 위해서 "기술로의 탐험(Explorationsin Technology)"이라는 학생 중심, 활동 중심의 프로그램을 개발하고, 20개의 다양한 활동 모듈로 구성된 모듈식 실험실을 개발하였다(Iley, 1987, p. 23). 모듈식 실험실을 구성하는 각각의 모듈은 기술과 관련된 내용을 중심으로 만들어졌으며, 학생들이 자기 주도적(self- directed)으로 학습할 수 있도록 하였다(Gemmill, 1989, p. 8).

불타(Bulter) 중학교는 기술의 하위 영역인 제조, 건설, 수송, 통신을 주요 내용으로 하는 12개의 모듈과 과학과 관련된 사이학문적 내용을 학습할 수 있는 몇 개의 모듈을 개발하고, 이를 효과적으로 학습할 수 있는 기술교육 시설을 설계하였다(Durfee, 1988, p. 40). <그림 4-1>은 불타 중학교의 기술교육 시설이다.

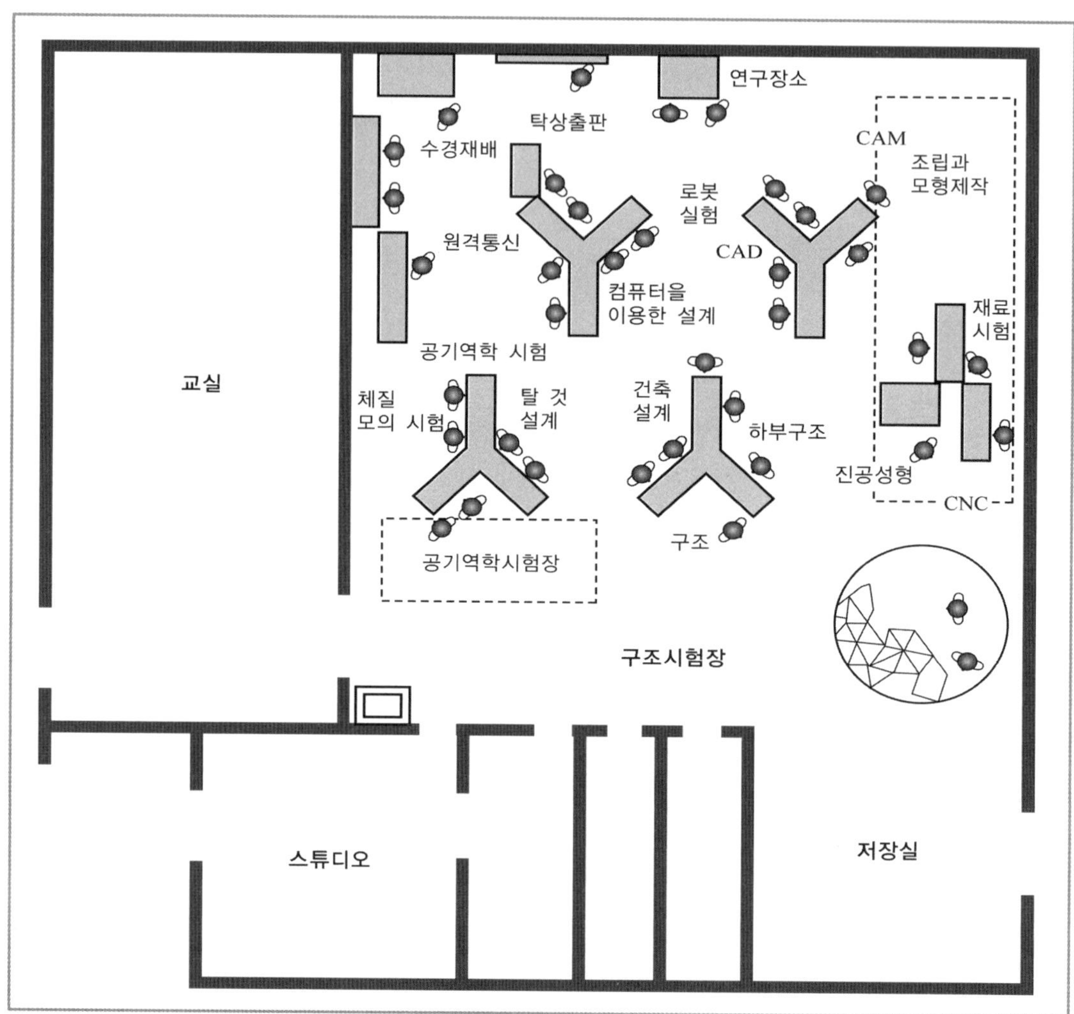

<그림 4－1> 불타 중학교의 기술교육 시설(Durfee, 1988, p.40)

3. 인간 공학적인 기술실 시설 · 설비의 설계

기술실에서 사용되는 작업대와 의자, 공구함, 칠판, 자료함 등도 학생의 신체발달, 학습 내용 및 학습 형태와 무관하게 획일화되어 있다. 기후 조절, 조명 시설 등 보건관계 시설도 교실의 방향이나 건물 구조 등에 무관한 형태와 구조를 갖고 있다. 이는 학생을 위한 교육적인 환경이라기보다 오히려 학교 시설 · 설비 기준령을 지키기 위한 최소한의 시설이라고 함이 타당하다고 생각한다. 교육적인 환경을 개인에게 교육적으로 긍정적인 영향을 주는 외적 조건 및 자극의 개별적 또는 총합적인 구조와 작용으로 볼 때, 기술실의 시설 · 설비는 사용자에게 긍정적인 영향을 주도록 편안하고 안전하게 시설 · 설비 되어야 한다.

교육 환경은 넓은 의미에서 보면 교육에 관련된 부분으로 교수 · 학습을 축으로 한다. 이는 학생과 교사의 관계에 의해서 성립되는 교육적인 분위기가 학습의욕, 인간관계 등 의식적인 요소를 내포하는 측면과 앞의 영역에 대응되면서 교육 그 자체를 감싸주는 기구로서의 물리적인 역할을 하는 영역이 된다. 그러므로 교육적 환경이라는 것은 두 가지 측면에 의해서 성립되어 있는 것이다. 따라서 기술실의 시설과 환경의 구성은 반드시 사용자의 심동적인 측면에서 그 특성에 맞게 물리적인 환경을 계획하여야 한다. 즉, 교육 시설의 물리적 환경의 구성 계획은 그것을 사용할 학생들의 심리적 발달 단계와 신체적 발달 단계에 알맞게 계획하는 것은 물론, 교육 방법, 운영 관리 조직, 일상생활의 형태 등 학교에서 행하는 모든 작용 기능을 이해하고 높은 수준의 교육 효과를 올릴 수 있도록 충분성, 안전성, 건강성, 미관성 등이 확보되는 인간 공학적인 배려가 있어야 한다(김종복, 2003).

가. 기본적인 고려 사항

교육 시설은 학생들이 쾌적한 환경에서 생활하고, 효율적으로 학습할 수 있도록 지원하는 기능을 한다. 이러한 기능을 원활히 수행하기 위해서 Castaldi (1987)는 교육 시설을 계획하는 단계에서부터 충분성(adequacy), 효율성(efficiency), 경제성(economy) 등을 고려할 것을 제안하였다. 정민주(2001)은 여라 학자들의 연구를 종합하여 일반적으로 기술교육 시설을 설계할 때는 타당성, 융통성, 안전성, 효율성을 고려해야 한다고 하였다.

첫째, 타당성(validity)이다. 교육 시설의 타당성은 교육 프로그램을 운영하기 위해 필요한 요소들이 양적, 질적으로 충분히 갖추어진 정도와 교육에 적절한 시설의 모양과 분위기, 시설의 유기적 관련 정도를 의미한다(한국교육개발원, 1989, p.12). 기술교육 시설의 근본적인 목적이 교육 목적을 달성하는데 있는 만큼 타당성을 우선적으로 고려해야 할 필요가 있다.

Polette(1995, p.223)는 기술 교육 시설의 타당성을 높이기 위해서는 기술교과 운영에 필요한 학습 공간과 설비를 확보하는 한편, 학생들의 생활과 학습에 적절한 시설의 형태, 학습자의 학습 풍토 조성에 영향을 주는 요인, 학습에 유리한 공간 배치 등을 계획해야 한다고 강조하였다.

둘째, 융통성(flexibility)이다. Gardner(1985, p.152)는 교육 시설의 융통성이란 변화하는 교육적 요구, 즉 교육과정의 변화를 수용할 수 있는 정도와 관련된다고 설명했다. Cummings(Jensen, & Todd, 1987, p.9)등은 자신의 경험을 기초로 하여 미래의 요구를 만족시키고, 공간을 효율적으로 사용할 수 있는 기술교육 시설에 대한 평가 기준의 하나로 융통성을 제시하였다.

또한 Gemmill(1989, p.3)은 기술 교과 수업을 효율적으로 운영하고, 계속적인 기술의 발달에 따라 재설계할 수 있는 시설이 되기 위해서 교육 과정, 수업 방법, 학생들의 요구 변화에 따라 재배치가 가능한 개방적 공간으로 설계하도록 하였다.

셋째, 안전성(safety)이다. 교육 시설의 안전성은 학생들의 안전사고를 예방하기 위해서 시설의 구조나 사용시의 안전을 보장하는 정도이다. 기술 교과의 실험·실습에서 학생들이 다루는 도구, 공구, 재료 등과 활동의 성격을 비추어 보았을 때 위험한 요소를 많이 포함하고 있다. 따라서 실험·실습에 충분한 공간의 확보와 교사의 수업 관리, 학생들의 이동을 위한 적절한 동선 계획이 이루어져야 한다. 또한 류창열(2000, p.273)은 학생들의 건강이나 시설 내의 설비의 고장을 막기 위해서 적절한 환기 시설, 조명 시설, 온도와 습도 조절 장치 등이 필요하다고 하였다.

넷째, 효율성(efficiency)이다. 교육 시설의 효율성은 시설의 유지와 관리, 수업 자료의 관리 등과 관련된다(Gardner, 1985, p.1572). 고가의 설비와 위험한 도구나 공구를 갖추고 있는 기술교육 시설은 교사의 관리 활동이 쉽고 효과적으로 수행될 수 있도록 해야 하며, 다른 교과와 학습 자원을 공유하여 학습의 효과를 늘여줄 수 있어야 한다. 또한, 학교의 역할이 확대되어가고 있기 때문에 정규적인 수업 이외에도 활용 가능하게 설계해야 한다.

나. 공간적 측면

교육 시설은 학생들의 신체적, 심리적인 특성과 교사와 학생이 전개하는 학습의 다양성을 고려해 볼 때 충분한 공간을 필요로 한다. 특히, 기술교육 시설 내에서 이루어지는 실험·실습 활동은 타 교과에 비해 사고 발생의 위험이 높기 때문에 공간 확보에 관한 문제는 매우 중요하게 다루어져야 한다.

기술 교과의 실험·실습수업에서 학생들은 다양한 도구, 공구, 재료 등을 다루며, 필요에 따라 이동하게 된다. 또한 활동에 몰입하게 되면 우발적인 사고가 발생할 우려가 크기 때문에 시설 설계할 때는 작업 공간을 적절히 적용할 필요가 있다. 신체 치수를 고려해야 하는 다른 공간으로 통로가 있다. 타인에게 방해를 주지 않으면서 이동할 수 있는 통로는 인간의 최대 신체 폭에 25cm 이상의 여유를 필요로 한다.

학습 공간은 신체 치수 이외에 학생 1인당 요구되는 면적을 적용하기도 한다. 이론 수업을 하는 공간은 일반적으로 학생 1명당 1~2.5m²의 면적으로 설계되고 있다(Beynon, 1994).

실험 · 실습수업을 위한 공간은 수업시 발생하는 안전사고에 비해서 더 넓은 공간이 필요하다. 기술 교과 실험 · 실습실에서 자유로운 활동을 할 수 있는 충분한 공간은 통로나 작업 공간을 고려해서 교실은 2m², 실습실은 4m², 전용 실습실은 5m²정도가 적당하다 (이상혁 · 진의남 · 이상봉, 1999).

다. 시각적 측면

Castaldi(1987)에 의하면, 왕성한 성장 단계에 있는 학생들의 눈을 보호하기 위해서는 무엇보다도 시설의 밝기가 중요하다. 시설의 발기는 자연 채광과 인공조명에 의해 결정되며, 쾌적한 학습 환경을 위해서는 밝기가 균일해야 한다고 설명하였다. 시설의 밝기는 학생들이 전개하는 학습 활동의 성격에 따라 달라진다. 우리 나라의 경우 학생들의 정상적인 시력을 유지하기 위해 학교 시설의 밝기를 300 [lx]이상 유지하도록 규정하고 있다(교육 법전, 2001, p. 1130).

인간의 눈이 전방으로 향하였을 때 물체를 인지할 수 있는 시야는 <그림 4−2>와 같이 양 124° 정도가 한계이다. 따라서 교사와 학생의 의사 전달과 수업의 효과를 높이기 위해서는 시야의 한계를 고려해 공간의 크기, 책상과 의자의 배치 등을 결정하는 것이 좋다(곽행옥, 1996).

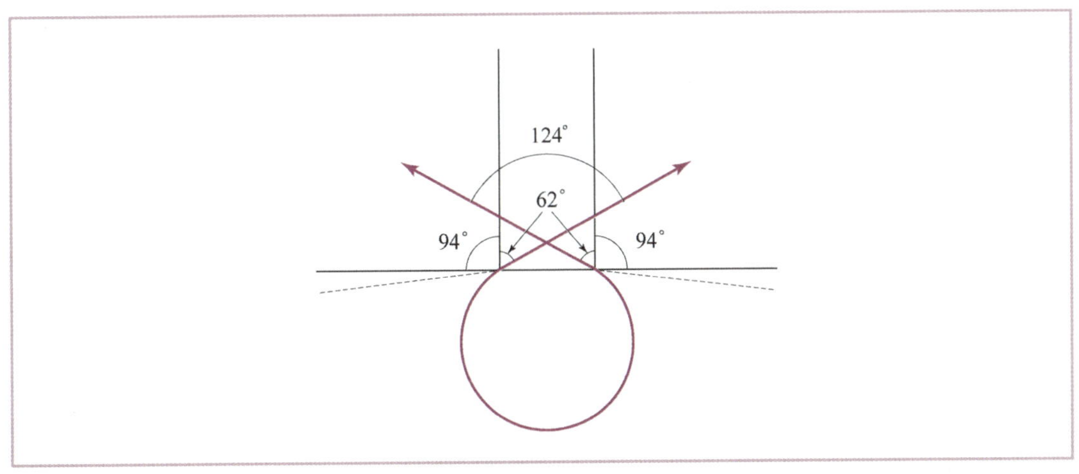

<그림 4−2> 인간의 시야

또한, 학생들이 칠판에 쓰인 4cm 정도의 글자를 인식할 수 있는 최대 거리는 9m, 교사가 모든 학생들을 동시에 인식할 수 있는 폭은 7.5m 정도이다(한은숙, 1995). 수업 공간의 크기를 결정하는데 있어서 이러한 시각적 요인을 고려할 필요가 있다.

라. 청각적 요인

소리는 주파수와 세기의 두 가지 속성을 가진다(Sanders & McCormick, 1993, p.150). 일반적으로 인간이 들을 수 있는 소리의 주파수 범위는 20~2000Hz이며, 소리의 세기는 0~140[dB]의 범위를 갖는다. 소음이란 인간이 원하지 않는 소리이며, <그림 4－3>은 사람간의 대화가 가능한 거리와 주위의 소음 수준의 관계를 나타낸 것이다.

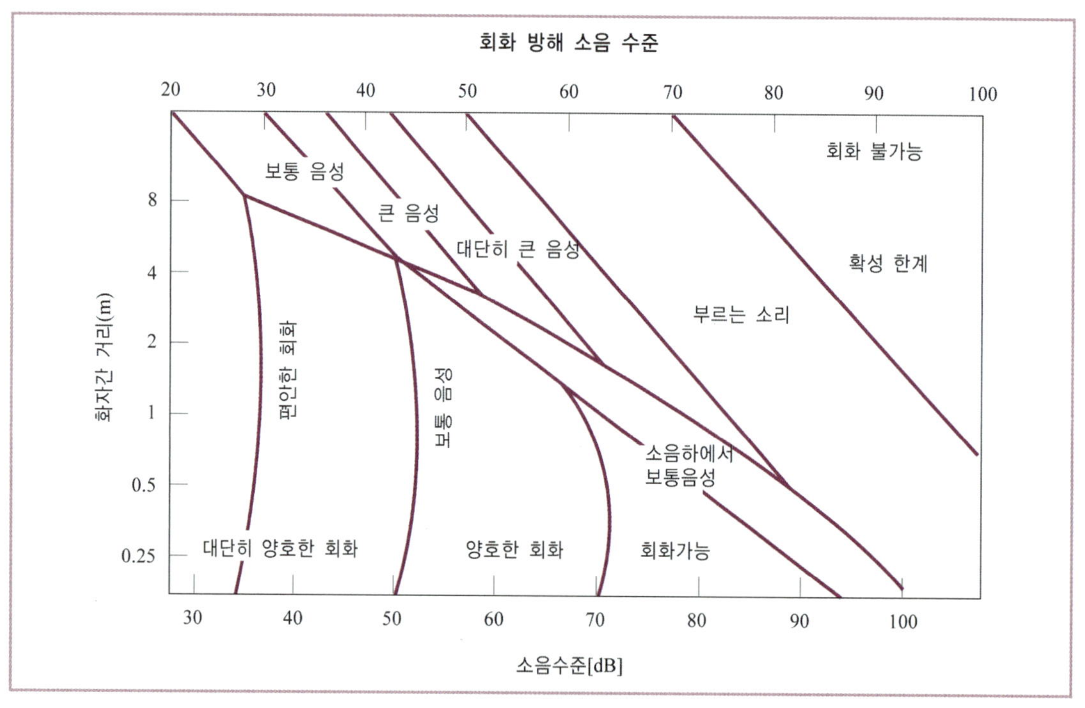

<그림 4－3> 소리의 세기와 소음의 관계(이순요, 1994, p.149)

교육 시설의 소음 조절을 위해서 Castaldi(1987)는 설계시 다음 사항을 고려하도록 하였다

① 소음원으로부터 떨어진 곳이 학교 부지를 선택하기
② 소음원의 소음을 억제하기
③ 소음이 발생되는 공간과 조용한 공간을 떨어뜨리기

④ 소음을 발생시키는 설비를 격리시키기
⑤ 방음이 되는 벽을 설치하기

기술 교과 수업 활동에서의 의사 전달은 주로 소리에 의해 이루어지며, 실험·실습시 소음이 발생할 경우 수업 방해와 함께 사고 발생의 원인을 제공하므로 소음에 대한 통제가 필요하다(Storm, 1993, 김종복, 2003. 재인용). 우리나라의 교육 시설에서는 소음 공해를 억제하기 위해 50 [dB] 이하로 유지하도록 하고 있다(한국교육시설학회, 1997).

마. 기후적 측면

학생들의 학습에 영향을 주는 기후적 요인으로 온도, 습도, 공기의 상태 등이 있다. 한은숙(1990, p. 50)은 중학교 교육 시설에서의 학생들의 학습과 생활에 18℃가 가장 적당하고, 습도는 40~80%로 유지할 것을 제안하였고, 고등학교이하각급학교설립·운영규정안 에서는 실내 온도를 18℃ 이상으로 규정하고 있다(한국시설교육학회, 1997).

바. 인간 공학을 적용한 작업대 면적

작업대의 평면 영역에는 **정상 작업 영역**과 **최대 작업 영역**으로 분류할 수 있다. 정상 작업 영역은 팔을 가볍게 몸에 붙이고 팔꿈치를 구부린 상태에서 자유롭게 손이 닿는 영역을 말하며, 편하게 일을 할 수 있는 범위의 구역이다.

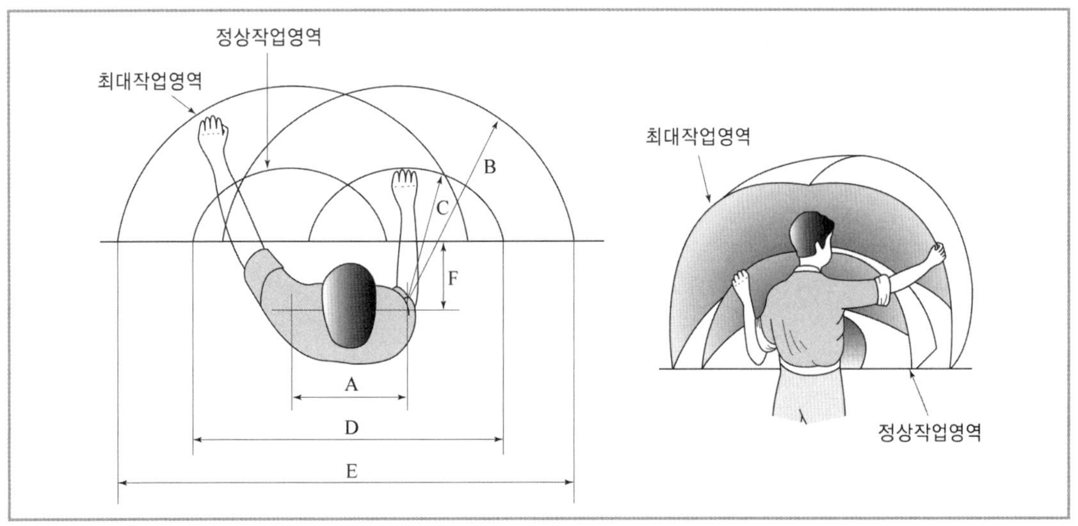

<그림 4-4> 정상 작업 영역 및 최대 작업 영역

최대작업 영역은 마음껏 양팔을 편 경우에 도달할 수 있는 최대 영역을 말하는데, 다양한 활동을 요하는 학습에서 확보해야 할 작업 영역에서 나타낸 것과 같다(Sanders & McCormick, 1993, 김종복, 2003 재인용)

국민 표준 체위 조사 보고서(대한인간공학회, 2004)에 의하여 중학교 2학년은, 13세 중학생의 작업 영역을 구하는 방법으로는 <그림 4-4>를 참고로 하여 [표 4-1]과 같은 작업 영역과 최대 작업 영역을 구할 수 있다.

[표 4-1] 작업대에서 정상 작업 영역과 최대 작업 영역 (mm)

신체 부위	남자(13세)			여자(13세)		
	평균	5%	95%	평균	5%	95%
어깨 너비(A)	346	306	386	343	315	375
벽면 손끝 수평 길이(B)	734	628	839	728	659	792
팔꿈치 손끝 수평 길이(C)	389	340	**440**	386	348	421
정상작업 영역 (D)=2(C)+(A)	1124	986	**1266**	1115	1011	1217
최대 작업 영역 (E)=2(B)+(A), (F)=190	1814	1562	2064	1799	1633	1959

작업대의 면적을 구하는 원리는 **극단치의 설계**(95%)를 적용하여 구할 수 있다. 대부분의 실습 활동은 정상 작업 영역에서 충분히 실험을 할 수 있기 때문에 실험 작업대의 평면 작업 영역은 13세의 남학생 95%에 해당하는 정상 작업 영역인 1266mm×440mm로 면적을 구할 수 있다.

4. 기술 교육 시설의 평면 계획

기술 교육 시설은 교실, 실험·실습실, 부속실로 구성되며, 각각의 구성 요소가 요구하는 공간에는 여러 가지가 포함된다. 전통적으로 기술 교육 시설을 구성하는 공간들은 폐쇄적인 공간 구조가 주를 이루었고, 실험·실습실은 수업시 발생하는 소음과 먼지 등으로 인하여 교실과 멀리 떨어져

위치하였다(Polette, 1993). 그러나 최근의 시설은 교실과 실험 · 실습실이 통합되어 설계되고, 시설을 구성하는 공간들은 분리되는 벽이 없거나, 이동식 벽으로 되어서 공간 사이를 자유스럽게 이동할 수 있는 개방적인 공간 구조를 이루고 있다(Gemmill, 1989).

기술 교육 시설은 다양한 수업 전략 및 방법을 적용할 수 있어야 한다. 미국의 Maryland 주의 교육부(Maryland State Department of Education, 1994)는 기술 교육 시설이 과학과 수학 교육 시설과 인접하여 위치하게 되면서 사이 학문적 수업을 도울 수 있으며, 다양한 수업 방법을 적용하기 위해서 다음과 같은 영역을 포함시키도록 하였다.

- 교실 영역(Classroom seating area)
- 소집단 모임 영역(Small group meeting area)
- 설계 영역(Design area)
- 연구 영역(Research area)
- 모듈식 수업 활동 영역들(Modular instructional activities areas)
- 활동적인 시험 영역(Dynamic testing area)
- 생산/조립 영역(Production/fabrication area)

기술교육을 위한 필수적인 지원 공간은 다음을 포함한다.

- 교사 사무 공간
- 재료 저장실
- 제품 저장실
- 마무리 영역

또한, 이들은 위 11개의 영역들을 학교 수준과 수용할 수 있는 학생 수에 따라 시설의 형태의 배치를 다르게 하여 적용할 수 있는 여러 가지 기술 교육 시설을 설계해 제시하였다. <그림 4-5>는 그들이 제시한 것 중에서 중학생이나 고등학생 24~28명이 학습할 수 있는 기술 교육 시설의 모형이다(Maryland State Department of Education, 1994).

Polette(1993)는 제조 기술과 관련된 실험 · 실습을 위해서는 제조 기술 실험실 이외에도 설계와 자원 영역, 형식 수업 영역, 재료와 제품 저장 영역, 재료 과정 영역, 사무 영역 등의 부속실이 필요하다고 하였다.

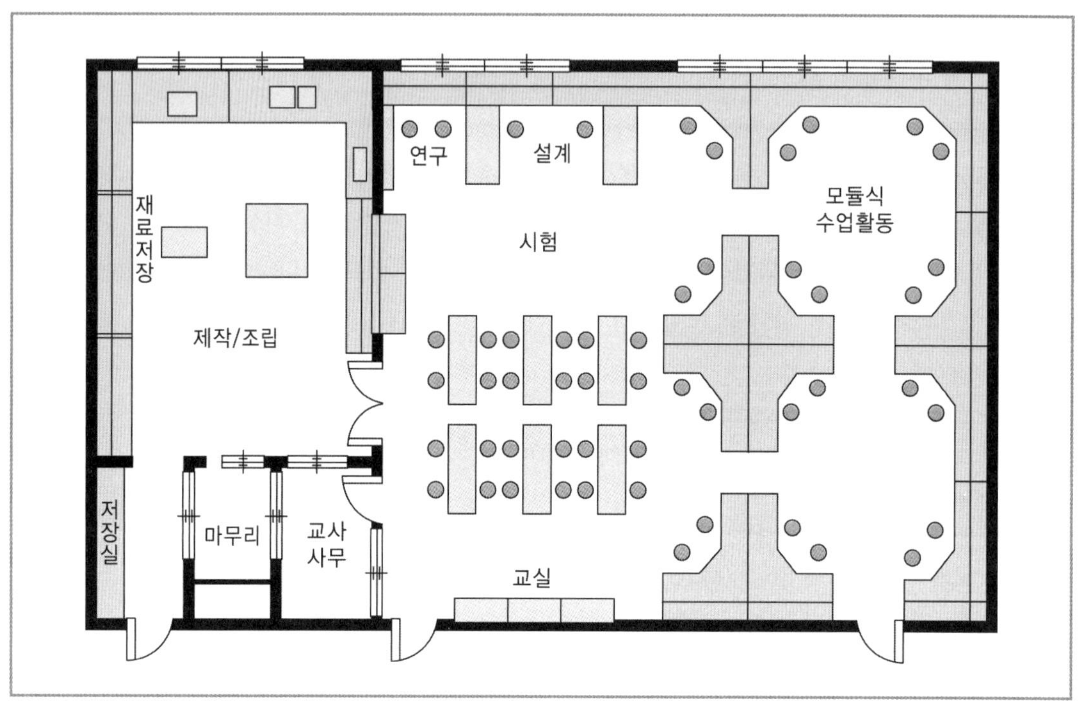

<그림 4-5> 미국의 메릴랜드 주에서 제안한 기술 교육 시설 모형

Brown(1990)은 통신기술을 가르치기 위해 6가지 영역이 필요하며, 시설의 융통성을 고려한 배치를 통해서 <그림 4-6>과 같은 모형을 제시하였다(정민주, 2001).

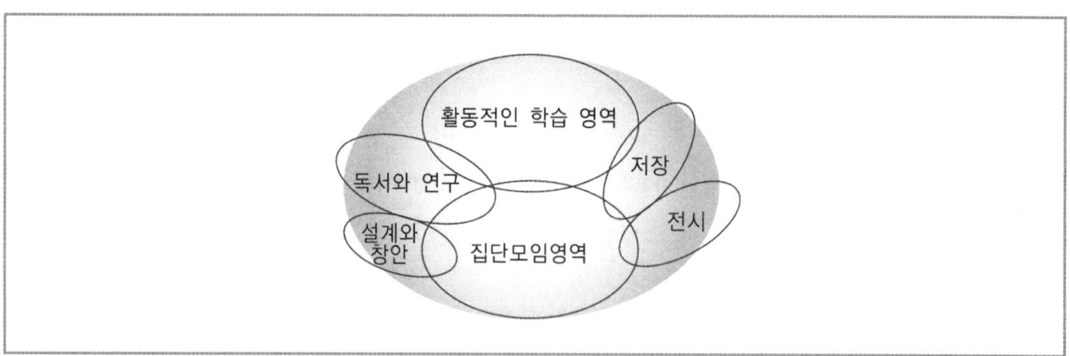

<그림 4-6> 통신기술교육 시설의 개념적 모형 (Brown, 1990, p.151)

Komacek와 Bolyard(1992)는 고등학교나 교사 교육 기관에서 수송기술을 가르치기 위해서 집단 모임/설계 영역, 연구 센터 영역, 모형 제작 영역, 동적 시험 영역, 저장 영역 등의 5개 수업 영역이 필요하며, 영역 사이의 학생 등 움직임에 근거하여 <그림 4-7>과 같이 배치하도록 하였다(정민주, 2001, 재인용).

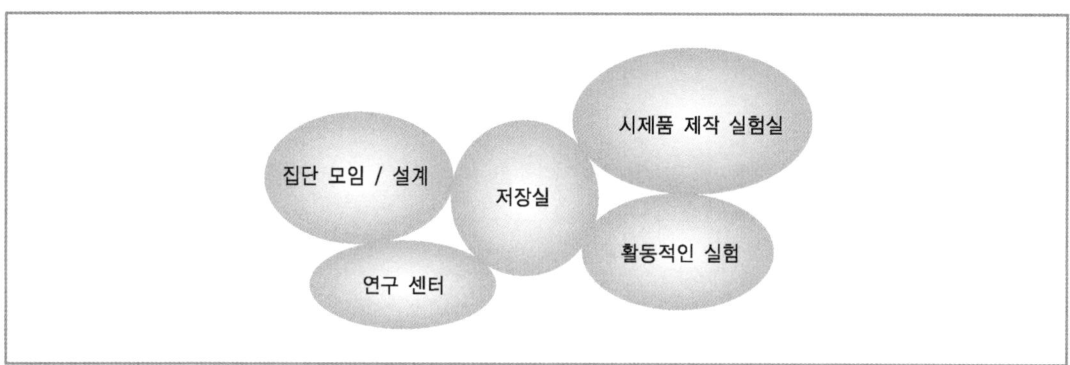

<그림 4-7> 수송기술 실험실의 공간 배치(Komacek & Bolyard, 1992, p.236)

기술 교육 시설의 형태와 크기는 교육 계획에 따라 결정되며, 시설에 포함되어야 하는 공간을 주 실습장, 교사실, 강의실, 공구실 및 재료실, 자료실로 구성하며, 이러한 공간을 평면 계획 시 같이 고려하도록 한다(이상혁 · 진의남 · 이상봉, 1999).

또한, 신헌수(1991)는 동선이 좋아지기 위해서는 직사각형의 형태가 좋으며, 기둥이나 돌출물, 시선을 방해하는 칸막이 벽 등을 설치해서는 안 되며, 위험한 요소를 많이 포함하고 있는 단위 실습실들의 유기적인 동선을 위해서 다음 사항을 고려해야 한다고 하였다.

① 중요 동선을 위한 넓은 통로가 있어야 한다.
② 다른 작업에 방해 없이 도구와 자재 운반을 할 수 있어야 한다.
③ 주요 작업 사이에 일정한 간격이 유지되어야 한다.
④ 위험 지역은 가능한 빨리 통과할 수 있게 직선으로 동선을 배치해야 한다.
⑤ 긴 자재는 90°회전하거나 학생이 부딪히지 않고 운반할 수 있도록 해야 한다.

5. 모듈식 실험실의 설비 배치

정민주(2001)는 기술교과교육을 위한 **모듈식 실험실 배치** 계획을 세우고 설계 모델을 제시하였다.

가. 모듈 학습 공간

각 **모듈 학습 공간** 사이에는 벽을 설치하지 않고 개방식으로 하였다. 모듈 학습을 위한 작업대는 <그림 8－8>과 같이 설계하였다.

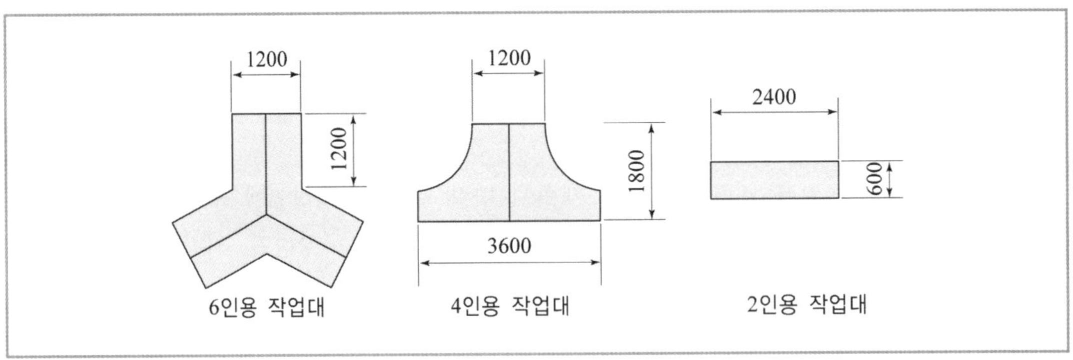

<그림 4－8> 모듈 학습 작업대

<그림 4－8>에서 학생 1명의 작업대는 중학생의 신체 치수를 고려한 정상작업역을 기준으로 1200mm×600mm로 하였다. 제조, 건설, 통신, 생명관련기술 모듈학습 공간은 6인용 작업대를 설치하였고, 수송기술 모듈 학습 공간은 6인용 작업대를 설치할 경우 동선의 확보가 어렵기 때문에 4인용, 2인용 작업대를 각각 설치하였다.

나. 연구/ 개발 공간

학생들이 여러 가지 자료를 놓고 토의할 수 있도록 6인용의 원탁 토의대와 간단한 판서를 할 수 있는 이동용 칠판을 두었다.

다. 제작 공간

제작 공간에서 학생들이 전개하는 수업 활동은 위험한 도구, 공구, 재료 등을 다루며, 이로 인한 안전 사고 발생 위험이 있기 때문에 작업대의 크기는 중학생의 신체 치수를 고려한 최대작업역인 1800mm×700mm를 확보하도록 하였다. 따라서 작업대는 3600mm×1500mm로 하여 4인이 작업할 수 있도록 설계하였다.

작업대와 벽 사이의 통로는 2명의 학생이 충분히 이동할 수 있는 여유 공간을 확보하였고, 안에서 일어나는 수업 상황을 교사나 학생들이 파악할 수 있도록 창문을 설치하였다.

라. 부속실의 설비 배치 계획

1) 수업 자료 저장 공간

수업 자료 저장 공간은 수업에 필요한 다양한 자료와 학생 작품, 수업 중에 마무리하지 못한 작품을 저장하기 때문에 미닫이문을 가진 책장을 설치하였다.

2) 재료/공구 저장 공간

제작 공간에 포함된 재료/공구 저장 공간은 학생들이 제품을 제작하는데 자주 이용되는 간단한 도구나 공구 등을 진열할 수 있는 진열장을 설치하였다. 진열장은 학생들이 도구나 공구를 편리하게 사용하고, 교사의 설비 관리를 돕기 위해서 종류별로 진열할 수 있게 하였다. 제작 공간과 벽으로 분리된 공간은 고가의 설비, 자주 사용되지 않는 공구, 재료 등을 저장하는데 사용되며 잠금 장치를 할 수 있는 캐비닛을 설치하였다.

마. 모듈식 체험 활동 중심 중학교 기술실 설계

체제적 배치 계획에 의해 결정된 공간 배치와 각각의 공간에 필요한 기본적인 설비 배치 계획에 따라 <그림 4-9>와 같은 모듈식 체험 활동 중심 중학교 기술교육 시설을 설계하였다(정민주, 2001).

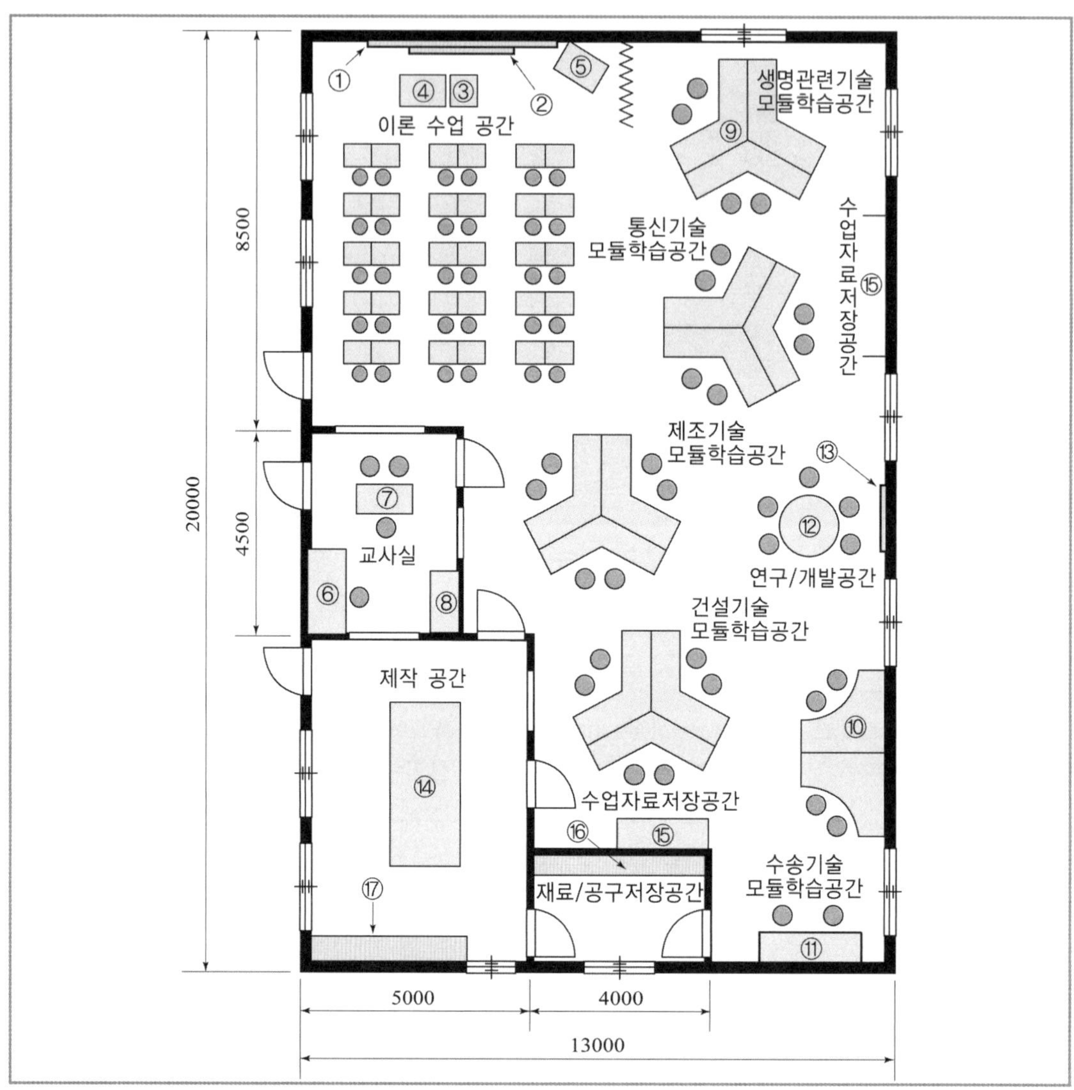

① 칠판, ② 스크린, ③ 교수대, ④ 수업 매체 설치대, ⑤ T.V, ⑥ 교사용 책상, ⑦ 상담용 테이블, ⑧ 책장, ⑨ 6인용 모듈 학습 작업대, ⑩ 4인용 모듈 학습 작업대 ⑪ 2인용 모듈 학습 작업대 ⑫ 원탁 토의대 ⑬ 이동식 칠판, ⑭ 제작용 작업대, ⑮ 수업 자료 저장용 책장, ⑯ 재료/공구 저장 캐비닛, ⑰ 재료/공구 진열장

<그림 4-9> 모듈식 체험 활동 중심 중학교 기술교육 시설

6. 기술실 공간 재구조화 사례

가. 마포중학교 메이커스페이스 기술실 사례[10)]

마포중학교에서는 2011년 기술실 현대화, 2012-2013년 기술공작실 사업(한국산업기술진흥원), 2018-2020년 서울형 메이커교육모델학교, 2021년 메이커스페이스 거점센터 구축으로 발전하면서 기술실의 공간 재구조화를 성공적으로 이끈 사례이다.

이 학교도 다음과 같은 문제를 중심으로 공간을 재구조화하였다.

누가 이용할 것인가?
학생들은 무엇을 할까?
혼자 운영이 가능할까?
어떤 장비를 구입해야 할까?
장비는 어떻게 배치해야 할까?
예산은 어떻게 확보해야 할까?

마포중학교 지하에 위치한 메이커 스페이스는 미술실, 학생회실, 복싱 연습실 및 창고 등 유휴 공간을 메이커스페이스 재구축한 사례이다. 위의 배치도는 기존 공간, 아래의 배치도는 현재 메이커스페이스를 구축한 배치도이다.

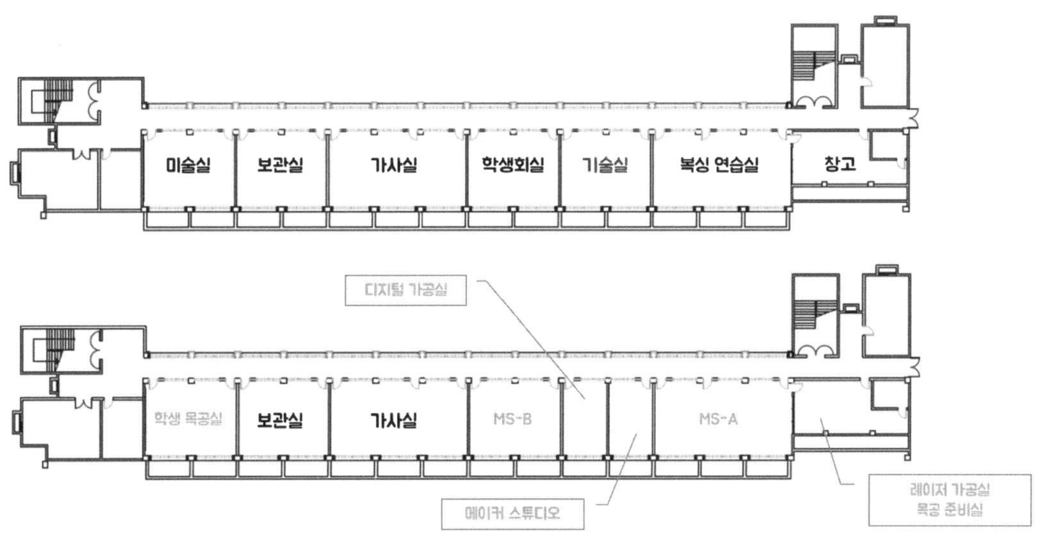

10) 이 자료는 마포중학교 권석영 교사가 제공한 자료를 재구성한 것이다.

각 공간별 모습과 내용은 다음과 같다.

<그림 4－10> 메이커스페이스A

<그림 4－11> 메이커스페이스B

<그림 4－12> 메이커스페이스의 수납

메이커스페이스A(99㎡)와 B(66㎡)는 정규교과 기술수업 및 방과후, 동아리활동, 자유학기 주제 선택 활동 및 교사 연수 등에 활용된다. 메이커스페이스A에서는 주로 공작활동이 이루어지며, 메이커스페이스B에서는 전기·전자 및 SW, AI관련 활동들이 이루어진다. 두 공간을 구분한 것은 활동에 따른 재료 및 공구(도구)의 분리를 통해 관리의 편의성을 높이고, 두 명의 기술교사가 동시에 수업을 진행할 수 있기 때문이다. 참고로 메이커 스페이스에 설치된 학생용 작업대 및 벽면 수납 및 작업대는 학생 및 교원학습공동체 교사들과 함께 목재와 흑관 파이프를 이용해 직접 제작한 것이다. 수납은 주로 오픈된 선반에 투명한 리빙박스를 이용해 정리 및 보관을

한다. 투명한 리빙박스를 사용하면 학생들이 재료 및 도구를 찾기 쉽고, 모듈식으로 정리가 가능한 장점이 있다.

<그림 4－13> 목공준비실

약 45㎡ 크기의 목공준비실은 학생들의 목공 수업을 위해 재료를 미리 가공하거나, 교사 연수 및 교구제작 등에 활용된다. 목공준비실에는 학생들에게 비교적 위험한 목공 기계들이 있기 때문에 반드시 사용교육을 이수한 학생 또는 교사만 출입이 가능하다.

<그림 4－14> 메이커스튜디오

약 33㎡ 크기의 메이커스튜디오는 전동 배경 스크린(크로마키 포함) 및 비디오카메라 및 영상 및 음향 편집용 컴퓨터와 다양한 미디어 콘텐츠 저작도구들이 비치되어 있다. 메이커스튜디오에서는 학생 및 교사가 다양한 미디어 콘텐츠를 만들 수 있도록 벽면에 흡음 장치와 높은 조도의 조명이 있으며, 별도의 이동식 조명들도 준비되어 있다.

<그림 4－15> 디지털가공실

3D프린터 및 로봇 교구들이 보관되는 디지털가공실은 메이커스페이스B와 폴딩도어로 공간이 분리 되어 있으며 크기는 약 33㎡이다. 디지털가공실에서 3D프린터를 사용할 때는 폴딩도어로 공간을 밀폐하고, 기계식 공기순환장치를 통해 강제 환기를 시켜 안전한 공기질을 확보할 수 있도록 하였다.

<그림 4－16> 레이저 가공실

레이저 가공실은 레이저 조각기 및 관련 재료, 공기정화장치 등이 설치되어 있다. 레이저 조각기 작동 시 연기와 냄새가 많이 발생하기 때문에 공기정화기를 거쳐 옥상으로 연기를 강제로 배기하도록 설비가 되어 있다.

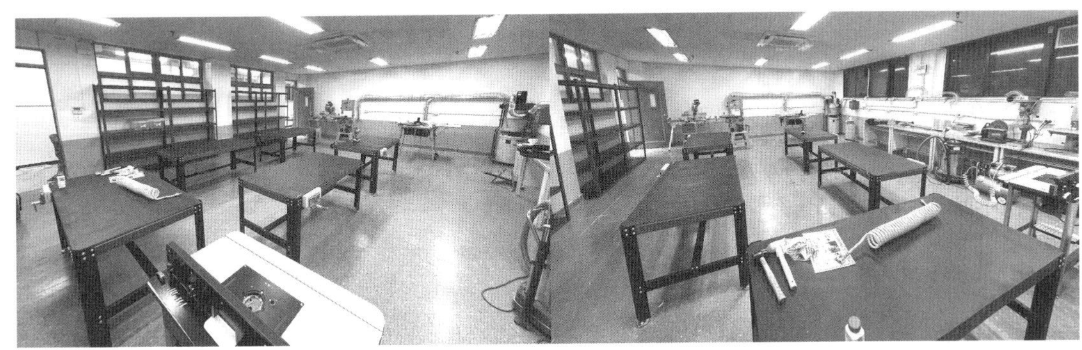

<그림 4-17> 학생목공실

학생목공실은 동아리, 자유학기 프로그램, 방과후학교 등에 활용되며 12명 이내의 학생들이 동시에 작업을 할 수 있도록 구성되어 있다. 비교적 안전한 소형 장비 중심으로 목공 기계들이 배치되어 있으며, 집진을 위한 별도 설비를 하였다.

마포중학교의 공간 혁신 전략은 다음과 같은 원칙으로 추진하였다.

유후 공간 확보
- 사용량이 적은 지하층의 공간 확보
- 제습기를 활용한 습도 조절
- 메이커 스페이스에서 발생하는 소음 관련 민원 해소

학생들의 동선과 안전 고려
- 클린룸과 더티룸의 분리를 통한 청소 및 기기 관리 편리성 확보
- 학생 목공실과 목공 준비실 분리를 통해 장비로부터 안전 확보
- 3D 프린팅 관련 안전 이슈 해결을 위한 환기 설비 구축

시설보다는 장비
- 화려한 시설보다는 학생들의 경험을 위해 시설보다는 장비에 투자
- 좋은 장비가 더 정확하고, 안전하며 유지관리가 쉬움
- 비싼 가구보다는 수납 및 사용성에 초점

나. 남대문 중학교 TechLab[11)]

남대문 중학교는 꿈담교실이란 특별실 프로젝트를 수행하면서 다음과 같은 문제에 초점을 맞추었다.

---

11) 남대문중학교 이해동 교사의 연수자료를 재구성한 것이다.

누가 이용할 것인가?
학생들은 무엇을 할까?
혼자 운영이 가능할까?
어떤 장비를 구입해야 할까?
장비는 어떻게 배치해야 할까?
예산은 어떻게 확보해야 할까?

학생 및 교사들의 요구를 다음과 같이 정리하여 설계하였다.

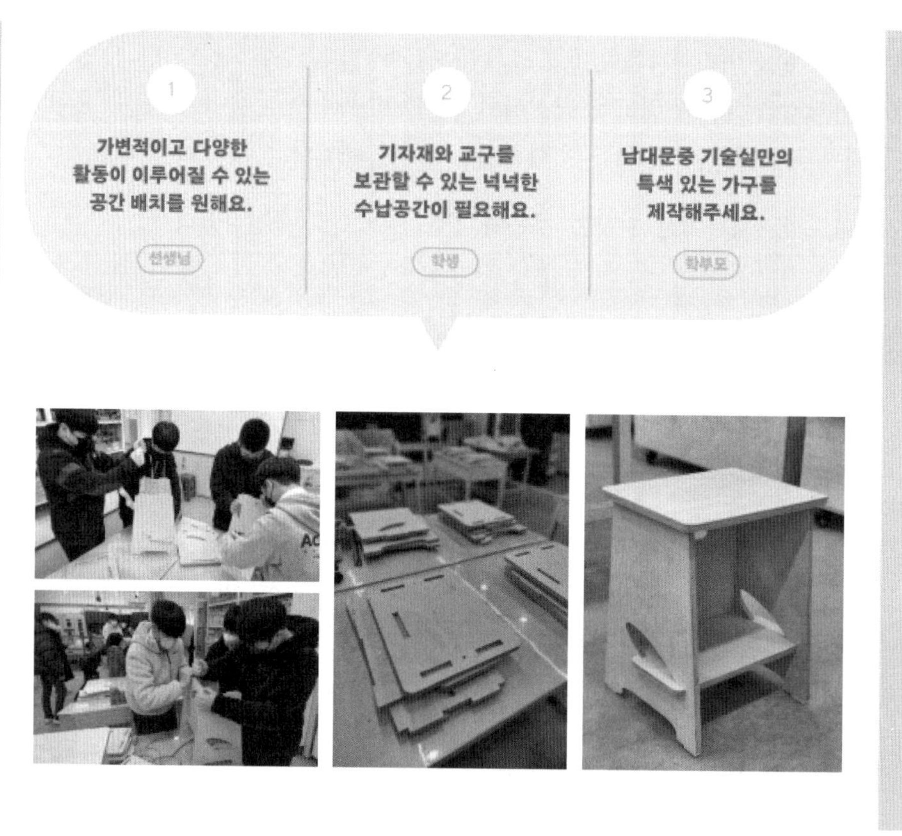

남대문중학교 공간재구조화 요점

교과교실의 목표 달성

낡고 노후한 특별교실을
현대의 교육목표 달성하기 위한
교실로 탈바꿈

수납 그리고 수납

수업용 기자재를 보관할 공간
확보를 위해 자투리 공간을
적극적으로 활용한다.

홍보 & 동기유발

과제에 의한 활동이 아니라,
학생들의 자발적 참여욕구를 불러
일으키는 전시 홍보효과 활용

공간의 가변적 활용

제한된 공간 안에서 다양한 활동이
이루어질 수 있어야 한다.

구 공작실의 경우 흔한 기술실과 같이 기술실 공간, 테이블 의자, 기자재와 부품 보관을 하고 있는 공간을 공간 재구조화 관점에서 다음과 같은 전략으로 리모델링하였다.

교과교실의 목표 달성, 수납 그리고 수납, 홍보 및 동기유발, 공간의 가변적 활용의 관점에서 기술을 리모델링하였는데, 그 결과는 다음과 같다.

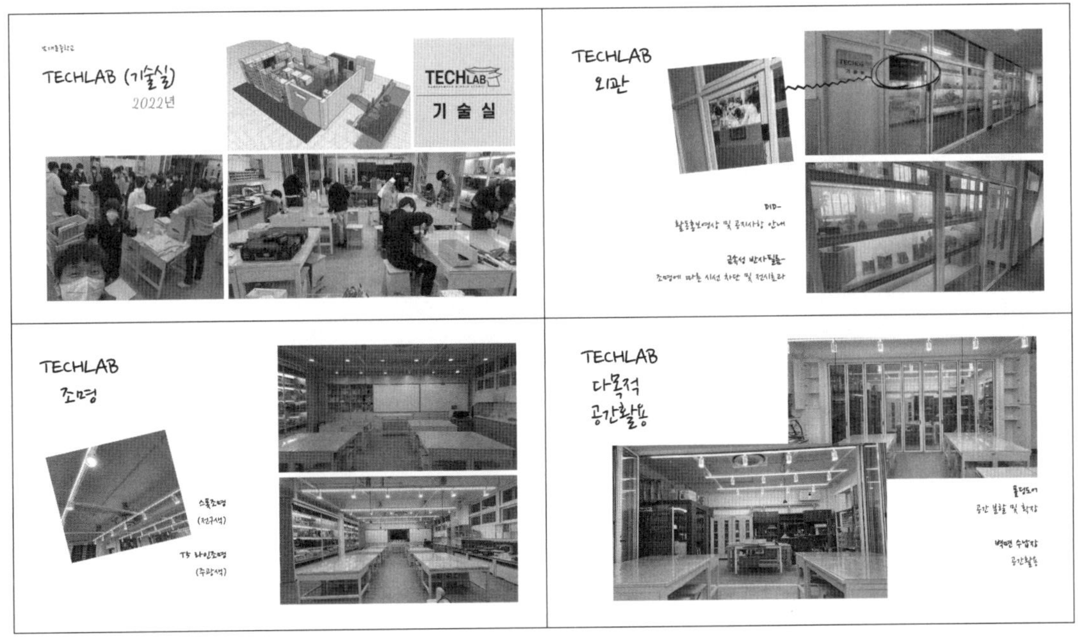

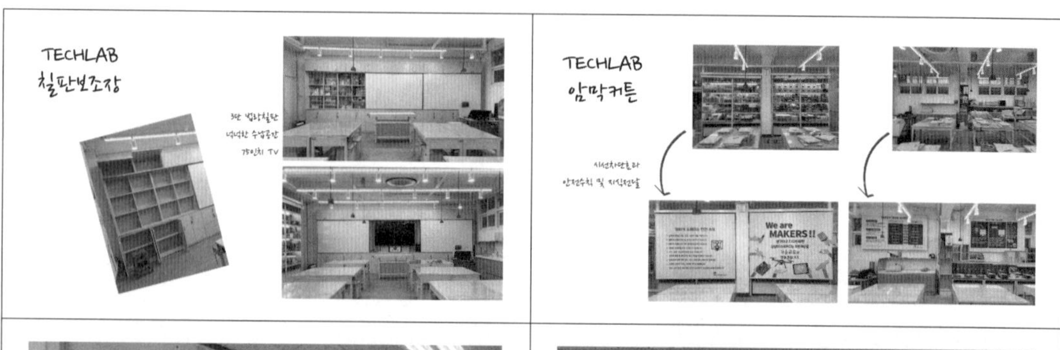
TECHLAB
칠판보조장
3단 법랑칠판
넉넉한 수납공간
75인치 TV
TECHLAB
암막커튼
시선차단효과
안전수칙 및 지식전달
We are
MAKERS!!

TECH LAB
기술실

We are
MAKERS!!

7. 실습장 안전 관리[12)]

가. 안전교육과 지도

안전교육에 대한 개념은 다양하게 정의되고 있다([표 4-2] 참조). 이들 개념적 정의에서 안전교육에 대한 공통적인 요소를 찾아보면 외부요인으로서 재해, 돌발적 상황을 포함하고 있으며, 목적은 생명과 안전을 지키기 위한 것으로, 방법으로는 관련 지식, 기능, 태도 및 습관화를 제시하고 있다.

[표 4-2] 안전교육에 대한 개념적 정의

구분	개념적 정의
두산세계대백과(1998)	일상생활에서 일어나는 사고를 미연에 방지하고 불의의 재해나 돌발적인 사태가 발생했을 때에는 생명을 지키기 위해서 취해야할 심신 양면의 행동을 지도할 목적으로 실시하는 교육
남상길(2004)	각종 재해로부터 사람을 안전하게 지키는 교육이라고 하였으며 특히 학교 안전 교육은 외부의 재해로부터 자기 자신을 안전하게 지키기 위한 지식, 기능 및 태도를 학교에서 길러 주는 교육
박재희, 김소연, 이규녀(2013)	교육이라는 수단을 통하여 일상생활에서 개인 및 집단의 안전에 필요한 지식, 기능, 태도 등을 이해시키고 자신과 타인의 생명을 존중하며 안전하고 건강한 생활을 영위할 수 있는 습관을 육성하는 것
함승연(2015)	일상생활과 관련된 안전의 지식, 기능, 태도를 갖게 할 뿐만 아니라 이를 습관화함으로써 건강한 생활을 영위하게 하며, 생명이나 신체적 상해를 줄이기 위한 예방적인 교육

이러한 요소를 바탕으로 안전교육을 정리하면 '일상이나 재해 상황에서 돌발적으로 발생하는 사태로부터 사람의 생명과 재산을 보호하기 위한 관련 지식, 기능, 태도에 대한 학습을 통하여 습관을 형성하도록 하는 것'으로 볼 수 있다.

12) 이 부분은 임윤진 · 최유현 외(2016)의 예비기술교사의 실험 · 실습 안전 지도에 관한 교육요구도 분석(한국기술교육학회지, 16권 3호(113-138)의 내용을 발췌한 것이다.

나. 교육활동 관련 안전사고의 원인과 대책

1) 학교안전사고의 원인과 대책

학교안전사고 예방 및 보상에 관한 법률(2015)에 따르면 **학교안전사고**란 '교육활동 중에 발생한 사고로서 학생 · 교직원 또는 교육활동 참여자의 생명 또는 신체에 피해를 주는 모든 사고 및 학교급식 등 학교장의 관리 · 감독에 속하는 업무가 직접 원인이 되어 학생 · 교직원 또는 교육활동 참여자에게 발생하는 질병으로서 대통령령이 정하는 것'으로 정의되고 있다. 즉, 학교라는 공간에서 교육활동을 통하여 교육 참여자에게 발생할 수 있는 사고를 학교안전사고로 볼 수 있다.

학교의 안전사고 발생 장소를 살펴보면 놀이터 및 운동장(31.1%), 강당/체육관(17.4%), 복도 및 계단(18.5%), 교실(14.7%), 특별실(4.8%)의 순으로 나타났다(양승실 외, 2015, p.126). 양희산 외(2011)의 연구에 따르면 시간대별로 보면 체육시간, 휴식시간, 식사시간, 수업시간의 순서로 사고가 많이 발생하고 있는 것으로 나타났다. 특히 2009년과 2010년을 비교한 결과 수업시간 사고 발생과 교실에서의 사고가 증가하고 있다고 보고하였다(pp.38-39).

학교안전사고의 원인은 크게 인적요인, 설비적 요인, 작업적 요인, 관리적 요인으로 구분할 수 있으며(한국청소년개발원, 1994; 박필수, 2000; 한문석, 2004), 구체적인 세부원인은 다음과 같다([표 4-3] 참조).

[표 4-3] 학교안전사고 원인

항목	세부원인	
인적 요인	① 심리적 원인(망각, 무의식 행동, 잘못된 판단, 부주의 등) ② 생리적 원인(피로, 수면부족, 신체기능, 질병 등) ③ 학급 관계의 원인(학급 내 교우관계)	
설비적 요인	① 기계 및 설비의 결함 ③ 방호장비의 불량 ⑤ 시설 점검 및 정비 불량	② 기계 및 설비의 부족 ④ 안전실습미흡
작업적 요인	① 잘못된 작업 방법 ③ 작업공간의 부적절함 ⑤ 작업실 환경의 불량	② 작업 자세, 작업 동작의 미흡 ④ 작업공간의 비좁음
관리적 요인	① 안전관리계획의 부족 ③ 안전교육 방법의 부적절 ⑤ 교사의 시설관리 불량	② 안전훈련 및 교육의 부족 ④ 교사의 지도 및 감독 부족 ⑥ 안전관리규정의 부족

출처: 윤홍열, 임나영, 이창훈(2015). 공업계열 특성화고등학교 학생의 학교안전사고와 안전교육에 대한 인식 조사. 한국기술교육학회지, 15(3), p.233.

노승윤(1996)에 따르면, 안전사고가 발생 할 것으로 인식하는 원인 중 가장 높은 요인은 심리적 원인(51.7%)이며, 생리적 원인(31.5%), 잘못된 작업 방법(25.3%), 작업 자세 및 작업 동작의 미흡(24.0%)의 순으로 인적 및 작업적 요인이 높은 순위를 차지한다고 볼 수 있다. 따라서 안전한 실습을 위하여 안전교육의 실시는 매우 필수적이며, 실습시간에 아래의 4가지 요소가 지켜 져야한다(노승윤, 1996, pp.293-294).

첫째, 교사는 실습을 항상 감독하고 교사의 감독이 없는 경우 학생들은 실습을 하지 못하게 한다.

둘째, 교사는 학생들이 도구와 장비를 사용하는 방법에 관하여 의문을 갖지 않을 정도로 완벽하게 시범을 보인다.

셋째, 안전에 관한 토론을 통하여 안전에 관한 과제를 부여하며 안전 실천을 유도하고 의식을 고취시킨다.

넷째, 교사는 학생들이 안전 수칙을 실행하도록 강경한 태도를 취한다.

2) 기술교사에게 요구되는 실험실습 안전지도 능력

여인문(1994)은 기술교사의 수업관련 직무로 실습실에서 안전지도를 포함하였다. 전용조(2006)는 기술교과 관련 직무수행 능력과 기준에 관한 연구에서 기술교사 전문성 기준(PD-5-E)을 '안전하고, 적절하게 설계되고, 잘 유지되는 실습환경을 설계하고 관리하도록 한다'로 제시하였다. 또한 직무분석의 범주로 D(실습실 운영)-9(실습안전지도학기)의 하위 요소로 D2(기술교과 교육시설 운영능력)-5(기술교과 교육시설의 안전시설을 계획 · 구축하고 학생 안전을 지도할 수 있다)고 제시하였다.

김종복(2003)은 기술교과에서 학생의 실험 · 실습 활동이 안전하게 이루어지기 위해서는 물리적 시설, 환경조사, 안전사고 원인 및 사례 그리고 교사들의 인식에 대한 조사를 다음과 같은 질문을 통하여 점검하고자 하였다.

① 기술실 안전 장비 비치 및 활용 유무
② 기술 실습 활동에서 사전 안전 교육 실시유무
③ 기술 실습 활동 내용에 적합한 복장의 착용 유무
④ 화재경보기 설치 장소 확인
⑤ 기술실 실습 활동에서 안전을 저해하는 시설(공간, 기계와 공구, 실습대 등)
⑥ 기술실 실습 활동에서 안전을 저해하는 환경(환기, 조도, 냉난방, 기타)
⑦ 기술 실습 활동에서 안전사고 및 위험 상황 경험
⑧ 기술 실습 활동에서 실습 내용과 안전사고 사례(제도의 기초, 운동물체 만들기, 제품의 구상과 만들기, 전자제품 만들기)

⑨ 기술교사들의 안전 인식 실태
- 새로운 기계 및 공구에 대한 사전 실습
- 안전사고의 책임 문제로 인한 기술 실습 활동 기피
- 기술 실습 안전교육 연수 참여 의지

즉, 기술교사가 교과의 안전한 실험 · 실습을 위해서는 안전지도에 관한 배경지식, 태도, 기능이 잘 갖춰져야 할 뿐만 아니라, 교육환경의 조성과 관리, 관련 사례에 대한 대처 방안 등에 대한 실무적 능력에 대한 전문성이 잘 확보되어야 한다.

한편 2022 교육과정 문서에서 제시한 실험실습의 안전사항은 다음과 같이 제시하고 있다.

실험 · 실습 활동은 학습자 주도의 문제해결에 초점을 두고 아래 사항을 유의하도록 한다. 특히 교과의 교육 내용을 분석하여 연간 또는 학기별 실험 · 실습 계획을 세우고, 실험 · 실습 활동에 필요한 재료, 설비, 기구 및 자재 등을 사전에 준비하고 점검하며, 학습자의 안전을 가장 고려한다.

- 안전한 실험 · 실습 활동을 위하여 도구, 기계, 설비 등을 사전에 점검 및 수리하고, 사용 방법을 정확하게 익히도록 한다. 또한 안전사고 예방을 위해 사전에 교육을 실시하고, 안전 관련 보호 장비를 착용하도록 한다.
- 간단한 응급 처치 요령을 익히도록 하고 사고 발생 시 응급 처치 요령에 따라 즉각적으로 치료받을 수 있도록 한다.
- 실험 · 실습 재료나 도구를 지정된 장소에 보관하고, 안전 · 위생 등을 고려하여 취급한다.
- 실험 · 실습 후에 남은 재료, 부산물, 폐기물 등을 재활용 및 분리배출 등에 관한 지침에 따라 처리하여 환경오염을 예방한다.
- 유해 물질이나 분진, 가스가 발생하는 활동에는 환기 및 공기순환장치의 설치를 의무화하고 관련 장비의 활용에 따른 주의사항을 준수한다.
- 안전한 실험 · 실습 활동을 위한 최소한의 실습 공간을 확보하고, 학습자의 발달을 고려하여 인체공학적 측면에서 실습환경을 조성한다.

다. 기술교과 실험 · 실습 안전지도에 대한 교육 요구도

1) 기술교과 실험 · 실습지도와 실험 · 실습 안전 지도에 대한 요구 능력수준, 현재 능력 수준 및 교육요구도

예비기술교사들은 기술교과의 실험 · 실습 지도는 높은 수준으로 요구되는 능력(4.161)이지만 현재 자신의 능력은 보통수준(3.385)으로 인식하고 있었다. 기술교과의 실험 · 실습지도에서 안전 지도에 관해서는 높은 수준의 능력(4.190)이 요구되지만 현재 자신의 능력 역시 보

통수준(3.443)으로 인식하고 있었다. 이들 요구 능력 수준과 현재 능력 수준을 통해 산출된 교육요구도 수치는 기술교과 실험 · 실습지도에 대한 교육적 요구(3.228)가 실험 · 실습 안전지도(3.130)보다 높게 나타났다([표 4-4] 참조).

[표 4-4] 예비기술교사의 실험 · 실습 및 안전 지도에 대한 요구 능력과 현재 능력 (n=174)

구분		최솟값	최댓값	평균	표준편차	교육 요구도
기술교과 실험 · 실습지도	RCL[1)]	3	5	4.161	.634	3.228 (1)
	PCL[2)]	2	5	3.385	.702	
실험 · 실습시 안전 지도	RCL	2	5	4.190	.675	3.130 (2)
	PCL	2	5	3.443	.756	

1) : RCL(필요능력수준), 2) : PCL(현재능력수준)

2) 기술교과 내용영역에 따른 실험 · 실습 안전지도에 대한 요구 능력수준, 현재 능력 수준 및 교육요구도

기술교과의 내용영역에 따른 실험 · 실습 안전지도에 관한 요구 능력과 현재 능력에 대하여 조사한 결과 제조기술, 건설기술, 수송기술, 통신기술 그리고 생명기술 순으로 나타났다. 제조기술에 관련 실험 · 실습 안전지도의 요구되는 능력은 4.339로 가장 높게 나타났으나 현재 능력 수준이 3.506으로 보통수준으로 나타났다. 건설기술 영역에 대한 요구 능력 수준은 4.092로 높으나 현재 능력 수준이 3.408로 보통이상의 수준이었고, 수송기술 영역에서도 요구 능력은 4.011로 높은 편이나, 현재 능력은 3.322로 보통수준으로 나타났다. 통신기술영역의 경우에는 요구되는 능력이 3.908로 제조, 건설, 수송기술에 비해 요구 능력 수준이 낮았는데 비해 현재 능력 수준은 유사한 정도인 보통수준으로 나타났다. 생명기술영역은 가장 요구 능력 수준이 낮게 나타났으며 현재 능력 수준은 보통수준으로 나타났다([표 4-5] 참조).

[표 8-5] 예비기술교사의 기술 내용요소별 안전지도 요구능력과 현재 능력 (n=174)

구분		최솟값	최댓값	평균	표준편차	교육요구도 (순위)
제조기술 관련 실험 · 실습 안전지도	RCL	2	5	4.339	.701	3.616 (1)
	PCL	1	5	3.506	.817	
건설기술 관련 실험 · 실습 안전 지도	RCL	2	5	4.092	.755	2.799 (2)
	PCL	1	5	3.408	.760	
수송기술 관련 실험 · 실습 안전 지도	RCL	2	5	4.011	.745	2.766 (3)
	PCL	1	5	3.322	.805	
통신기술 관련 실험 · 실습 안전 지도	RCL	1	5	3.908	.875	2.134 (4)
	PCL	1	5	3.362	.783	
생명기술 관련 실험 · 실습 안전 지도	RCL	1	5	3.856	.885	1.928 (5)
	PCL	1	5	3.356	.833	
내용요소 평균계	RCL	2	5	4.041	.645	-
	PCL	1.8	5	3.390	.679	

1) : RCL(필요능력수준), 2) : PCL(현재능력수준)

이를 분석할 결과를 볼 때 예비기술교사들은 제조기술 영역의 실험실습에 대한 안전지도 능력배양을 가장 요구한다고 볼 수 있다.

3) 예비기술교사의 기술교과 실험 · 실습과정 안전지도 세부항목에 대한 요구 능력수준, 현재 능력 수준 및 교육요구도

기술교과의 교수 · 학습 운영을 위하여 실험 · 실습의 안전지도의 세부 항목에 대한 예비기술교사의 요구 능력 수준과 현재 능력 수준을 분석하면 다음과 같다([표 4-6] 참조).

[표 4-6] 기술교과 실험·실습과정 안전지도 세부 항목에 대한 예비기술교사의 요구 능력, 현재 능력 수준 및 교육요구도(n=174)

구분	능력수준	최솟값	최댓값	평균	표준편차	교육요구도(순위)
기술실 안전 용품 준비 상태 및 활용 방법	RCL	2	5	4.149	.745	3.302
	PCL	1	5	3.402	.782	(7)
실습 활동시 안전에 대한 사전 지도	RCL	2	5	4.224	.769	2.889
	PCL	1	5	3.540	.765	(12)
실습활동에 대한 적합한 복장 착용	RCL	2	5	4.109	.764	2.668
	PCL	1	5	3.460	.809	(14)
화재 경보기 설치 및 관리	RCL	2	5	4.195	.750	3.640
	PCL	1	5	3.328	.901	(5)
실습 활동에서 안전을 저해하는 시설 및 환경	RCL	2	5	4.098	.831	2.944
	PCL	2	5	3.379	.794	(10)
기계나 공구의 안전한 사용	RCL	2	5	4.333	.740	3.486
	PCL	2	5	3.529	.795	(6)
제조기술 관련 실습 안전사고 원인과 종류	RCL	2	5	4.224	.769	3.277
	PCL	1	5	3.448	.801	(8)
건설기술 관련 실습 안전사고 원인과 종류	RCL	2	5	4.069	.787	2.947
	PCL	1	5	3.345	.795	(9)
정보통신기술 관련 실습 안전사고 원인과 종류	RCL	1	5	3.966	.886	2.416
	PCL	1	5	3.356	.846	(15)
수송기술 관련 실습 안전사고 원인과 종류	RCL	2	5	4.029	.786	2.941
	PCL	1	5	3.299	.834	(11)
생명기술 관련 실습 안전사고 원인과 종류	RCL	1	5	3.943	.891	2.765
	PCL	1	5	3.241	.811	(13)
안전사고의 종류에 따른 응급처치 방법	RCL	2	5	4.316	.766	4.291
	PCL	1	5	3.322	.805	(1)
실습시 안전사고 응급처리 및 사후처리	RCL	2	5	4.310	.750	4.260
	PCL	1	5	3.322	.833	(2)
실습시 안전사고의 행정 처리 절차	RCL	2	5	4.195	.758	4.219
	PCL	1	5	3.190	.927	(3)
실습시 안전사고의 재발 방지	RCL	2	5	4.270	.746	3.706
	PCL	1	5	3.402	.811	(4)
안전지도 세부내용 평균 계	RCL	2.2	5	4.162	0.625	-
	PCL	1.73	5	3.371	0.647	

안전지도의 세부항목에 대하여 거의 모든 항목에서 높은 수준의 능력이 요구되었다. 그 중 가장 요구 수준이 높은 항목은 ① 기계나 공구의 안전한 사용(4.333), ② 안전사고의 종류에 따른 응급처치 방법(4.316), ③ 실습시 안전사고 응급처리 및 사후처리(4.310), ④ 실습시 안전사고 재발방지(4.270), ⑤ 제조기술 관련 실습 안전사고 원인 및 종류에 대한 이해(4.224)의 순으로 나타났다.

안전지도의 세부항목에 대한 현재 능력 수준으로는 ① 실습 활동시 안전에 대한 사전지도(3.540), ② 기계나 공구의 안전한 사용(3.529), ③ 실습활동에 대한 적합한 복장 착용(3.460), ④ 제조기술 관련 실습 안전사고 원인과 종류에 대한 이해(3.448)의 순으로 나타났다.

현재 능력 수준이 가장 낮은 항목은 ① 실습시 안전사고의 행정처리 절차(3.190), ② 생명기술 관련 실습 안전사고 원인 및 종류에 대한 이해(3.241), ③ 생명기술 관련 실습 안전사고 원인 및 종류에 대한 이해(3.299), ④ 안전사고의 종류에 따른 응급처치방법 및 실습시 안전사고 응급처리 및 사후처리(각 3.322)의 순으로 나타났다.

요구되는 능력과 현재 능력 간의 간격이 가장 크게 나타난 항목은 ① 안전사고의 종류에 따른 응급처치 방법(4.291), ② 실습시 안전사고 응급처치 및 사후 처리(4.260), ③ 실습시 안전사고의 행정 처리 절차(4.219), ④ 실습시 안전사고의 재발 방지(3.706)의 순으로 나타났다.

이를 정리하면 예비기술교사들은 실험·실습과정에서 발생할 수 있는 안전사고의 응급처치 방법에 대한 이해가 부족하여 실제 응급 처치와 사후처리 능력이 떨어지는 것으로 볼 수 있다. 또한 담당 교사의 업무로서 사후 행정 처리의 절차에 대한 이해가 부족하고, 문제 상황을 개선할 수 있는 방안에 대한 심도 있는 탐구의 기회가 부족한 것으로 볼 수 있다.

탐구문제

1. 한국의 기술교사 교육 기관을 조사해보고 해당 대학의 교육목표, 교육과정을 조사하고 비교해보자.

2. 한국과 미국의 기술교사 교육 특징과 동향을 비교해 보자.

3. 기술교사의 직무와 자질을 검토하여 여러분이 선정한 기술교사 자질 10가지를 합리적 평가 기준을 정하고 선정해 보자.

4. 미국의 기술교사 기준과 한국의 기술교사 기준의 공통점과 차이점을 비교해 보자.

5. 장학의 개념을 도식화 해보자.

6. 협동적 동료장학과 자기장학을 비교해 보고 그 시사점을 제시해 보자.

7. 기술교과 교육에서 교육 시설이 될 수 있는 시설이나 공간을 마인드 맵으로 그려보자.

8. 기술실 설계의 평면 계획의 요소들을 조사해 보자.

9. 인간공학의 관점에서 기술실 공간을 구상해 보자.

10. 기술의 5가지 영역별로 실험실의 차이점이 무엇인지를 조사해 보자.

11. 기술교사가 인지해야할 안전 지도 원칙 10가지를 선정해 보자.

주제를 확장하는 토의 · 토론 과제

1. 기술교과 교수학 지식을 개념화해 보고, 예비교사로서의 자신이 어느 정도 지식을 갖추고 있는지 토의해 보자.

2. 우리나라 기술 임용시험 제도의 개선점을 제안해 보자.

3. 최근의 장학 이론 중 한 가지를 선정하여 기술교육 환경에 기초한 실천 방안을 제시해 보자.

4. 실험실습장을 'Shop'과 'Laboratory'로 구분할 수 있다. 이 두 개념의 차이점을 조사하고 기술교과교육에서 어떠한 활동 공간이 바람직한지 그 이유를 토론해 보자.

5. 기술교과 교육에서의 교육 시설의 현황을 조사해보고 바람직한 대안을 제시해 보자.

6. 다음은 모듈식 작업대를 제시한 것이다. 다음 작업대의 장 · 단점을 조사해보고 새로운 작업대를 구상해 보자.

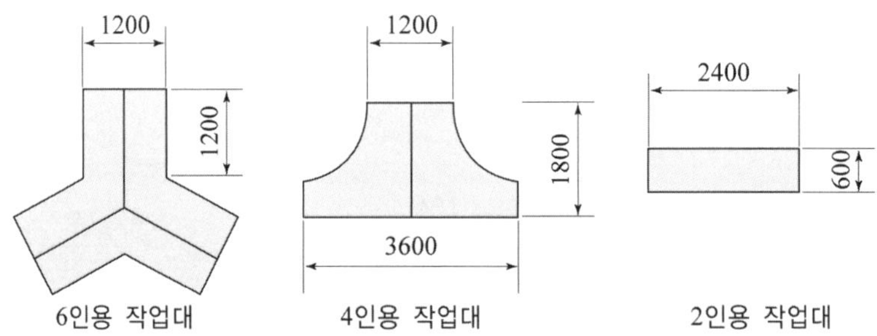

7. 팀별로 기술 문제해결 체험을 위한 기술실을 구상하고 모형을 제작해보자.

참고문헌

교육인적자원부(2007). 중학교 교육과정. (고시안)

교육인적자원부(2008). 중학교 수학, 과학, 기술 · 가정 교육과정 해설서.

교육부(2015). 실과(기술 · 가정)/정보과 교육과정. 교육부 고시 제2017-74호 [별책 10]

김성숙(2006). 일본의 교원양성을 위한 미술과 교육과정에 관한 연구.

김용익(2003a). 기술교사 양성 교육과정의 평가모형 및 평가준거 연구. 한국실과교육학회지, 16(3). 163-177.

김용익(2003b). 지식기반 사회에 적합한 기술교사 양성을 위한 교육과정의 재구성 및 평가모형 개발 -충남대학교 및 한국교원대학교 기술교사 양성기관의 적용을 위한 탐색-. 2002년도 지방대학육성지원과제 연구보고서.

김종복(2003). 중학교 기술실 설비 배치의 최적화 방안 연구. 박사학위논문, 한국교원대학교 대학원.

노태천 외 11명(2008). 2009학년도 개편 중등교사임용후보자선정경쟁시험 표시과목 기술의 교사 자격기준 개발과 평가영역 상세화 및 수업능력 평가 연구. 연구보고 CRE 2008-6-31. 한국기술교육학회/한국교육과정평가원.

대한인간공학회(2004). 제5차 한국인 인체치수조사사업 보고서(2차년도 최종보고서). 산업자원부 · 기술표준원

문부과학성(2008). 教員免許更新制の概要. (교원면허갱신제 안내자료).

박선영 · 정영수(2005). 중등교원 전문성 개발을 위한 교원자격 기준의 체계화 연구. 한국교원교육연구. 2202

신헌수(1991). 공업계 고등학교 건축과 목공 실습장 조직에 관한 연구. 충남대학교 대학원 석사학위논문

이명훈(2006). 기술과 교사의 직무수행과 관련 변인. 박사학위논문, 서울대학교 대학원.

이상혁 외(2006). 중등교사 임용시험 기술과목 출제방안 연구. 한국교육과정평가원 수탁 연구보고서.

이상혁 · 김종복(2001). 중학교 기술실 시설 · 설비 및 운영 실태 조사 연구. 한국교육시설학회지, 8(3).

이상혁 · 진의남 · 이상봉(1999). 기술교과교수학습방법론, 교학사.

이인제(2004). 우수교사 선발과 중등교사 임용 개선 동향. 교원교육. 20-1.

이은상(2015). 기술 교사의 공학 교수역량 모델 개발. 박사학위논문. 충남대학교 대학원.

이은상 · 최유현(2015). 기술 교사의 공학 교수 역량 모델 개발 및 타당화. 한국기술교육학회지, 15(3). 1-24.

이춘식 외(2007). 실업분야 임용고시 출제 및 채점 방안: 기술과목을 중심으로. 공청회 자료.

임윤진, 최유현, 김성일, 김진수(2016). 예비기술교사의 실험 · 실습 안전 지도에 관한 교육요구도 분석. 한국기술교육학회지, 16(3). 113-138.

송일민(2011). 기술과 수업에서 교사의 교과교육학지식에 관한 사례연구. 박사학위논문. 서울대학교 대학원.

전용조(2005). 기술교사의 교과교육 관련 직무수행능력에 관한 연구. 박사학위논문, 충남대학교 대학원.

정민주(2001). 체제적 배치 계획을 적용한 모듈식 체험 활동 중심 중학교 기술교육 시설의 설계. 한국교원대학교 석사학위 논문

정태범(2002). 장학론. 서울: 교육과학사.

주삼환(2003). 교육의 질 향상을 위한 장학의 이론과 기법. 서울: 학지사.

주삼환(2009a). 장학의 이론과 실제 I 이론편. 경기: 한국학술정보(주).

주삼환(2009b). 장학의 이론과 실제 II 실제편. 경기: 한국학술정보(주).

최유현(1998). 기술과 교육. 한국직업훈련100년사(pp. 1081-1137). 한국직업능력개발원.

최유현(2005). 기술교과교육학. 서울: 형설출판사.
최유현(2006). 미국 기술과 교육의 현상과 동향. 한국실과교육학회지, 19(3). 179-194.
최유현(2007). 한국과 미국의 기술과 양성교육의 비교. 직업교육연구, 26(2). 41-61.
최유현(2010). 기술교과 교육의 탐구. 서울: 형설출판사.
최유현(2010). 기술교과 학습의 탐구. 서울: 형설출판사.
최유현 외(2017). 기술 중등교사 자격 기준과 평가 영역 및 평가 내용요소 수정 · 보완. 한국기술교육학회지, 17(1).
충남대학교(2017). 충남대학교 교육과정. 비발간자료.
한국교육개발원(2006). 한국교육개발원 교육통계서비스시스템. Retrieved 11. 23, 2006 from http://std.kedi.re.kr/jcgi-bin/publ/publ_yrbk_frme.jsp?menuid=5.
한국교육과정평가원(2017). 중등임용고시. Retrieved 1. 26, 2017 from ttp://www.kice.re.kr/kice/index/mid.
한국교육시설학회(1997). 학교시설 · 설비기준 운영 요령 및 해설. 한국교육시설학회지, 4(3).

Akmal, T., Oaks, M. M. & Barker, R. (2002). The Status of Technology Education: A National Report on the State of the Profession. *Journal of Industrial Teacher Education, 39*(4). Retrieved Sept. 25, 2006 from http://scolar.lib.vt.edu/JITE/v39n4/akmal.html.
Ball State University (2006). *Technology Teacher Education*. Retrieved Nov. 21, 2006 from http://www.bsu.edu/technology/tte/.
Bensen, M. J.(1995). A Context for Technology Education. Foundations of Technology Education. 44th Yearbook. Council on Technology Teacher Education. Glencoe. 1-24.
Carl D. Glickman. (1997). 수업장학탐구, (윤기옥, 최희선 역.). 서울: 교육과학사.
Christopher D., & Wickens, John D. (2008). 인간공학 (이재식, 김정룡 역.). 서울: 시그마프레스.
Castaldi, B. (1987). Educational Facilities: Planning, Modernization, and Management. Newton, MA: Allyn and Bacon.
Daugherty, M. K. (2005). A Changing Role for Technology Teacher Education. *Journal of Industrial Teacher Education, 42*(1). Retrieved Sept. 25, 2006 from http://scolar.lib.vt.edu/JITE/v41n1.
Gemmill, P. R.(1989). From unit shop to Laboratory of technologies. *The Technology Teacher, 50*(8). 3-14.
Illinoise State University (2006). *Technology Education*. Retrieved Nov. 25, 2006 from http://www.tec.ilstu.edu/tech_ed/.
International Technology Education Association (ITEA). (1996). *Technology for All Americans: A Rationale and Structure for the Study of Technology*. Technology for All Americans Project. Reston, VA: Author.
International Technology Education Association (ITEA). (2000). *Standards for Technological Literacy: Content for the Study of Technology*. Reston, VA: Author.
International Technology Education Association (ITEA). (2003). *Advancing Excellence in Technological Literacy: Student Assessment, Professional Development, and Program Standards*. Reston, VA: Author.

International Technology Education Association (ITEA). (2005). *Developing Professionals: Preparing Technology Teachers*. Reston, VA: Author.

International Technology Education Association/Council on Technology Teacher Education/National Council for Accreditation of Teacher Education (ITEA/CTTE/NCATE). (1997). *ITEA/CTTE/NCATE curriculum guidelines*. Reston, VA: Author.

ITEA. (2005). *Planning Learning: Developing Technology Curricula*.

Johnson, J. R. (1992). Technology education: an imperative. *The Technology Teacher, 52*(2). 3-5.

Lewis, T. (1996). Comparing Technology Education in the U.S. and U.K. *International Journal of Technology and Design Education, 6*(3), 221-238.

Marc J. de Vries, Ilja Mottier. (2006). *International Handbook of Technology Education Reviewing the Past Twenty Years*. The Netherlands: Sense Publishers.

Martin Heidegger. (2008). 강연과 논문, (이기상, 신상희, 박찬국 역.). 서울: (주)이학사.

Maryland State Department of Education(1994). Technology Education facilities guidelines. Baltimore, MD: Maryland State Department of Education. (ERIC Document Reproduction Service No. ED 387 116)

McCormick, R. (2002). Capability Lost and Found?. Gwyneth Owen-Jackson(ed). *Teaching Design and Technology in Secondary Schools*. London and New York: The Open University. 92-108.

Meade, S. D. & Dugger,Jr, W. F. (2004). Reporting on the status of technology education in the U.S. *The Technology Teacher, 64*(2), 29-35.

Millersville University (2006). *Technology Education*. Retrieved Nov. 21, 2006 from http://www.millersville.edu/~itec/html/te.html.

Minnesota Department of Education(2007). Standards of Effective Practice for Teacher. from http://www.revisor.leg.state.mn.us/rrule/8710

NBPTS(2000). Career and Technical Education Standards from http://www.nbpts.org

Ndahi, H. B. & Ritz, J.M. (2003). Technology Education Teacher Demand, 2002-2005. *The Technology Teacher, 63*(7). 27-31.

North Carolina State University (2006). *Technology Education Program*. Retrieved Nov. 25, 2006 from http://ced.ncsu.edu/mste/tech_index.html.

Ohio State University (2006). *Technology Education*. Retrieved Nov. 20, 2006 from http://www.teched.coe.ohio-state.edu/.

Polette, D. L.(1993). Facilities For Teaching Manufacturing. Manufacturing in Technology Education (pp. 89~214). Peoria, IL: Glencoe.

Ritz, J.M., Dugger, W.E., & Israel, E.N. (Eds.) (2002). *Standards for technological literacy, The role of teacher education*: Fifty-first yearbook of the Council on Technology Teacher Education. New York: Glencoe McGraw-Hill.

Sanders, M. S., & McCormick, E. J. (1993). Human factors in engineering and design (7th ed.). New York: McGraw-Hill.

Savage, E., & Sterry, L. (1991). *A conceptual framework for technology education*. Reston, VA: International

Technology Education Association.

Sergiovanni, T.J. & Starratt. R.J. (2006). 인간자원장학, (주삼환 역.). 경기: 한국학술정보(주). (원저 1983 출판).

Storm, G.(1993). Managing the Occupational Education Laboratory. Ann Arbor, MI: Prakken.

Snyder, J. F. & Hales, J. A. (1981). *Jackson's Mill Industrial Arts Curriculum Theory*. Charleston, WV: West Virginia Department of Education.

Utah State University (2006). *Technology Education*. Retrieved Nov. 20, 2006 from http://www.engineering.usu.edu/ete/ete.htm#tech

Virginia Department of Education(2001). *Professional Teacher Assessment Requirements for Virginia Licensure*. Retrieved Sept. 25, 2006 from http://www.pen.k12.va.us/VDOE/newvdoe/praxis.pdf.

Virginia Department of Education(2007). Licensure Regulations for School Personnel. effective Sept. 21, 2007 from http://www.doe.virginia.gov/VDOE/Compliance/TeacherED/nulicvr.pdf

Wright, R. T. (1995). Implementing Technology Education. In G. E. Martin (Ed.), *Foundations of Technology Education*(pp.399-420). 44th Yearbook of Council on Technology Teacher Education. New York: Glencoe McGraw-Hill.

제 3 부

기술교과 교육연구의 모형과 실제

주제를 여는 연구 문제 *Meeting the Problems*

제4부에서는 기술교과 교육 연구의 기초적 이론과 유형을 알아보고, 기술교과 교육의 실제적인 방법론과 최근의 동향을 탐구하되, 다음과 같은 문제를 다룬다.

❶ 교육 연구의 모형은 어떻게 논의되어 왔으며, 이러한 교육 모형의 맥락에서 기술교과 교육의 연구 범주는 어떻게 모형화될 수 있는가?

❷ 기술교과 교육 연구의 절차, 자료 수집, 작성 방법과 관련된 기법은 무엇인가? 아울러 최근의 연구 동향인 질적 연구와 언어 네트워크 연구의 기초적 내용은 무엇인가?

제 5 장

기술교과 교육연구의 모형

이 장에서는 기술교과 교육의 본질, 교육과정, 교육방법, 교육평가, 교육환경, 교사변인, 교육연구 등의 기술교과 교육연구 과제를 구조적으로 모형화하고자 한다. 이는 교과와 관련된 모든 변인들을 과학적으로 통제하고, 반성하며, 발전전략들을 논의할 수 있는 틀을 제공해 주는 중요한 의미를 갖는다.

◎ 주요 용어 Key words

#연구모형　　#기술교과 교육연구 모형

1. 교육연구 모형

Dunkin과 Biddle(1974)은 교육연구와 관련된 변인을 예상(presage)변인, 상황(context)변인, 과정(process)변인, 산출(product)변인으로 나누어 <그림 5-1>과 같이 구조화하였다.

이 그림에서의 예상변인, 상황변인, 과정변인, 산출변인에 대한 의미와 하위변인에 대하여 Dunkin과 Biddle(1974)은 다음과 같이 설명하고 있다(이용남, 1993 : 183-184 재인용).

- 예상변인은 교사 교육경험, 교사 훈련경험, 교사 특성의 하위변인으로 분류하고, 교사 형성경험은 다시 교사의 사회계층·연령·성별이 포함되고, 교사 교육경험은 대학교육 이수 여부, 교사 교육 프로그램의 특징, 교육실습 및 교직경력이 포함된다. 그리고 교사의 특성은 교수기술, 기능, 동기, 성격특성 등이 포함되어 있다.
- 상황변인은 학생과 관련된 특성 및 학급, 지역사회 변인들을 지칭하고 있다. 그리고 이러한 상황변인도 다시 하위변인들로 나누어진다. 즉 일차적으로 학생 형성경험 및 학생의 특성, 그

리고 이차적으로 학교와 지역사회 상황 및 교실상황이 이에 해당된다. 여기에서 학생 형성경험에는 학생의 사회계층이나 연령·성별이 포함되고, 학생의 특성에는 학생의 능력·지식·태도 등이 포함된다. 그리고 학교와 지역사회 상황에는 풍토 또는 분위기, 학교의 크기가 포함된다. 마지막으로 교실상황 변인에는 교실의 크기, 교과서, 교육 TV 유무 등이 포함된다.

- 과정변인은 교실 내에서 일어나는 교사와 학생의 상호작용인 교수·학습에 직접 관련되는 변인을 말한다. 이것 또한 하위변인들로 나누어지는데 교사의 교실 행동과 학생의 교실 행동이 여기에 속한다. 또한 교사와 학생의 상호작용 결과 일어난 학생의 행동상의 관찰 가능한 변화도 여기에 포함된다.
- 산출변인은 교수·학습의 결과 얻어지는 성과를 말한다. 이러한 성과도 하위변인들로 나누어져 즉각적 학생 성장과 학생에 대한 장기적 효과로 나누어 볼 수 있다. 여기에서 즉각적 학생 성장에는 교과내용 학습, 교과에 대한 태도, 기타 능력의 성장이 포함된다. 그리고 장기적 효과에는 성인기의 성격 및 직업적 능력이 포함된다고 할 수 있다.

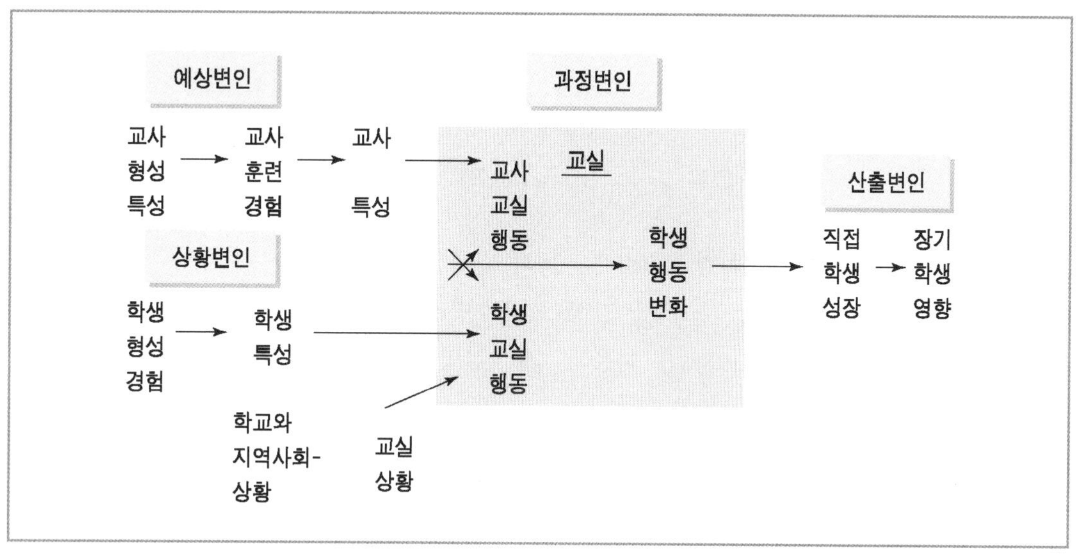

<그림 5-1> Dunkin과 Biddle(1974)의 교육연구 모형

위와 같은 Dunkin과 Biddle의 연구모형은 1970년대 후반과 1980년대 초반의 교육연구의 대표적인 모형이 되었다. 그리고 발달된 인지심리학의 영향을 받아 그들 모형에 기초를 둔 연구들의 약점을 보완한 연구들이 많이 나왔다. 따라서 교사나 학생의 인지과정이나 기타의 매개과정을 고려한 새로운 연구모형의 필요성이 대두되었다. 이러한 점들을 보완하여 Shulman (1986)은 교육연구에 관련된 변인을 특성(capacities), 행위(actions), 사고(thoughts) 및 감정(feelings), 상황(context), 안건(agenda), 내용(content), 관점(perspectives)의 일곱 가지 종류[1)]

1) 이 중에서 특성, 행위, 그리고 사고 및 감정 세 가지는 교사와 학생, 즉 행위자의 속성이다. 이를 중심으로 교사와 학

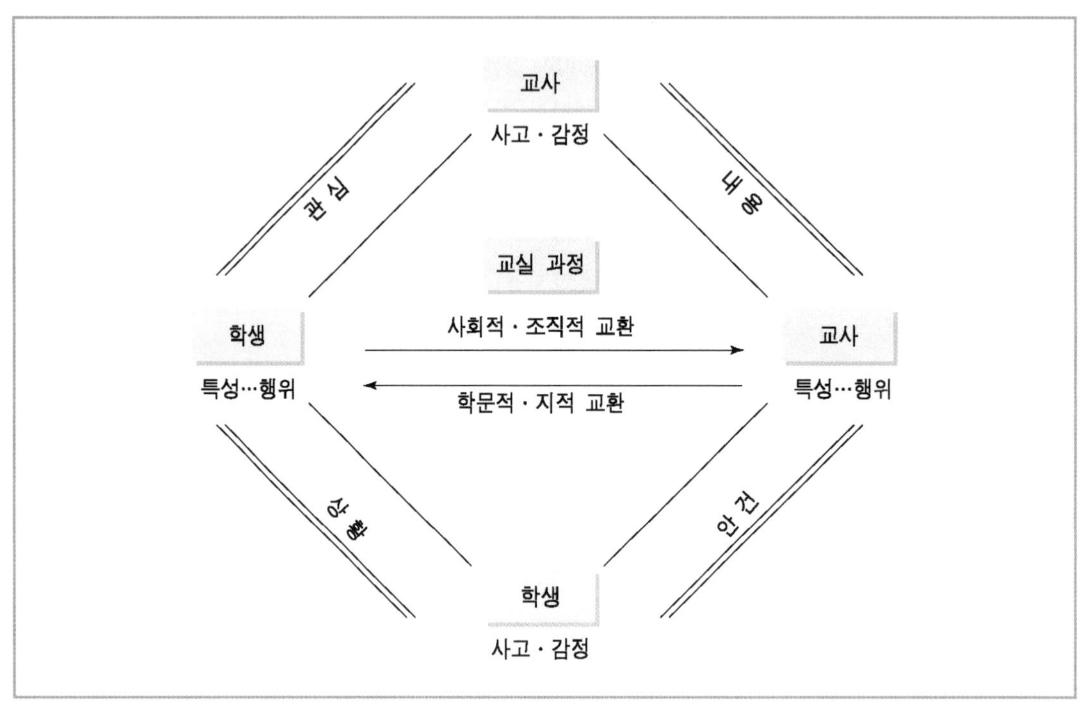

<그림 5－2> Shulman(1986)의 교육연구 모형

로 나누었다. 이 모형을 제시하면 <그림 5－2>와 같다.

이 모형에서의 특성, 행위, 사고 및 감정, 상황, 안건, 내용, 관점의 변인에 대한 의미와 하위변인에 대하여 Shulman(1986)은 다음과 같이 설명하고 있다(이용남, 1993 : 185-187. 재인용).

- 특성(capacities)은 행위자가 소유한 비교적 안정적이고 지속적인 속성으로 이런 변인들은 학습이나 발달에 의해 변화 가능한 것들이다. 이러한 변인에 속하는 것에는 지능이나 지식 등 지적인 것뿐 아니라 동기, 태도, 자아개념 등 정의적(affective)이고 성격적인 성향까지도 포함된다.
- 행위(actions)는 교사나 학생, 즉 행위자에 관련된 변인으로서 그들이 내보이는 관찰 가능한 것을 말한다. 이 모형에서는 교사나 학생의 신체적인 것뿐 아니라 언어적인 활동이나 수행, 행동까지를 포함한다.
- 사고나 감정(thoughts or feelings)은 교사나 학생과 관련이 있는 변인들이다. 여기에서 사고나 감정은 행위자의 관찰 가능한 행동에 선행하거나 수반되는 그 무엇이다. 즉 지적이거나 정서적

생 사이에는 교실 속에서 학문적 · 지적 교환뿐만 아니라 사회적 · 조직적 교환이 이루어진다. 나머지 네 가지, 즉 상황, 안건, 교육내용, 관점은 이와 관련된 주변적인 변인이거나 교육연구에서 고려해야 할 방법론적인 변인이다(이용남, 1993 : 185).

상태를 말한다. 이에 해당되는 것에는 행위자의 인지, 메타인지, 정서, 목적과 같은 것이 있다.

- 상황(context)변인은 교육이 일어나는 여러 가지 여건이나 주위환경과 관련된 변인이다. 교육은 학교뿐만 아니라 여러 가지 맥락 속에서 이루어진다. 예를 들면 개인적 차원에서뿐 아니라 소집단 수준에서 또한 학급, 가정, 지역사회, 더 나아가 문화적 맥락 속에서도 이루어진다. 바로 이러한 변인들을 일컬어 상황변인이라고 할 수 있다.
- 안건(agenda)은 학교교육의 계획 또는 의도라 할 수 있다. 안건에는 두 가지가 있다. 하나는 잠재적(hidden) 교육과정 속에 들어 있는 사회화이다. 다른 하나는 표면적(manifest) 교육과정 속에 나타나 있는 교과학습을 말한다. 여기에서 전자에 속하는 것은 교실 생활에서 볼 수 있는 조직적 · 상호작용적 · 사회적 · 관리적 측면의 결과 은연중에 학습하는 것이다. 그리고 후자에 속하는 것은 학습과제, 교과내용, 숙제 등을 통해 학습하는 것이다. 그런데 이 두 안건은 교육의 핵심 부분이다. 왜냐하면 이것은 바로 학교가 존재하는 이유이고, 또 학교교육을 통해 달성하려고 하는 목적이기 때문이다.
- 내용(content)이란 바로 교육과정(curriculum)을 말한다. 즉 교사와 학생이 상호작용하는 대상으로서 특정 교과목의 지식, 인지적 기능 · 전략 · 절차, 그 외에 사회화 결과 등이 포함된다. 그런데 내용을 논의할 때는 수업활동의 단위를 고려하지 않으면 안 된다. 따라서 일년, 학기, 단원, 주간, 단일시간 여부도 여기에 해당된 하위변인이 된다.
- 관점(perspectives)이란 연구자가 택하게 되는 탐구상의 접근방법을 말한다. 여기에는 두 가지가 있는데 하나는 실증적 방법이고, 다른 하나는 해석적(interpretive) 방법이다. 전자는 객관적 관찰자의 입장에서 변인들 간의 법칙 또는 인과관계를 밝히려고 하는데 흔히 양적 접근방법을 쓴다. 이에 비해 후자는 참여자의 입장에서 연구에 참여한 사람들이 갖는 주관적 의미를 자세히 기록하여 해석하려고 하는데 흔히 이것을 질적 접근방법이라고 한다.

위의 두 가지 모형은 기술교과 교육연구가 교육연구의 큰 테두리에 포함되어 있다는 측면에서 기술교과 교육연구 모형의 일반적 원리의 이론적 기저가 될 수 있지만, 기술교과 교육연구의 특수성은 반영되어 있다고 볼 수 없다.

2. 기술교과 교육연구 모형

한 교과가 독자적인 위치를 갖고 발전하려면 그 교과의 개념이 정립되고, 그 교과가 추구하는 목표가 확고해야 한다. 그리고 교과에 대한 내용체계를 수립하는 가운데 이것들을 이론적으로 발전시킬 수 있는 연구방법론이 왕성할 때 교과의 발전이 기대되는 것이다. 이런 맥락에서 볼 때 실과교육이 그 정체성을 갖고 계속 발전하기 위해서는 실과교육 연구가 활발히 진행되어야 한다(정성봉, 1995 : 5-6).

정성봉(1995 : 5)은 실과교육 속에 실과교육 연구가 포함되는 것이 당연하지만 실과교육 연구에 대한 이해를 돕고 하나의 모형을 제시하기 위하여 편의상 분리하여 실과교육과 실과교육 연구를 <그림 5－3>과 같이 제시하였다.

실과교육은 학생, 내용, 교사의 세 요소가 이를 둘러싼 교육환경 속에서 서로의 상호작용으로 이루어진다. 대부분의 교육이 학생과 교사 간에 교육내용을 매개로 하여 이루어지지만 실과교육은 교사의 역할보다는 학생과 실과교육 내용간의 상호작용이 핵심이 되어야 할 만큼 그 비중이 크다. 실과교육 연구영역의 분류는 여러 갈래로 생각해 볼 수 있는데 연구자를 중심으로 하여 연구내용과 대상을 선정하고, 어떤 연구방법을 모색하느냐에 따라 달라진다. 이를 3차원적 좌표를 사용하여 표시해 보면 다음과 같다(정성봉, 1995 : 6).

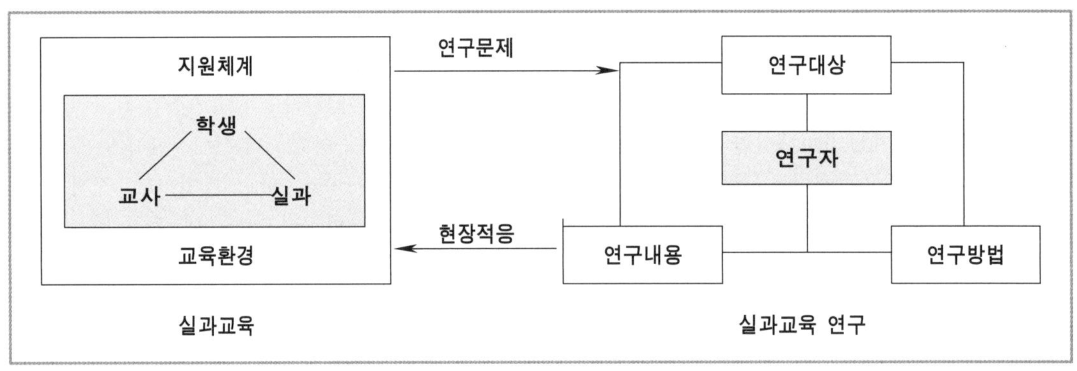

<그림 5－3> 실과교육과 실과교육 연구의 관계

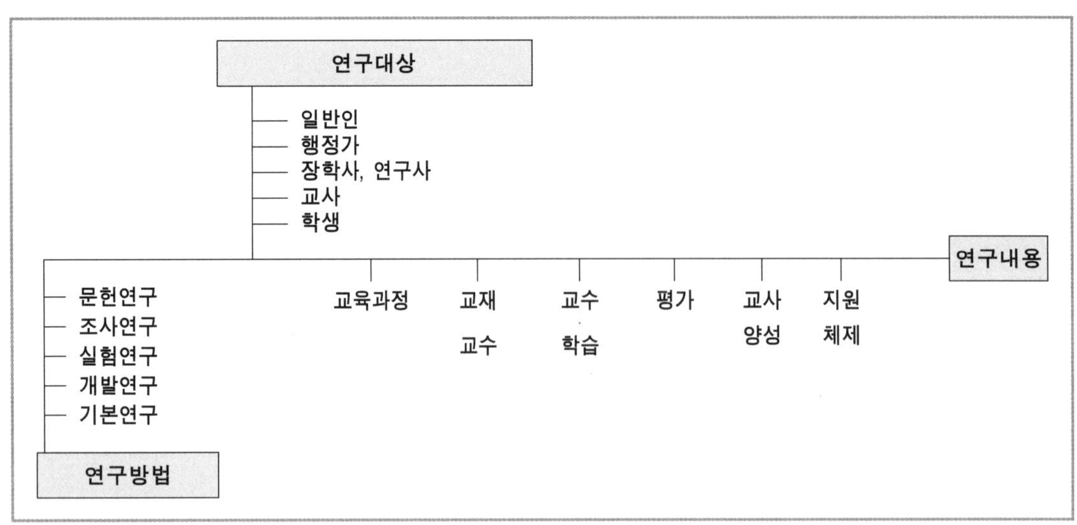

<그림 5－4> 정성봉(1995)의 실과교육 연구의 모형

위 그림에서와 같이 정성봉(1995)의 실과교육 연구모형은 실과교육 연구와 관련된 연구대상 변인, 연구방법 변인, 연구내용 변인을 중심으로 실과교육 연구의 일반적 모형을 제시하였다고 평가된다.

기술교과 교육연구 영역을 구체화하기 위하여 하나의 모형을 구조화할 필요가 있다. 최유현(2001)의 실과교육 연구모형을 기초로 **기술교과 교육연구의 모형**을 구조화하면 다음 <그림 5－5>와 같다.

여기서 제시한 모형의 특징은 체제적 접근에 기초하여 투입변인, 과정변인, 산출변인, 지원변인으로 나누어 제시하고 있는 점이다. 이 모형의 각 변인들은 전제된 바와 같이 **교육의 일반성과 기술교과 교육의 특수성**을 반영한 것으로 실제로 기술교과 교육연구의 주제를 선정하는데 기초자료로서 기여할 수 있을 것이다. 그러나 이 모형에서 구체적으로 진술되지 못한 연구영역 또는 변인은 각 변인의 기타 **투입 · 과정 · 산출 · 지원 변인**에 포함될 수 있을 것이다.

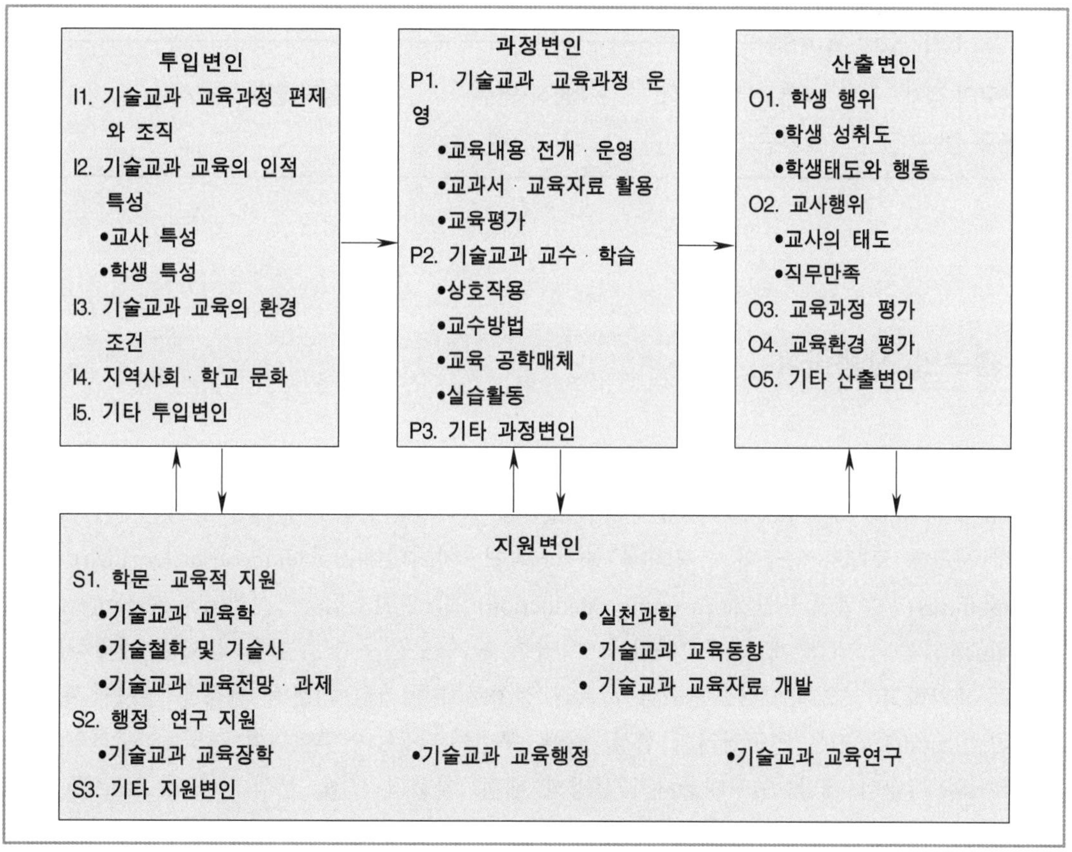

투입변인
- I1. 기술교과 교육과정 편제와 조직
- I2. 기술교과 교육의 인적 특성
  - •교사 특성
  - •학생 특성
- I3. 기술교과 교육의 환경 조건
- I4. 지역사회 · 학교 문화
- I5. 기타 투입변인

→

과정변인
- P1. 기술교과 교육과정 운영
  - •교육내용 전개 · 운영
  - •교과서 · 교육자료 활용
  - •교육평가
- P2. 기술교과 교수 · 학습
  - •상호작용
  - •교수방법
  - •교육 공학매체
  - •실습활동
- P3. 기타 과정변인

→

산출변인
- O1. 학생 행위
  - •학생 성취도
  - •학생태도와 행동
- O2. 교사행위
  - •교사의 태도
  - •직무만족
- O3. 교육과정 평가
- O4. 교육환경 평가
- O5. 기타 산출변인

↕

지원변인
- S1. 학문 · 교육적 지원
  - •기술교과 교육학
  - •기술철학 및 기술사
  - •기술교과 교육전망 · 과제
  - • 실천과학
  - • 기술교과 교육동향
  - • 기술교과 교육자료 개발
- S2. 행정 · 연구 지원
  - •기술교과 교육장학
  - •기술교과 교육행정
  - •기술교과 교육연구
- S3. 기타 지원변인

<그림 5－5> 기술교과 교육연구의 모형

6장

기술교과 교육연구의 동향과 실제

이 장에서는 기술교과 교육연구의 실제로서, 연구의 진행과정, 연구 주제선정, 연구의 유형, 연구 정보수집 방법, 연구보고서 작성과 관련된 이론적·실제적 원리들을 다룬다. 교과교육 연구는 사회과학, 좁게는 교육학의 연구방법론을 준하여 연구가 수행된다. 여기서 소개되는 지침들은 기본적 연구방법을 다룬다.

◎ 주요 용어 Key words

#연구의 절차　#연구 주제선정　#양적 연구　#질적 연구
#연구 정보수집　#연구보고서　#참고문헌 작성법

1. 연구의 진행과정

Keringer(1963 : 13-17)는 그의 저서에서 듀이의 '사고의 방법(how we think)'에서 제시한 반성적 사고를 토대로 연구의 단계를 ① 문제－장애－아이디어(problem－obstacle－idea) ② 가설(hypothesis) ③ 추리－연역(reasoning－deduction) ④ 관찰－검증－실험(observation－test－experiment) 등의 네 단계로 제시하였다. 이러한 단계는 연구가 주어진 문제를 해결하는 과정으로 파악하고 있으며, 모든 연구의 기본적 절차로서 이러한 기본적 과정을 거치게 된다.

한편, Scottd(1962)은 연구영역의 설정, 발상, 문헌의 조사, 연구범위의 결정, 연구전략의 선택, 척도와 기술의 개발, 연구대상자의 선정과 배정, 자료의 수집, 분석과 해석, 보고서 작성, 각 단계의 상호관계 등으로 구체적인 연구과정을 제시하였다(김재은, 1992 : 112-116 재인용).

그리고 Leedy(1980)는 연구를 순환적 과정으로 전제하고 다음과 같은 과정을 거친다고 제시하였다.

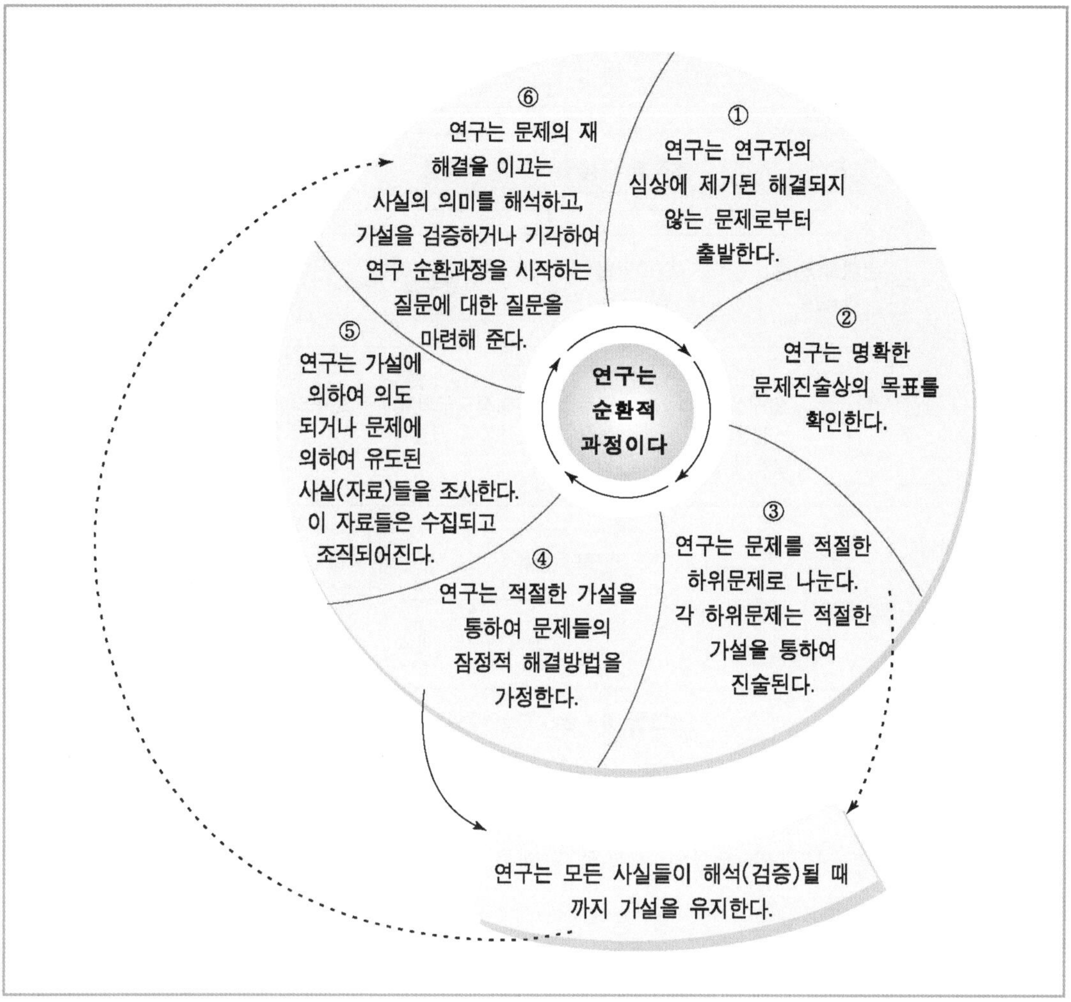

연구는 순환적 과정이다

① 연구는 연구자의 심상에 제기된 해결되지 않는 문제로부터 출발한다.

② 연구는 명확한 문제진술상의 목표를 확인한다.

③ 연구는 문제를 적절한 하위문제로 나눈다. 각 하위문제는 적절한 가설을 통하여 진술된다.

④ 연구는 적절한 가설을 통하여 문제들의 잠정적 해결방법을 가정한다.

⑤ 연구는 가설에 의하여 의도되거나 문제에 의하여 유도된 사실(자료)들을 조사한다. 이 자료들은 수집되고 조직되어진다.

⑥ 연구는 문제의 재해결을 이끄는 사실의 의미를 해석하고, 가설을 검증하거나 기각하여 연구 순환과정을 시작하는 질문에 대한 질문을 마련해 준다.

연구는 모든 사실들이 해석(검증)될 때까지 가설을 유지한다.

<그림 6－1> 연구의 순환적 과정

특히 류창열(1994)은 연구의 과정을 연구의 계획, 연구의 조직과 수행, 연구보고서 작성, 연구의 평가 네 단계로 제시하고, 이러한 연구의 주요 단계를 거쳐 연구를 수행하기 위해서는 연구문제의 선정과 정의, 연구방법의 기술, 자료의 수집, 분석과 결과의 해석으로 구분하여, 이러한 단계에 기초하여 '교육연구의 개요도'를 <그림 6－2>와 같이 제시하였다. 그림에서 제시한 교육연구의 개요는 기술교과 교육을 수행함에 있어서의 구체적인 과정을 이해하는 데 도움을 준다.

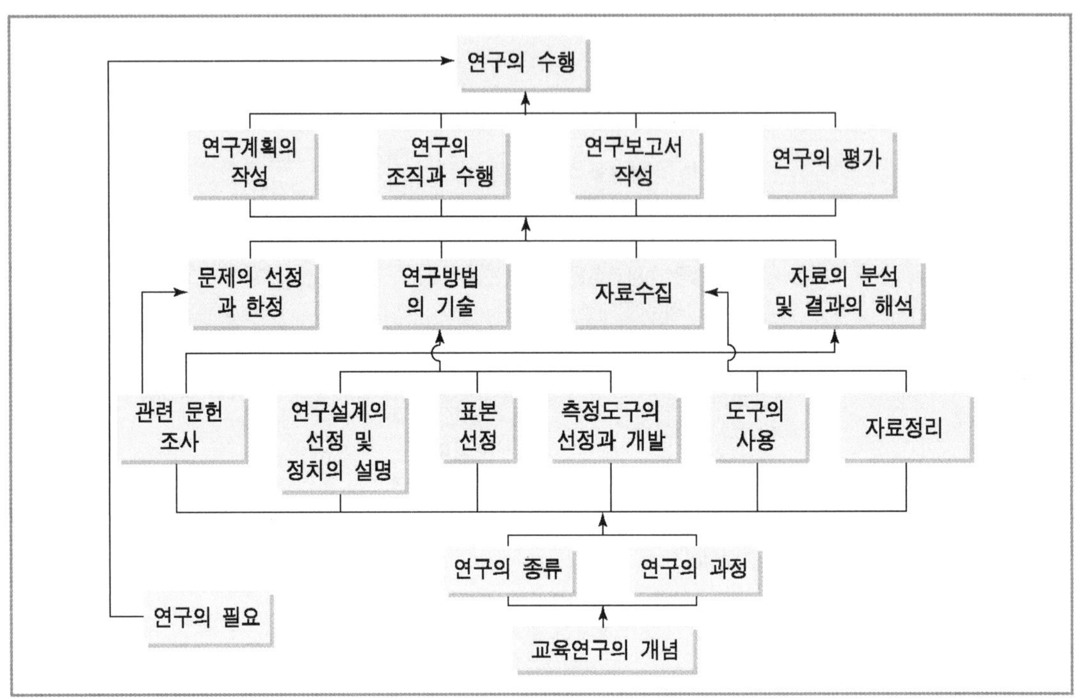

<그림 6-2> 교육연구의 개요도

연구는 일반적으로 연구주제의 선정, 연구계획서 작성, 연구자료의 수집 · 조사, 자료의 분석 · 검증 · 해석, 연구보고서 작성의 기본적 단계를 밟게 된다.

2. 연구주제의 선정

구주제가 머리에 떠오르면 이것을 일정한 기준에 의하여 평가를 해야 하며 연구주제 선정 기준에 대하여 Good & Scates(1954), Best(1970)는 [표 6-1]과 같이 제시하고 있다(김종서, 1983 : 28-29 재인용).

두 사람의 연구주제 선정의 기준을 기초로 김종서(1983 : 29-30)는 다음과 같은 연구주제 선정기준을 제시하였다.

[표 6－1] Good · Scates와 Best의 연구주제 선정기준

Good · Scates(1954)	Best(1970)
• 신기성, 불필요한 중복 • 그 분야 및 연구수행에 있어서의 중요성 • 흥미 · 지적 호기심 · 동기 • 연구자의 교육 및 자질 • 자료와 방법의 이용 가능성 • 특별한 설비와 작업조건 • 후원인과 행정적 협동 • 비용과 보수 • 위험 · 벌 · 장애 • 시간적 요인	• 이 연구주제는 효과적으로 해결할 수 있는가? • 이 연구주제는 중요한가? • 이 연구주제는 새로운가? • 이 연구주제는 해낼 수 있는가? ‣ 내 능력으로 할 수 있는가? ‣ 알맞는 자료는 얻을 수 있는가? ‣ 이 연구주제를 수행하는 데 필요한 자금은 있는가? ‣ 이 연구에 여러 가지 곤란이나 사회적인 위험이 따른다 하여도 이 연구를 수행할 용기와 결심은 되어 있는가?

- 새로우며 중복되지는 않는가? '새롭다'는 개념은 교육연구의 핵심개념이다.
- 연구할 가치가 있는가? 혹자는 말하기를 연구는 가치중립적 · 가치배제적이어야 한다고 한다. 즉 연구를 하기 전에 이 연구가 어디에 도움이 되는지를 살피는 것은 연구의 순수성을 저해하며 연구를 연구자가 원하는 방향으로 이끌고 갈 가능성이 있기 때문에 연구는 가치중립적이어야 한다는 것이다. 그러나 '교육'이라는 두 글자에 이미 가치가 게재되어 있으므로 교육연구에 있어서는 가치중립적일 수는 없다.
- 연구자의 흥미나 지적 호기심을 충족시킬 수 있는가? 연구의 가치는 사회적 가치와 학문적 가치로 대별할 수 있는데, 연구의 질은 학문적 가치일 때 더 높아질 가능성이 있다. 왜냐하면 학문적 가치를 향한 연구는 연구자의 흥미와 지적 호기심을 최대한도로 자극시킬 수 있기 때문이다.
- 연구자의 능력에 알맞는가? 특히, 분석적인 연구에 있어서는 평가 및 통계에 관한 능력을 충분히 갖고 있어야 할 것이다.
- 자료 · 도구 · 시설의 이용가능성은 있는가? 예를 들면, 교원문제에 관한 연구에 있어서 교원의 인적사항에 관한 자료가 문제가 될 것이며, 가치관을 알아보기 위한 가치관 조사 설문지의 이용 가능성 등의 문제를 생각해야 한다.
- 행정적 협력은 얻을 수 있는가? 행정적 협력에는 두 가지 측면이 있다. 그 하나는 자료수집을 함에 있어서 관계되는 기관의 협력을 어느 정도 얻을 수 있느냐 하는 문제이며, 다른 하나는 연구자가 소속하고 있는 기관에서의 협력과 지원의 문제이다.
- 연구자금은 충분한가? 연구에는 반드시 자금이 필요하다. 자금규모에 따라 연구의 범위도 결정된다. 특히 연구과정에서 자금부족 현상이 나타나면 연구의 질이 현저하게 저하된다.
- 기간 내에 해낼 수 있는가? 대부분의 연구는 기한부이다. 따라서 시간적인 여유가 어느 정도 있는지를 생각해야 한다.

[표 6-2] 기술교과 교육 연구주제 선정의 예

주제 \ 기준	신기성	가 치	흥 미	능 력	자 료 도 구	행정적 협 동	자 금	시 간
• 기술교과 교육의 철학적 기초	○	○	?	×	○	○	?	×
• 기술교과 교육과정의 운영과 실태	?	?	○	○	○	○	○	○
• 기술교과 교육에서의 문제해결 수업전략의 효과	○	○	○	○	○	○	○	○

이상에서 제시한 연구주제 선정의 기준을 기초로 기술교과 교육과 관련된 연구주제를 선정하는 예시를 제시하면 [표 6-2]와 같다.

위와 같이 평가를 하는 경우 모든 기준을 대체로 만족시키는 연구주제만이 연구주제로 확정될 수 있다.

3. 교육연구법의 유형

김종서(1983)의 분류와 같이 교육연구 혹은 기술교과 교육연구는 크게 문헌에 기초를 둔 연구방법과 관찰에 기초를 둔 연구방법으로 구분할 수 있다.

가. 문헌에 기초를 둔 연구방법

문헌에 기초를 둔 연구는 대체로 다음의 세 가지의 형태를 취한다(김종서, 1983 : 15-18).

- 통합적인 방법(integrative method) : 통합적인 방법을 정의하면 '연구에 관한 연구'가 될 것이다. 흔히 말하는 문헌연구가 통합적인 방법에 속한다. 즉 "통합적인 연구법이란 특별한 발견이나 결론을 형성하기 위하여 기존연구를 분석·요약·평가하여 이를 통합하는 연구의 방법"이라고 정의할 수 있을 것이다. 통합적인 연구는 그 형태가 두 가지로 갈려진다. 그 하나는 다른 연구, 특히 관찰에 기초를 둔 연구의 이론적인 배경을 이루며, 다른 하나는 그 자체로서 독자적인 연구물이 된다. 전자의 경우는 흔히 볼 수 있으며 대부분의 연구보고서에 있는 '이론적 배경'이 이에 해당한다. 이론적 배경부분은 연구보고서에서 대단히 중요한 자리를 차

지하고 있으며 이 부분에서의 통합적 연구의 질이 연구보고서의 질을 결정한다고 하여도 과언은 아닐 것이다. 후자의 경우는 문헌연구만으로 하나의 연구보고서를 작성하는 경우이다. 이때의 보고서의 분량은 많지 않아도 그 보고서에 인용되는 연구물은 대단히 많은 것을 특징으로 하고 있다. 그리고 일정한 준거에 의하여 체계화되고 평가되며 반드시 발견된 새로운 지식을 명백히 해야 한다.

통합적 연구의 방법으로는 문헌찾기와 정리가 될 것이다. 문헌정리에 있어서는 논문소개(연구자, 연구제목, 발행처, 발행년도, 분량), 연구의 문제 및 가설, 연구의 절차(도구·통계분석·자료제시 방법), 발견, 결론, 사사를 논문에 있는 그대로 요약하고 이에 대한 평 또는 비판을 하도록 한다. 이때 문헌 자체의 내용과 그 문헌에 대한 평이나 비판을 혼동하지 않도록 한다.

• 철학적인 방법(philosophical method) : 철학적 연구법을 "숙고와 합리적인 사고를 통하여 자료발견의 범위를 넘어서서 일반화의 정도를 넓게 하는 연구"라고 그 개념을 규정한다. 철학적 연구법은 흔히 과학적인 방법과 대립되는 개념으로 해석되지만 실은 철학적인 연구를 하려면 과학적인 방법을 적용해야 하는 수가 있고, 또한 과학적 방법의 질을 높이려면 철학적인 사고가 필요하다. 그러나 방법측면으로 볼 때 과학적인 방법은 결론의 형성에 있어서 발견된 사실에 충실하고 그 이상의 일반화를 하지 않으며 해서도 안 된다. 그러나 철학적인 방법은 발견된 사실보다 훨씬 넓게 일반화를 한다. 따라서 그 과정에 숙고적인 방법이 동원되어야 한다. 또한 철학적 방법을 일명 숙고적 방법(deliberative method)이라고도 한다.

철학적인 방법은 일반적으로 비판적·건설적·비판-건설적·해석적인 형태를 취한다. 비판적이라 함은 비판분야를 비판기준에 따라 비판하여서 결론을 형성하는 방법을 말한다. 이때 가장 중요한 것이 비판기준의 설정이다. 비판기준이 전후 모순되거나 이론적으로 튼튼한 기반이 형성되어 있지 않으면 그 연구의 질은 떨어지기 마련이다. 건설적인 형태는 나갈 방향을 제시하는 연구이다. 예를 들면, "교육이념 및 목적에 관한 연구" "지역사회 학교 성격에 관한 연구" 등이 이에 속한다. 비판·건설적인 형태라 함은 비판기준에 따라 특정분야를 비판하고 그 해결방안이나 나아갈 방향에 대한 시사를 하는 방법이다. 해석적이라 함은 특정사상이나 특정문제에 포함된 의미를 해석하고 설명하는 방법이다. 예를 들면, "Dewey와 Plato의 교육 사상 비교" "산업화와 교육의 과제" 등이 이에 속할 것이다.

• 역사적인 방법(historical method) : 역사적인 방법이라 함은 비교적 장기간에 걸친 어떤 상태의 변화가 있은 후에 그 상황의 변화에 대한 설명을 인과관계라는 입장에서 하는 연구의 방법이다. 시간의 흐름에 따르는 변화는, 후론하는 실험적인 연구나 기술적인 연구에서도 있으나 그것은 극히 단시간이며 또한 역사적인 의미를 가질 수 있는 사건은 되지 못한다. 역사적인 연구의 형태에는 발달적인 방법, 전기적 방법, 어떤 주요한 시기의 기술, 경향, 비교교육 등이 있다. 발달의 방법은 과거부터 현재까지의 역사적 발달을 기술하는 것으로, 예를 들면 "체육과 교육과정 발달에 관한 연구"와 같은 것이 이에 속한다. 전기적 방법은 주요 인물의 생애와 교육사업에 관한 기록이다. 주요 시기의 기술법은 교육에 결정적인 영향을 미친 어떤 시기의 상황을 상세히 기술하는 것으로서, 예를 들면 "1886년 전후의 한국교육" 등이 이에 속한다. 경

향은 미래의 변화에 관한 예언적 성격을 띠고 있으며, 비교교육은 외국교육제도에 관한 연구이다.

역사적 방법에 있어서 가장 중요한 것이 '자료'와 '자료비판'에 관한 것이다. 자료에는 제1차적 자료(primary source)와 제2차적 자료(secondary source)가 있다. 제1차적 자료라 함은 최초의 문서나 유물을 말하며 회의록, 속기록, 참관자의 증언, 현지답사 등이 이에 속한다. 제2차적 자료라 함은 제1차적 자료가 제3자에 의해 인용 · 복사 · 모조된 것을 뜻한다. 역사적 방법에 있어서 제1차적 자료가 귀중함은 말할 필요도 없다. 자료비판은 외적 비판과 내적 비판으로 나누어서 생각한다. 외적 비판(external criticism)은 자료의 순수성 · 정확성(authenticity)을 말한다. 즉 "진짜냐? 가짜냐? 가짜이면 얼마나 진짜와 비슷하냐?"를 따지는 것을 말한다. 자료의 외적 비판을 위하여서는 많은 보조과학이 동원된다. 내적 비판(internal criticism)은 자료의 신빙성(credibility)을 문제 삼는다. 즉 저작자가 틀림없고 시간과 공간이 맞는다 하여도 내용의 진실성 · 신빙성이 문제될 때가 있다. 문자상 의미와 실제의 의미가 다를 수 있고, 관찰자의 능력이 부족하여 부정확한 관찰일 수가 있고 또한 관찰자의 편견이나 선입견이 개입될 가능성도 있기 때문에 내적 비판은 중요한 뜻을 가진다.

나. 관찰에 기초를 둔 연구의 방법

관찰에 의한 연구방법은 커린저, 정범모, 볼그, 베그트 등의 분류가 있는데 이를 표로 정리하여 제시하면 [표 6−3]과 같다.

이러한 연구의 방법을 기초로 하여, 김종서가 제시한 관찰에 기초를 둔 연구를 **기술적 연구**(descriptive research), **실험연구**(experimental research), **현장연구**(action research)로 구분하였다.

[표 6−3] 관찰에 기초를 둔 연구의 방법

커린저의 분류	정범모의 분류	볼그의 분류	베스트의 분류
• 사후연구 또는 소급연구 • 실험실적 실험 • 현장실험 (field experiment) • 현지연구 (field study) • 조사연구 (survey research)	• 사실조사 • 법칙조사 • 예언기획	• 기본적 연구 (basic research) • 적용연구 (applied research) • 현장연구 (action research)	• 기술적 연구 (descriptive research) • 실험적 연구 (experimental research)

• 기술적 연구 : 기술적 연구는 연구주제의 현재 상태에 관련하여 자료를 수집하고 가설을 검증하거나 연구질문에 대답을 하는 것을 다룬다. 이 연구에서는 어느 상황에서의 "무엇일까?" "어느 정도일까?"라는 질문을 주로 다룬다(영어 : "What is?")(류창열, 1993 : 258 – 259). 기술적 연구의 예를 들면 다음과 같다.

【예】

- 기술교사가 인지하는 기술교과 교육의 목표
- 기술교과 교육과정 구성을 위한 내용분석
- 교사 재교육에 참여한 교사가 인식하는 재교육 연수과정의 적합성

위 연구 예를 보면 모두 어떤 교육적 상황에서의 현재 상태, 특징 등을 다루고 있음을 볼 수 있다. 또한 기술적 연구는 연구하고자 하는 상황에 있는 개개인에게 설문지나 면담 등의 방법으로 질문하든가 또는 관찰을 통하여 자료를 수집한다.

• 실험적 연구 : 실험연구의 일차적 특징인 최소한 변인을 조작하고 그것이 종속변인에 미치는 영향을 측정하기 위하여 이에 관계되는 다른 변인을 통제하는 것이다. 여기에서 조작하는 변인을 독립변인, 처치, 실험변인, 또는 원인 등 여러 가지로 부른다. 이러한 독립변인의 예로는 교수방법, 강화, 교수자료의 종류, 학급의 규모 등을 들 수 있다. 실험연구에는 항상 종속변인을 비교하는 대상인 두 개 이상의 집단이 있게 마련이다. 이 연구방법만이 원인과 결과 사이에 관계를 진실하게 연구하는 방법이라고 말할 수 있다(류창열, 1993 : 260 – 261).

【예】

기술교과 교육에서 협동학습 전략과 개별학습 전략이 중학생들의 과제수행능력에 미치는 영향이 실험에서 실험변인 또는 독립변인은 학습전략이고 과제수행 능력은 종속변인이다. 두 집단의 학생들이 얻은 성적의 차이는 두 가지 학습전략의 효과를 비교하게 된다.

• 현장연구 : 현장연구는 실천연구 또는 상황연구라고도 한다. 현장연구는 교육실천의 개선을 위하여 현장교사가 현장의 문제를 중심으로 실천적인 성격의 연구를 하되, 조건의 통제는 거의 하지 않으며 연구의 처음부터 실천을 강조하는 연구의 방법이다(김종서, 1983 : 22).

다. 교육연구의 목적에 따른 분류

류창열(1994)은 교육연구의 방법을 연구목적에 분류하였다. 연구의 결과가 교육현장에서 적용될 수 있는 정도와 연구의 결과가 일반화될 수 있는 정도에 기초한 것이다. 연구를 목적에 기초하여 분류하면 **기본연구**(basic research), **적용연구**(applied research), **현장연구**(action research)의 3가지 유형으로 나누어진다(류창열, 1994 : 255-258).

• 기본연구

【예 1】

쥐의 미로학습의 실험에서 정적 또는 부적 강화 인자의 효과에 관한 연구

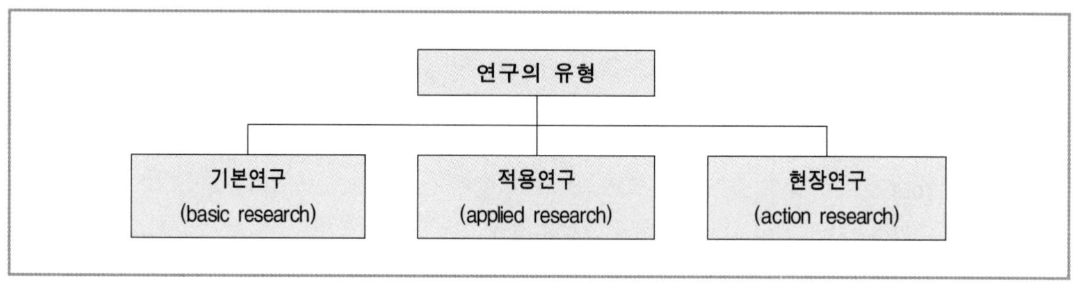

<그림 6－3> 연구목적에 따른 교육연구의 유형

【예 2】

실험실 상황에서 그림에 의한 학습자료와 언어에 의한 학습자료가 학생의 학습에 미치는 영향에 관한 연구

이상의 두 가지 예에서는, 두 경우 모두 연구의 목적이 어떤 학습의 원리를 발견하여 교수·학습 이론을 형성하는 데 도움이 되는 것을 목적으로 하고 있음을 알 수 있다. 이 두 연구에서는 어떤 실제 문제를 직접 해결하려는 목적은 가지고 있지 않다. 그리고 실험실에서 여러 변인에 대한 엄격한 통제하에서 수행되었음을 알 수 있다.

기본연구는 이와 같이 이론의 발전과 강화에 관련된 연구를 말한다. 이 연구의 첫번째 목표는 지식의 확장이며, 실제상황에 대한 직접적인 해결을 목표로 하지는 않는다. 이러한 연구의 대표적인 것에서는 다른 분야의 과학연구에서와 같이 변인에 대한 실험통제를 한다.

• 적용연구

【예 1】

일선 교사를 상대로 새로 개정된 교육과정이 교육환경에 적용하기에 적합한가를 조사한 연구

【예 2】

하나의 교과를 가르칠 때 서로 다른 두 가지 교수법의 효용성을 비교한 연구

위의 두 가지 예를 보면 적용연구는 교육의 실제적인 문제를 해결한다거나 또는 어떤 이론을 교육적 상황에 비추어 적합한가 평가하여 시험하는 것을 목적으로 하는 것을 알 수 있다.

이 연구의 주목적은 어떤 작품이 최고인가를 밝히는 것이다. 이 연구결과는 이론을 지지한다거나, 수정 또는 발전시키는 길잡이로 쓰이는 것이 보통이다. 최근 일각에서 쓰이기 시작한 "발전연구(developmental research)"는 이 적용연구의 중요 부분이 된다. 그것은 연구 결과물의 교육현장에서의 효율성 제고에 주요 관심을 기울인다. 이러한 연구로는 교육과정 구성에 관한 보고서(교육과정 안내 또는 직업·기술 교육 프로그램 연구), 교사용 지도서, 교육용 교재, 관리체계 및 교사 교육용 자료의 개발 등의 예를 들 수 있다. 이 연구의 결과는 사전에 전문적 수준의 효용성을 달성하기 위하여 준비되거나 또는 현장시험과 수정을 거치게 된다.

[표 6－4] 기본연구, 적용연구, 현장연구의 특성

연구의 유형	특징
• 기본연구	• 지식의 확장과 이론의 개방이 연구의 기본목표 • 변인의 엄격한 통제, 일반적으로 실험실 상황에서 실행
• 적용연구	• 이론을 시험하거나 실제적 문제해결이 연구의 기본목표 • 발전적 연구는 적용연구의 한 형태로 연구결과를 교육적 상황에서 적용했을 때의 효율성 개발을 주목적으로 함.
• 현장연구	• 학급에서 일어나는 문제의 해결이 연구의 기본목표 • 특정 상황에서 문제에 대하여 과학적 해결을 목적으로 수행 • 연구결과도 연구자 자신이 응용하는 것이 일반적

• 현장연구

【예 1】

새로운 교수방법의 하나인 Problem Based Learning에 의한 교수법을 배운 교사가 자기 교과를 배우는 학생에게 적용하여 학생의 학업성취 효과를 조사하는 연구

【예 2】

교실에서 ICT를 활용한 수업전략의 개발과 그 적용효과를 검증하는 연구

이들의 예를 조사하여 보면, 현장연구는 한 곳에서 어떤 특정의 문제를 해결하기 위하여 한 사람(교사)의 연구자가 수행하는 것이 보통이며 그 연구결과를 주로 자기 자신이 이용한다. 그러므로 이 연구를 상황적 연구(situational research : 특정 상황에 속하는 문제연구), 참여적 연구(연구자 자신이 연구에 참여하고 연구결과의 이용에도 연구자가 관심을 갖는 연구)라고 할 수 있으며 어떤 특정한 문제를 해결하는 데 주목적이 있다. 이러한 연구의 결과는 다른 상황으로 일반화할 수 없는 것이 보통이다.

현장연구는 교실에서 일어나는 문제의 해결을 돕는 것을 목적으로 하는 것이 보통이다. 현장연구는 다른 유형의 연구에서 수행하는 정도의 조건통제를 하지 않는다. 그러나 이 연구는 문제해결의 상황에 과학적 방법으로 접근하는 연구이므로 주관적이라거나 상상에 의한 접근방법과는 구분된다.

이제까지 논의한 기본연구, 적용연구, 현장연구의 특성은 [표 6－4]와 같이 요약할 수 있다.

라. 질적 접근의 연구

연구의 방법에서 자료수집 및 해석방법에 따라 양적 연구와 질적 연구로 구분할 수 있다. 연구의 맥락의 관점에서 보면, 질적 접근이 **'연구의 맥락'**과 **'현상(현장)의 맥락'**을 최대한 일치시키려고 하는 데 비해서,[1] 양적 접근은 두 맥락을 분리한 채 연구를 진행한다. 양적 접근의 논리에서 보면, 현상의 실제적 맥락은 잡다한 상황적 변수로 '오염' 또는 '변질'되어 있을 수 있기 때문이다. 또는 연구하고자 하는 변수들을 순수한 형태로 독립시켜야 그것들 간의 관계를 온전히 파악할 수 있다고 생각하기 때문이다.

양적 연구는 연구자가 선택한 변수 이외의 변수는 연구에서 가능한 한 배제한다. 그와 달리 질적 연구는 변수를 섣불리 한정하지 않고 눈에 띄는 모든 변수들을 최대한 포착하려고 한다. 질적 연구자는 '연구의 맥락'을 인위적으로 설계하지 않고 현상이 전개되는 자연적인 맥락 또는 일상적인 맥락에 자신이 참여하는 접근방식을 취한다. 질적 연구에 비해 양적 연구가 더 체계적이고 객관적인 것은 사실이지만, 그 때문에 양적 연구는 미리 설계된 '연구의 맥락'에서 벗어나는 상황에 대해 경직된 자세를 취할 수밖에 없다(조용환, 1999 : 8-9).

그리고 연구자와 연구대상의 관계에서 보면, 양적 연구에서는 사람을 존중하지 않는다. 좀 거칠게 표현하자면, 양적 연구는 '현상'을 연구하기 위해서 '사람'을 죽인다. 양적 연구자들이 펄쩍 뛸 소리지만 내막을 알고 보면 그들 역시 부인할 수 없을 것이다.

> 질문지를 통해서 청소년의 정치의식을 연구할 때 청소년 개개인은 온전한 '사람'이 아닌 주어진 질문에 답하는 '응답자'로 취급된다. '연구의 맥락'에서 '정치의식'이라고 하는 추상적 현상이 조사되는 동안 각 청소년의 구체적 삶과 의식은 분절되고 그들의 응답은 하나의 통계적 단위로 환원된다. 그들이 질문을 어떻게 해석하고 어떤 형편에서 어떤 마음으로 응답했는지는 고려되지 않는다. 이러한 소외현상은 그 연구가 더 양적일수록 더 심화된다. 구조적 관찰이나 질문지 조사보다 폐쇄적 장면에서 이루어지는 실험이 더 '사람'을 죽인다(조용환, 1999 : 10).

양적 연구에서의 소외는 연구자에게서도 나타난다. '연구자 효과(researcher effect)'를 최소화하기 위해서 연구자는 자신을 '사람'이 아닌 '연구하는 기계'로 전락시킨다. 조사절차를 최대한 표준화하고 연구자의 개입을 최소화한다. 자료를 수집할 때, 처리할 때, 보고할 때 어느 때를 막론하고 연구자는 객관적인 '연구자'가 되어야지 주관적인 '사람'이 되어서는 안 된다. 같은 조건이라면 연구자가 누구이든 상관없이 연구의 결과가 동일하게 나와야 하기 때문에 연구자는 얼마든지 대체될 수 있다.

그와 달리 질적 연구에서는 연구자와 연구대상이 다 '사람'이다. 즉 연구에 참여하는 사람 모두가 다른 누구로 대체될 수 없는 고유한 존재로 취급된다. 뿐만 아니라 위에서 언급하였듯이 '사물'을 연구할 때에는 질적 접근에서는 '사람'을 배제하지 않는다.

1) 질적 연구자가 현상을 관찰하여 기술할 때 그 현상이 발생하는 맥락에 관한 정보를 최대한 풍부하게 제시하는 이유가 여기에 있다. 질적 연구자가 사물이나 현상을 그 자체의 논리와 구조 속에서 보고자 하며, 그러기 위해서 현상의 밖이 아닌 안에서 장기간 참여관찰을 하는 이유도 마찬가지다.

그래서 질적 접근에서는 '연구대상(research subject)'이라는 용어보다는 '제보자(informant)' '참여자(participant)' '현지인(the native)' 또는 '그 사람들(the people)'이라는 용어를 즐겨 쓴다. 왜냐하면 '연구대상'이라는 용어가 연구를 도와 주는 사람들을 능동적인 '삶의 주체'가 아닌 수동적인 '연구의 객체'로 전락시키는 뉘앙스를 갖고 있기 때문이다.

한편, 양적 연구자들은 신뢰성 있는 자료를 강조한다. 즉 반복 가능한 경성적 자료를 강조한다. 반면에 질적 연구자들은 타당성을 강조한다. 타당성이란 연구자가 연구하고 있는 것에 대한 진정한 모습을 완전하고 총체적으로 나타내는 것을 말하는 것으로 질적 연구자들은 연구주제를 보다 철저하고 풍부하게 심층적으로 이해하는 것을 가장 중요하게 생각한다. 이러한 질적 연구와 양적 연구의 경향성의 차이를 종합적으로 정리해 보면 [표 6-5]와 같다(Glesne & Peshkin, 1992, 김윤옥 외, 1996 : 18).

Bogden과 Biken(1982)은 다음과 같이 다섯 가지로 질적 연구의 특징을 제시하였다[신옥순(역), 1991 : 43~49 참조].

[표 6-5] 양적 연구와 질적 연구의 차이

구분	양적 연구	질적 연구
1. 기본가정	객관적 실재 연구방법에 대한 우선권 변인에 대한 측정 및 통제 가능 외부인의 관점	사회적으로 구성된 실재 연구내용에 대한 우선권 변인에 대한 통제 불가능 내부인의 관점
2. 목 적	일반화 예측 인과관계 설명	상황성 해석 연구대상자의 관점이해
3. 접근방법	가설과 이론이 선행됨 조작, 통제 형식적 도구사용 실험적 연역적 요소의 분석 규준의 탐색 수량화 추상적 언어	가설과 기초이론의 발견 묘사(기술) 도구로서의 연구자 자연적 귀납적 패턴의 탐색 다원성과 복합성의 탐색 비수량화 구체적 언어
4. 연구자의 역할	공정성 객관적 기술	개인적 관여와 편파성 공감적 이해

첫째, **질적 연구에서는 자연적인 환경이 자료의 직접적인 근원으로 간주되며, 연구자 자신이 주된 연구도구이다.** 어떤 연구자들은 비디오와 녹음기를 활용하기도 하지만, 많은 사람들이 노트와 연필만 가지고 연구활동에 참여한다. 그러나 이러한 도구들이 사용될 때에도 연구자가 연구장소에 참여함으로써 얻게 되는 이해를 전제로 자료가 수집된다.

둘째, **질적 연구는 기술적(descriptive)이다.** 질적 연구자들은 일상생활의 현실을 상호관련된 현상들의 흐름과 같은 것으로 보기 때문에, 매우 철저하게 기술적인 자료의 수집을 시도하며 자세하고 세부적인 기술을 강조한다. 그러므로 질적 연구의 자료에는 면접내용을 기록한 자료, 현장 노트, 사진, 비디오 테이프, 개인적인 소품, 메모 및 다른 공식적인 기록 등이 포함된다. 따라서 질적 연구논문과 보고서는 일화적(episodic)이란 말로 표현되기도 한다.

셋째, **질적 연구자들은 결과나 산물보다는 과정(process)에 관심을 갖는다.** 그들은 과정을 통해서 나타나는 실재의 변화 양상에 주목하는 경향이 있다. 사람들은 어떻게 의미를 주고받는가? 어떻게 특수한 용어와 명칭이 적용되는가? 어떻게 특수한 개념이 상식으로 받아들여지는가? 어떠한 행동이나 사건은 어떤 역사를 통하여 일어나게 되었는가? 등에 관심을 갖는다. 이처럼 과정을 강조하는 경향은 질적 연구자가 연구대상자의 시각을 따르는 데서 비롯된 결과라고 할 수 있다.

넷째, **질적 연구자들은 연구자료를 귀납적으로 분석하려는 경향이 있다.** Goetz와 LeCompte (1984)에 따르면 순수하게 귀납적인 연구는 자료수집으로 시작하여 그 자료에서 발견되는 관계들로부터 이론적 범주들과 명제를 구축한다고 하였다.

다섯째, **질적 연구에 있어서 의미는 매우 중요한 관심사이다.** 질적 연구자는 사람들이 그들의 삶에 의미를 부여하는 방법에 관심을 가진다. 즉 연구대상자의 관점에 관심을 가진다. 따라서 그들은 다음과 같은 질문을 계속적으로 추구한다. 사람들은 어떻게 자신의 경험을 해석하는가? 사람들은 그들이 살고 있는 세계를 어떻게 구조화하는가? 등에 관심을 갖는다.

질적 연구를 연구방법으로 최대한 활용하기 위해서는 무엇보다도 먼저 질적 연구의 가능성과 한계에 대한 균형 있는 이해가 필요하다. 질적 연구에 대한 "관심의 증대에 비해서 질적 연구의 질 관리가 제대로 되지 않고 있는"(조용환, 1999 : 2) 최근의 현실은 질적 연구를 일종의 유행처럼 받아들이는 풍조에 기인한 것이다. 유행은 늘 사람들의 눈을 끌기 마련이지만, 성숙한 학문풍토의 조성에는 오히려 방해가 된다는 사실을 직시해야 한다.

질적 연구는 방법상 많은 장점을 가지고 있지만, 단점 또한 적지 않다. 우선, 낯선 문화에 적응하고 그것을 새롭게 학습해야 하는 연구자의 심리적 · 문화적 부담이 있다. 때로는 생활근거지를 떠나서 장기간 '객지'에 묵어야 하는 문제도 감안해야 한다. 그리고 소규모 집단을 집중적으로 연구하기 때문에 인간관계를 잘 형성하고 관리해야 하는 부담도 있다. 특히 문화 · 기술적 참여관찰 연구는 상대적으로 많은 연구비가 소요되며, 연구자의 체력과 심리적 강인성, 문화적 감수성 등도 요구된다. 이러한 준비 없이 선불리 현장에 뛰어 들었다가는 연구의 실패뿐만 아니라 연구자의 개인적 고통도 초래될 수 있다. 또한 그러한 어려움 속에서

[표 6-6] 질적 연구과정에서의 검토사항들

과정	검토사항들
연구의 목적과 범위	• 왜 양적 연구가 아니라 질적 연구이어야 하는지에 대한 주장이 설득적으로 진술되었는가? • 연구자가 어떤 이론적 관점에서 학교의 특정 현상을 기술하고 해석하고자 하는지 자신의 이론적 틀이 명료하게 제시되었는가? • 질적 연구를 통하여 의도되는 연구의 결과와 기여도가 무엇인지 강조되었는가? • 연구의 범위와 관련하여 다음의 다섯 가지 예 중에서 어떠한 연구 디자인이 사용될 것인지를 언급하였는가? 1. 질적 탐구-질적 자료의 수집-질적 분석 2. 질적 탐구-질적 자료 수집-통계분석 3. 질적 탐구-양적 측정-통계분석 4. 실험설계-질적 자료·양적 자료-질적 분석·양적 분석 5. 실험설계-질적 자료-질적 분석
연구의 대상	• 일반화가 목적이 아니라 특정한 한 현상에 대하여 연구하는 사례연구임이 강조되었는가? • 예비문화 기술지 연구(prior-ethnography)가 있었다면 그 내용이 언급되었는가? • 연구대상의 구체적인 분석의 단위가 언급되었는가(예, 학생집단, 교사집단 등) • 연구기간은 얼마나 지속될 것인가?
현장 들어가기의 전략	• 연구하고자 하는 대상과 어떠한 형태의 접촉이 지금까지 실시되어 왔는가? • 현장에 들어가기 위하여 어떠한 윤리적·제도적 규정을 지키는 것이 요구되며 그러한 요구를 충족시키기 위하여(공식적인 허가) 어떻게 노력할 것인가? • 중요한 정보제보자를(key informant) 만들 수 있는가? • 그리고 그 제보자는 자신의 조직·문화를 민감하게 이해하고 기술할 수 있는 능력이 있는 사람인가?
연구자의 역할	• 연구자는 현장에서 어떠한 역할을 맡을 것인가?(관찰자, 참여자, 면담자) • 그러한 역할은 연구가 진행됨에 따라서 어떻게 변화되는가? • 연구자는 내부자(insider)로서 아니면 외부자(outsider)로서 활동하는가?
연구방법과 자료수집	• 어떠한 연구방법을 사용할 것인가? (1. 참여관찰, 2. 인터뷰, 3. 내용분석, 4. 현장조사 질문지) • 어떠한 연구방법이 연구목적에 특별히 부합되는가? • 각 연구방법을 어떠한 시간적 계획 아래 그리고 어떠한 순서대로 이용할 것인가? • 어떠한 질적 자료들이 수집될 필요가 있는가? • 충분한 분석이 일어날 수 있을 만큼 자료는 수집되었는가?
자료의 관리와 분석	• 획득된 원자료를 전사(transcribing)하기 위한 계획과 방식을 가지고 있는가? • 구체적인 자료관리 계획(기록과 저장 그리고 효과적인 인출)이 세워졌는가? • 어떠한 자료분석의 방식을 사용할 것인가? • 컴퓨터 소프트웨어에 의한 자료관리와 분석방식을 사용할 것인가? • 원자료와 컴퓨터 디스켓을 별도 복사하여 안전한 곳에 보관하였는가?

타당도 작업	• 어떠한 타당도 작업을 실천할 것인가? (예 : 트라이앵귤레이션, 연구 참여자에 의한 연구결과의 평가 등)
글쓰기와 보고서 작성	• 심사위원회는 어떠한 글쓰기 전통을 선호하는가? • 연구이야기를 효과적으로 전달하기 위하여 어떠한 글쓰기 방식을 적용할 것인가? • 포스트모던적 · 실험적 글쓰기 기법을 시도해 볼 것인가? • 현재 쓰고 있는 글을 독자가 계속 관심을 가지고 읽고 있을 것인가라는 질문을 상기하면서 글을 쓰고 있는가? • 나의 글쓰기 습관과 특징(저자의 글쓰기 기법에 대한 해체적 탐구)은 무엇인가? • 어떤 장점과 딜레마를 가지고 있는가? • 효과적인 글쓰기를 위하여 나의 일상생활을 어떻게 재조직할 것인가?

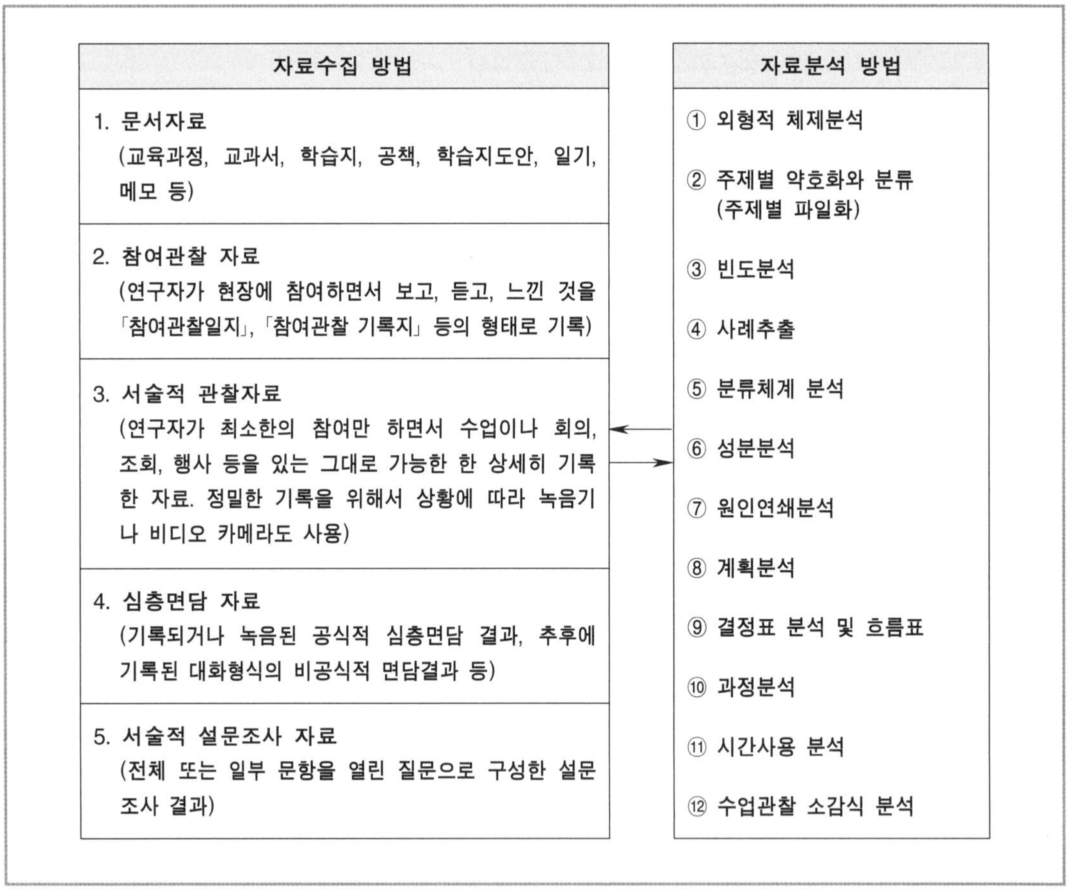

자료수집 방법		자료분석 방법
1. 문서자료 (교육과정, 교과서, 학습지, 공책, 학습지도안, 일기, 메모 등)		① 외형적 체제분석 ② 주제별 약호화와 분류 (주제별 파일화)
2. 참여관찰 자료 (연구자가 현장에 참여하면서 보고, 듣고, 느낀 것을 「참여관찰일지」, 「참여관찰 기록지」 등의 형태로 기록)		③ 빈도분석 ④ 사례추출
3. 서술적 관찰자료 (연구자가 최소한의 참여만 하면서 수업이나 회의, 조회, 행사 등을 있는 그대로 가능한 한 상세히 기록한 자료. 정밀한 기록을 위해서 상황에 따라 녹음기나 비디오 카메라도 사용)	⇄	⑤ 분류체계 분석 ⑥ 성분분석 ⑦ 원인연쇄분석
4. 심층면담 자료 (기록되거나 녹음된 공식적 심층면담 결과, 추후에 기록된 대화형식의 비공식적 면담결과 등)		⑧ 계획분석 ⑨ 결정표 분석 및 흐름표 ⑩ 과정분석
5. 서술적 설문조사 자료 (전체 또는 일부 문항을 열린 질문으로 구성한 설문조사 결과)		⑪ 시간사용 분석 ⑫ 수업관찰 소감식 분석

<그림 6－4> 교육연구를 위한 질적 자료수집 방법과 분석방법

연구를 수행함에도 불구하고, 연구기간의 장기성으로 인해 양적으로 많은 연구물을 산출하기 힘든 구조적인 취약점도 있다. 그리고 현지인의 생활세계에 깊숙이 참여하고 개입하기 때문에 준수해야 할 연구윤리의 문제도 그만큼 더 다양하고 복잡하다. 어떻게 보면, 질적 연구의 이러한 문제섬들은 연구 내적인 맥락의 것이기보다는 연구 외적인 맥락의 것이 더 많다고 할 수 있다(조용환, 1999 : 20).

따라서 김영천(1999 : 103)은 질적 연구에서는 다음 사항들을 면밀히 검토해야 한다고 주장한다.

그리고 교육연구를 위해서 기본적으로 사용할 필요가 있는 질적 자료수집 방법과 자료분석 방법으로는 <그림 10－4>와 같이 나타내고 있다(이용숙, 1999 : 109).

질적 연구는 Creswell(2010)은 **질적 연구별 접근 방법**을 [표 6－7]과 같이 다섯 가지로 분류하여 설명하고 있다(조흥식 외 3인, 2010).

[표 6－7] 질적 연구의 다섯 가지 접근

자료분석과 제시	내러티브 연구	현상학	근거이론	문화기술지	사례연구
자료 정리	데이터 파일을 만들어 정리	데이터 파일을 만들어 정리	데이터 파일을 만들어 정리	데이터 파일을 만들어 정리	데이터 파일을 만들어 정리
읽기와 메모	텍스트를 모두 읽고, 여백 노트를 만들며, 1차 코딩을 실시	텍스트를 모두 읽고, 여백 노트를 만들며, 1차 코딩을 실시	텍스트를 모두 읽고, 여백 노트를 만들며, 1차 코딩을 실시	텍스트를 모두 읽고, 여백 노트를 만들며, 1차 코딩을 실시	텍스트를 모두 읽고, 여백 노트를 만들며, 1차 코딩을 실시
기술	이야기나 경험한 것을 기술하고 연대순으로 배열	판단중지(epoche)를 통해 개인적 경험을 기술 현상의 '본질'을 기술	개방코딩 범주를 기술	사회적 배경, 행위자, 사건들을 기술하고 현장의 그림을 그림	사례와 그 맥락을 기술
분류	이야기를 확인하고, 통찰해 보며 맥락적인 자료를 확인	의미 있는 진술을 개발 진술들을 의미 단위로 묶음	과정에 있어 중심 현상을 찾기 위해 개방코딩된 범주 중 하나를 선택 축코딩-인과적 조건, 맥락, 중재적 조건, 전략, 결과	주제와 유형화된 규칙을 찾기 위해 자료를 분석	주제나 패턴을 구성하기 위해 범주화된 집합을 사용

해석	이야기의 종합적인 의미를 해석	'무엇이 일어났는지'를 텍스트에 근거한 기술로 발전시킴 '어떻게' 현상이 경험되는지 구조적 기술을 발전시킴 '본질'을 밝힘	선택코딩과 이야기 전개 조건적 매트릭스를 발전시킴	어떻게 문화가 '작용하는지'에 대한 연구결과를 해석하고 이해	직접적인 해석을 사용 자연주의적 일반화를 전개
제시와 시각화	과정, 이론 그리고 독특하거나 일반적인 생활의 특성에 초점을 둔 서술을 제시	경험의 '본질'을 이야기(narration)하고 진술과 의미 단위를 표, 그림으로 제시	시각적 모형이나 이론 제시, 명제 제시	표, 그림, 스케치를 활용하여 이야기(narrative) 제시	표나 그림, 이야기(narrative)를 사용하여 사례(사례들)를 상세히 묘사

자료 : 조홍식 외 3인(2010). 질적연구방법론 - 다섯 가지 접근, p. 219.

마. 언어 네트워크 분석 연구

언어 네트워크 분석은 커뮤니케이션 메시지를 텍스트 네트워크 분석의 대상으로 삼아 그 내용을 분석하는 방법으로, 주요 단어 사이의 관계를 부호화하고(encoding), 관련된 단어들 간의 네트워크를 구성 및 분석하는 방법이다(Doefel & Connaughton, 2009; 양승돈, 2013). 언어 네트워크 분석을 통한 내용분석은 주요 단어들의 빈도수 파악 외에 주요 단어들 간의 관계를 시각적으로 묘사하여 중요한 개념과 각 개념들 간의 관계와 강도까지 한눈에 알아볼 수 있는 장점을 가진다(서준일, 2015).

전통적 내용분석 기법에서 자료의 분류, 해석 등은 연구자에 따라 상당한 편차가 발생할 수 있다는 한계점을 가지고 있다(김수연, 김대욱, & 최명일, 2013; 박한우 & Leydesdorff, 2004). 이러한 한계점을 보완하는 방법으로 언어 네트워크 분석은 정보를 지식으로 전환하는 작업을 수행함으로써 정보 속에 숨겨져 있거나 가시적으로 드러나지 않았던 규칙을 발견할 수 있다(정용일 외, 2005). 다시 말해 개별 단어의 조합에만 주목하는 것이 아니라, 핵심 단어들이 특정한 형태로 결합되어 어떤 위치에 있는지, 어떠한 구조를 가지는지 주목하고, 데이터로부터 분석 카테고리(개념적 그룹핑)가 자연스럽게 형성되면서 특정한 의미를 발생시키는 것이다(박한우 & Leydesdorff, 2004, Wasserman & Faust, 1994). 특히 시각화(Visualization)를 통한 방법은 거대하고 복잡한 데이터를 짧은 시간 안에 전체 데이터의 개관 파악을 가능케 하는 장점을 가지고 있어 보다 의미있는 분석을 가능하게 한다.

Choi 외(2017)는 한국 중학생의 STEAM 인식에 관한 언어적 네트워크 분석이라는 연구를 수행하였다. 이 연구의 분석내용은 키워드의 빈도수(Degree)와 중심구조 분석이다. 중심구조 분석은 어떤 노드가 가장 중요한 노드인지를 파악하고, 네트워크가 얼마나 소수 노드에게 집중되어 있는지에 대한 집중화 정도를 파악하는 분석으로 이 연구에서는 Degree centrality와 Betweenness centrality를 파악하였다.

[표 6-8] 중심성의 종류

구분	Degree centrality	Betweenness centrality
측정 방법	직접 연결된 이웃 노드의 수로 측정	다른 노드 간 연결을 매개하는 빈도로 측정
특징	• 직접적인 영향력을 측정하는데 적합 • 직접 연결된 이웃 노드가 많을수록 연결 중심성이 높아짐	• 정보 전달과정에서 발생하는 통제력을 측정하는데 적합 • 다른 노드 간의 최단 경로에 많이 등장할수록 중심성이 높아짐 • 매개 중심성이 높은 노드는 정보 흐름에 대한 통제력을 가지며, 이 노드가 제거될 경우 네트워크 전체 연결과 흐름에 큰 영향을 미침

사이람(2016). NetMiner를 이용한 소셜 네트워크 분석에서 요약, 발췌

1) 기술에 대한 중학생의 인식과 인식 연결망

연구에 참여한 중학생들이 **기술에 대해 떠오르는 이미지**를 단어를 표현한 것은 총 661개로 나타났다. 응답한 주요 단어들 가운데 상위 30위까지 제시하면 다음과 같다([표 6-9] 참조).

[표 6-9] 기술에 대해 떠오르는 이미지 단어

순위	1	2	3	4	5	6	7	8	9	10
키워드	기계	가정	로봇	과학	발명	기술자	선생님	발전	컴퓨터	건축
Degree	216	147	113	66	65	63	57	52	52	51
순위	11	12	13	14	15	16	17	18	19	20
키워드	공장	기술 가정	만들기	공학	건설	어려움	자동차	제조	전기	손재주
Degree	45	44	42	34	32	31	30	29	28	24
순위	21	22	23	24	25	26	27	28	29	30
키워드	미래	편리함	능력	특허	도구	연구	과학기술	제작	scamper	스마트폰
egree	22	21	21	18	18	17	17	17	17	16

즉, 중학생들은 기술이라는 용어에 대하여 가장 많이 떠오른 단어는 '기계'이었다.

기술에 관한 제품들로는 '로봇, 컴퓨터, 자동차, 스마트폰 등'으로 인식하였고, 관련 교과목으로는 '가정, 과학, 공학'의 순으로 인식하고 있었다. 이중 가정이라는 용어의 등장은 한국의 경우 기술교과가 기술 · 가정교과로 학습하기 때문으로 볼 수 있다. 기술에 관한 가치는 '발전, 미래, 편리함 등'으로 나타났으며, 기술에 관한 행위로는 '발명, 건축, 만들기, 건설, 제조, 손재주, 특허, 연구, 제작 등'으로 나타났다.

주요어들에 대한 연결망 분석을 위하여 Degree값이 3이상인 단어를 추출한 결과 총 173개의 단어가 링크수 183개의 형태로 연결망을 형성하였다. 연결망의 중심성지수(Degree Centrality)는 0.035로 복잡한 연결망이었으나, 과학보다는 비교적 덜 복잡한 것으로 나타났다. 연결망을 제시하면 다음과 같다(<그림 6-5> 참조).

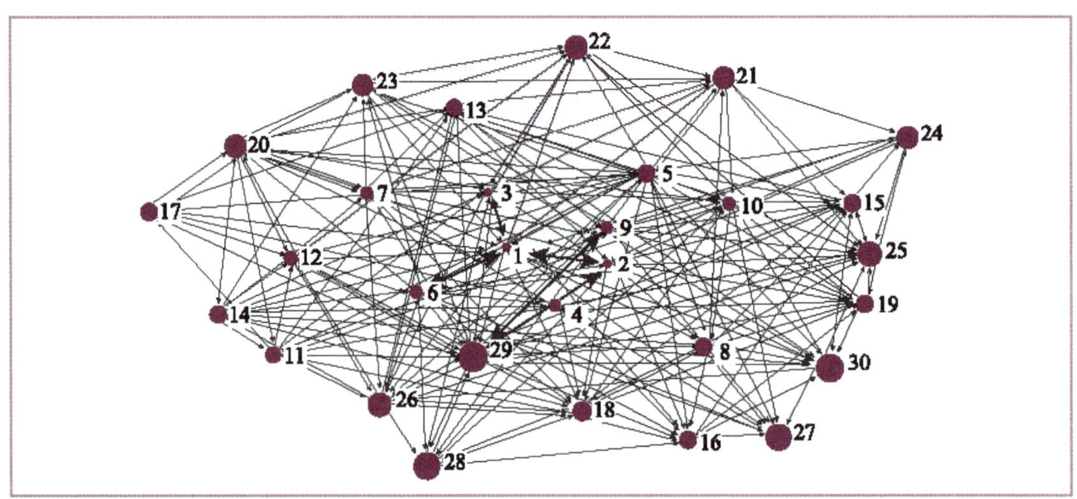

<그림 6-5> 기술에 대한 중학생의 인식 연결망

2) 공학에 대한 중학생의 인식과 인식 연결망

연구에 참여한 중학생들이 공학에 대해 떠오르는 이미지를 단어를 표현한 것은 총 536개로 나타났다. 응답한 주요 단어들 가운데 상위 30위까지 제시하면 다음과 같다([표 6-10] 참조).

[표 6-10] 공학에 대해 떠오르는 이미지 단어

순위	1	2	3	4	5	6	7	8	9	10
키워드	기계	기술	로봇	컴퓨터	기계공학	과학	공과대학	어려움	공학자	전자
Degree	382	170	132	108	81	77	53	49	41	39
순위	11	12	13	14	15	16	17	18	19	20
키워드	전기	수학	자동차	생명	공장	남녀공학	생명공학	설계	건축	엔지니어
Degree	37	36	35	33	31	30	27	26	23	23
순위	21	22	23	24	25	26	27	28	29	30
키워드	로봇공학	발명	전자공학	연구	복잡함	만들기	화학	이과계열	조립	대학교
Degree	23	22	20	19	19	19	18	16	16	14

즉, 중학생들은 공학이라는 용어에 대하여 가장 많이 떠오른 단어는 '기계'이었다.

공학 인식에 따른 제품으로는 '로봇, 컴퓨터, 자동차'로 인식하였고, 공학을 구성하는 교과에는 '기술, 기계공학, 과학, 전자, 전기, 수학, 생명, 생명공학, 건축 등'으로 답하였다. 공학에 대한 기타 인식으로는 '공과대학, 공학자, 공장, 설계, 엔지니어, 이과계열'으로 공학에 대한 이미지를 '이과계열의 과목으로서 공과대학을 통한 공학자의 연구이미지와 더불어 공장에서의 테크니션'이라는 두가지 이미지를 그려내었다고 볼 수 있다. 또한, 공학은 '어렵고 복잡하다'는 인식이 큰 것으로 나타났다. 공학에 대한 행위로는 '설계, 발명, 연구, 만들기, 조립'으로 나타났다.

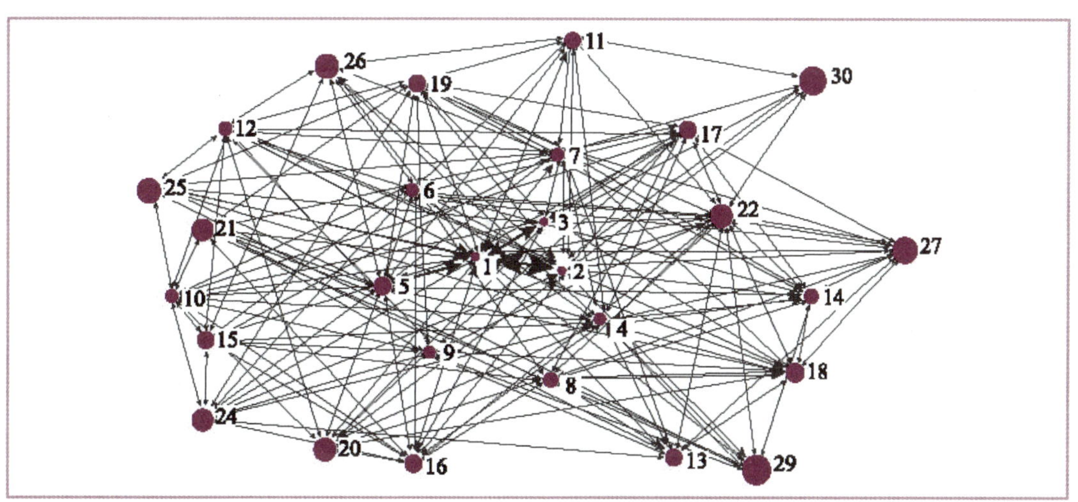

<그림 6-6> 공학에 대한 중학생의 인식 연결망

특이한 점은 남녀공학(男女共學)의 한글표현이 공학(工學)의 한글표현과 동일한 점으로 인하여 관련 인식망에 포함되었다.

주요어들에 대한 연결망 분석을 위하여 Degree값이 3이상인 단어를 추출한 결과 총 142개의 단어가 링크수 186개의 형태로 연결망을 형성하였다. 연결망의 중심성지수(Degree Centrality)는 0.019로 복잡한 연결망이었으며, 과학과 비슷한 수준으로 나타났다. 연결망을 제시하면 다음과 같다(<그림 6－6> 참조).

4. 기술교과 교육 연구를 위한 학술지

기술교과 교육을 전문적으로 연구하고 실천하는 학회[2)]는 2000년에 창립한 **한국기술교육학회**(The Korean Technology Education Association)가 있다. 학회창립 때부터 『한국기술교육학회지』를 발간하고 있는데, 2000년부터 매년 3회(4월, 8월, 12월) 발간하고 있다.

그리고 국내에서 연구대상으로 활용할 수 있는 국제적인 기술교과 교육 학술지는 『*The Technology Teacher*』『*Journal of Technology Education*』『*Journal of Industrial Teacher Education*』『*Journal of Technology Studies*』『*International Journal of Technology and Design Education*』『*Technology and Children*』 등이 있다. [표 6－11]은 기술교과 교육 관련 학술지를 정리한 것이다.

2) 학회가 창립되기 전에는 대한공업교육학회가 주로 기술교과 교육에 대한 연구를 담당해 왔다. 대한공업교육학회는 1974년 10월 19일에 창립된 학회로서 우리나라 공업교육과 기술교과 교육의 학술적 연구를 수행해 왔다. 그리고 한국직업교육학회는 1982년에 창립되어, 학회지인 『직업교육연구지』가 지금까지 발행되어 왔다. 이 두 학회는 궁극적으로 교양 기술교과 교육의 전문학회지는 아니지만 이 학회활동과 학회지를 통하여 우리나라 기술교과 교육연구의 맥을 이어왔다고 볼 수 있다.

[표 6－11] 기술교과 교육 관련 국내·외 학술지

구분	학술지명	발행처	소장처	인터넷 WWW 서비스
국내	한국기술교육학회지	한국기술교육학회	한국기술교육학회	한국학술정보
	대한공업교육학회지	대한공업교육학회	대한공업교육학회	한국학술정보
	직업교육연구	한국직업교육학회	한국직업교육학회	한국학술정보
국외	Technology and Engineering Teacher	International Technology and Engineering Educators Association(ITEA)	충남대학교 도서관 한국교원대학교 도서관	충남대학교 디지털도서관
	Journal of Technology Education	Council of Technology Teacher Education and the International Technology Education Association	충남대학교 도서관 한국교원대학교 도서관	http : //scholar.lib.vt.edu/ejournals/JTE
	Journal of Technology Studies	Epsilon Pi Tau		http : //scholar.lib.vt.edu/ejournals/JTS
	Journal of Industrial Teacher Education	National Association of Industrial and Technical Teacher Educators	충남대학교 도서관 한국교원대학교 도서관	http : //scholar.lib.vt.edu/ejournals/JITE jite.html
	International Journal of Technology and Design Education		충남대학교 도서관	충남대학교 디지털도서관
	Children's Technology and Engineering	International Technology and Engineering Educators Association(ITEEA)	경인교육대학교 도서관 부산교육대학교 도서관	충남대학교 디지털도서관

5. 연구보고서 작성

연구결과의 보고서 작성은 연구과정 중 가장 복잡한 단계이지만, 연구를 세밀하게 설계하였다면 이 단계들은 논리적인 흐름을 따르게 되어 있다. 실제 연구를 할 때 연구자는 여러 번 취소하고 다시 시작하고, 새로운 가설을 생각해 보고, 새로운 문헌을 읽고, "원점"으로 돌아가서 다시 생각해 보고, 실험을 재설계하고, 오래 생각하기도 하며, 도움을 구하기도 하고, 새로운 사고방식으로 생각해 보기도 한다. 또한 연구계획의 실제적인 측면을 생각해 보고, 항상 논리적 · 창조적 사고, 그리고 전 과정을 통해 가능한 모든 지혜를 발휘하도록 노력하는 것을 끊임없이 반복하여야 한다. 연구보고서를 훌륭하게 작성한다는 것은 많은 연습을 해야 배울 수 있는 기술이다. 보통 연구자들은 연구경험에 관계 없이 최초의 연구보고서를 다시 수정하고 보완하여 최종보고서를 작성하게 된다.

연구보고서에 사용된 개념들은 명확해야 한다. APA의 Publications Manual에서는 표현의 명확성을 위해 다음과 같이 제안하고 있다(1994 : 23－30).

- **문체(writing style)는 개념을 순서에 따라 제시한다(orderly presentation of ideas).** 즉 하나의 단어, 문장 또는 문단 또는 보다 긴 문단체제 등의 사고단위는 순서에 따라야 한다. 연구자는 서론부터 결론에 이르기까지 단어, 개념, 주제 등에 있어서 논리적인 계속성(continuity)을 의도하여야 한다. 그리고 연구자는 명확하고 논리적인 의사소통을 추구하기 위하여 표현을 매끄럽게(smoothness of expression) 전개하여야 한다.
- **훌륭한 과학적 저술에서 가장 중요한 요소로 명확한 의미를 전달하는 단어의 선택을 들 수 있다.** 모호한 단어의 선택은 피해야 하는데, 이러한 표현은 대체로 "대부분의 경우에", "거의 없는" "추정되는", "어떤 지능검사가 사용되었다", "실험 동물의 일정기간 음식이 박탈되었다" 등을 사용하는 것이다. 예를 들어 "매우 적은"은 얼마나 적은 것인가에 혼동을 줄 수 있다. 또는 "어떤 지능검사가 사용되었다"는 어떤 지능검사가 사용되었는가가 명확하지 않다. 개념을 명확하게 하기 위하여, 과학적 저술에서는 단어나 문구를 조작적으로 정의하여야 할 것이다.
- **또한 개념을 논리적으로 전개하여야 한다.** 이러한 사실은 연구의 서론과 논의의 부분에서 특히 중요할 뿐만 아니라 방법 및 절차를 기술하는 부분에서도 매우 중요하다. 예를 들어, 연구논문의 문헌고찰(literature review)을 생각해 보자. 관련된 모든 연구를 개관하는 것은 불가능하므로 저자들은 가장 일관성 있는 연구를 선택해야 하고 독자들이 선행연구나 이론의 흐름을 이해할 수 있도록 제시하여야 한다.
- **문장을 기술하고 문법을 사용하는 데에도 세심한 주의가 필요하다.** 어색한 단어를 연속적으로 사용하는 것을 피하고, 문장을 정확하게 구사하여야 하며, 첨가하는 문장은 그 의미를 정확하게 진술하여야 한다.
- **한 문단에 너무 많은 개념을 표현하려 하다 보면 문법적 오류가 생긴다.** 한 문단 내의 모든 문장은 일관된 개념을 사용하여 마침내는 각 문단들의 내용이 연구자가 최초에 의도한 내용을 기술할 수 있도록 통합되어야 한다(고흥화, 1992 : 195－196 재인용).

그리고 연구구조에 따른 유의사항을 APA는 연구논문의 저자에게 보고서의 전체적인 구성(structure)에 많은 제약을 요구하고 있으며, 논문의 구조에 따른 연구보고서 작성의 지침은 다음과 같다(APA, 1994 : 7-22).

- Title, Authors, Institutional Affiliation(제목, 저자, 소속기관명) : 제목은 연구문제를 가장 명확하고 간단하게 진술해야 한다. 제목은 보통 "Y에 미치는 X의 효과"로 진술하는 것이 바람직하며, 이에 따라 독자들은 독립변인과 종속변인을 쉽게 파악할 수 있게 된다. 제목은 연구의 목적과 내용을 가장 간결하고 함축적인 의미를 지녀야 한다. 특히 제목은 '연구방법(method)'과 '연구결과(results)'를 포함하지 않으며, '-에 관한 연구' '-에 관한 실험적 조사'와 같은 불필요한 문장을 피하는 것이 좋다. 제목 다음에는 저자명과 소속명을 기입한다.
- Abstract(초록) : 초록에는 논문의 핵심을 요약한다. 연구자들은 그 안에 연구문제, 방법, 결과 그리고 연구결과에 대한 간략한 해석을 포함시키도록 해야 한다. 초록은 독자들에게 관심을 유발하게끔 기술되어야 할 뿐만 아니라 논문을 이해하기 쉽도록 구성되어야 한다. 훌륭한 초록은 정확하고(accurate), 간결하고 구체적이고(concise and specific), 비평가적이고(non evaluative), 읽기 쉬워야(readable) 한다. 초록은 연구유형에 따라 다소 차이가 있지만, 제목, 연구의 문제 또는 목적, 연구방법, 연구결과, 결론 또는 제언을 간략하게 제시한다.
- Review of Literature, Problem, and Hypothesis(문헌고찰, 문제, 가설) : 논문은 일반적으로 주요 논점에 대한 역사적 개관과 그 분야의 선행연구 결과로부터 시작한다. 왜냐하면 다른 연구자들의 연구는 유사한 연구를 하고자 하는 사람들에게 일관된 논리를 제공하기 때문이다. 문제와 가설에 대한 진술은 종종 한 문장 안에 기술되지만 그렇지 않을 수도 있다. 가설의 진술은 "만일 X라면 Y이다"의 형식에 따른다. 일반적으로 독립변인과 종속변인이 이 부분에서 명확하게 밝혀진다.
- Method(연구방법) : 방법을 기술하는 부분에서는 다른 연구자들이 연구를 반복할 수 있도록 연구의 모든 세부적인 사항까지를 기술해야 한다. 이러한 내용은 피험자, 도구와 재료의 세 부분으로 나뉜다. 결과에 영향을 줄 수 있는 독립변인과 기타 변인을 구분하여, 필요하다면 통제를 가해야 한다. 만일 선행 연구자들이 사용했던 절차를 기술하는 경우에는 일차적인 자료만을 인용할 수 있다.
- Results(연구결과) : 이 부분에서는 연구를 통해 획득된 모든 자료와 그 자료를 분석한 내용을 기술해야 한다. 자료는 그 내용을 글로 기술하는 것과 더불어 도표로 제시할 수 있다. 지면이 제한되어 있기 때문에 가능한 한 간단한 형태로 자료를 제시하는 것이 바람직하다. 그리고 모든 도표는 그에 대한 설명이 첨부되어야만 한다. 그러나 각 대상자에게서 획득된 모든 자료를 나열하여 제시하는 것은 비효율적이다. 따라서 연구자는 자신의 연구결과를 요약하기 위하여 그 결과를 가장 명료하게 나타내 줄 수 있는 통계적 기법을 선택해야 한다.
- Discussion(논의) : 논의에서는 연구의 결과를 해석하게 되는데, 여기에는 결과에 대한 제한점, 자신의 연구결과와 다른 연구자들의 결과 사이의 유사점과 차이점, 후속 연구에 대한 제안

그리고 연구결과의 이론적 · 실제적 공헌 등이 포함된다.

• References(참고문헌) : 논문에서 인용된 모든 자료(material)가 수록되어야 한다. 참고문헌을 명기할 때는 저자(들)명, 논제, 잡지, 출판년도, 권호(volume), 페이지의 순서에 따른다(APA의 Publication Manual 참조).

6. 참고문헌의 작성방법

논문의 마지막에 있는 참고문헌 목록은 그 논문을 고증해 주고 각각의 자료의 원천을 확인하고 색인을 찾는 데 필요한 정보를 제공해 준다. 저자는 참고문헌을 분별해서 선택해야 하고, 그 연구와 논문의 준비과정에서 사용된 자료의 원천만을 포함시켜야 한다. 참고문헌 목록은 어느 특수한 논문을 구체적으로 지지하는 연구들을 인용한다.

가. 본문과 참고문헌 목록의 일치

본문에서 인용된 참고문헌들은 참고문헌 목록에 나타내어야 한다. 역으로, 참고문헌 목록의 각 항들은 본문에서 인용되어야 한다. 저자는 반드시 인용된 모든 원전들을 양쪽 모두에 제시하고, 본문 인용과 참고문헌 목록의 내용은 일치되어야 한다. 참고문헌 목록의 기재항이 일치하도록 해야 한다.

■ 본문의 예

최유현(2010 : 34)은 수행 중심 평가에서는 평가준거, 평가기준, 채점명세기준 등이 명확하게 진술해야 한다고 하면서 많은 수행평가 도구에서 평가기준은 있지만 채점기준(rubrics)이 없음을 발견하였다.

수행 중심 평가에서는 평가준거, 평가기준, 채점명세기준 등이 명확하게 진술해야 한다. 많은 수행평가 도구에서 평가기준은 있지만 채점기준(rubrics)이 없음을 발견된다(최유현, 2010 : 34).

최유현(1996 : 6)은 초등 기술교육을 '초등학교 교양교육으로서 일과 관련된 직업적 내용을 모학문으로 한 다루기, 만들기, 기르기 및 가꾸기, 건사하기 등을 문제해결적 노작활동을 통하여 아동이 일상생활에 필요한 일을 경험하게 하여 아동의 소질을 계발하고, 앞으로의 생활에 대처할 수 있는 기본적인 태도와 능력을 기르는 교과'로 정의하였다.

■ 참고문헌 예

최유현(2010). 기술교과교육학 : 교육의 탐구. 서울 : 형설출판사.

나. 정확하고 안전한 참고문헌 목록의 작성

참고문헌들을 열거하는 목적 중 하나는 독자들로 하여금 그 원자료를 검색하고 이용할 수 있도록 하는 것이기 때문에, 참고문헌과 관련된 자료들은 정확하고 완전해야 한다. 각 기재 내용에는 보통 다음의 요소들을 포함한다. 즉 저자, 출판년도, 제목과 발행자료, 독특한 식별과 도서관 탐색에 필요한 모든 정보들이다. 정보가 정확하고 완전하다는 것을 보증하는 최선의 방법은 문헌 하나하나를 원래의 출판물과 세심히 검토하는 일이다. 액센트나 다른 특별한 부호들을 포함시킨 올바른 이름과 외국어 단어의 철자와 잡지의 서명, 연도, 권수, 페이지 수 등의 전체적인 내용에 특별한 관심을 기울여야 한다. 정확히 정리된 참고문헌은 세심한 연구자로서 신뢰성을 높이는 데 도움이 된다. 부정확하거나 불완전한 참고문헌 목록은 "미래의 연구자들에게는 하나의 문제점으로 그리고 저자의 부주의에 대한 표상으로 인쇄되어 남게 된다"(Bruner, 1942 : 68).

다. 참고문헌 배열의 구체적 예(APA, 1994 : 178 - 186을 재편집)

■ 제1저자의 성에 따라 가나다순 또는 알파벳순으로 정리한다. 특별한 경우는 다음 규칙을 사용한다.

■ 각 문자를 알파벳순으로 한다. 그러나 성의 앞부분이 같을 때에는 짧은 성을 긴 성 앞에 놓는다. 즉 비록 알파벳상으로는 i가 j보다 앞서지만 Brown, J. R.이 Browning, A. R.보다 앞에 온다.

■ 같은 성으로 시작된 저자인 경우 단일저자가 다수저자보다 먼저 기술한다.

강서울(1991)

강서울 · 홍길동(1990)

Kaufman, J. R. (1981)

Kaufman, J. R. & Cochran, D. F. (1978)

■ 제1저자는 동일하지만 제2 혹은 제3저자가 다른 경우의 참고문헌 항들은 제2저자의 성의 알파벳순으로 배치한다.

•강서울 · 김인천 · 박대전(1995)

•강서울 · 박대구(1993)

•Kaufman, J. R., Jones, K. & Cochran, D. F. (1982)

•Kaufman, J. R. & Wong, D. F. (1978)

■ 동일한 저자의 참고문헌들이 동일한 순서로 나와 있다면 발행년도 순으로 배치되며 가장 최초의 것이 제일 먼저 온다.

•최유현(1996).

•최유현(1997).

•Kaufman, J. R. & Jones, K. (1977)

•Kaufman, J. R. & Jones, K. (1980)

■ 기관, 학회, 연구소가 저자가 되는 경우 약자가 아닌 공식명칭을 사용해야 한다. 또한 상위 조직이 하부조직보다 우선해야 한다.

•APA가 아닌 American Psychological Association

•University of Michigan, Department of Psychology

라. 참고문헌 작성의 구체적 예

APA에 권하는 참고문헌의 기본적 작성의 순서는 다음과 같은 기본구조를 갖는다. 전문지명 혹은 책명은 구분이 되도록 이탤릭체, 고딕체, 밑줄로 처리하여야 한다(APA, 1994 : 194−222를 재편집).

저자(발행년도). **책명.** 출판 지명 : 출판사. 논문의 저자(발행년도). 논문제목. **전문지 제목, 전문지 권수**(호수). 출판정보. 페이지.

■ 정기간행물의 참고문헌

강길동(2010). 기술교과 교육연구의 이론적 모형. **한국기술교육학회**, 10(1), 35−50.

Spetch, M. L. (1983). Subjective shortening : A Model of Pigeons' Memory for Event Duration. *Journal of Experimental Psychology : Animal Behavior Processes*, 9. 14−30.

■ 서적에 대한 참고문헌의 예

강길동(1996). **기술적 교양과 문제해결**. 서울 : 고려출판사.

Spetch, M. L., & Wilkie, D. M. (1983). *Practical Arts Education*. New York : Atheneum.

■ 기술 및 연구보고서

최유현 외. (2009). 미래 한국인의 핵심역량 증진을 위한 실과(기술 · 가정) 교육과정의; 재구조화 방안 연구. (연구보고 RRC 2009-10-2). 서울 : 한국교육과정평가원.

■ 학위논문

이정균(2010). **초등학생의 기술적 문제해결력 증진을 위한 IDEAL-TRIZ 학습 프로그램 개발 및 적용 효과**. 박사학위논문, 충남대학교 대학원.

Wilfley, D. E. (1989). *Interpersonal Analyses of Bulimia : Normal-Weight and Obese*. Unpublished doctoral dissertation, University of Missouri, Columbia.

■ 인터넷(WWW)으로부터 이용할 수 있는 자료의 경우

O'Keefe, E. (n.d.). Egoism & the crisis in Western values. Retrieved from http : //www.onlineoriginals.com/showitem.asp?itemID=135

■ 교육자료정보센터(Educational Resources Information Center)로부터 이용할 수 있는 보고서(ERIC)의 경우

Gottfredson, L. S. (2003). *How Valid are Occupational Reinforcer Patter Scores?*(Report No. CSOS-R-292). Baltimore, M. D. : Johns Hopkins University, Center for Social Organization of Schools. (ERIC Document Reproduction Service No. ED 182 465).

마. 연구에서 이탤릭체의 사용 예

손으로 직접 쓴 글이나 타자기로 작성된 논문 원고에서 밑줄친 단어는 조판할 때 이탤릭체로 나타낸다. 따라서 이탤릭체로 표기하는 경우는 다음과 같다(강진령, 1997 : 185).

- 서적, 학술지 간행물, 마이크로필름 등의 출판물의 제목(이 경우 한글인 경우 중고딕체로 대용하기도 한다)
- 새롭고 기술적이며 중요한 용어의 소개. 그러나 일단 이탤릭체로 표기된 단어 이후에 나오는 단어는 표기하지 않는다.
- 통계기호나 대수의 변수로서 사용된 문자
- 검사점수와 척도
- 참고문헌의 권수(Vol.)

7. 연구보고서 체제의 예

연구보고서 체제는 연구의 성격에 따라 다양하게 제시될 수 있으나 <그림 6-7>의 예는 참고로 제시될 수 있다.

[미국 심리학회 논문 구조]

- Title, author(s), and affiliation 제목/저자/소속
- Abstract 초록
- Review of literature, problem, and hypothesis to be tested 문헌고찰, 문제, 가설
- Method 연구방법
  - Subjects
  - Apparatus or Materials
  - Procedure
- Results 연구 결과
- Discussion(and sometimes Summary) 논의
- References 참고문헌

Ⅰ. 서론
  1. 연구의 필요성
  2. 연구의 목적
  3. 연구문제
  4. 용어정의
  5. 연구의 제한점
Ⅱ. 이론적 배경
Ⅲ. 연구방법
  1. 연구설계
  2. 연구대상
  3. 조사도구
  4. 자료수집
  5. 자료분석
Ⅳ. 연구결과 및 해석
Ⅴ. 요약, 결론 및 제언
참고문헌

Ⅰ. 서론
  1. 문제의 제기
  2. 연구의 목적
  3. 연구의 방법
  4. 연구의 제한점
Ⅱ. 이론적 배경
Ⅲ. 연구결과
Ⅳ. 논의
Ⅴ. 결론 및 제언
참고문헌

<그림 10-7> 논문체제의 예

탐구 문제

1. Dunkin & Biddle(1974)와 Shulman(1986)의 교육연구 모형의 하위변인간의 관계를 토의하고 두 모형의 차이점을 설명해 보자.

2. 기술교과 교육연구 모형(최유현)에서 체제적 변인인 투입변인, 과정변인, 산출변인과 지원변인은 어떤 관계가 있는지 예를 들어 설명해 보자.

3. 연구의 일반적 진행과정과 절차에 대하여 토의해 보자.

4. 연구주제를 선정하는 기준과 전략에 대하여 토의해 보자.

5. 연구방법은 어떻게 분류될 수 있는지 설명해 보자.

6. 새로운 연구 동향인 언어 네트워크 분석가지는 특징을 조사해 보자.

7. 기술교과와 관련된 연구주제를 선정하여 기본적인 연구 계획안을 작성해 보자.

주제를 확장하는 토의 · 토론 과제

1. 기술교과 교육연구를 종합해 볼 때, 앞으로의 연구에 시사하는 바를 토의해 보자.

2. 질적 연구와 양적 연구의 장 · 단점을 토의해 보자.

3. 질적 연구의 다섯 가지 접근의 차이점을 토의해 보자.

4. 기술교과 교육의 한 주제를 선정하고, 인터넷을 이용하여 필요한 자료를 검색해 보고, 그 결과를 토의해 보자.

5. 참고문헌을 작성하는 데 범하기 쉬운 오류의 예를 토의해 보자.

참고문헌

강진령 편저(2005). APA 논문작성법. 서울: 양서원.

강진령 편저(2013). APA 논문작성법. 서울: 학지사.

고홍화(1992). 학술논문작성지침(Ⅱ)(현장조사연구 · 실험적 연구). 서울: 성원사.

김영천(1999). 학교 교육현상 탐구를 위한 질적연구의 방법과 과정. 이용숙 · 김영천 편. 교육에서의 질적 연구. 서울: 교육과학사. 73-106.

김윤옥 외 6인(1996). 교육연구를 위한 질적 연구방법과 설계. 서울: 문음사.

김재은(1992). 교육 · 심리 · 사회 연구방법. 서울: 교육과학사.

김종서(1983). 교육연구의 방법. 서울: 배영사.

나승일(1998). 실과교육 조사연구방법론 분석과 개선방안. 한국실과교육학회지, 11(2), 29-47.

류창렬(1994). 직업-기술교육의 이론과 실제. 대전: 충남대학교출판부.

이용남(1993). 교육방법 및 교육공학. 서울: 교육과학사.

이용숙(1999). 교육연구에서의 질적 자료분석. 이용숙 · 김영천 편. 교육에서의 질적 연구. 서울: 교육과학사. 107-186.

정성봉(1995). 한국 실과교육의 과제. 실과교육연구, 1(1), 1-9.

조용환(1999). 질적 연구와 양적 연구. 이용숙 · 김영천 편. 교육에서의 질적연구. 서울: 교육과학사. 3-22.

조홍식 외 3인(2010). 질적연구방법론-다섯 가지 접근(J.W, Creswell).

김수연, 김대욱, 최명일(2013). 한국 광고홍보학 연구경향 언어네트워크 분석. 한국광고홍보학보, 15(1): 59-85.

박한우 외. (2004). 한국어의 내용분석을 위한 KrKwic 프로그램의 이해와 적용: Daum.net에서 제공된 지역혁신에 관한 뉴스를 대상으로. *Journal of the Korean Data Analysis Society, 6*,(5), 1377-1387.

사이람(2016). NetMiner를 이용한 소셜 네트워크 분석. 사이람.

서준일(2015). 언어 네트워크 분석을 활용한 스마트교육 활성화 방안 연구. 경기대학교 대학원 박사학위논문.

양승돈(2013). 언어 네트워크 분석(Semantic Network Analysis)을 활용한 민간경비 분야의 연구 경향. 한국콘텐츠학회논문지, 13(11), 894-901.

정용일, 이준영, 이방래, 유선희, 원동규, 정성창, & 주시형(2005). 계량정보분석을 통한 지식의 Mapping과 활용. 서울: 한국과학기술정보연구원.

최유현(2010). 기술교과 교육의 탐구, 형설출판사.

홍경희, 김영화, 오성환, 정재숙, 남경식, 임수진, 박명순, 지재화, 윤원정, 정호근(2012). 융합과학인재교육(STEAM) 교수학습 방법 개발 및 적용. 서울특별시 교육청.

American Psychological Association. (1994). *Publication Manual of the American Psychological Association*. 4th Edition.

American Psychological Association. (2009). *Publication Manual of the American Psychological Association*. 6th Edition.

Bong, W. R. & Gall, M. D. (1989). *Educational Research : An Introduction*. 5th Edition, Longman Inc.

Choi, Y.H., Yunjin Lim, Dami, Son.(2017). A Semantic Network Analysis on the Recognition of STEAM by Middle School Students in South Korea. *EURASIA J Math Sci and Tech Ed.*

Doerfel, M. L., & Connaughton, S. L.(2009). Semantic networks and competition: Election year winners and losers in US televised presidential debates, 1960–2004. Journal of the American Society for Information Science and Technology, 60(1), 201-218.

Hatch, J. A. (2008). 교육상황에서 질적연구 수행하기, (진영은 역.). 서울: 학지사. (원저 2002년 출판).

Keringer, F. N. (1964). *Foundation of Behavioral Research*(2nd Edition). New York : Holt, Rinehart and Winston, Inc.

Vockell, E. L. & Asher, J. W. (1994). *Educational Research*. 2nd Edition.

Wasserman, S. & Faust, K. (1994). Social Network Analysis: Method and Applications, Cambridge, NY: Cambridge University Press.

찾아보기

I N D E X

기술교과교육 탐구

초판 1쇄 발행 / 2023년 3월 17일
초판 2쇄 발행 / 2026년 2월 27일

저자 최유현

발행처 형설출판사
경기도 파주시 회동길 37-23 · 전화 (031) 955-2361~4 · 팩시밀리 (031) 955-2341
발행인 장진혁
등록 라-제9호 · 1962년 5월 1일
홈페이지 http://www.hyungseul.co.kr
e-mail hs@hyungseul.co.kr

정가 21,000원

ISBN 978-89-472-8649-7 93370

기술교과교육 탐구

The Study of Technology and Engineering Education